面向现代化的黄浦教育综合改革丛书　　丛书

发展、成就每一位教师

本册主编 / 严　奕

副主编 / 冯　强　应　华

上海教育出版社
SHANGHAI EDUCATIONAL
PUBLISHING HOUSE

图书在版编目（CIP）数据

发展、成就每一位教师 / 严奕主编. — 上海：上海教育出版社，2020.12
（面向现代化的黄浦教育综合改革丛书 / 姚晓红主编）
ISBN 978-7-5720-0480-3

Ⅰ. ①发… Ⅱ. ①严… Ⅲ. ①师资队伍建设 – 研究 – 黄浦区 Ⅳ. ①G451.2

中国版本图书馆CIP数据核字(2020)第271543号

序 一

上海是现代化国际大都市，黄浦区是上海开埠以来最核心的区域。在这20余平方公里的地域里，有着很多全国乃至世界闻名的标志性建筑和商业、文化产物：南京路、淮海路——中国最繁华的商业街；市百一店——中国最大的百货商场；国际饭店——改革开放前中国最高的大厦；江南造船厂——中国历史最悠久的近代造船企业。此外，还有着上海最早的江南园林——豫园，有万国建筑博览群之称的外滩，以及在改革开放年代建起来的上海博物馆、上海大剧院……这些都集中反映了上海海纳百川的开放胸怀和海派精神。从城市发展的角度看，上海在不太长的时间里就成为国际性大都市，这种发展模式和开放氛围在中国是特有的。而黄浦区就是典型的代表，由此它也成为上海的商业中心、金融中心和文化中心。可以说，在对国家作出贡献和推进上海社会经济发展方面，黄浦区都体现了特殊的地位与价值，发挥了独有的示范引领作用。

这种特殊的地位与价值同样反映在教育方面。黄浦区有全市历史最悠久的中学、第一所现代学制的小学、第一所教会女子中学，最早中外合作传授现代科学知识的中学和近代第一所职业学校。这种深厚的历史底蕴和文化积淀为黄浦区教育事业的发展奠定了坚实的基础。作为上海市整体教育综合改革实验区和全市唯一整体推进课程领导力实验项目的区域，多项全市性的教育改革在黄浦先行先试，为在更大范围内推广提供了成功的经验。在改革的进程中，黄浦区十分重视处理好历史传承和创新发展的关系，使老校焕发活力、新校崭露头角，达到了传统与现代的完美结合。

在改革早期，办学条件的改善、各项保障教育发展措施的落实是亟待解决的难题。黄浦区以敢为人先的改革精神成功地破解了这些难题。由于黄浦区位于市中心，又有成片的老城区，人口密度高，学校的场地面积可以说是寸土寸金，所谓“大楼中学”“弄堂小学”“石库门幼儿园”就是对该区学校办学条件的生动写照。在这种区位条件十分艰苦的情况下，区委、区政府和区教育行政部门充分利用国家关于土地批租的有关政策，在全面规划的基础上，把土地予以系统、有序的批租和置换，对学校进行了连锁改造，使学校面貌发生了翻天覆地的变化，在硬件改造方面提交了一份让老百姓满意的答卷。由此形成了黄浦区通过盘活现存资源、有效改善办学条件的改革经验，原国家教委还将这些经验向全国推广。

特别值得一提的是，黄浦区的改革精神和创新意识还突出表现在促进教育的内涵发展上，即用“打造一流教育”的标准去发现问题，用科学务实的态度去研究问题，用教师、校长共同的智慧去解决问题，形成了一些在全市领先的区域品牌和学校特色。

三十多年前，黄浦区就开始了对学生学习指导和非智力因素培养的研究，形成了一系列的研究成果，至今仍在深化，并在相当大的范围进行推广，这在全国产生了良好的影响。这一研究一开始就提出要关注学生的“学”，立意开发学习潜能，培养学生健康心理，促进学生自主发展以及用脑科学研究有关成果指导教与学，这完全符合当今的教育理念和核心素养培育的基本要求。

在弘扬传统和改革创新中涌现出一批特色鲜明的学校，如格致中学的科学教育，其严谨求实的校风培养出一大批理科见长的优秀学子；大同中学的课程改革，尤其是活动课程的设置与实施，得到普遍赞誉；向明中学的创造教育，通过创造实验、自主管理、社会实践、主题活动来培养学生创造性人格；大境中学的体育特色，体现了“螺蛳壳里龙腾虎跃”的艰苦奋斗、勇创一流的体育精神；北京东路小学的小班化教育，在生源高峰回落、资源相对宽松的情况下给予学生更充分的教育；还有商职校、旅职校为顺应经济发展的需要在办学方面进行的卓有成效的探索等，当时这些改革举措在上海和全国都产生了很大的影响。

进入 21 世纪，在课程教材改革、教学方式转变、学生心理辅导和信息技术应用等方面，更多学校呈现出自己的亮点，如卢湾高级中学的人工智能，光明中学的法语教育，市八中学的男生班实验，同济黄浦设计创意中学的新型办学模式，上海市实验小学的开放教育，蓬莱路二小的“蓬莱小镇”系列课程，卢湾一中心小学的“云课堂”，思南路幼儿园鼓励幼儿自主探究、创意发现的启蒙教育，荷花池幼儿园倡导多元融合、师幼共生、创意表达的艺术教育，等等。

十年前，黄浦区提出“办学生喜欢的学校”，强调学校要倾听学生的呼声，关注学生的需求，努力顺应和鼓励学生追求快乐的天性，让校园生活时时处处都充满快乐的元素，让学生在成长中享受追求快乐的权利，使学校生活成为学生美好难忘的人生回忆。全区所有的中小学、幼儿园都参与了研究和实验，广大教师真正树立起了“以学生为本”的理念，把丰富学生的情感体验、促进学生健康快乐成长作为追求的目标。这样就把区域教育内涵发展提升到新的高度。

当然，黄浦区在教育改革与创新中的特色和亮点还有许多，不再一一赘述。

综上所述，黄浦区教育改革不断深化的脉络十分清晰：从历史传承到创新发展；从硬件的改善到对软件的变革；从教学外围的改革直指教学主阵地的改革；从对教师“教”的研究转到更加关注学生“学”的研究；从重视学生知识习得、方法应用等显性变化转向更加重视学生脑的开发，情感、态度、价值观的变化和学生内心成长等精神层面的发展。这种发展、变化的过程，说明黄浦区广大教师和校长对教育规律的认识在不断深化，关注学生情感、尊重学生生命的意识也在不断增强。由此，我认为黄浦区在整个区域教育改革中体现出来的特征也是明显的：其一，它始终以改革来推动教育的发展。从上海开埠以来，黄浦区就是在不断进取和改革中发展起来的，而改革又是站在研究的基础上进行。其二，学校校长和教师是改革与研究的主力军。研究不是请外来的专家“代劳”，而是依靠校长和广大教师在实践中发现问题，解决问题，然后又在新的高度提出新的问题，以此持续不断地推动改革的深入。这正是黄浦教育发展的不竭动力。其三，创新精神贯穿于改革的全过程。黄浦区善于从国际视野以及教育未来发展的高度来定位改革方向，因而能抓住教育本质，直指改革核心，使许多工作始终在上海处于领先定位。

我高兴地看到，黄浦区《面向现代化的黄浦教育综合改革》丛书正式出版了！在此表示祝贺！这是全区教师多年来围绕教育综合改革和创新教育开展实践与研究的智慧结晶。相信这套丛书能在更大的范围发挥其借鉴和指导作用。今天已进入新时代，教育正处于全面深化改革的关键期。党的十九大报告指出，“建设教育强国是中华民族伟大复兴的基础工程”。希望黄浦区的广大教师、校长秉承以往一贯的改革创新精神，继续在改革的深度、广度上攻坚克难，不懈探索，以自己的智慧和勇气为加快推进教育现代化作出更大的贡献！

序 二

党的十八大以后，以习近平同志为核心的党中央坚持把教育摆在优先发展的战略位置，全面深化教育领域综合改革，一批标志性、引领性的改革在全国范围深入展开。因为教育改革点多、面广、线长，需要做的事情很多，而且教育问题在各地的反映既有共性又有个性，往往呈现出不同的特点。因此要解决好这些问题，需要按照中央的总体部署和指导原则，在一些承担教育综合改革的区域，按照中央指明的方向，率先大力推进教育体制改革创新，在注重教育改革的系统性、整体性、协同性，以及教育改革发展的重大问题和群众关心的热点问题解决上，提供可复制的经验。特别强调以改革激活力、增动力。

我们经常说的一句话是：改革进入了深水区。究竟深在哪里？深在如何在制约教育发展的落后规则体系上打开缺口；深在如何在以改革激活力、增动力，释放基层与个体的活力和创造力上找到突破；深在如何在构建新的教育质量观的基础上，重新思考人才培养、办学质量这些根本性问题上有新的布局；深在如何在重新思考区域教育发展战略规划，创新区域学校课程与教学上创造新局面。总之，要寻找区域教育新的增值点，凸显区域教育改革的新方向、新举措、新成果。这是对区域教育发展的一次重新检验。

令人高兴的是，黄浦区在综合改革的实践中交出了一份漂亮的答卷。从中我们可以看到，黄浦区教育综合改革的几个鲜明的特征：

第一，注重教育思想领导，突出价值引领。教育思想的现代化是提升教育现代治理能力的重要前提。对区域教育的领导首先是教育思想领导。确立区域教育发展理念，坚持育人为本、五育融合、全面发展，引领区域教育高质量发展。在总结、凝练、提升区域教育发展理念过程中，黄浦区注重结合地域历史、文化特色，继承区域教育的优良传统；注重坚守教育的本质，紧扣国内外教育发展的趋势和方向；注重以人民群众向往的美好教育为行动准则，赋予区域教育发展以特定的内涵。

第二，认真做好顶层设计，绘就远景蓝图。黄浦区一直重视凝聚全区心力，绘就未来发展的共同愿景。共同愿景是对长远战略目标所描绘的纲领性蓝图，是全区干部和教育系统心目中教育发展的理想目标和追求，也是发自内心深处的真实愿望和教育理想。通过建立共同愿景争得全社会的广泛支持，多方形成合力，凝聚人心，为共同愿景的实现而努力拼搏。

第三，坚持创新、创造，打造现代教育的区域特色。黄浦区把创新教育定位在培养中小学生的创新精神和创新能力。他们认为，创新教育是以培养创新精神和创新能力为根本目的的教学活动，是着重解决在基础教育领域如何培养中小学生的创新意识、创新思维、创新能力问题的必由之路。社会要求我们创新，创新的社会才能不断进步；时代要求我们创新，不创新就会落后，就会失去进取的动力。创新教育，不仅是对教学方法的改革或者教学内容的改变，而且是重新审视教学的根本目的，对教育的功能有更全面的认知和定位，是带有全局性、结构性的教育革新和教育发展的价值追求，是新时代背景下教育的发展方向。正因为全区各级各类学校和机构长期坚持不懈的实践和努力，创新、创造已经成为区域教育的一大特色。

第四，发挥基层首创精神，激发学校办学内生动力。黄浦区历史名校众多、传统资源丰富。全区注重鼓励广大学校凝聚师生的价值追求，培育多样化的校园文化，注重拓展社会资源，打造社会实践大课堂，以多样化的校园活动，提高育人质量。全区积极创新学校人事、职称等评价制度，注重从精神荣誉、专业发展、岗位晋升、绩效工资、关心爱护五个方面对教师进行激励。积极鼓励学校坚持依法办学，营造风清气正的氛围，推动学校健康发展，为广大教师静心专业发展、潜心立德树人创造更好条件，充分激发广大教师教书育人的主动性、积极性、创造性，全心全意为国家育才、为民族铸魂。当前已进入全面提高基础教育质量的新阶段，黄浦区的广大学校工作重心集中在提高质量上，教学改革和探索真正成了学校的主责主业，在大力推广优秀教学成果、深化课堂教学改革、创新教育教学方法、不断提高育人质量和水平方面都有布局和深耕。

在全国教育大会上，习近平总书记着眼我国教育事业的长远发展，对深化教育体制改革作出了重点部署，为坚决破除制约教育事业发展的体制机制障碍指明了方向和路径，对于加快推进教育现代化、建设教育强国、办好人民满意的教育具有重大意义。今天在总结“十三五”、迎接“十四五”的时刻，我们完全有理由相信黄浦作为区域教育综合改革的实验区，一定会以新的气象、新的举措，创造出更美好的教育，为发展具有中国特色、世界水平的现代教育提供区域的经验和典范。

尹后庆

CONTENTS | 目录

导论：需求导向，多元融合，追求卓越

——探寻黄浦区教师专业发展的密码

教师是教育事业发展的第一资源，承载着为党育人、为国育才的历史使命，肩负着培养社会主义建设者和接班人的时代重任。2018 年 1 月，中共中央、国务院印发《关于全面深化新时代教师队伍建设改革的意见》，明确提出要全面提高教师质量，建设一支高素质专业化的新时代教师队伍。习近平总书记在党的十九大报告中提出，人民日益增长的美好生活需要和不平衡不充分的发展之间的矛盾成为社会主要矛盾，这反映在教育方面就是对教师专业发展的需求越来越高。一直以来，黄浦区教育高度重视教师队伍培训、培养、培育，通过教育现代化教师队伍培养改革的不断探索，引领着教师发展从“术”向“道”的跨越，以“需求导向、多元融合、追求卓越”推动黄浦教师教育走向更高品质。

一、寻师、悟道、思德——构筑立德树人的精神家园

习近平总书记在全国教育大会上指出，教师是人类灵魂的工程师，是人类文明的传承者，承载着传播知识，传播思想，传播真理，塑造灵魂、塑造生命、塑造新人的时代重任。黄浦区坚持全员全方位全过程师德养成，区教育局出台了《关于加强黄浦区教育系统师德师风建设的实施意见》，引导广大教师以德立身，以德立学，以德施教，以德育德。

（一）寻师 · 说好身边故事

为了使广大教师学有榜样、比有标杆，黄浦区除了开展向人民教育家于漪老师学习以外，还以“身边人说身边事、身边事教身边人”的形式培育一批黄浦教师身边的师德师风先进典型，以此形成先进典型引领的良好氛围。区教育局在“黄浦教

育”微信公众号上持续开展“师德故事”系列报道，鼓励基层单位深入挖掘师德师风建设的典型人物和优秀工作案例，进一步发挥先进人物的示范引领作用，传递正能量，激发广大教师教书育人的使命感和责任感。

（二）悟道·放大自身格局

黄浦区充分利用丰富的红色资源，创新一种具有黄浦特色的师德师风涵养模式。我们组织教师开展红色人文行走活动，通过与红色故事的“代入式体验”，与红色基地的“零距离接触”，进一步帮助教师坚定理想信念和家国情怀。我们鼓励各校开发以校为本的师德师风教育课程，建立一批区域师德课程孵化基地，激发广大教师立德树人、教书育人的使命感和责任感。

（三）思德·争做“四有”教师

黄浦区引导广大教师从育知转向育人，引导教师围绕着“读懂学生”“我与学生共成长”等话题展开讨论、征文、演讲，引导教师课程育人、学科育人，让教师感悟师德的真谛，争做“四有”教师。

二、注入海派基因——加强文化建设的内涵发展

黄浦区是上海的经济、行政和文化中心所在地，在全市发展大局中具有重要地位。黄浦区浓缩了城市发展的历史，印刻着中国近代教育发展轨迹，正为打造上海国际大都市中心城区一流的现代教育而不懈努力。“海纳百川，兼容并蓄，追求卓越，勇于创新”的海派文化深深融入区域血脉，为黄浦教育注入了源源不断的活力，也造就了黄浦独特的教育优势。

（一）共生精神层面的文化追求

一个区域的教育文化建设是一个传承、创新与发展的过程，其内涵包括精神文化、制度文化和行为文化等多个层面。一个区域的教师专业发展需要这个区域的教师对本区的文化状况产生高度的内聚力。黄浦区从见习教师入职培训第一讲，就向新教师介绍黄浦教育区情特色，阐述黄浦的教育理念，明确“办学生喜欢学校、做学生喜欢教师”“精而有致、品而有位”“深入五育并举、聚力创新教育”的价值追求。上海市实验小学以“一栋楼、一个人、一句话”为入口，要求学校教师寻找学校的文化故事，找到它、读懂它，进而认可它，让教师传承区域教育理念

和学校文化。

（二）提高制度层面的文化认同

黄浦区政府坚持将教师队伍建设纳入区政府人才发展和教育发展整体规划，2019年区教育局、区人社局联合印发《黄浦区教育人才培养和激励行动计划》，明确了鼓励教师学历提升、试行学术休假制度、实施教育人才专项奖励以及提供人才公寓等生活服务保障这四大激励举措，营造尊师重教良好生态，让黄浦教师安心、舒心从教，提升了区域教师成长文化软实力。

（三）营造行为层面的文化自觉

教师培训是一项需要“用心”去设计的质量工程。黄浦区着力在以下三个方面用心提升广大教师的培训品质。

一是调研培训需求。教师培训需求是多方面的。从宏观来说，我们要了解上到国家、下到地方对教育发展的总体要求。从微观来讲，我们要围绕着学生发展的需求去了解学校、教师内在的需求。只有内外协调，才能找到提升教师专业发展之路，归根到底一句话，只有教师专业发展了，学生的发展才能得到根本保障。面对不同学段、不同特色的学校，不同学科、不同教龄的教师，教师培训需求是多方面的，这也给教师培训课程设计提出了更高要求。为了提高培训的针对性、有效性，我区在制定培训计划、开设培训课程之前，广泛征求学校、教师的意见，了解实际需求、贴近学习需要；培训课程结束后，再倾听学员对于课程实施的建议。课前问需求，课后听反馈，已成为黄浦教师培训的常态。

二是用心营造培训氛围。教师专业水平的提升离不开每一次的高质量的教师培训活动。黄浦区通过对培训者的培训、培训工作研讨、跨界项目合作研究等多种途径，加强多种培训文化的交流和互融，打造有利于教师培训的学习共同体，为教师专业发展营造良好的氛围。

三是创设学习共同体。区域要为教师专业发展创设和提供可持续发展的三维空间：“学习”空间、“实践”空间和“展示”空间。教师的学习不应该只是一个独立的练习过程，而应该是一种合作学习，是一个学习共同体的组成。在黄浦区，无论是见习教师规范化培训，还是各级各类的研修，都积极构建学习愿景、学习载体，构筑专家引领、同伴互助、任务驱动学习共同体，转变培训方式和行为，让学习培训成为自觉，让学习研究成为习惯，让学习创新成为追求。

三、构建三大工程——创新教师教育的支持体系

一个区域的每一位教师，如果能在区域教师发展的坐标系中，清晰地找到自己的位置，参与相应教师专业发展团队，提升自己的专业能力水平，那么这个区域的教育生态就是可持续发展的，是能够不断传承和创新的。

卓越的教师成就卓越的教育。黄浦高度重视教师队伍的培养，努力打造一支师德品行高、专业底蕴深、教学能力强、教育视野宽、工作干劲足的高素质教师群体，全力推进教师专业发展三大工程，汇聚区域教育强大的核心竞争力。

（一）从进门到入门——黄浦职初教师核心能力提升工程

第一年的见习教师规范化培训结束后，我们感到2～5年职初教师需要持续关注、持续提升。为此，我们开展了教育部重点课题“发展职初教师核心能力的区域支持体系构建与行动研究”。职初教师核心能力分为显性能力和隐性能力。显性能力涵盖“教学设计、教学实施、教学评价、教学反思、教学科研、自主学习、与他人合作”七大能力，隐性能力涵盖“职业认同、岗位适应、心理调适”三大能力。黄浦区打造整体联动的职初教师培训机制，于行动中提炼了六大实践策略，形成区域支持职初教师核心能力发展的体系，从“衔接、平台、共赢”这三个关键词入手，以参与式讲座培训、合作式团队培训、临床式带教培训、体验式项目培训、开放式研修培训五大培训类型，搭建了职初教师专业学习社群、“黄浦之光”青年教师论坛等，为职初教师打造激发活力、激励成长的发展空间。

瑞金一路幼儿园的“打造睿智教师”、卢湾二中心的“学科核心能力的移动式培训”、向明初级中学的“螺旋式上升的攀登课程”、格致初级中学的“集团化背景下的教师培养序列”等，都富有特色，成为黄浦职初教师培养品牌。

（二）从讲师到名师——黄浦海派名师培育工程

进入“十三五”以来，深化教育领域改革的呼声日益迫切。作为上海市教育综合改革试验区，黄浦时刻走在改革前沿，不断探索教育新模式，把培养一支信念坚定、师德高尚、业务精湛的优秀教师队伍作为黄浦打造海派名师工程的关键所在。黄浦区现有在职特级教师27名、特级校长15名、正高级教师21名。为了引领教师追求卓越、实现超越，走向学科、学术高地，我们成立了“区特级教师、特级校长发展研究中心”，注重发挥特级教师和特级校长的学术研究的指导和辐射作用，组织

特级教师开设“名师课堂”,组建跨学科、跨学段、跨序列的“优秀教师教育联盟”,成立学科带头人、区骨干教师“研修团队”,开展学术节展示活动等,为优秀教师搭建成长平台,提供发展支持,激发内驱动力,引领更多黄浦教师走向学术高地,成为海派名师。

(三)从培训到培育——黄浦教师教育精品课程建设工程

高质量的教师培训课程不是单纯教学技能培养,而是综合素养的培育。2012年,为进一步发挥黄浦区幼儿园优秀教师的辐射力,带动一批有潜质的青年教师专业成长,我们推进了“黄浦幼儿教师青苹果工作坊”。目前,共有21位坊主带领着他们下面的“小苹果”进行团队研究,每一个工作坊在幼儿教学的语言和故事表演活动、美术教学、音乐教学、谈话活动、活动课程设计、个别化学习等方面挑选一个重点研究的领域,每一位坊主都带着一门体现个人研究特点的培训课程,引领着学员在培训中学习,使得这些培训课程来自一线,服务一线。

在设计课程方案、开发培训课程方面,目前,我们已形成完善的校本研修课程—区级培训课程—市级培训课程的开发流程。“十三五”期间,共开发区级培训课程58门,市级共享课程44门。同时,我们加强区域培训师课程培训能力共建体系,通过优质培训课程的评选,共评选出34门优秀校本课程、23门优秀区级培训课程,让黄浦更多教师共享这些精品课程。

四、分级分类实施——形成教师培训的研修网络

教师专业发展除了教育知识和学科知识以外,还要注重教师的理想、信念教育。也就是把教师作为一个独立的生命体,不仅聚焦教师如何“授业”,更要聚焦教师如何“传道”。面对不同层面、不同需求的教师培训,黄浦区的教师专业发展已形成“分级分类、纵横交错”的研修网络。

(一)多助·规培研修

目前,黄浦区内已形成15所市级、4所区级教师专业发展学校的规模,学段覆盖幼儿园至高中,也包括劳技中心、青少年艺术活动中心、职校、辅读学校此类专业性、特殊性的学校。

基地与学校同步。近几年,黄浦区新教师的高学历、非师范生比例大幅度上升,然而,这群知识面广、视野开阔的高才生在教师规范化、实践经验感悟上的短板

也相当明显。为了让他们尽快进入岗位角色并茁壮成长，从 2015 年起，黄浦区在传统方式上新增了“聘任学校导师制”，即在基地校为学员选派导师的基础上，再由聘用单位选派经验丰富的教师作为带教师傅，形成两所学校共同带教的“双导师”同步联动新模式。我们要求基地导师与聘任导师定期互访、互相了解、形成合力，为学员诊断、把脉、解惑。

教学与教研同步。黄浦区各基地学校也依据市级统一的总体纲领，潜心研究了各基地自有的培训课程，也在经年累月的实践中将好的方法延续，形成了特色品牌课程。中山学校“微课堂”实训课程，经过专家讲座式的专题培训、资深教师的名师示范、带教与见习学员的共同备课、教研组说课演练的指导，再到 8 分钟模拟微课堂，直至最后的组内公开课实践，让见习教师在“备课、上课、听课、评课”的专业技能上得到一次综合培训与磨炼。在区级层面，各学段学科教研员也会给学员开设“新教师专题”，由教研员向新教师讲解学科教育趋势和改革，让见习教师学习新教改。

（二）多样 • 校本研修

校本研修是学校推进教师专业发展，助推学校深化改革的重要抓手。它既满足教师的需要，也满足学校发展的需要。“十三五”期间，黄浦各级各类学校在校本研修上呈现了以下三方面的变化。

1. 从封闭走向开放

校本研修有一个重要的价值取向，就是“让教育面向未来”。面对未来的不可预测，教师要成为一个终身学习者，这是黄浦每一所学校的职责和使命。当下，学校的边界、学科的边界、技术的边界等都在重新被定义，学习生态的构建、课堂教学的转型都在呼唤着教师个体生命的重新赋能。在黄浦，超前规划的智慧校园建设、因地制宜的学校课程建设都是学校面向未来的原动力，从而展现出一个个鲜活的黄浦个案。卢湾高级中学围绕人工智能 AI 教育开展实践研修课程；卢湾一中心小学建立“云基地培训平台”，形成“读书、读图、读人、读我”四个部分，全程关注、跟踪青年教师的成长，记录下他们脚踏实地的每一步脚印，做到及时反馈，跟进矫正。

2. 从个体走向联盟

黄浦教育高位均衡发展始终坚持以“优质”为目标定位，关注不同学段的教育特点，立足办好家门口的每一所学校，凸显黄浦教育独特的发展优势，展现黄浦教育的文化品位、特色品牌和育人品质。我们针对不同类型的学校，提出了三条不同路径，逐步形成了跨小初高全学段、纵向衔接的“三纵一五横一四区”、四个主题式学前教育集团和一个职业教育集团办学格局，以学区集团名师工作室、初中强校培训等多种形式形成教师专业发展联盟。

3. 从学科走向综合

校本研修不仅注重 1+5 专项能力提升、学科教育能力提升，还紧密结合中高考改革、三科统编教材的全面实施、初中强校工程、小学“零起点”教学与等第制评价、小学低年级主题式综合活动、大中小幼德育一体化、幼儿园保教质量监控体系的完善等市区重点项目的推进，给学校校本研修提供了更宽广的舞台。

（三）多元·区级研修

注重前瞻性。在黄浦，面向未来的个性化学校课程建设、创新型人才培育、国际化教育融合、智能化学习等，为教师研修、育人方式转变全面赋能。

体现专业性。教师只有通过持续性的专业学习，才能不断提升自身专业水平。教师职后培训的培训师队伍是引领教师专业发展的关键要素。教研员“下沉”课堂一线的教学实践项目，先后有 3 批共 17 位教研员赴区内中小学幼儿园带班教学一年，真正“沉入”教研组、备课组。教育学院队伍建设更接地气，也培养了一支优秀的培训师队伍。

突出多元性。近几年来，随着区域教师数量的增加，教师培训个性化需求在不断扩大，工学矛盾日益凸显。我们尝试统整资源、形成合力、协同发展，按需打造“跨界”的培训课程，不断丰富区级培训课程的专业内涵。如：提升非艺术专业教师提升艺术素养的课程，由区体育局、文化局和教育局联手的体教、文教结合课程，由区业余大学和教育学院共同开设的信息技术提升课程，由外教授课的英语教师戏剧指导课程，让教师们领略到了“跨界”的魅力，更增加了他们参与培训的乐趣和积极性。

凸显创新性。教师培训课程要有一定程度的更新率才能跟上时代的步伐，才能使教师培训具有强烈的时代性和创新性。黄浦的创新教育研究起步早，向明中学创造教育 30 年、格致教育集团“创新人才一体化培养”、大同 CIE“创新、创意、创造”课程领导力研究等，2017 年中国教育学会与黄浦区人民政府共建“科创教育发展中心”，黄浦区颁布了《黄浦区推进创新教育三年行动计划（2019—2021 年）》，成立“区创新教育发展研究中心”，教师培训课程中也在体现创新课堂、创新课程、创新课题、创新活动等，为教师创新教与学的方式变革提供学习培训，使教师更具专业的创造性和创新性，打造创新型教师团队，助推教育现代化。

面向新时代教育改革发展，教师队伍建设迎来前所未有的战略机遇期，黄浦教育也将在打造教育改革引领区、创新教育先行区和教育发展精品区的新征程中，进一步探寻黄浦区教师专业发展的成长密码，为探索高素质、专业化、创新型教师队伍培养路径贡献黄浦实践智慧。

（上海市黄浦区教育局　姚晓红）

第一篇

从进门到入门
——黄浦职初教师核心能力提升工程

习近平总书记在全国教育大会上讲道，“教育是民族振兴、社会进步的重要基石，是功在当代、利在千秋的德政工程，对提高人民综合素质、促进人的全面发展、增强中华民族创新创造活力、实现中华民族伟大复兴具有决定性意义。教育是国之大计、党之大计”。教师是教育事业发展的第一资源，承载着为党育人、为国育才的历史使命，肩负着培养社会主义建设者和接班人的时代重任。

黄浦区教育局历来高度重视教师队伍建设，“十三五”期间，为贯彻落实《上海市“十三五”中小学、幼儿园教师培训工作实施意见》和《黄浦区教育改革与发展“十三五”规划》，制定了《黄浦区“十三五”中小学、幼儿园教师培训工作实施意见》，旨在适应教育综合改革的新要求，培训、培养、培育具有社会责任感、创新精神和实践能力的高素质专业化教师队伍，造就“四有”好教师，推动黄浦教师教育走向更高品质。

通过“区域见习教师规范化培训的管理策略研究”的课题研究，黄浦区加强见习教师规范化培训各项相关工作的规范性和有效性，经过提炼总结，形成了区域见习教师规范化培训六大管理策略，丰富了“双导师同步联动”的内涵，明确基地学校导师和聘任单位导师的职责和任务，加强了教育学院教研员“导师工作坊”管理，也鼓励各基地学校形成更多的特色品牌课程，夯实了见习教师们的专业基础，整体提升了区域中小学、幼儿园见习教师的素质与能力。

通过教育部重点课题“发展职初教师核心能力的区域支持体系构建与行动研究”的推进，黄浦区致力于打造整体联动的职初教师培训机制，于行动中提炼了六大实践策略，形成区域支持职初教师核心能力发展的体系，从“衔接、平台、共赢”这三个关键词入手，以参与式讲座培训、合作式团队培训、临床式带教培训、体验式项目培训、开放式研修培训五大培训类型，搭建了职初教师专业学习社群、“黄浦之光”青年教师论坛等，为职初教师打造激发活力、激励成长的发展空间。

通过“上海市中小学(幼儿园)青年教师(2～5 年)专业发展实践研究项目”，黄浦区积极探索青年教师(2～5 年)专业发展的特点、培养策略与支持制度，搭建青年教师培养研究的平台，鼓励各中小学、幼儿园通过师德建设、课程开发、教学研究、课题科研等平台，设计适合 2～5 年青年教师的培训培养方案并落实到行动中，确保青年教师在高起点上持续成长。

第一章　衔接·从见习到职初

根据《上海市中小学(幼儿园)见习教师规范化培训的指导意见(试行)》的通知(沪教委人[2012] 18 号),从 2012 学年起,全市基础教育系统全面实施见习教师规范化培训制度,这是上海教师资格制度改革的一项重要举措,也是推进上海基础教育优质均衡发展的重要内容。

黄浦区自 2012 学年起开始正式全面实施中小学(幼儿园)见习教师规范化培训,通过 8 年多的实践探索研究,黄浦区不断完善见习教师规范化培训制度,在见习教师规范化培训工作上积累了一定的经验。在此基础上,我们开展了理论与实践相结合的研究,经过提炼总结,我们发现见习教师规范化培训的管理,既要基于培训对象的基本特征,注重规范,强调团队带教,实现浸润式培训,更要基于区域的实际情况,充分依靠相关基地学校和聘任学校开展工作,实现基地学校和聘任学校的资源共享、优势互补,通过区域培训和管理整体加强见习教师教学基本功和综合能力。我们提炼出区域见习教师规范化培训管理的六项主要的策略,为今后区域见习教师培训提供了经验,有利于使见习教师培训规范化、标准化和课程化,提高见习教师规范化培训的针对性和实效性,从而进一步激发见习教师爱岗敬业、勤勉治学的热情,整体提升见习教师综合素养和基本专业知识与能力。

在此基础上,黄浦区从 2015 年开始,以教育部重点课题"发展职初教师核心能力的区域支持体系构建与行动研究"为抓手,以职初教师核心能力建构为关键,以提升全区教师整体素质为目标,通过实施合作联动研训一体培训模式,建构了职初教师培训的科学顶层设计,为开展有效的职初教师培训奠定了良好基础。我们针对调研中职初教师能力发展现状,积极探索区域层面支持职初教师核心能力发展的策略和方法,在顶层设计框架下,分别从基地建设、课程建构、模式探索、队伍建设、考核评价、系统保障六个层面开展研究,建构了一套"区域整体谋划—研训专业支持—基地通力合作—教师自主发展”的新型教师培训模式，为职初教师专业发展提供了理念和路径保障。这些举措在很大程度上提升了职初教师的教学设计能力、教学实施能力、教学评价能力、教学研究能力以及职初教师的自主学习和与他人合作的能力，同时也积极关注了教师职业认同、教师心理调适能力、教师岗位适应性等隐性的问题。

第一节　区域见习教师规范化培训的管理策略研究

一、背景与意义

根据《上海市中小学（幼儿园）见习教师规范化培训的指导意见（试行）》的通知的精神，黄浦区自 2012 学年起开始正式全面实施中小学（幼儿园）见习教师规范化培训。

如何通过统筹市、区、校三级优质教育资源，合理安排区级集中培训，规范管理我区 15 所市级见习教师规范化培训基地和 6 所区级见习教师规范化培训基地的培训工作，从而确保见习教师在优秀的教育教学团队的浸润和专门的指导教师带教的过程中，正确认识与适应教师角色，形成良好的教育教学行为规范，强化教育教学实践能力，尽快胜任教育教学工作值得研究。我们通过“区域见习教师规范化培训的管理策略研究”的课题研究，加强了见习教师规范化培训各项相关工作的规范性，提高了见习教师规范化培训的有效性，夯实了见习教师们的专业基础，整体提升了区域中小学、幼儿园见习教师的素质与能力。

二、思考与认识

见习教师规范化培训不同于传统意义上的小作坊式的师徒带教，改变了过去强调集中统一、缺乏个性培养的传统模式，强调把见习教师浸润到教师专业发展基地学校或优秀学科教研团队中带教培养，让其身临其境体验成长，高起点、高标准引领新教师入“行”，有效提升了新教师素养。①本研究针对不同的研究时期分别采

① 上海市教师专业发展工程领导小组办公室.见习教师规范化培训的有效策略[M].华东师范大学出版社，2017:3，前言.

取了调查研究法、文献学习法、行动研究法和经验总结法等方法组合开展研究工作，相关核心概念及其界定具体如下：

（一）区域

本课题所研究的区域指依据一定行政标准划分的地域范围，主要以黄浦区为例。

（二）见习教师

什么是“见习教师”？见习教师指师范院校或其他高等院校相关专业毕业，已经取得中小学或幼儿园教师资格，并在中小学（幼儿园）首次任教的人员。

（三）规范化培训

什么是“规范化培训”？中小学（幼儿园）教师入职第一年为见习教师，见习教师都必须参加为期 1 年的见习教师规范化培训（以下简称“规培”）。“规培”是教师教育的有机组成部分，是教师职前教育与职后教育之间的重要环节，是教师管理的制度创新①。目的是使见习教师正确认识与适应教师角色，形成良好的教育教学行为规范，胜任教师职初工作。

（四）管理策略研究

“管理策略研究”是指通过行动研究的方法，尝试运用不同的管理策略深入推进区域“规培”工作进程，在实践中逐步使本地区的见习教师规范化培训工作规范化、有序化、特色化，从而提升区域见习教师规范化培训的水平和实效，为达成《黄浦区“十三五”中小学、幼儿园教师培训工作实施意见》所设定的发展目标提供有力的策略支持。

三、实践与探索

经过 8 年多的实践探索研究，黄浦区在见习教师规范化培训工作上积累了大量的经验。在此基础上，我们开展了理论与实践相结合的研究，经过提炼总结，形成了区域见习教师规范化培训六大管理策略。

策略一：整体设计，架构培训的分级管理工作体系

合理的管理工作体系的架构和布局是确保“规培”管理工作有效的前提，为适

① 沪教委人[2012]18 号文件《上海市教育委员会关于印发〈上海市中小学（幼儿园）见习教师规范化培训的指导意见（试行）〉的通知》。

应"规培"工作市级层面的总体要求和黄浦教育区级层面及校级层面的实际情况，架构区域规范化培训分级管理工作体系（详见图 1-1）是管理的重要策略之一。

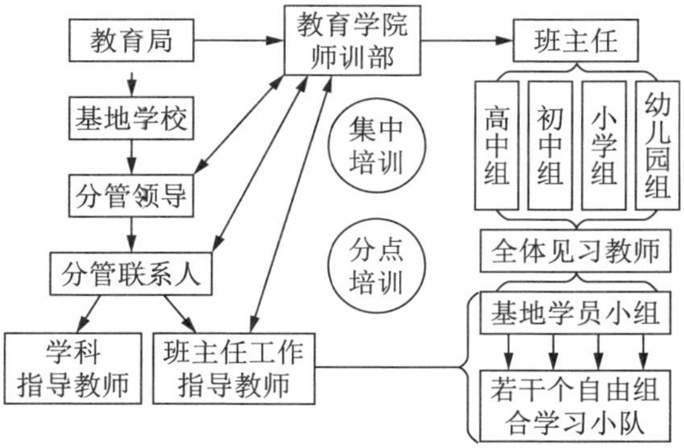

图 1-1　区域规范化培训分级管理工作体系

区教育局成立了"规培"工作领导小组，策划和部署了"规培"工作的总体方向、目标和实施策略。

区教育学院由分管院长带领师训部相关人员负责"规培"的区级管理工作，具体负责区域集中培训的整体设计与实施管理，同时负责对区域内"规培"基地学校的分点培训实施情况实行动态的过程管理。

市、区级"规培"基地学校实行校长负责制，由校长及分管校长具体负责本基地学校的培训的总体设计，精心挑选带教教师，并设联系人具体负责落实基地"规培"工作的开展。

策略二：规范引领，制定培训方案和相关管理制度

1. 制定区级培训方案和相关制度

依据《上海市中小学（幼儿园）见习教师规范化培训的指导意见（试行）》的要求，黄浦区制订了《黄浦区中小学、幼儿园见习教师规范化培训方案》，从指导思想、培训对象、培训目标、培训内容与形式、培训的实施、培训的考核等方面明确了区域"规培"的纲领性要求；同时，通过广泛征求意见，先后几次召开方案可行性论证会，认真听取领导、专家及见习教师规范化培训基地的意见，不断地修改和完善方案，并制定了一系列配套的管理制度，力争做到基于教师、基于学校，按需施训，使之真正成为适合见习教师成长和我区区情的可操作的培训方案。

2. 明确指导教师遴选要求与带教职责

通过制定并完善《见习教师规范化培训学科指导教师工作职责》和《见习教师规范化培训班主任工作指导教师工作职责》，要求基地学校根据上述文件择优选聘学科指导教师和班主任工作指导教师，并通过签订带教协议，明确带教的权利和义务，促使指导教师按规定认真履行带教义务，智慧地实施带教。

3. 设计学科和班主任工作带教手册

根据《上海市中小学见习教师规范化培训手册》《上海市幼儿园见习教师规范化培训手册》，相应设计了《学科指导教师带教手册》和《班主任工作指导教师带教手册》，引领区域内各基地指导教师思考带教内容、带教方式，并反思带教效果，积累带教案例，从而更好地指导见习教师完成职业感悟与师德修养、课堂经历与教学实践、班级工作与育德体验、教学研究与专业发展四个方面的培训①。

策略三：关注过程，加强培训的阶段性管理

1. 通过基地分管领导和联系人例会制度落实管理工作

借助基地分管领导和联系人例会，倡导培训基地学校认真学习市教委及本区域关于实施见习教师规范化培训的相关文件，并在此基础上结合学校自身教育教学特色确定培训内容，制定培训方案，选择合理的培训模式，确保顺利开展为期一年的见习教师规范化培训的各项工作，并在培训的过程中跟进了解培训的开展情况和见习教师的学习情况，及时发现问题并解决问题。

2. 通过督促基地学校制定培训方案，做好培训前期准备

倡导培训基地学校认真学习市教委及本区域关于实施见习教师规范化培训的相关文件，并在此基础上结合学校自身教育教学特色确定培训内容，制定培训方案，选择合理的"规培"模式，确保顺利开展"规培"各项工作。

3. 通过区情介绍和要求解读，做好见习教师培训前的动员

为确保"规培"的顺利进行，使见习教师明确"规培"的要求，在每一届见习教师参加"规培"的开班式上，教育学院师训部会邀请教育局和教育学院的领导介绍区情、校情、学情，帮助见习教师了解教师专业发展的相关理念和知识，明确见习教师规范化培训的要求和自身的专业发展路径。

---

① 上海市教师专业发展工程领导小组办公室.上海市中小学见习教师规范化培训手册[M].上海：华东师范大学出版社，2018：2.

4. 通过阶段性汇报制度，密切关注培训进程

阶段性汇报制度有利于区级管理部门监管基地学校开展见习教师规范化培训的进程，跟踪指导教师的带教状况。

例如，实行带教活动月报、学期小结、学年总结制度。教育学院师训部要求基地学校和指导教师通过对带教教师的现状分析制定个性化带教方案，做到学期有计划、每周有日程。同时设计了见习教师规范化培训《指导教师带教情况月报表》（详见表 1-1），要求指导教师按周次对带教活动进行详细记录，并由基地学校按月检查，充分发挥学校的督促与管理作用。此外，教育学院师训部还通过《学期指导教师带教情况汇总表》的填报，对指导教师进行阶段性考核，作为指导教师带教工作绩效考核的重要依据。

表 1-1 《指导教师带教情况月报表》

________年______月 指导教师带教情况月报表

基地学校：________________（盖章） 填表人：________

序号	指导教师姓名	指导类别（学科/班主任）	带教人数	本月应培训次数	实际培训次数	是否填写了带教手册本月的日程安排	是否注意了本月带教形式的多样化和有效性	是否指导见习教师完成了本月培训手册的相关内容并填写了评语	备注	本月带教情况总体评价
1										
2										
3										
4										
5										
6										
7										
8										
9										
10										

说明：
1. 需填写所有见习教师指导教师的带教基本情况并作总体评价，分“优秀”“良好”“合格”“不合格”四档。
2. 各基地学校可以根据指导教师人数调整表格的行数。

5. 通过走访调研，跟踪规范化培训的实际运行情况

开展基地学校的走访与调研有助于区级层面的管理部门通过实地考察了解培

训需求、指导教师职责落实、带教手册填写、带教活动开展情况、相关举措、存在问题等培训的实际进展情况，并通过座谈、查阅资料等方式，对基地学校和指导教师进行工作评估。

6. 通过专题座谈会，多方了解培训实效与改进建议

召开见习教师规范化培训班师训专管员座谈会、班主任培训工作研讨会和教师专业发展学校领导及学科基地指导教师代表座谈会，通过事先布置座谈会要讨论的主要话题，提高与会人员的发言质量，便于更好更全面地了解各基地学校的培训进展情况及各个层面相关人员的需求，并为各基地学校的代表们创设交流学习的机会，有利于培训资源共享，取长补短，改进并完善培训工作，切实增强培训效果。

7. 通过宣传报道制度，促进项目开展情况的交流与分享

为了使见习教师规范化培训工作顺利推进、规范操作、稳步完善，无论是教育学院师训部，还是见习教师规范化培训基地学校或是聘任学校，都能建立一定的见习教师规范化培训工作宣传报道制度。

例如，区教育学院师训部充分利用黄浦教育网及公众号、教育学院网页新教师规范化培训栏目（详见图 1-2）、《黄浦教育研究》等不同形式的宣传报道渠道在区域内加强政策的宣传、活动的报道、经验的分享和成果的展示。

图 1-2　黄浦区教育学院网页中的规范化培训专栏

策略四：注重实效，践行规范化培训的实施策略

1. 以通识化的培训内容组织常规区级培训

由教育学院负责落实的区级培训主要从教育理念、师德素养、班级管理、课堂教学常规等通识性知识入手，利用周一下午的区级集中培训，邀请市内外专家采用面向全体见习教师的报告或是分学段的讲座等方式开展专题培训，从而增强见习教师的教师职业情感，全面提升见习教师的综合素养。

例如，区教育学院师训部根据相关文件要求和区情，设计《黄浦区教育学院见习教师规范化培训班课程计划》，在学年内分阶段、分模块实施区级集中式培训，培训内容主要包括模块 A(职业感悟与师德修养类课程)，模块 B(课堂经历与教学实践课程)，模块 C(班级工作与育德体验课程)，模块 D(教学研究与专业发展课程)四大类别的课程及模块 E(教学基本功、各类评比活动及其他)，旨在通过各模块的培训(详见图 1-3)对见习教师进行师德规范教育，培养其教学能力、教育能力和科研能力。

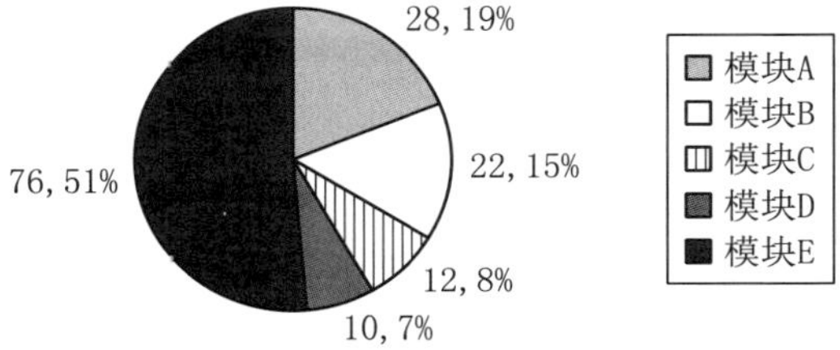

图 1-3 见习教师规范化培训区级培训课程各模块课时及比例分布图

2. 以对话式的培训策略开展“导师工作坊”

创设主讲专家与见习教师之间互动的环节，激发见习教师主动参与、全情投入培训的热情，通过见习教师的问、专家的答以及双方的讨论为见习教师搭建了一个与专家近距离、面对面的答疑解惑的机会。

例如：2018 年 11 月至 2019 年 1 月，我区 2018 学年见习教师规范化培训完成了第三阶段“导师工作坊”的培训，主要依靠区教育学院教研员以及我区优秀德育工作者的专业力量，分学科、分学段从侧重教学的“如何落实教学环节之撰写教案”“如何观课评课”和侧重教育的“教育案例分析”“教育案例撰写”进行了 4 次共 32 场的专业指导。

“导师工作坊”创设了见习教师与教研员和优秀德育工作者“零距离”接触的机

会，通过导师们精心设计并组织的专题培训、案例分析以及与见习教师的互动交流，帮助见习教师们更好地把握教材的重难点和教学设计的要点，找准听课观课的侧重点，提高听评课的有效性，还使见习教师明确了教育案例撰写的基本方法和策略，帮助他们学会根据教育案例，即来源于教育教学工作中的典型事件、常见现象，尝试撰写案例分析，表达教育教学观点。

3. 以跟进式的带教模式推进师徒指导

借助一些教学与教研比较规范有序、指导与带教力量较强、教学质量较高的教育学科教学团队，为见习教师专设班主任工作和学科教学工作的指导教师，指导见习教师学习学科课程标准、观课、评课、备课、上课、课后反思、作业批改、质量分析，学习班集体建设、主题班会、学生谈心、召开家长会等具体活动。指导教师实施事前指导、事后点评等跟进式带教，帮助见习教师体验、感悟，提高教学能力，并在实践与反思中提高对班主任工作的认识与相关能力。

4. 以系列化的教学比赛激励教师成长

为加强见习教师的教学基本功，2019 年教育学院精心设计、搭建平台，开展见习教师“萌芽杯”教学评比活动，旨在为见习教师搭建宽阔的成长平台，激发见习教师爱岗敬业、勤勉治学的热情，鼓励见习教师落实教学中的基本规范，提高课堂教育教学能力。

例如：黄浦区 2018 学年见习教师“萌芽杯”教学评比，第一轮比赛是“教案设计”，全区各学段的 175 名见习教师参加了首轮比赛，参赛教师按所给的教学素材，根据自己所任教的年段设计一份一个课时的详案。4 月中旬，开展第二轮“模拟课堂教学”比赛，有 91 名见习教师进入此轮比拼，他们就自主申报的两个课题开展教学设计，并根据评委专家当场抽选的一个课题，借助板书等教学手段进行 15 分钟的模拟课堂教学。5 月中旬，在两轮遴选的基础上，50 名见习教师进入第三轮“课堂教学”比赛，参赛教师根据所任教的学科、学段、教学进度及班级学情，以学定教，选择相应的教学内容执教一节课，展示他们的教育教学基本功。比赛中，见习教师们精心设计教案、教具，力争在注重教学的基本规范的同时，关注教学语言的准确生动、教学过程性目标的落实以及学生学习能力的发展。专家们对见习教师在各轮比赛中的表现给予了充分的肯定，他们认为参赛的选手们基本素养较好、教学设计较规范、教学过程较合理，也希望见习教师通过比赛的打磨进一步夯实基本功，不断进步。最终，有 25 名见习教师荣获“萌芽杯”教学比赛一等奖，25 名见习教师荣获“萌芽杯”教学比赛二等奖，22名见习教师荣获“萌芽杯”模拟课堂教学优胜奖，46名见习教师荣获“萌芽杯”教案设计优胜奖。

5. 以主题式的专题活动弘扬师德师风

为推进新时期教师队伍师德师风建设，弘扬于漪老师教书育人精神，加强见习教师职业道德建设，充分展示见习教师爱岗敬业、积极向上的精神风貌，弘扬广大教师教书育人、为人师表的职业情操，区教育学院组织“弘扬师德师风”征文活动和演讲比赛，鼓励见习教师分享职业认知，畅谈职业理想。

例如：2019年6月3日下午，区教育学院在“弘扬师德师风”征文活动的基础上成功举办黄浦区2018学年中小学幼儿园见习教师“弘扬师德师风”演讲比赛，共有38名见习教师进行了演讲，全区所有中小学幼儿园见习教师观摩了此次比赛。

参赛见习教师或从自身的学习经历出发，回忆老师对自己的重要影响，并发愿传承、弘扬师德师风；或回顾这一年来的德育、教学经验，分享典型案例，交流自己的思考与收获；或研读了相关书籍，畅谈自己的阅读理解与对师德师风的见解。通过演讲，见习教师们呈现了精彩的教育教学智慧和从容优雅的风度，让倾听者获益良多，更感同身受。最终，在“弘扬师德师风”演讲比赛中，有7名见习教师荣获一等奖，13名见习教师荣获二等奖，18名见习教师荣获三等奖，另有40名见习教师荣获“弘扬师德师风”征文活动优胜奖。

本次演讲比赛既是见习培训的尾声，更是见习教师从教之路的开端，无论获奖与否，他们都在教师这一岗位上站稳了脚跟、坚定了信念、确立了目标。

策略五：需求调研，阶段性调整优化培训进程

见习教师规范化培训的课程设置与调整应建立在对见习教师需求调研的基础上，以见习教师实际发展需求为导向，培训才会具有实效性，才能吸引见习教师主动积极参与，更有效地完成见习教师规范化培训。

例如，区教育学院师训部在制定“十三五”见习教师规范化培训区级集中培训的方案前，特设计了《见习教师专业发展需求调查问卷》，从培训目的、培训方式、培训内容、培训态度等方面了解见习教师的专业发展需求，并了解除见习教师规范化培训外，见习教师还需要教育学院、基地学校、聘任单位为他们的专业成长提供哪些方面的帮助、创造怎样的发展机会。

基于调查问卷的汇总及统计反馈，区教育学院师训部在推进见习教师规范化

培训的工作时，从区域集中培训课程的设计、基地学校的管理、指导教师的工作侧重点方面做了进一步的优化与完善，以期使见习教师规范化培训能更好地有助于提升本区见习教师的职初教育教学能力，形成良好的教育教学行为规范，胜任教师职初工作，培养引领见习教师的持续发展能力。

策略六：多元评价，综合评定见习教师培训实效

学年结束时，区教育学院专门召开考核评价工作会议，强调全方位评价见习教师整整一学年参与见习教师规范化培训的学习情况的重要性，解读评价所需的基地各项工作汇总表、学员考核表的填写要求，从而确保各基地学校在充分认识评价工作重要性的前提下有序推进形式多样的评价工作，通过见习教师自评、互评，基地校、聘任校、指导教师、区教育学院等多元评价，最终形成针对每一位见习教师的综合性总体评价。“多元化”的评价力争体现个人评价与集体评价相结合，基地校评价与聘任校评价相结合，分点培训评价与集中培训评价相结合，过程性评价与终结性评价相结合，以期通过全面的科学的评价肯定见习教师一年来的培训成绩。

四、结论与意义

（一）形成了规范的管理流程和制度文本

通过研究，黄浦区在见习教师规范化培训工作中明确了见习教师规范培训的内容，形成了可操作、精细化的工作流程，同时也形成了一系列工作配套制度，编制了《黄浦区中小学、幼儿园见习教师规范化培训方案》《黄浦区中小学见习教师规范化培训手册》等一系列管理制度，从培训制度、工作职责、工作内容、经费使用、培训内容、培训要求、时间节点、指导教师工作职责等各个方面提出了明确的要求和工作意见，有效规范了见习教师规范化培训的各项工作，做到有章可循。

（二）提炼了规范化培训的有效管理策略

通过区域见习教师规范化培训的管理策略研究，笔者认为见习教师规范化培训的管理要基于全面贯彻市教委统一要求的前提，要基于规范化培训的基本特征，注重规范，强调团队带教，实现浸润式培训，更要基于我区自身实际情况，充分依靠相关基地学校和聘任学校。

同时，在不断规范培训管理、创新培训机制、整合培训资源，扎实有效地开展见习教师规范化培训的各项工作的基础上，笔者提炼了六项主要的管理策略，即：整

体设计，架构培训的分级管理工作体系；规范引领，制定培训方案和相关管理制度；关注过程，加强培训的阶段性管理；注重实效，践行规范化培训的实施策略；需求调研，阶段性调整优化培训进程；多元评价，综合评定见习教师培训实效。这些管理策略为今后区域见习教师规范化培训提供了很好的经验，有利于使见习教师培训规范化、标准化、课程化，从而确保见习教师培训更有针对性和实效性，确保见习教师能安心参加培训，实现培训效能的最大化。

（三）激励了中小幼见习教师的职初成长

见习教师经过为期一年的规范化培训，通过参加区级集中培训了解了区情、明确了培训的总体要求，和专家进行了近距离对话，在一系列的活动中历练和展示了自己的教学才能与个人才艺；在基地学校的浸润式培训过程中，全方位感受到了基地学校的文化和管理，体验到了基地学校良好的教研氛围，领略到了指导教师严谨的工作态度和教育艺术。在优秀指导教师团队的精心指导下，每一位见习教师在应知应会方面都得到规范化、标准化的培养，整体提升了见习教师的师德修养和驾驭教育教学的基本能力。我区见习教师在上海市中小学幼儿园基本功大赛中的成绩也逐年提升，在全市名列前茅，2016 年 2 位荣获一等奖，2 位荣获二等奖；2017 年 3 位荣获一等奖，3 位荣获二等奖；2018 年 4 位荣获一等奖，2 位荣获二等奖；2019 年 6 位参赛教师全部荣获综合奖一等奖。

（四）促进了基地学校和指导教师的发展

基地学校在开展见习教师规范化培训的过程中勇于探索，不断实践和完善，结合学校特色和本校骨干教师的特长，逐步形成了各具特色的培训模式和培训课程，办学水平和管理能力也得到了进一步的提升。同时，指导教师在培训见习教师的过程中与新教师共同成长，进一步促进了自身的专业发展。近两年，我区有 10 所基地学校荣获市级优秀教师专业发展学校，有 12 位指导教师被评为见习教师规范化培训市级优秀指导教师。可见，见习教师给基地学校带来了活力，也带来了压力和动力，有助于基地学校与指导教师的可持续发展。当然，聘任学校也是这项工作的受益者，不仅使见习教师得到了更规范的培训，同时也给本校带来了好经验、好风尚。

回顾本项研究，我们边摸索、边实践、边反思、边调整，由于仅以本区见习教师规范化培训为例，因此，得出的结论难免具有一定的局限性，但是从研究结果中提炼的区域见习教师规范化培训的管理策略在一定程度上具有代表性和借鉴意义，希望能够对今后的见习教师规范化培训工作以及进而探索青年教师（2～5 年教龄)的培训培养机制起到抛砖引玉的作用。

（上海市黄浦区教育学院　王凌珏）

第二节　职初教师核心能力发展与培养的现状及分析①

一、问题提出

从教师专业发展的角度来看,教师的一般成长过程分为“职初教师、有经验教师和专家型教师”。走上工作岗位 0～2 年的教师可以称之为职初教师。近几年来,越来越多的新教师加入到教师队伍中,其中非师范类职初教师也占了不小的比例。职初教师的素质及发展直接影响到各区教育内涵发展与教育实力的提升。

尽管从 2012 年起开始启动了上海市中小学幼儿园见习教师规范化培训,在一年的时间里对新入职教师进行基本的教育技能培训,而之后对职初教师的培养和培训,无论是区域或是学校层面,均出现了缺位的现象。那么对于职初教师而言,一年的培训帮助职初教师掌握教学技能、把控教学现场、职业适应到什么程度,其核心能力发展情况如何?区域和学校层面为职初教师的培训培养还需要做哪些努力,该如何构建助力职初教师核心能力发展的区域支持体系?

有鉴于此,我们希望通过本调查的实施,收集职初教师能力发展现状的第一手资料,为进一步构建区域层面的职初教师发展支持体系提供证据支持。

二、调查的编制与实施

（一）调查问卷的编制

首先,我们根据调查目的,设计了本次调查问卷的结构表(见表 1-2)。主要从教师核心能力发展现状,所在学校、区域发展职初教师的路径两个块面进行调查问卷的设计。

---

① 本文为 2015 年教育部重点课题“发展职初教师核心能力的区域支持体系构建与行动研究”(课题编号:DHA150331)研究成果。

表 1-2 调查问卷结构表

一级结构	二级结构	三级结构	
第一部分：职初教师核心能力发展调查	显性能力	教育能力	班级管理
			学生培养
		教学能力	备课
			上课
			作业布置与批改
			课外辅导
			学业成绩的检查与评定
		学习能力	学科本体知识
			自我学习能力
			研究能力
		职业认同	是否有职业规划
			职业规划的执行程度
			对职业的认同程度
	隐性能力	岗位适应	工作效率
			与同事的沟通交流
			完成学校工作的意愿
		心理调适	情绪控制
			对工作节奏的调适
第二部分：职初教师所在学校及区域培训培养调查	学校培养培训	学校发展职初教师能力的路径	
		带教师傅、教研组培养	
		培训及公开展示的机会	
	区域培养培训	区域发展职初教师能力的路径	
		区级公开展示的机会	
		区域培训的问题	

随后，课题组依据文献及工作经验设计了调查初稿。为弥补调查表初稿设计的不足，课题组一边深入学校与教师开展座谈，一边进行专家咨询，综合意见进一步完善了调查内容。最后选择区内部分学校的教师进行试测，根据试测结果，再次修订问卷，并最终面向职初教师实施问卷调查。

（二）问卷的真实性

本次数据处理过程采用计算机自动筛选和人工对异常数据处理相结合的方法。为了保证数据的有效性，设置了两重处理措施：第一，教师完成问卷的时长设置，根据学校个性化处理；第二，特别异常的数据的个别化处理。

（三）调查对象的选择

本次调查对象分成两个部分。一是对我区（黄浦区）入职 0～2 年以内的教师进行调查。考虑到调查实施时，2013 年 7 月入职的教师也只是刚刚脱离概念界定的“0～2”年职初期，所以这一部分教师也纳入调查的范围。

根据分层随机抽样的原则，发放问卷数为 613 份，回收有效问卷为 579 份，有效率为 94.45%。黄浦区参与调查的职初教师基本分布情况如表 1-3。

表 1-3　黄浦区参与调研的职初教师情况

基本信息		人数	比例(%)	基本信息		人数	比例(%)
学段	高中	171	29.53	性别	男	106	18.31
	初中	146	25.22		女	473	81.69
	小学	152	26.25	本科(大专)专业	师范类	374	64.59
	幼儿园	110	19.00		非师范类	205	35.41
入职年限	0 年	155	26.77	学历	大专	42	7.25
	1 年	132	22.80		本科	331	57.17
	2 年	181	31.26		硕士	203	35.06
	3 年	111	19.17		博士	3	0.52

（说明：高中包括完中和职校，初中包括九年一贯制）

为了解其他区域职初教师的情况，我们仍然按照分层抽样的原则，选择了虹口区（中心城区）、闵行区（近郊）、金山区（远郊）入职三年以内的教师开展了相关调查。发放问卷数为 2156 份，有效问卷数为 2000 份，有效率为 92.76%。该三区抽样教师基本分布情况如表 1-4。

表 1-4　外区参与调研职初教师情况

基本信息		人数	比例(%)	基本信息		人数	比例(%)
学段	高中	216	10.80	性别	男	293	14.65
	初中	490	24.50		女	1707	85.35
	小学	796	39.80	本科(大专)专业	师范类	1201	60.05
	幼儿园	498	24.90		非师范类	799	39.95
入职年限	0 年	599	29.95	学历	大专	50	2.50
	1 年	488	24.40		本科	1275	63.75
	2 年	468	23.40		硕士	674	33.70
	3 年	445	22.25		博士	1	0.05

（说明：高中包括完中和职校，初中包括九年一贯制）

（四）调查方式

采用我区教育学院科研室自主开发网络平台（http://vote.hpe.cn）进行在线调查。

（五）调查时间

2016 年 12 月 20 日至 2017 年 3 月 10 日。

（六）数据分析与处理工具

本次问卷结果的分析工具为 SPSS22.0。

（七）问卷的信度

对建立的职初教师显性能力（包括教育、教学、学习能力），隐形能力（包括职业认同、岗位适应、心理调适）6 个维度单选题，进行质性信度系数 α 分析，结果显示问卷的信度在 0.74～0.91 之间，说明一致性信度较高，该问卷达到了作为本研究的一个测量工具的要求，具有一定的可靠性。

三、调查的结果与分析

第一部分：职初教师核心能力发展现状

1. 职初教师显性能力发展现状

(1) 职初教师教育能力现状

① 承担班主任工作情况

表 1-5　您的入职时间，您是否承担了班主任的相关工作交叉表

		您是否承担了班主任的相关工作		合计
		是	否	
入职时间	2016 年 7 月	55	100	155
	2015 年 7 月	76	56	132
	2014 年 7 月	103	78	181
	2013 年 7 月	70	41	111
总　计		304	275	579

从总体来看，近三年入职的教师中 52.5％担任了班主任的工作，随着入职年限的提高，担任班主任工作的比例有所上升。这一数据略低于其他三区 58％

的比例。

② 班级管理中最感棘手的问题

本题为跳题，只对 304 位担任过班主任工作的教师实施调查。根据排名第一赋值为 3、排名第二赋值为 2、排名第三赋值为 1，通过加权得到职初教师觉得班级管理中最为棘手的前三项。

表 1-6 职初教师觉得班级管理中最为棘手的前三项问题

内　　容	加权值	排序
学生行为规范的养成	478	1
与家长的沟通	276	2
班级纪律的维持	264	3

经卡方检验，不同入职年限的职初教师无显著性差异。与其他三区相比，此排序无异。

③ 学生培养中最感棘手的问题

根据排名第一赋值为 3，至排名第三赋值为 1，通过加权得到职初教师觉得学生培养中最为棘手的前三项。这一排序，黄浦区与其他三区无异。

表 1-7 职初教师觉得学生培养中最为棘手的前三项问题

内　　容	加权值	排序
激发学生学习兴趣与动机	757	1
帮助学生做好学习与发展规划	747	2
学生心理健康教育	729	3

经卡方检验，不同入职年限的职初教师无显著性差异。与其他三区相比，此排序无异。

④ “班级管理”和“学生培养”中职初教师自评困难程度

根据从“非常低”到“非常高”五级选项分别赋值 1～5 分，在班级管理和学生培养中，分数越高说明职初教师的困难程度越大。从表 1-8 可以看出，职初教师在这两个块面，均感觉困难较大。

表 1-8 职初教师在班级管理和学生培养中自评困难程度均值

	平均数	标准差
您觉得目前在“班级管理”上存在困难的程度	3.27	0.66
您觉得目前在“学生培养”上存在困难的程度	3.25	0.65

经单因素方差分析，在班级管理上，不同入职年限的教师存在极显著差异（p＜0.01），不同学段教师之间存在显著性差异（p＜0.05）。随着入职年限的增加，职初教师在班级管理的困难程度逐渐减低（如图 1-4）。而小学学段的职初教师群体觉得班级管理上存在困难程度较大（如图 1-5）。

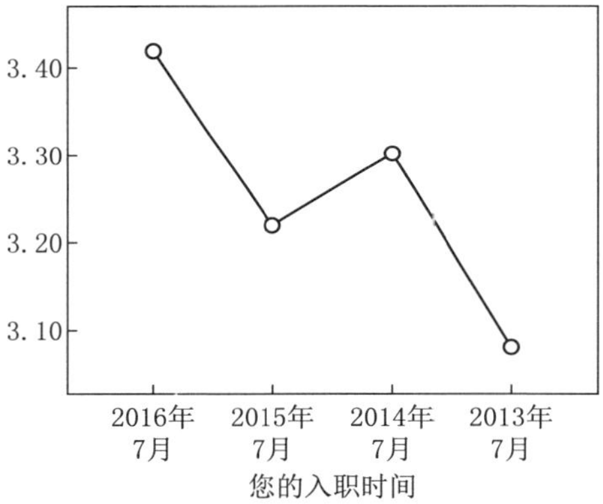

图 1-4 班级管理存在的困难的平均值

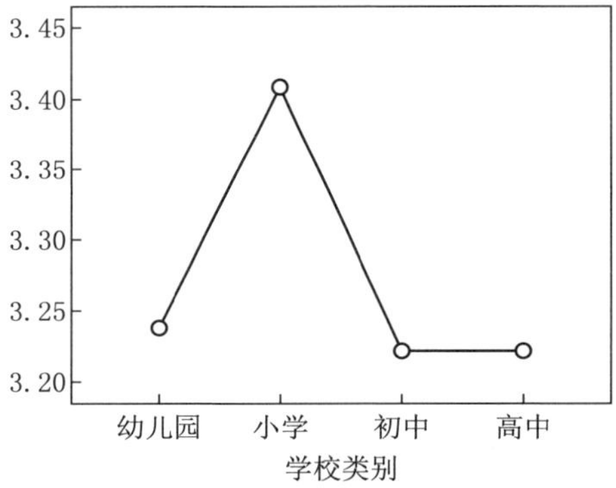

图 1-5 不同学段教师班级管理存在的困难的平均值

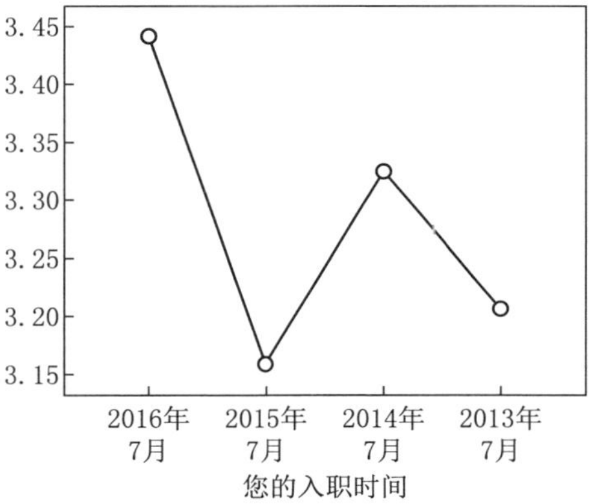

图 1-6 学生培养中存在的困难程度的平均值

就学生培养存在的困难程度上，仅不同入职年限的职初教师存在显著性差异（p＜0.01），在不同学段、学历上职初教师间无显著性差异。不同入职年限的教师在学生培养困难程度上存在起伏（如图 1-6）。

在与其他三区相比，不同区县教师在学生培养中的困难程度存在显著性差异（p＜0.05），青浦职初教师在班级管理和学生培养中均感觉困难程度最高，黄浦和虹口两区职初教师则感觉困难程度相对较低。

(2) 职初教师教学能力现状

① 备课、上课、作业布置环节职初教师最感棘手的前三项问题

根据排名第一赋值为3,至排名第三赋值为1,通过加权得到职初教师觉得教学五环节中最为棘手的前三项。经卡方检验,不同入职年限教师无显著性差异。这一排序,黄浦区与其他三区无异。

表 1-9 职初教师在备课、上课、作业布置环节最感棘手的前三项问题

排序	备课		上课		作业布置与批改	
	选项	加权值	选项	加权值	选项	加权值
1	教学内容的组织和设计	598	对学生课堂生成问题的回应	792	作业布置的难度	1060
2	教学重点、难点的把握	573	课堂教学节奏的调控	729	作业布置的内容	641
3	课程标准的解读	553	课堂教学的观察	589	作业布置的数量	595

② 课外指导、学业成绩检查环节职初教师最感棘手的问题

在课外指导环节,55.27%的职初教师认为“补差”是最感棘手的问题;在学业成绩检查与评定环节,62.01%的职初教师觉得对“检查和评定结果的分析”部分最感棘手。

经卡方检验,不同入职时间的职初教师无显著性差异。与其他三区比较,职初教师在最感棘手问题上排序无异。

③ 教学五环节中职初教师自评困难程度

根据从“非常低”到“非常高”五级选项分别赋值1～5分,在教学五环节中,分数越高说明职初教师的困难程度越大。

表 1-10 教学五环节职初教师自评均值

	平均数	标准差
您觉得在“备课”环节存在困难的程度	3.01	0.70
您觉得在“上课”环节存在困难的程度	3.01	0.69
您觉得在“作业布置与批改”环节存在困难的程度	2.74	0.78
您觉得在“课外指导”环节存在困难的程度	3.07	0.73
您觉得在“学业成绩的检查与评定”环节存在困难的程度	2.98	0.69

从上表可以看出，职初教师在“作业布置与批改”环节的平均分为 2.74，相对最低，说明困难程度较小。而在课外指导环节均分为 3.07，相对最高，说明职初教师在此环节感觉困难程度最大。

经单因素方差分析，不同入职年限的教师和不同学段的职初教师均在备课、上课两个环节存在极显著性差异（$p<0.01$）（如图 1-7、图 1-8），随着入职年限的增加，职初教师在备课、上课环节的困难程度呈现下降趋势。

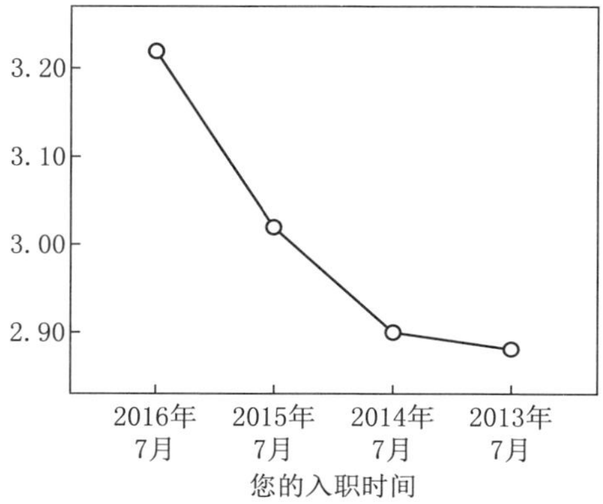

图 1-7　备课存在困难的程度的平均值

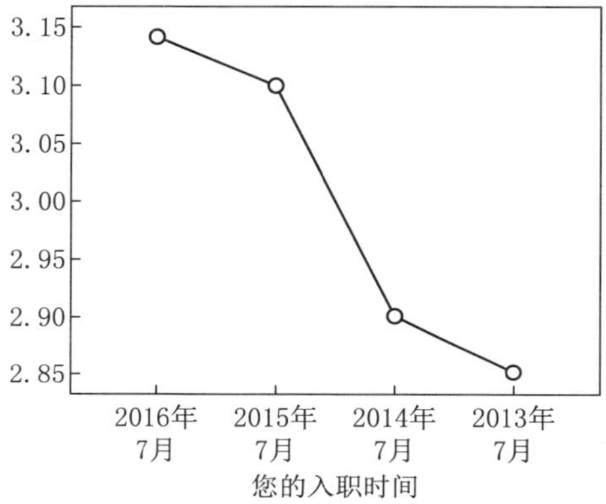

图 1-8　上课存在困难的程度的平均值

不同学段的教师在课外指导环节存在显著性差异（$p<0.05$）（如图 1-9、1-10）。在备课和上课环节，呈现为幼儿园职初教师觉得困难程度最大，高中教师觉得困难程度最小。而在课外指导环节，则正好相反，高中教师觉得困难程度最大，这与各学段教师面对的教育对象年龄、教学内容密切相关。

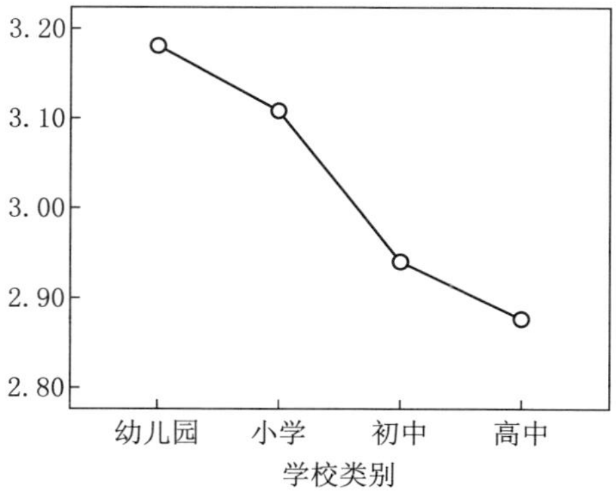

图 1-9　备课存在困难的程度的平均值

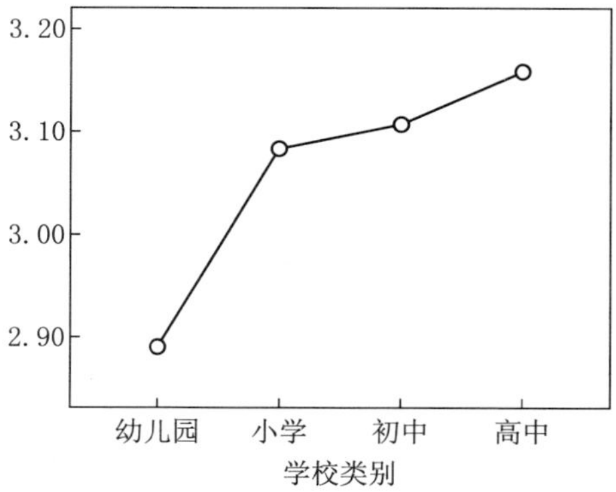

图 1-10　课外指导存在困难程度的平均值

与其他三区相比，在教学五环节中职初教师感觉困难的程度上，不同区域之间不存在显著性差异。

（3）职初教师学习能力现状

① 知识欠缺之处

根据排名第一赋值为3，至排名第三赋值为1，通过加权得到职初教师觉得知识最为欠缺的前三项，如表1-11。此排序与其他三区无异。

表1-11　职初教师知识欠缺部分排序

内　　容	加权值	排序
教育情景知识（如教育脉络、学区管理、班级运转等）	1039	1
学生及其特征知识	703	2
教育的目标、哲学等知识	642	3

② 开展教学研究最困难之处

在开展教学研究方面，36.1%的职初教师认为“如何选择研究方向”是最为困难之处，27.6%的教师则认为如何“设计研究方案”也是比较困难的。

经卡方检验，不同学段的职初教师均存在显著性差异（$p<0.05$）。幼儿园老师觉得“设计研究方案”最为困难，其他学段的老师则认为“选择研究方向”最为困难。

与其他三区相比存在显著性差异（$p<0.05$）。“选择研究方向”都被各区职初教师认为是最大的困难，闵行区职初教师认为“撰写研究报告”也是比较困难的。

③ 关于教育教学自我学习最困难之处

在关于教育教学的自我学习方面，38.7%的职初教师认为“没有时间学习”，37.0%的职初教师则认为是“没有精力学习”。

经卡方检验，不同学段、不同入职年限、不同区域的职初教师之间均没有显著性差异。

④ 职初教师关于专业提升的整体意愿

职初教师在专业提升上的意愿均值为3.86。经单因素方差分析，不同入职年限、不同学校类别的职初教师均存在极显著性差异（$p<0.01$）。如图1-11，随着入职年限的增加，职初教师的专业提升意愿有所下滑；而幼儿园学段的职初教师表现为提升意愿相对较低，中学学段的职初教师意愿相对较高（如图1-12）。

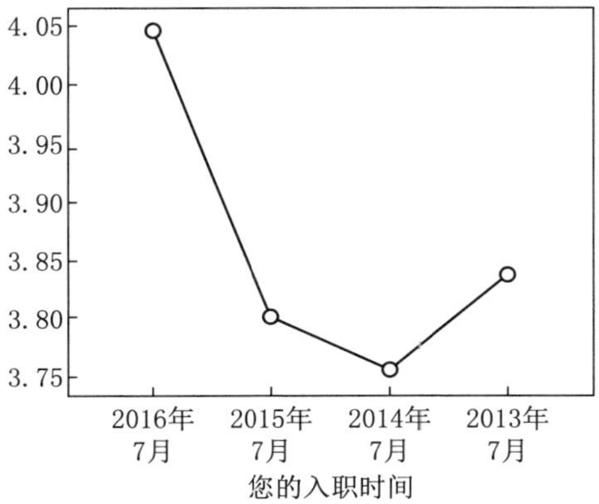

图 1-11 目前专业提升的意愿的平均值

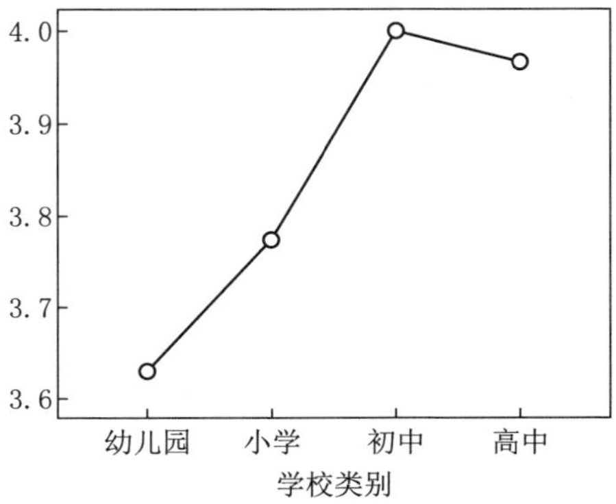

图 1-12 目前专业提升的意愿的平均值

与其他三区比较，职初教师在专业提升意愿上没有显著性差异。

2. 职初教师隐性能力发展现状

(1) 职初教师的职业认同现状

① 职初教师的职业规划及执行程度

占总体 90.85%的职初教师有自己的职业规划，对其职业规划的执行程度而言，从"非常低"到"非常高"赋值 1～5 分，拥有职业规划的 526 位职初教师执行程度的平均值为 3.44，执行程度一般。与其他三区 90.5%的比例相比，黄浦区略高，且不存在显著性差异。

② 职初教师对于职业的认同程度

从"非常低"到"非常高"赋值 1～5 分，职初教师对于职业认同程度的平均值为 3.90，认同程度较高。

不同入职年限的职初教师对职业认同程度存在极显著性差异($p<0.01$)，表现为入职时间越长，认同程度越低(如图 1-13)。不同学段的职初教师之间不存在显著性差异。除略低于其他三区 3.99 的均值外，不同区域之间不存在显著性差异。

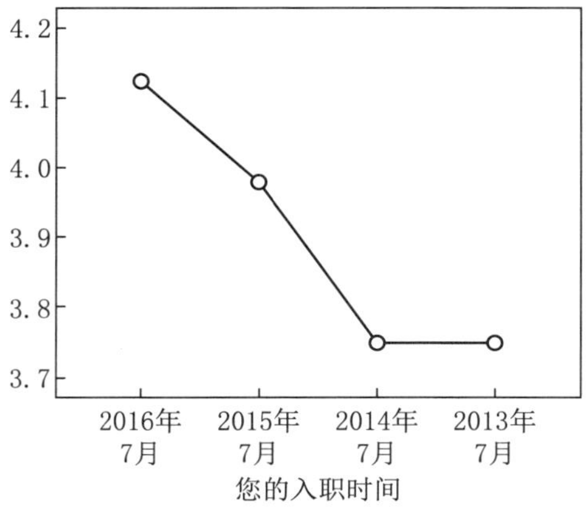

图 1-13 对教师职业的认同程度的平均值

（2）职初教师的岗位适应现状

表 1-12　职初教师岗位适应情况均值

	平均数	标准差
您与同事讨论教育教学问题的频次	3.92	0.75
您与同事间的沟通合作	4.22	0.64
您的工作效率	3.78	0.63

选项从非常低到非常高按照 1～5 分赋值，均值越高说明适应情况越好。从上表 1-12 可以看出，职初教师与同事间的沟通合作程度均值相对最高，工作效率的均值相对较低。经单因素方差分析，不同学校类别的教师在与同事沟通合作上存在显著性差异($p<0.05$)。从不同学段来看，幼儿园和初中老师相对较低，高中老师则相对最高（如图 1-14）。不同区域的职初教师之间，在岗位适应方面不存在显著性差异。

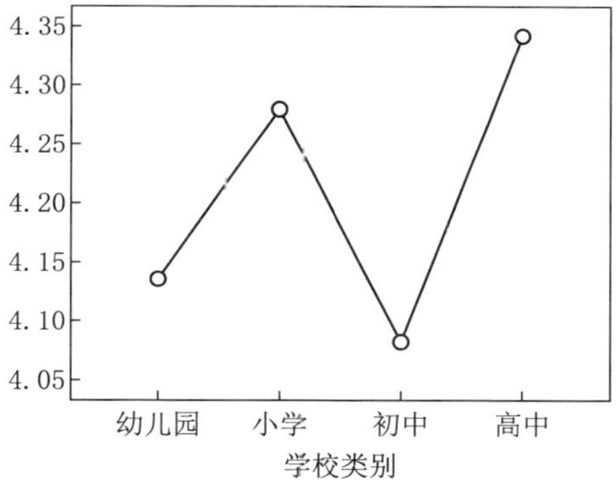

图 1-14　与同事间的沟通合作的平均值

（3）职初教师的心理调适现状

选项从非常低到非常高按照 1～5 分赋值，均值越高说明心理调适的程度越高。从表 1-13 可以看出，职初教师的情绪调控能力和对工作节奏的适应能力均较好，但对收入满意程度相对较低，均值仅为 2.67。

表 1-13　职初教师心理调适状况均值

	平均数	标准差
工作时的情绪调控能力	3.73	0.73
对工作节奏的适应能力	3.71	0.69
对收入的满意程度	2.67	0.92

经单因素方差分析，不同学段的教师在情绪调控能力上存在显著性差异(p<

0.05)，高中教师在情绪调控的均值上明显高于其他学段(图 1-15)。不同区域之间不存在显著性差异。

而在对收入满意程度上，各学段教师也存在极显著性差异($p<0.01$)。幼儿园职初教师对收入满意程度相对最高，高中学段老师则相对最低(如图 1-16)。

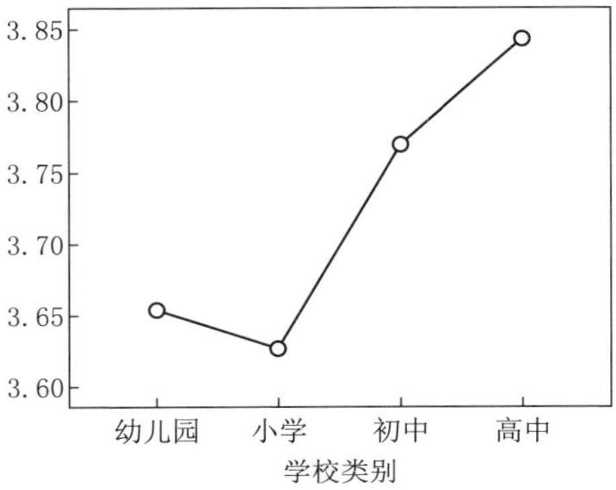

图 1-15　在工作时的情绪控制能力的平均值

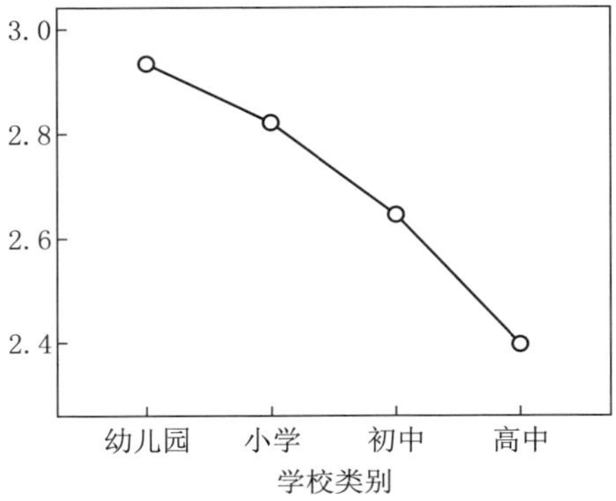

图 1-16　对自己的收入满意程度的平均值

不同入职年限、不同区域之间的教师在收入满意程度上都存在极显著性差异($p<0.01$)，不同入职年限的教师对于收入的满意程度存在起伏(如图 1-17)。相对而言，远郊青浦教师的满意程度均值高于近郊和中心城区(如图 1-18)。

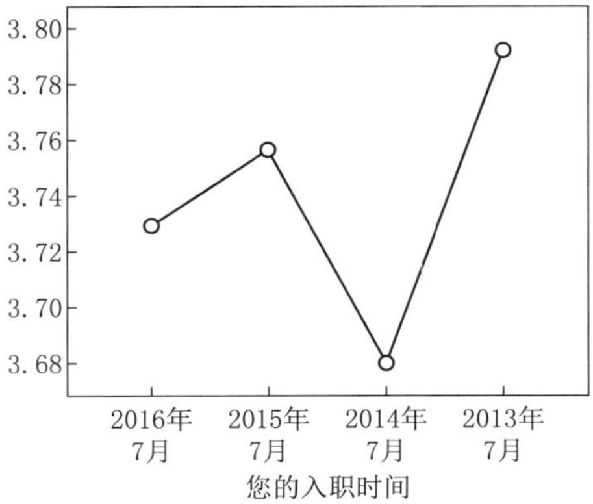

图 1-17　在工作时的情绪控制能力的平均值

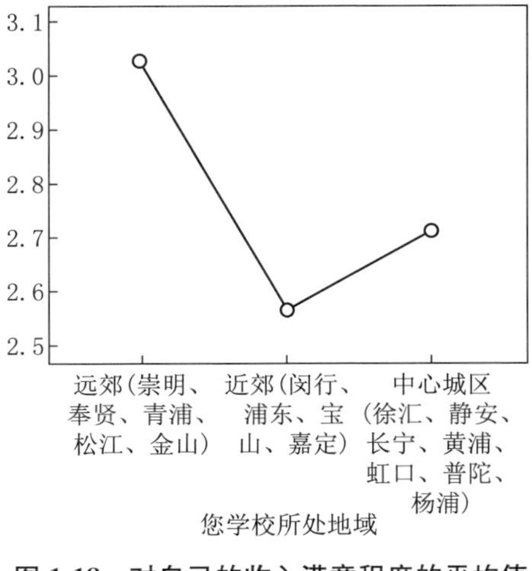

图 1-18　对自己的收入满意程度的平均值

第二部分：职初教师所在学校及区域培养培训现状

1. 职初教师所在学校培养培训现状

（1）学校培养职初教师途径的有效性

学校培养职初教师的各种途径发展能力上，从“无此经历”到“很多”分别赋值0～5分。从表1-14可见，师徒带教和听评课在职初教师看来是最为有效的途径，均值分别为4.28和4.12。教师沙龙和系列专题讲座则有效性相对较低，均值仅为3.56和3.62。

表1-14　学校培养职初教师各途径有效性均值

途　　径	平均值	标准差
师徒带教	4.28	0.770
专家/名师带教指导	3.95	0.89
教师沙龙	3.56	0.93
专家报告	3.49	0.93
听评课	4.12	0.77
系列专题讲座	3.62	0.91
校本培训	3.74	0.90

与其他三区情况相比，均值略有上下，不过师徒带教和听评课则都被认为是最为有效的途径。

（2）职初教师带教师傅及教研组培养现状

① 拥有带教师傅及听评课的频次

92.9%职初教师表示所在学校有带教师傅。其中在拥有带教师傅的这538位职初教师中，36.1%的带教师傅一周一次甚至一周多次听评职初教师的课。累计81%的带教师傅是一月一次以上的频率开展职初教师听评课工作。

经卡方检验，不同入职年限的教师其带教师傅听评课的频次之间存在极显著性差异($p<0.01$)。表现为入职年限越长，带教师傅听课的间隔和频次会有下降。对当年刚入职的职初教师，累计有55.1%的带教师傅一周一次甚至多次听评课，到第二年下降为32.7%，到第三年则下降为25.8%，呈现递减的态势。不同学校类别、不同区域职初教师之间不存在显著性差异。

② 所在教研组听评课的频次

21.1%的教研组半月一次甚至多次听评职初教师的课，累计 54.2%的教研组是一月一次及以上的频率开展职初教师听评课工作。

经卡方检验，不同入职年限的教师其带教师傅听评课的频次之间存在极显著性差异（$p<0.01$）。与带教师傅听课频次及间隔类似，表现为入职年限越长，教研组听课的间隔和频次会有所下降。不同学校类别、不同区域之间职初教师不存在显著性差异。

（3）学校对职初教师组织的培训及公开展示的机会

71.2%职初教师表示，除了规定的培训外，有外出参与其他培训的机会。经卡方检验，不同学段、不同区域的教师在培训机会上存在显著性差异（$p<0.05$），学段越高参与培训的人数百分比相应减少。不同入职时间的职初教师不存在显著性差异。

86.0%的职初教师有过学校层面的公开展示经历。经卡方检验，不同学段、不同区域的教师在培训机会上不存在显著性差异。但不同入职时间上职初教师存在极显著性差异（$p<0.01$），随着入职年限增加，在学校层面公开展示的机会就越高。如当年入职的职初教师，仅有 54.8%在学校层面有展示的机会，到三年后，这一比例达到 98.2%。

2. 职初教师所在区域培养培训现状

（1）区域层面培养职初教师途径的有效性

区域培养职初教师的各种途径发展能力上，从“无此经历”到“很多”分别赋值 0～5 分。

表 1-15　区域培养职初教师各途径有效性均值

途　　径	平均值	标准差
区域培训课程	3.70	0.89
“萌芽杯”教学评比	3.76	0.96
公开课	4.06	0.79
论文、课题评比	3.53	0.91
导师工作坊	3.68	0.96
项目团队研修	3.58	0.91

从表1-15可见，公开课在职初教师看来是最为有效的途径，均值为4.06。论文和课题评比，则被看作有效性相对较低，均值仅为3.53。

与其他区县相比，黄浦区每一培养途径的均值均高于其他三区。公开课（均值3.94）也是其他三区教师看来最为有效的路径。论文和课题评比，在其他三区职初教师看来，均值最低，表示有效性最低。

（2）区域校对职初教师组织的培训及公开展示的机会

① 区级层面的公开展示经历

43.1％的职初教师表示在区域层面有过公开展示的机会。经卡方检验，不同学校类别的教师之间不存在显著性差异。不同入职年限教师之间则存在极显著性差异（$p<0.01$），随着入职年限增加，在区级层面公开展示的比例就越高。如入职头年的区域展示比例为7.1％，第二年上升至51.5％，第三年比例仍呈上升趋势，不过与第二年比例相差不大，为59.1％。

与其他三区相比，黄浦区比例最高，但与青浦、虹口相差不大，闵行区为32.7％，则相对较低。

② 区域或校本培训中存在的问题

根据排名第一赋值为3，至排名第三赋值为1，通过加权得到职初教师觉得区域或校本培训中存在问题最多的前三项。此排序与其他三区无异。

表1-16　区域或校本培训中存在问题排序

问　　题	加权值	排序
培训内容太理论化	1125	1
培训者不了解听众的实际需求	752	2
培训教学方式以讲授为主	698	3

四、调查的结论及启示

（一）调查的结论

1. 职初教师的核心能力发展现状

通过问卷分析，关于入职三年内的黄浦区职初教师在核心能力发展，显性能力（育人能力、教学能力、学习能力）发展上处于中等水平；隐形能力（职业认同、岗位适应、心理调适)发展上处于较好水平。

通过对背景变量的分析,不同入职年限、不同学段的职初教师在核心能力发展在部分条线存在显著性差异。如随着入职时间增加,职初教师在"班级管理、学生培养、备课、上课"等能力上感觉困难的程度在逐年减小。但在对"教师职业认同"的程度、"专业提升"意愿上,随着入职年限增加出现了逐年降低的趋势。在对收入满意程度上,不同年限的职初教师间出现起伏。

从职初教师所属不同的学段来看,小学较之其他学段职初教师在"班级管理"上感觉困难最大;在备课和上课环节,幼儿园学段职初教师觉得困难最大,高中学段职初教师觉得困难最小;在专业提升的意愿上,中学学段职初教师的意愿均值远高于幼儿园和小学阶段职初教师,尤其以初中职初教师均值最高。在情绪调控能力上,高中学段职初教师均值明显高于其他学段。在与他人合作方面,初中职初教师的合作行为表现为均值最低,高中职初教师均值最高。对于收入满意程度,幼儿园职初教师对收入满意程度相对最高,高中职初教师则相对最低。

在与其他三区的数据进行比较的同时,我们发现各区职初教师在核心能力发展上出现了趋同的样态。职初教师在各环节上存在的棘手问题排序一致,在绝大部分核心能力的均值相当,不存在显著性差异。

2. 区域、学校培养职初教师的现状

从学校层面来看,最受职初教师欢迎的培养路径是师傅带教及听评课。而教师沙龙和系列专题讲座则不被职初教师们认可。不同入职年限的职初教师其带教师傅、所在教研组听评课的频次之间存在极显著性差异:入职年限越长,带教师傅、教研组听课的间隔和频次会有下降。对当年刚入职的职初教师,近六成的带教师傅及教研组一周一次甚至多次听评课;随着入职年限增加,听课频次呈下降趋势。这一数据说明,当职初教师度过一年的实习期后,学校培养的重视程度不及第一年。

七成以上的职初教师表示,除了规定的培训外,有外出参与其他培训的机会,且学段越高参与培训的人数百分比反而越少。随着入职年限增加,在学校层面公开展示的机会就越多。入职三年期间,黄浦区已有86.0%的职初教师有过学校层面的公开展示经历。

从区域层面来看,最受职初教师欢迎的培训路径是公开课,论文、课题评审则被认为效果相对较差。在展示及培训上,与学校情况类似:随着入职年限增加,机会更多。如入职头年的区域展示比例为7.1%，第二年则上升至51.5%。目前已有六成以上的教师在区级层面做过公开展示。

培训内容过于理论化、不切合实际需求、授课方式单一这三条被认为是影响培训课程实施效果的重要因素。职初教师呼吁获得更个性化的指导内容、更直接的指导方式。

（二）调查的启示

课题组从区域层面做好前期的职初教师核心能力现状分析，为的就是了解职初教师的能力发展现状，以及对于学校及学校层面培训、培养的诉求，为进一步开展区域体系设计打好现实基础。

为此课题组将从现实数据出发进行顶层设计，针对不同工作年限教师的特质，开展分层分类的针对性的培养设计；一方面遴选优秀校本课程，建设区域课程共享通道，另一方面着力于学校师徒制的创新以及职初教师长期培养的保障机制研究，以促进区域职初教师的连续性、长期性的培训和培养。

1. 形成区域顶层设计

区域层面建构职初教师培训的联动机制，必须做好顶层设计工作，特别是要将职初教师培训纳入区域教师队伍建设的整体规划，形成区域层面的统一指导意见和相关支持政策。如出台区域层面的职初教师培训整体实施意见；通过整合和建设充分利用培训资源，协调教育主管部门、基地学校、区教育学院等各方力量，通过联席会议制度等打造整体联动的职初教师培训机制。

2. 建设区域教师专业发展基地

充分利用区域层面的优质教育资源，由区域层面统一协调，加强教师专业发展基地学校的建设。可以由区教育学院牵头遴选、建设、发展基地学校，形成评估标准及相应的制度文件，聘请优秀教师作为职初教师的导师。以此充分整合区域的优质教育资源，实现学校之间在职初教师培训上的有效互动。

3. 为不同入职年限的职初教师打造不同的培训课程

针对不同入职年限的职初教师，设计不同的培训课程。具体为：针对工作年限为0年的教师，以师德课程建设为抓手，邀请市级层面的德育名师进行宣讲和指导。针对工作年限为1年的教师，以展示活动为抓手（课堂教学展示活动、黄浦之光青年教师征文活动、青年教师课题征集活动、青年教师论坛活动、优秀教育案例征集活动、青年教师教学基本功评比活动、青年班主任基本功评比活动、优秀微课程征集活动等），让更多的职初教师拥有交流分享和展示的平台。针对工作年限为2年的教师，以团队建设为抓手。如开展职初教师的发展性评价，对发展较突出的教师，通过导师工作坊、职初教师微项目合作群等方式进行后续培育。对发展相对滞后的教师，借力学校师徒制继续培养等。

4. 设计与实施《职初教师培养手册》

为加强对职初教师过程性发展评价，将教师参与培训的规范化管理和全过程记录下来，为此我们将设计供职初教师使用三年的培养手册。手册中将明确职初教师培训项目的实施方案和相关要求，从培训记录、教学展示、读书活动、参观交流、学术论坛、所获荣誉等角度为教师记录参与培训的过程、感悟、收获等提供专门的空间，既为积累过程性资料，也为评估职初教师核心能力发展提供判断依据。

（上海市向明初级中学　冯　强）

第二章　平台·从方案到行动

度过了见习期的青年教师（2～5年），已经初步形成胜任教育教学工作的适应性、接纳感和自信心，但是仍处于角色转换和职业价值观形成的重要阶段，2～5年期是青年教师职初发展的重要时期，也是青年教师专业知识和专业技能发展的关键时期。2～5年期青年教师的培训培养是一项具有战略性意义的工作。

为探索青年教师（2～5年）专业发展的特点、培养策略与支持制度，黄浦区积极搭建青年教师培养研究的平台，鼓励各中小学、幼儿园响应上海市师资培训中心组织开展的“上海市中小学（幼儿园）青年教师（2～5年）专业发展实践研究项目”的申报活动，通过师德建设、课程开发、教学研究、课题科研等平台，设计适合2～5年期青年教师的培训培养方案并落实到行动中，坚持以精神风范作为促进青年教师专业化发展的首要指标，将课程教学作为青年教师专业化发展的核心领域，以校本研修和项目引领为途径，力争培养一支师德高尚、理念先进、业务熟练的高素质青年教师队伍，为学校及区域教育教学的可持续发展提供强大的人力支撑。

本章呈现的校级实践研究项目主题广泛，从青年教师自身发展的需求调研到职业生涯导航，从提升青年教师职业素养的培养策略探索到培训课程研发，从青年教师发展现状与教学能力的诊断到青年教师研修共同体建设，从青年教师培养路径的开拓到带教模式的优化，从2～5年期青年教师成长手册的编制与使用到考评机制、评价量表的研究，从队伍管理的推进到立体交互式支持体系的架构等。各校积极开展2～5年期青年教师实践研究项目，并多视角探索青年教师培养的路径和策略，积累了大量的实践经验，为下一阶段的项目推进奠定了良好的基础。

第一节　聚焦校本培养策略，助推青年教师成长

——上海市卢湾高级中学教师专业成长典型案例

一、背景与意义

教育是提高国民素质、促进人的全面发展的根本途径。强国必先强教，强教必先强师。教育事业，教师为基；师资建设，青年为重。随着教育事业的蓬勃发展，教师队伍新老的自然交替，青年教师的群体越来越大，青年教师成为教育战线跨世纪的生力军。把青年教师的现在与未来发展相结合，提升青年教师的素质修养和能力水平，是教师队伍建设刻不容缓的首要工作。

近年来，卢湾高级中学为更好地提升教育教学品质，优化教师梯队建设，引进了一批青年教师，注入新鲜血液，青年教师逐步成为学校教育教学的生力军和主力军。青年教师有创意，有干劲，同时也存在一些问题：一是工作热情高，工作经验少；二是教育理念新颖，教育行为浮华；三是学历学识高，但未必教育教学技能强。青年教师的成长状态不平衡。尤其面对教育国际化、信息化的新要求，如何搭建多元化平台促进青年教师快速成长显得尤为迫切。

基于此，学校拟从青年教师专业成长的提升为突破口，研究培养青年教师专业成长的校本实施策略，建设一支能够适应教育现代化要求的教育中坚力量，形成一套切实有效的青年教师成长的管理措施和培养机制。

二、思考与认识

目前关于教师专业成长阶段的理论研究分为三种：即"生物路向""发展路向"和"社会路向"。"生物路向"运用生命历程的方法来描述和记载教师专业发展的过程及成熟的程度，"发展路向"强调内在的因素是教师专业成长的动力，"社会路向"强调外在因素对教师专业发展的影响。青年教师专业成长培养模式分为职前培养模式、导师制培养模式、校本培训模式。其中，校本培训模式强调在教、学、研一体化中教师的主动参与和反思探究，是教师专业成长的重要途径。

在情报研究的基础上，学校开展了五年之内教龄教师专业成长情况问卷调查，

情况如下：青年教师大多基于兴趣爱好选择了教师行业，教育理想与信念明确具体，对职业满意度较高，但没有非常明确的职业规划，有的还在酝酿中。在“提升教育教学水平的有效途径”问卷中（见图 2-1），教师最推崇的方式是“专家引领同伴互助”，其次是“听课评课反思”。

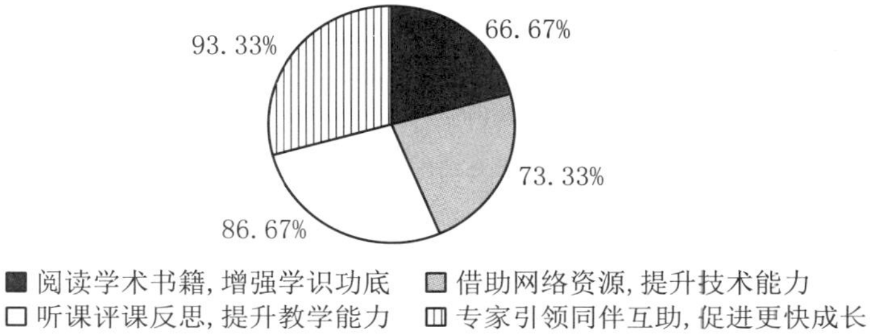

图 2-1　你认为提升教育教学水平的有效途径有哪些

在“提升育德能力的有效途径”问题中，“聚焦教育中的问题，请教同伴”得到了全体青年教师的认可，其他情况如下（图 2-2）：

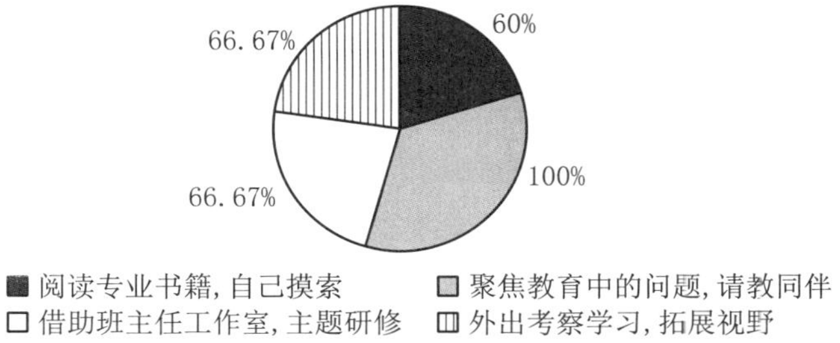

图 2-2　你认为提升育德能力的有效途径有哪些

在“你认为何种研修机制能够助你专业成长”问题中，认同度最高的是“导师制”，其他情况如下（图 2-3）：

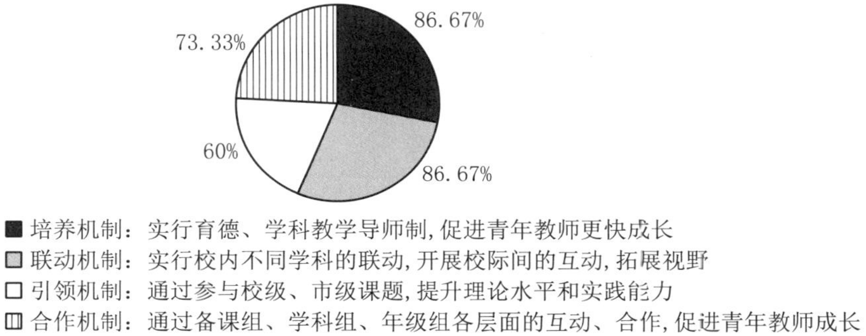

图 2-3　你认为何种研修机制能够助你专业成长

针对青年教师在问卷中反馈的情况，再结合相关教师的访谈座谈，课题组开展了系列实践探索。

三、实践与探索

（一）形成促进青年教师成长的多元化路径

1. 指导制订个人发展规划，促进青年教师明确发展目标

学校组织结对教师定期对青年教师发展现状进行诊断，分析自身素质和专业特长，按照学校总体部署的目标，指导青年教师确定发展目标和方向，制订个人发展规划书。

“自我发展规划书”不仅是青年教师提高素质和工作业绩、实现快速成长的载体，也是发挥学校管理干部和骨干教师的引领示范作用的平台，更是促进我校教师、学生和学校共同发展的纽带和桥梁。

2. 德育教育导师团引领青年教师，提升青年教师育德能力

由德育工作部、资深班主任、学科教师组成德育教育导师团①，为青年教师的成长保驾护航。一是以师徒结对方式促进青年教师专业成长。借助在班级管理和学科德育方面经验丰富、成绩突出的教师“传帮带”，分享教育教学的经验与困惑，促进青年教师成长。二是把师德教育与思想政治教育结合起来，重点是提高青年教工的综合素质。比如，学校启动了小初高一体化育人模式的育德平台，建立了班主任联合工作室，由政治老师、市级优秀班主任黄之花领衔开展系列活动，通过实践、研讨等方式为青年教师提供一些可借鉴、可操作的策略，从而提升教师的教育智慧。

3. 构建适合成长的多元化实践平台，促进青年教师成长

一是打造具有学校特色的青年教师沙龙品牌，通过课题辅导会、心理特色团建会、读书分享会、“人工智能进中学校园”的系列丰富的沙龙活动，拓展青年教师视野，提升综合素养。二是打造学区青年教师生涯发展工作坊，开展系列活动，通过讲座与团队活动，激发老师对未来的职业生涯进一步的探索和思考。三是打造青年教师展示的平台，每个学年在学校、学区以及更大的平台开展微论坛、专题研讨

---

① 阳海华.名班主任工作室助力青年教师专业成长[J].河南教育(职成教)，2020(01)：23—26.

会、教学汇报课、才艺展示等形式多样的展示活动①，激发青年教师提升专业素养的热情。

（二）构建提高青年教师专业素养的校本培训策略

1. 把握共性，突出个性，提升培训质量

根据青年教师的需要和共性发展，教学课程部开发了“德育课程”“实践课程”“素养课程”②等，每一学年着力解决一个关键问题，寻找一个发展亮点，以点带面，提升课程质量。同时，根据青年教师学科的差异、个性学习和导师的特长，为每个青年教师打造了专属的课程内容，做到“一人一课表”，规划内容、把握节奏、体现真实、保障操作，使培训者和被培训者一目了然。

2. 课题引领，课堂变革，提升教学品质

课程领导力项目“普通高中人工智能+课程群的开发与实施研究”不仅是学校科学教育深入推进的突破口，更是激发教师专业成长的引擎。学校成立了特约科研员团队和人工智能课程实施核心团队，青年教师信息技术底子好，学习能力强，成为项目实施的中坚力量。以项目实施为契机，青年教师通过相关情报的学习，了解了最新的教育教学理念以及 AI+教育的研究现状；通过与人工智能高科技公司的项目合作，青年教师提出了如何将最新的技术融合在日常教学的奇思妙想；通过 AI 新课程的探索，青年教师在课程设计、课程实施、课程评价方面的能力与专业素养得以快速提升。

（三）形成三个“机制”，为青年教师成长保驾护航

学区联动机制：整合区域资源③，由各校校长及党团组织提供保障和动力，由课程教学部、科研处负责课程规划和专业指导，由各校青年教师联络人负责操作协调，通过联席会议制度等及时讨论和解决培训过程中遇到的问题。比如，面对人工智能时代的来临，作为一所以科学教育为办学特色的学校，我们及时地捕捉到时代脉搏，积极探索如何将 AI 技术赋能学校教育，提升学校的管理效能，改变课堂的教学形态，从而提高课堂效率。为此，学校组织了主题为“凝聚众人智慧　畅想教育

① 董国平.构建科学有效的培养培训模式　促进青年教师更好更快地成长[J].基础教育参考，2019(22)：33—35.

② 吴廷顺.立足校本培训　提高青年教师素质[J].辽宁教育，2018(18)：73—74.

③ 卢湾教育小区：由卢湾高级中学领衔的教育共同体，由卢湾高级中学、比乐中学、卢湾中学、海华小学、师专附小组成。

智能化未来"的畅想会，由卢湾学区的AI课改团队、青年教师沙龙以及卢湾中学跨界课题组共同开展了以人工智能与未来教育为主题的畅想，为青年教师打开教育视野，碰撞教育火花，提升教育智慧提供了很好的机会、平台。

团队合作机制：强调个人发展与团队发展的结合，由青年教师根据自身需求和校本培训要求组织团队，集体攻关完成项目，依托项目促进个人成长。

跟踪帮扶机制：在"素养""育德""教学"模块的实施过程中，学校组织市区校级专家团队对每一位青年教师进行跟踪式全程指导，智领入门，慧促成长①。

四、成效与反思

（一）成效

1. 调动了青年教师的工作积极性

青年教师的主观能动性调动起来，在学校工作中，他们服从分配，虚心求教，全身心地投入教学工作；在班主任工作、教学工作中，能勇挑重担，并致力于教学教育的研究，表现出了青年教师的良好素质。

2. 提高了青年教师的教学水平

青年教师经过"汇报课""合格课""优质课"的实践磨砺②，经过学习培训、观摩取经、教学实践，一次次地得到锻炼、得到进步。从统计分析来看，每年教学成绩达到学校平均水平以上的教师中，青年教师占了绝大部分；从"三课"的考核评估来看，青年教师的良好率、优秀率以及受奖率都越来越高。凡是校、区、市各学科组织的教研活动，承担研究课的几乎清一色是青年教师。青年教师在教研教改中唱起了主角，挑起了大梁。

3. 涌现了一批教师新秀

近期，5位职初教师在"萌芽杯"教学比赛中获奖，1位教师代表黄浦区参加市级见习教师基本功大赛。4位教师在全国教学比赛中获一、二等奖，11位青年教师在黄浦区青年教师教学比赛中获奖，2位教师在黄浦区班主任基本功竞赛中获高

---

① 段求铃，陈立辉.促进青年教师专业成长的有效策略——以南昌市第二十七中学教育集团青年教师培训班为例[J].江西教育，2019(16)：28—29.

② 秦兰.以多途径的课堂历练促进青年教师专业成长[J].基础教育参考，2019(19)：68—69.

中组一、二等奖，1 位教师在“奉贤杯”上海市班主任基本功系列竞赛中获高中组二等奖，3 位教师在市、区优秀自制教具评比中获奖。5 位青年教师参加了市、区名师工作室的培训。

青年教师致力于发展具有一流水平的科技教育特色项目，如智能机器人、头脑奥林匹克、航模、DI 项目，在各类科技比赛中频频获奖，成为科技特色教师队伍的主力军。

（二）反思

当然，青年教师在成长过程中还存在不平衡问题。面对高中学生创新素养培育、核心素养培养的新挑战，教师的专业自觉和发展内驱力需要唤醒，教师的专业技能需要进一步提升，从而促进专业成长，更快地融入学校校园文化显得尤为重要。

后续我们将从两个方面开展工作：一是继续完善青年教师成长的科学化、规范化、常态化的制度保障系统；二是思考如何将促进青年教师成长的外动力与内驱力有机结合，最大限度发挥成长平台的工作实效性。

（上海市卢湾高级中学　曾小敏）

第二节　基于生涯导航活动提高青年教师职业素养的校本探索

一、背景与意义

21 世纪的时代特征对人才提出了不同于过去的要求。为培养未来能够适应 21 世纪社会的公民，世界各国都对教育进行了重建和转型。2016 年 9 月 13 日，北京师范大学核心素养课题研究组发布了中国学生发展核心素养研究成果。其中“自主发展”为核心素养的三大方面之一，其含义为学生能有效管理自己的学习与生活，认识和发现自我价值，发掘自身潜力，有效应对复杂多变的环境，成就出彩人生，发展成为有明确人生方向、有生活品质的人。①每个学生都将在高中阶段走向

---

①　核心素养研究课题组.中国学生发展核心素养[J].中国教育学刊，2016(10)：1—3。

成年,高中教师更有责任帮助学生培养自主发展的能力。那么,高中学校该如何帮助青年教师去培养学生自主发展的能力呢?

我校自 2016 年 11 月成立了学校生涯导航师团队,建立了生涯导航制度,于每周四定期开展生涯导航活动,做到全员、全程、全方位。青年教师约占学校教师总人数的三分之一,为了每个学生都能获得更好的发展,全面且更加快速地提高青年教师的教师素养成为学校师训工作的紧要内容。我校的生涯导航活动旨在培养学生的自主发展能力,教育的内容综合性高、活动形式多样、与学生的互动性强。我们认为借助生涯导航活动的实施来提高青年教师的教师素养将是一个有效的尝试。

二、思考与认识

为使生涯教育有效落地,在无法增加课时的情况下,我校经研究讨论决定实施师生生涯导航活动。在学习了各种生涯教育的理论后,我们确定了一系列的活动主题,如:探索自我、探索职业、时间管理、情绪管理、学习规划等。青年教师们作为导航师,在和学生交流不同主题的过程中,就能对学生有全方面的了解,听到学生内心的声音和实际的需要,而不仅是本学科的学习情况。这有助于青年教师认同当代教育的核心理念,并对所教学生群体的认知行为特点有一个整体把握,从而更有效地将其教书育人的理想化为现实。在生涯导航主题的引导下,青年教师更容易关注到学生的自主发展水平,从而有意识地在课内外对学生的自主发展能力进行培养。同时,为了更好地胜任导航师的工作,青年教师还需要:创新活动形式,以吸引学生的投入;拥有其他领域的知识,以使学生的视野更为开阔;较高的自我管理能力,包括时间管理和情绪管理等,这不仅有利于对学生的言传身教,也有利于自身的工作发展。

三、实践与探索

(一)导航前分级分层进行培训

我校对导航师的培训分为三个层级。所有任课教师依据备课组分成若干导航小组。学校两位心理教师联合学校德育部门对导航师小组的组长进行培训,组长再对组员进行培训。在确定的主题下，每次导航也都会参考学生的实际需求重新设计活动。在组长培训中，心理教师对导航主题进行讲解，针对导航主题设计注重学生互动的活动形式。在半小时的时间里，导航师面对十位左右的学生，在活动中引导学生由浅入深地理解导航内容。

（二）导航中精心设计导航活动

如在“学习动机”主题导航中，导航师首先让学生进行头脑风暴，讨论柠檬的二十种用途，从传统的食用到生活中的妙用皆可枚举，让学生在发散性思考的过程中体会自己的动机从何而来。在轻松而热烈的交流气氛中，导航师紧接着要求学生列举自己生活中的兴趣，并思考：这些兴趣是基于怎样的动机产生的，是来源于自我内在的追求，还是外部施加的要求。在导航师适时的讲解下，学生的思考逐渐深入，理解了内部动机与外部动机的区别，并认识到内部动机往往具有更强的激励作用。在此基础上，导航师将下一个话题引到学生们普遍投入大量精力的数学学习上：将描述数学学习动机的句子进行内外动机的分类，并对每个句子与自己的相符程度进行打分，以对自己的数学学习动机作出评估。如此，由数学到全学科，学生们第一次对自己的学习动力形成了较为明确的认识。他们学会发掘自己的内部动机，并认识到那些自己尚不够重视的内部动机是值得培养的，因为它们在长久且困难的学习生活中往往比外部动机更具潜力。最后，导航师在剩余十分钟左右的时间里与学生就近期学习生活中的困惑、对生涯规划的想法等问题自由讨论，针对学生的疑惑与需求，提出有针对性、个性化的指导建议。

（三）导航后做好反思性总结

每次活动后，教师们都要填写导航师工作记录手册，记录活动过程及发现的学生问题。如“自我认识”主题导航后，导航师特别记录了认为自己“高人一等”和“不知道自己是谁”的学生，进行观察随访。学校定期组织导航师进行经验和方法总结，并反思导航中自身存在的问题和学生提出的问题，为改进之后的导航活动做好准备。

四、成效与反思

我校生涯导航工作开展以来，已成为培养青年教师的重要平台，有效提升了青年教师的职业素养。

从被教育者到教育者，青年教师职业初期往往会面临身份转换的困境，而生涯导航工作正是使青年教师更快适应教师职业的最好平台。青年教师在导航过程中与学生密切交流，其所见不限于学生学习与生涯规划，更涵盖生活、交际、心理等各方面的问题。青年教师深入、广泛了解学生，迅速培养并提高自己的育人能力，掌握活动式教学等先进教育理念与方法，磨炼创新意识与跨学科素养，得到全面发展，从而大大加速了从青涩走向成熟的过程。

同时，青年教师在导航中通过对学生生涯规划的指导，进一步理解当今社会发展对教师和学生提出的要求，逐渐建立起在社会发展、教育改革大背景下审视教师职业、教育教学的发展与变革的意识，明晰自身定位和责任，明确自身发展目标，形成切合社会和学校要求且个性化的教师职业计划。

此外，青年教师在生涯导航的过程中，以学生为镜，往往会发现自我提升的途径。一方面，导航前的培训对青年教师自身而言也是一次学习和自我规范的过程；另一方面，刚踏上教师岗位的青年教师有时会在学生提出的问题中看到自己的影子，导航既帮助学生解决问题，也使教师自我完善、趋向成熟。

学生是生涯导航的直接受益者。为检验导航效果，我校于 2018 年 9 月 27 日对新高一学生进行了问卷调查，作为前测。经过将近一学年的导航活动后，于 2019 年 5 月 11 日再次对高一年级学生实施了问卷调查，发现学生对自主意识条目的回答有了明显的变化，数据如表 2-1 所示。

表 2-1　高一学生对自主意识条目同意率的前后对比

条　目	同意率	
	前测	后测
我的人生无法把握在自己手中	18.2%	9.6%
最好别人帮我做选择	6.7%	5.5%
现在我只要把书读好，其他不用管太多	23.4%	11.4%
我先考上好大学是最重要的，其他可再说	42.8%	30.6%
现在考虑职业问题，为时过早	16.0%	6.3%
我知道自己感兴趣的专业在哪些大学是比较好的	62.5%	74.9%

由上表可知，高一学生经过近一学年的生涯导航活动，对正向的陈述同意的人更多了，而对负向的陈述同意的人更少了。如在现在考虑职业问题是否过早的问

题上，认为还早的学生人数比刚入学时下降了近10%。而知道自己感兴趣的专业在哪些大学是比较强的学生比刚入学时多了12.5%。又如“只要把书读好，其他不用管太多”和“先考上好大学是最重要的，其他可以再说”，把书读好和考上好大学在很大程度上是从外部给到学生的学习动机，而学生逐渐增强了内部的学习动机，这些都说明学生的自主发展意识相比初入高中时有所提高了。

在生涯导航工作开展过程中，我校注重总结与反思，通过对学生开展问卷调查直观地发现导航工作存在的问题。在2019年9月的调查中，58.3%的学生表示导航对了解自己和未来有帮助，41.7%的学生认为对学会自我管理有帮助。同时，10.4%的学生认为导航依然形式大于实效，22.4%的学生表示导航的作用不够直接，16.6%的学生表示有的导航师会利用导航时间对自己进行学科辅导。对导航工作更规范化的管理及使导航内容兼顾学业、心理等多方面更全面的发展，这些都是之后我们要更关注的方面。

生涯导航是学校对青年教师培训的“种子工程”，是兼顾学生全面发展与教师教育教学能力提升的平台。我校将继续建设、完善这一平台，使其助力青年教师长远发展。

（上海外国语大学附属大境中学　青年教师创意工作室）

第三节　青年教师（2～5年）人文素养的培养与提升

一、背景与意义

我校是上海市教师专业发展学校暨见习教师培训基地，多年来在培养青年教师专业成长方面已有一定的实践和成效。我校的办学理念是“德育首位，和谐发展，因材施教，人文见长”，在培育学校的人文素养方面也有一定的实践与积累。

国内外关于教师职后培训方面的研究很多，但聚焦于2～5年教龄这个独特群体的并不多。调查发现对于2～5年教龄的青年教师的教育教学方面的培训比较多，而对于人文素养方面的培训尚有缺失。所以，本研究针对该群体的职业发展、管理评价、人文素养进行展开。

二、思考与认识

(一) 青年教师人文素养内涵

青年教师人文素养是青年教师人文类科学研究能力、知识水平、个人修养等整体精神的外显，基本表现为师德求善，专业求真，修养求美。①

(二) 研究价值

本研究有强烈的针对性，即专门针对 2～5 年教龄的青年教师这个特殊群体的职业发展、管理与评价以及必备人文素养。从实用角度来看，本项研究既是原有相关课题的延续与深入，也是我校见习教师培训基地项目的有益补充和拓展。

(三) 整体思考与设计

本课题的研究方向与路径基本可以概括为：

(1) 提高青年教师专业发展综合水平，探索成长有效策略，形成分层评价方案。

(2) 探究专业成长管理方案、实施细则、评价维度、指标量表。

(3) 研究职业成熟度的现状、影响因素和心理特质，为教师社会性发展、自我成熟提供建议，为教师培养决策提供依据。

三、实践与探索

(一) 培养精神气质

教师的人文素养应该体现在教师自身的学识底蕴和气质修养，简单地说，就是“精、气、神”。读书是培养人文素养的首要途径，我们成立“青年教师读书班”，定期组织研读分享，读了《平语近人》《怎样成为一名优秀教师》《翻转课堂与慕课教学》《平凡的世界》……通过这些活动来“读书养气，以史凝神”。

同时，组织青年教师参加一系列的文化实践活动，比如参观四行仓库、一大会址，观看红色电影，组织传统文化讲座，身临其境地让青年教师参与京剧、话剧、朗诵、合唱、舞蹈等演出，做到“读悟结合，知行合一”。

① 张民生，于漪.教师人文读本[M].上海：上海辞书出版社，2006.

我们还为有兴趣和有潜质的青年教师开设文化课程，比如法语、体适能、书法、插花、香囊制作、西餐礼仪等，以期“才趣并举，文化怡人”。

我们多角度地开展“初心”教育活动，听老教师职业信念分享，以老教师之初心感染年轻人。让年轻党员忆“难忘入党那一天”，青年教师思“我为什么选择教师职业”……坚定初心真信念，探求职业幸福感。

（二）更新育人观念

青年教师虽然很能接受新生事物，生活方式、思维方式也能与时俱进，但对于教育教学的观念更新、手段更新、评价更新等，还是需要引导和提升。育人观念正，关键师心正。学德范，正师心。我们组织教师学于漪、钟杨事迹，培育自己师德种子，体会责任担当，品味情怀气节。

把握时代脉搏，是素养提升的基本途径。我们组织青年教师观看主旋律影片，了解中国新科技的发展，建立文化自信，引发创新冲动。我们开展公益服务，组织青年教师积极参与志愿服务。

身边典型，最贴己，最直观。我们组织新老教师沙龙恳谈，组织心理教师积极推进职业成熟度团队辅导。走近青年，服务青年，团结青年。聚焦青年需求，打造教师社团活动，扩大凝聚力，构建和谐校园。

（三）提升人文素养

学科素养和教学能力是青年教师的立身之本。我们成立“教师发展中心”，推出多层次的培养工程，特别对于 2～5 年教龄的青年教师，通过组建校本化的名师工作室，由资深高级教师、区学科带头人担任导师，形成跨学科、跨学段的学习共同体。每周开展活动，既有专家讲座，校际互动，营造学习交流的良好环境；又有以“专业引领、同伴互助、课堂实践、交流研讨”为基本形式的研究合作平台，注重综合效能，激发研悟潜能。

在此基础上，我们着重加强青年教师的人文素养培养与提升。学生处以“青年班主任工作坊”为载体，将集中培训和个人研修相结合，以“专题培训”“听课评课”等形式，加强青年班主任技能培训和人文素养培训，引导青年教师学习先进理论，树立正确理念，掌握科学方法，提升整体素质，打造一支思想过硬、师德高尚、锐意探索、敢于实践、有特长有内涵的青年班主任队伍。

调查发现，青年教师 3 年后容易产生“做顺了”的职初舒适感。这也合理，但同时会形成一种懈怠。如何帮助青年教师走出舒适，淬炼真知，扩展视野，认清自我？那就走出校园，到广阔天地中汲取经验！如名师工作室参加“学校育人的破界与守界”研讨会，赴贵州榕江一中参加“贵州高中数学教育基于核心素养培育”研讨会，随华师大教育部精准扶贫项目组赴香格里拉进行培训，到广西进行统编新教材的课例展示等。

结合光明中学中法两国政府的“法文课程班”项目，学校不仅为法语教师创设了多种学习和实践的平台，还为其他学科，诸如数学、物理、体育、艺术等学科的教师创造了机会。我校有三分之一的教师都有赴国外交流的经历，不同的文化浸润、不同的教育模式都为青年教师的综合素养提升，尤其是人文素养提升拓宽了眼界。

四、成效与反思

测评显示，青年教师师德素养、知识技能和实践能力都有一定的提高，提升速度也相对较快，实践能力的宽度和深度有不同程度的变化。5 人次以上参与师德类论坛交流，6 人次开设区级公开课，2 人次参与省际教育交流与研讨。青年教师的课题有 4 项区级立项，3 项市级立项；有 6 节教学展示课获得“一师一优课”的市级优课和部级优课；每年都有新教师获得区“萌芽杯”比赛的一等奖并代表黄浦区参加上海市的新教师比赛；每年都有青年教师指导学生在上海市的科创大赛中获得一等奖；有 1 人获得上海市优秀班主任称号，有 3 人在市、区班主任基本功竞赛中获奖，并有主题案例发表；有 5 人在区慕课比赛中获奖。

教工团支部都是 28 岁以下的青年团员，基本都是教龄在五年之内的青年教师。教工团支部每年都获得黄浦区“红旗团支部”，并被推选为“市五四红旗团支部”，2015 年更是获得团中央的表彰，获得“全国五四红旗团支部”的荣誉称号。

我们虽然取得了一些成果，但还有很多方面需要改进。比如：如何在教师培养的系统性、开放性上制定更周密的计划、更弹性的措施；如何平衡与兼顾青年教师的教育教学个性特色；青年教师的后续培养应在何处调整、提升、深入等。

（上海市光明中学　穆晓炯、刘吉朋、秦周青）

第四节 基于青年教师研修团的教学行为改进

——以上海市格致初级中学“晓明社”为例

一、背景与意义

为进一步提高我校教师专业发展的整体培养成效，加强青年教师培养力度，创新青年教师培养机制，学校立足时代要求，基于师情分析，形成了“人才培养梯队建设”方案，完善、健全了“人才培养管理的制度与机制”建设，以规范的、科学的“队伍建设”体系，推动学校可持续发展。

我校人才培养梯队建设构想以“师德师风”“专业成长”作为目标定位，通过“厚基础、宽口径、多样化”的教师“再教育课程”和教师专业成长实践平台梯级管理两方面进行了整体谋划，拟通过五年时间将青年教师打造成为校内骨干力量。

基于此，“晓明社”于 2006 年成立。“晓明社”是由教龄 2～5 年的青年教师组成，现今有 30 位成员，占教师队伍的 28.3%。学校领导班子担任“晓明社”的导师团，“晓明社”社长采取轮执制，旨在让每一位青年教师都有组织、策划、管理的经历与经验。“晓明社”的青年教师培养策略是：每年进行一次调研，基于青年教师的需求构建“再教育课程”体系，提升业务水平。近年来，“晓明社”以教学行为改进为抓手，通过“开放课堂”“专家零距离”等项目，凸显教育教学成效。

二、思考与认知

2018 年，“晓明社”从教师专业发展的角度倾听青年教师的需求，调研结果均指向课堂教学，即青年教师对课堂的实践、困惑、探索。

我们鼓励青年教师“开放课堂”，旨在促进青年教师相互间的交流和学习，引导青年教师通过教学展示、听课、评课、反思来发现问题、解决问题、总结经验；每年主题性的“开放课堂”促进和帮助青年教师提高教学能力和课堂效率；自课堂开放以来，“晓明社”将教学行为改进紧扣“会学”这一关键词深入开展课堂实践与研究，青年教师在明确学科学习能力基础上，进一步优化课堂教学策略，突出学生的主体地位，鼓励其多思考、多动手、多参与，构建合作、高效的课堂和师生学习共同体，落实减负增效，促进学生全面个性发展和自主发展。

我们引领青年教师将课堂关注点从“学会”转向“会学”，基于教学的根本目标，将我校的“学养”要求定位为让学生“学会学习”。我们在调研、座谈、个案分析中发现，初中学段的学生在个性特点、学习习惯、家庭教育指导等方面存在较大差异，因而学生在学习能力、学习策略和学习风格上存在明显的差异，教师的作用不再仅仅是知识的传播者，更应是学习的指导者和顾问。如何引领青年教师关注“会学”，改进教学行为？课堂教学质量的评价要素是什么？“课堂观察量表”成为有效的载体。

三、实践与探索

（一）建学习共同体，悟理论支撑点

“晓明社”组建了“晓明学思慧”研读营，大家共同研读一本好书，通过同伴互助式学习，形成思维碰撞，最终达成共识，运用理论付诸实践。研读营制定了详细的阅读任务计划。教师每天阅读半小时并完成阅读体会的打卡任务，阅读体会涵盖章节要点、自己的教学故事；然后每周五定期开展阅读分享，梳理出课堂教学中存在的困惑，以及课堂变革与课堂有效教学的中心词或核心词。

通过一个阶段的学习，我们汇总出教师阅读体会中出现的核心词，得出诸多高频词，如“平等”“尊重”“关注差异”等，这些将作为确立评价指标与评价内容的线索。

（二）多维多项诊断，提升课堂效率

诊断从开放课堂起步。我们回顾梳理了近两年的“晓明开放课堂”，对两轮全覆盖的听课评课活动进行了多维度交流分享，从自身、同伴、专家等多角度进行反思与评价。听评课的实施过程中，教师通过相互借鉴比较，优化教学策略，提升教学理念，确定教学路径，从而逐步提升自身的课堂教学水平。

诊断从调研入手。为了解前一阶段课堂教学探索的有效性，学校采用问卷调研的方式开展全覆盖式自我诊断。为确保调研问卷的客观性、科学性，我校委托第三方协同学校共同编制符合校情的初期诊断问卷，观测因子涉及两个要素，分别是“关注学生自我学习能力的培养”与“基于学生学习的教学”。学校通过大数据的采集与分析，形成报告，在基础数据的基础上进一步寻找问题，为确立指向“课堂教学

质量”的评价关键要素提供依据。

（三）优化“量表”观察，以“学生会学”促“教师会教”

学校以课堂中教师是否进行“自主学习”能力培养作为观察点，开展听评课。操作方式如下：

首先，编拟课堂观察量表。《课堂观察量表 1.0》版侧重观察教师基本素养，重新编制的《课堂观察量表 2.0》版是以综改课题课堂观察量表为基础，增设梳理出的教师教学、学生学习，以及师生互动等中的典型特征与问题，以更加立体、鲜活的方式诠释出教师们在课堂教学中的特点、共性问题。

其次，以量表为导进行课堂观察。运用量表，“晓明社”全体成员均进行专题周课堂开放；教师备课需撰写课堂设计思路、反思；课堂观察设置主评和副评教师各一名，评课堂，评教案；课堂观察不记学科，青年教师每人听课率需达 50%以上；参与课堂观察的教师除完成听课笔记外，需完成微信端“晓明社误堂记录观察表”；每周五的课堂开放反馈由参与课堂观摩的校内骨干教师做个性化点评，形成课堂案例；案例、反思形成资源包上传共享云盘，方便青年教师进行再学习。

四、成效与思考

（一）以量表为“风向标”，促“教”和“学”的相融

“量表”中的指标着眼点集中于：新授课与复习课间的效能衔接、课堂师生活动设计、课堂中的情景设置、基于学情的个性化问题设置、课堂教学方法设置、单元视角下的个性化作业设计等。以“量表”为导向引领青年教师的教育观、课程观、课堂观，实现用多样化的“教”促进学生自主“学”，学生主动的“学”和教师有效的“教”有机结合，实现课堂教学效能最大化、最优化。

（二）以研修团为“孵化器”，助力青年教师专业成长

在研修团的“孵化”下，青年教师成为学校各教研组的骨干。在学校“立足学生自主学习能力培养，促进课堂教学转型”教育综改项目中（子项目见下表 2-2），“晓明社”青年教师在组内发挥了核心骨干的作用；朱小燕老师的“依托 GIS 提升初中学生地理空间认知能力的实践研究”作为 2018 年上海市青年教师教育科研项目，获批立项；熊为源老师的“初中低年级英语个性化作业实践研究”在黄浦区推广；孙思伟老师《自主、合作学习在体育教学中的运用》一文 2018 年在《上海教育》增刊发

表。我们围绕课堂转型，聚焦学生自主学习能力培养，历经三个学期，对课堂教学开展诊断式研究，根据课堂观察数据进行反馈，探索有效教学策略，优化教师课堂。

表 2-2 教育综改子项目

教研组	子 项 目
语文学科	悦读、品味与写作
数学学科	利用微课教学，改善数学学习方式的实践研究
英语学科	利用英语报刊培养学生自主阅读能力的行动研究
理化学科	实验，让学生在课堂上活起来
政治学科	初中思品课中改善学生自主学习的实践研究
历史学科	史学思想方法的理解、模仿与迁移
地理学科	体验式学习对学生地理综合能力的提升
体育学科	体育多样化项目中运用体验式教学法的研究
艺术学科	创新课堂，创意表达
拓展学科	探索，让创新的思维活起来

（三）研制青年教师的“档案袋”，推进教师培养机制完善

学校以中考改革背景下课堂教学的减负增效为目的，指向青年教师教学能力的有效提高，关注其动态变化，通过不同轮次教学效能的纵向比较，适当参考教师教学能力框架，形成面向教师个人的专业能力发展档案，包括课堂观察记录量表、授课教师自我省察、同专业与不同专业背景的同教龄段伙伴互评、专家指导建议等，以动态追踪的方式多角度收集教学诸环节信息，形成资料库，有助于深入了解青年教师教育教学与科研实际情况，为学校完善青年教师培养机制积累背景资料，最终为学校教学改革与“人才培养梯队建设”决策积累资料。

（上海市格致初级中学　王　珏）

第五节　完善“启程工程”带教模式的实践研究

一、背景与意义

随着世界经济和科学技术的迅猛发展，社会对教育变革与创新的要求越来越

明确。2019 年 6 月，中共中央、国务院出台的《关于深化教育教学改革全面提高义务教育质量的意见》要求切实抓好基础教育改革发展，把持续加强教师队伍建设作为基础教育改革发展的一项重要任务，学校要抓好促进教师素质全面提升的工作。如果说学校由老年教师"管家"，中年教师"当家"，那"发家"靠的是青年教师。做好青年教师的带教和培训是教育改革和学校发展的一项非常有价值的研究课题。

上海市市八初级中学创办于 1933 年，建校八十多年来虽然历经时代变迁、多所老校合并，但从未停止过求生存、求发展的探索。近年来，学校加快了聚焦教育质量、加强内涵建设、凝练学校文化、提升办学品质的前行步伐，尤其是教师专业发展有了长足的进步。为了培养五年以下教龄的青年教师，激发他们的活力、挖掘他们的潜能，学校坚持实施并完善"启程工程"带教项目。带教教师发挥传、帮、带辐射作用，帮助青年教师提高思想认识和提升业务水平。反过来，青年教师知识新、信息技术能力强的优势也帮助了老教师适应教学改革的节奏。"启程工程"师徒带教既保障了学校教学质量的稳步提高，又促进了青年教师进入成长快车道。

二、思考与认识

有一些研究指出，新教师入职后将面临专业知识、情绪感受和社会适应的专业困境，目前新教师专业发展的主要形式是入职教育和师徒制，这种传统教师专业发展范式忽视了新教师的自主性。因此，未来新教师专业发展应从专业学习社群的角度来建构，为新教师提供社群土壤。①新教师在团队行动中成长的方式，可以作为新教师培训中采用的师徒带教的一种补充。②

无论采取何种有助于新教师快速成长的带教模式，目的都是为了提高师徒带教的实效性。鉴于此，我校"启程工程"带教项目采取专业引领、同伴互助和自主行动相结合。恰当的专业引领是教师专业发展的催化剂；同行间的切磋交流是专业发展的土壤；教师的自主行动，并拥有自我反思的意识和能力是专业发展可持续的关键。

我校的"启程工程"培养对象是教龄在五年内的所有青年教师。之所以安排五

---

① 宋萑.新教师专业发展：从师徒带教走向专业学习社群[J].外国教育研究，2012(4).

② 王洁.从"师徒带教"到"团队成长"——基于上海市部分新教师专业成长调研的思考[J].教育发展研究，2009(24).

年带教，是受到竹子生长规律的启发：竹子在开始五年内努力扎根，外表看起来似乎没有起色，然而它的根系可达好几米，既有养分贮存，又有强大的分生繁殖能力。竹笋出土初期，每天生长量只有1～2厘米，以后逐渐加快，到了生长高峰期，生长量一昼夜可达1米左右。青年教师经历五年，从预备到初三年级完整地走一遍，可以对每个年级学生的心理特点、对每个年级的教材都能够心中有数、自主把控，这样确保每一位青年教师都能深深地扎根讲台。

三、实践与探索

（一）实行导师加团队带教模式

我校要求每位青年教师自选（或学校安排）一位带教师傅，同时该青年教师所在的备课组也承担带教辅助任务。每个学期的“启程工程”安排如下（见表2-3）：

表2-3 “启程工程”安排表

时 间	进 程	参与人员	管理保障
开学初	“启程工程”启动会，结合学校研究项目和徒弟发展情况制定带教指导计划	每对师徒	教科研室
每个月	师徒一周互相听课、评课一节；徒弟设计一份详案，师傅点评	每对师徒所在备课组	教科研室 教导处
学期最后两周	“启程工程”汇报课及评议、反思	教研组、备课组研课，全校教师听课	学科教研组 教导处
学期结束	“启程工程”小结会	全体师徒 校级论坛	教科研室 校师训部
假期	总结带教情况，评价带教成果		教导处 教科研室

带教师傅及团队每学期要做好“四指导”（见表2-4）：指导徒弟认真研读一本教学理论书籍，要求其理论联系实际，写出读后感想；指导徒弟分块有计划地认真研读本学科课程标准，熟悉课程性质、课程目标、内容目标、实施建议等；指导徒弟逐步强化基本教学能力，包括教学基本功中的教态、教案撰写、板书等，使其逐步学会分析教材、分析学生、分析效果，逐步学会听课、出题、说课、评课、分层辅导、教学质

量分析等;指导徒弟加强课堂实践的研究,积极开设校内教学公开课,并能正确分析成功之处和需要改进之处。

表 2-4　“四指导”评价表

指导研读一本教学理论书籍	书　　名	带教对象读后感题目	带教对象教学理论学习能力评价	学校评价
指导认真研读学科课程标准	师徒共同研读次数	指导教师对带教对象领会课程标准的深度评价	带教对象学习课程标准能力概述	学校评价
指导强化基本教学能力	听带教对象开课及评课次数及时间	带教对象教学基本功优劣情况简单分析	重点指导带教对象教学基本功内容及成效	学校评价
指导教学公开课	带教对象开课前指导次数	开课后的评课时间及评课成效	带教对象开课指导前后的进步	学校评价
带教对象获得荣誉				

(二)开展精细分析与精准指导相结合带教

每对师徒运用 SWOT 分析法即态势分析,将与研究对象密切相关的各种主要内部优势、劣势和外部的机会和威胁等列举出来,然后用系统分析的思想,把各种因素相互匹配起来加以分析,从中得出一系列相应的结论。运用 SWOT 分析法,可以对研究对象所处的情景进行全面、系统、准确的研究,从而根据研究结果制定相应的发展战略、计划以及对策等。

如:数学学科一位徒弟的自我分析(见表 2-5)。

表 2-5　自我分析表

	2017 学年
优势	1. 善于与大多数学生沟通,对他们有足够的耐心 2. 工作认真踏实,每一节课都认真准备教案 3. 有在教学实践中反思、改进的习惯

续表

	2017 学年
劣势	1. 对待学困生及问题学生缺乏教育指导方法 2. 备课过程中“备学生”还不够，即学情分析的能力还不强 3. 课堂教学效率有待提高，常有课堂来不及讲解的内容留到课后反反复复地讲
努力方向	1. 对不同学生采取分层教学，争取每个层次的学生都有进步 2. 教学中更注重培养学生的学习兴趣，提高课堂教学效率
对应措施	1. 加强师生沟通，主动面对问题 2. 加强理论学习，课前、课后多与师傅交流，通过实践、反思提高课堂教学水平 3. 养成写教学日志的习惯，不断反思自我教学

鉴于个人分析还不够细化，师徒一起确定目标，制定具体的带教安排。如：首先必须整体了解初中四年的数学教材（见表 2-6），必须明确每一章所处的位置，理解每一章的育人价值，只有有了整体把握，才知局部的轻重缓急。师徒达成共识：驾驭教材，迫在眉睫；读懂学生，假以时日。

表 2-6　把握教材安排表

时　　间	目　　标	内　　容	措　　施	最后反馈
2017 年 9 月	熟悉预备教材	预备教材	研究教材、做配套练习	完善数学教材每一章后面的本章小结知识结构图，自己制作思维导图
2017 年 10 月	了解初一教材	初一教材		
2017 年 11 月	了解初二教材	初二教材		
2017 年 12 月—2018 年 1 月	了解初三教材	初三教材		
寒假	整体分析	中考卷	做前 3 年中考卷	明确每个知识点在每个学期以及中考中的地位，以及每个学期学生要达成的数学能力

四、成效与反思

（一）“启程工程”带教模式夯实了青年教师的专业基础

学校根据徒弟的发展需求，为他们“私人定制”带教计划。如：入职四年的秦奕雯老师就是“启程工程”带教的受益者。通过校内师傅推门听课指导，特聘的教研员定期专题课指导，秦老师取得了显著进步，在教研员和学校的推荐下，她获得了开设市级研究课的锻炼机会，得到市教研员、学科专家的指导。经过多种途径和平台的历练，青年教师们在备课时关注学生体验的意识增强了，挖掘课程资源、设计学生课堂体验环节的能力提高了，并能从单元维度设计教学目标、教学实施策略和评价，还能够及时反思课堂学习活动是否合理，如何加以改进。

（二）“启程工程”带教模式促进了青年教师的专业发展

学校对每位徒弟都进行细致分析，精准地制定带教方案，明确提出申报校级综改项目和各级教科研课题研究的要求，以研促教，以教带研，带教过程就是基于需求的教育科研的过程。如，语文组胡群华和王淑洁师徒俩积极参加语文组的校级综改项目“寻找勤朴的足迹”阅读校本课程的建设，师傅是项目负责人，徒弟是年级分册的承担者。胡老师根据王淑洁老师科研能力强的特点，鼓励、指导她申报并完成了区级课题“创建初中低年级作文成长档案及教学手册的实践研究”。《〈初中作文成长档案〉实践研究》获得上海市情报综述征文三等奖，《初中低年级作文调研及改进案例》获得黄浦区基于学情调研的行动改进案例一等奖，王老师还被评为上海市教育科研骨干培训班好学员。

（三）“启程工程”带教模式优化了学校的教研生态

学校始终把“启程工程”带教模式作为学校教师自主、可持续、专业化发展项目中的重要组成部分，学校运用“二八定律”加强青年教师的培训，也促进了全体教师的教研动力。通过为全体教师设定不同梯度的发展目标，开展基于问题解决的校本研修，推进合作学习型备课组建设等举措，学校为青年教师成长提供了肥沃的土壤、充足的养分，营造了很好的学校教研生态。

（四）“启程工程”带教模式促进了师生发展共同体的形成

“启程工程”结对的师徒及团队都感受到彼此的温暖，他们也把温暖传递给了学生。师徒常常研究如何做学生成长的导师，从培养学生的乐学态度，营造丰富而多元、积极且具有挑战性的乐学环境入手，帮助学生拓展学习兴趣，优化学习方式，真正实现教育是为所有学生成长服务的宗旨，“启程工程”促进了师生发展共同体的形成。

基于“启程工程”的带教经验，市八初级中学将继续践行促进教师专业成长的行动，不断提升学校文化品位、育人品质，彰显品牌特色，让学校师生在“勤朴立校、尽责育人”办学理念引领下幸福地成长。

（上海市市八初级中学　章　健）

第六节 助推职初教师多维发展的“攀登课程”建设研究

一、背景与思考

中共中央、国务院《关于全面深化新时代教师队伍建设改革的意见》《上海市“十三五”中小学、幼儿园、中等职业学校教师培训工作实施意见》中均提到“分类施策”的指导意见。按照精神要求，向明初级中学积极尝试建立“明”师孵化机制，分层搭设循序递进的教师专业成长平台，逐步丰富并完善见习教师—职初教师—向明优青的师资培训完整体系，近年来整体教师水平提升显著。

作为上海市优秀教师专业发展学校暨见习教师规范化培训基地，学校在青年教师培养方面也积累了一定的经验。目前我校共有职初(入职 2～5 年)教师 17 人，占全校教师总人数的 16.5%。其中党员 5 人，团员 8 人，共占职初教师总数的 76%，研究生学历 6 人，另有 1 人在读，共占 41%，呈现出政治觉悟高、专业基础好的态势。通过相关问卷调查、带教反馈、个别访谈、集体座谈等途径，我们跟踪 17 位职初教师职业发展状态、分析其职业发展趋势、收集阻碍其发展因素，并按照成因将其归为专业能力困惑、融合归属困惑、内驱发展困惑。其中，绝大多数职初教师在 2～5 年任职期存在专业能力困惑，主要表现为怎样进一步巩固与提高自身教育教学水平；近 30%的职初教师存在融合归属困惑，主要表现为怎样进一步适应与创新“向明”校园文化；约 45%的职初教师存在内驱发展困惑，主要表现为怎样进一步定位与规划未来发展。

针对现存困惑，我校着手打造面向职初教师的“攀登课程”，探索延续规范化培训方式、扩充校本培训内容、提升深度带教内涵、搭建智慧共享舞台、鼓励多维创新发展，从而更好地助推职初教师在螺旋上升的模式中逐步实现自我的教育理想。

二、内容与设置

我们认为，文化认同是人的重要发展动力来源，因此我校尝试从文化的角度透析教师专业发展。职初教师的发展受到来自文化规约、文化适应和文化自觉的影响。文化规约是指职初教师逐步了解和认识自己专业地位和身份，习得相关思维方式和行为方式并将之表现的过程；文化适应是指职初教师形成适应于任教学校“人格”的过程；文化自觉则指职初教师加强自主能力，取得文化选择中自主地位的过程。

基于这一理论，结合学校“融合，共创”的教师发展理念，我们确定了“攀登课程”创设思路，即：根据职初教师专业能力困惑、融合归属困惑、内驱发展困惑出现的时段、涉及的需要、反映的追求，合理确定目标、营造氛围、安排内容、设计梯度、提供支持、促成成果，使职初教师在螺旋递进的过程中更智慧地实践教育教学、更积极地融入校园文化、更自主地确立发展方向。

目前“攀登课程”的内容设置如下：

表 2-7　“攀登课程”内容设置

板　块	分段目标	科目内容	带教导师
实践者	巩固专业知识技能	1.1　“明师”智慧讲坛 ——能力提升系列讲座	科研处主任
		1.2　伙伴互助“微论坛” ——案例式思维交锋启发活动	学科带教导师
		1.3　“潜・升”书友会 ——自定主题阅读分享活动	班主任带教导师
探索者	增强校园归属感	2.1　“琢玉”计划 ——校级系列教育教学竞赛	党支部书记
		2.2　创造未来 ——校本“明课程”研发团队见习	学科带教导师
		2.3　成为青年导师团成员	学科组长
		2.4　万物向阳我向明 ——青年教师素质拓展营	教工团负责人
设计者	激发内驱发展行为	3.1　担任校级“明”师工作室秘书	教导处主任
		3.2　申报领衔或加入校级青年教师工作坊	项目团队主持人

成长如爬山。“实践者”板块立足于“站得稳山脚”，对应巩固专业知识技能，着力解决职初教师遇到教学实施、学生管理、家校沟通等方面难题时的困惑。在这一

板块，职初教师以实践者的身份聆听“明师”智慧讲坛中专家与前辈的真知灼见，在伙伴互助“微论坛”中就实际教育教学案例各抒己见、碰撞思维、催生思路，在“潜·升”书友会中拓宽视野、潜心研读、升华信念。

“探索者”板块立足于“跑得过山腰”，对应增强校园归属感，着力解决职初教师渴望获得认可、融入向明的困惑。在这一板块，职初教师以探索者的身份参加“琢玉计划”系列竞技实战，在校本“明课程”研发团队中进行实习，担任学生的青年导师，共同参与和创新校园文化。

“设计者”板块立足于“冲得上山顶”，对应激发内驱发展行为，着力解决职初教师突破自我成长瓶颈、规划未来发展方向时的困惑。在这一板块，职初教师以设计者的身份担任学校“明师工作室”的团队秘书、辅助设计实施工作室活动，自主申报参加甚至担纲领衔学校青年教师研修坊，与伙伴结成学习共同体，进行项目科研、班主任工作、课程研发等方面的自我发展。

“攀登课程”中的三个板块，虽各自有所侧重，但并不彼此割裂。在同一时期，职初教师可能会接受多个板块中多个科目的学习，也可能会在不同时期接受相同主题的实训。在螺旋式的知识强化和行动实践中，职初教师的师德素养得以增长、教育教学行为得以规范、思想理念得以提升，进而个人得以真正地成长与发展。

三、策略与路径

在“攀登课程”的实施过程中，我们不断进行研究、反思、调整，逐步形成了相应的策略与路径。

（一）借助伙伴互助，实现螺旋成长

我们将职初培养阶段定位于见习教师规范化培训的延续，以及成为资深成熟教师的前奏，因此也特别注重在各个阶段中倡导导师和学员角色的共存与互换、教育和教学智慧的共享和激发、向明理念和行动的传承与创新。

例如，在专业知识技能巩固阶段，我校举办“锦绣杯”青年教师业务竞赛、“一师一精品”等比赛和公开展示活动，利用备课组、教研组、年级组的力量帮助青年教师准备竞赛和展示活动，采用二对一、三对一的带教方式，帮助他们在教育教学上获得更大提升，崭露头角。职初教师在团队的力量下对于教育教学获得更深的理解，也更融入团队合作中，发挥自己的力量。

在承上之余，职初教师还扮演着启下的角色。学校曾有多名教师在见习规范化培训的阶段接受“如何优秀组织学生志愿者服务活动”“‘萌芽杯’教学比赛情景题答辩指导”“最好的伙伴——家长暨家长会方法指导”等专题讲座的学习，又先后在“围谈论学，以学促教”教学微论坛、“己见各抒，智慧育人”德育微论坛中以职初教师身份就相同问题进行案例分析及策略探讨，并在走入成熟期后担任“‘明师’智慧讲坛”能力提升系列讲座的主讲。不同教师同一时期、不同时期同一教师的思维碰撞和智慧共享，促发大家对如何为学、如何为师形成更多感悟与更深思考。

（二）依托项目孵化，促进多维发展

师资队伍的不断提升更新是学校可持续发展的关键。我们努力实现学校发展与教师成长的双赢，大胆鼓励启用职初教师参加和领衔各个教学改革、教育科研、课程开发、主题活动等项目，使教师既分享发展红利，也为学校建设贡献力量。例如，我校利用“明课程”群研究所获得的成果更新职初教师教学理念，提升职初教师课程领导力；以参与相关“明课程”团队为途径，带领职初教师了解“明课程”理念、课程建设等内容，鼓励职初教师参与设计相关“明课程”子课程，进而对课程有更深入的理解。当初，我校多位职初教师一开始仅作为校内青年导师带领学生探访职业体验基地，进而加入“明课程”之“职业体验”子课程开发团队。在积累了一定课程领导经验后，他们又在学校的支持下开始全新的探索：有的扣纲开设了“争鸣天地”子课程，有的领衔了“智慧青年班主任工作坊”，有的完成了青年教师课题研究并获奖。在孵化各自精彩项目的过程中，职初教师不断朝成为向明创造型教师的方向前行。

四、成果与展望

得益于成体系的“攀登课程”助推，学校有相当数量的职初教师在学科育德、课堂教学、科学研究、课程开发，甚至学校管理等多个方面脱颖而出，获得专业发展性能力的提升。在教学领域，仅近两年，就有 2 位教师的录像课获评国家教育部“一师一优课”精品课称号，2 位教师分别获得上海市中青年教师教学专业技能展示活动的一、二等奖；在教育领域，1 位教师获得上海市优秀少先队辅导员的称号，多位教师获得学生竞赛的优秀指导奖；在科研领域，6 位教师获得黄浦区教学或科研评比奖项，还有多位教师活跃于学校各个教育教学项目团队中。这些成果既是对职初教师的肯定，也更加坚定了我们进一步建设“攀登课程”的信心。

目前，我们已在尝试编制“职初教师攀登活页夹”，补足评价环节，从而达成职初教师培训课程要素的闭环。在重视职初教师百花齐放的现阶段，学校原有的《青年教师深度带教手册》已不堪其用，我们希望以“活页夹”的形式，让职初教师有更多项的选择，更多维的成长。

每年教师节，学校都会说：向明因你而更加精彩！这不仅是口号，也包含着学校对教师的期待、感谢与激励，更包含着教师对学校的骄傲、支持与展望。当下，学校向内正整合教育资源，已拥有巨鹿路、思南路、瑞金一路等三个教学校区；对外将辐射优质资源，即将建成崇明新校区；也将会有更多的教师从职初走向成熟，由今天走向更精彩的明天！

（上海市向明初级中学　郭　抒、朱艳婷）

第七节　培万竹文化之精神，强专业发展之基础

一、背景与意义

教师，是学校的第一资源，是提高教育质量和推进教育改革的关键。教师队伍的发展关系到学校发展大计，青年教师更是学校持续发展的动力所在。对于职初教师而言，职业生涯的第一个五年是他们专业成长的起步阶段，也是他们从新手教师到胜任教师岗位的关键时期，在他们的职业生涯发展阶段中具有独特地位。

目前，针对职初教师的见习教师规范化培训已经实施了多年，为见习教师正确认识与适应教师角色、形成良好的教育教学行为规范奠定了良好的基础。但规培期后，青年教师的后续提升缺乏一个较为成熟、规范的培养模式，各校青年教师发展不均衡，不少青年教师因此错过了最佳的专业发展节奏。

上海市实验小学作为一所百年名校，始终秉承“精良师资，优质课堂”的传统，把教师队伍的建设以及师资梯队的培养作为重中之重。凭借上海市专业发展学校、市规培基地的优势，我校开展基于学校文化特点的 2～5 年期青年教师培养模式的探索，以期进一步巩固见习规范化培训成果，提升青年教师专业发展水平，并为其他学校或相关领域提供可借鉴、可操作的培养模式。

二、思考与认识

我校开展“万竹文化认同下的2～5年期青年教师‘一主两翼’培养方式的研究”，旨在探索根植于学校文化中的2～5年期青年教师培养的路径和策略。

青年教师对学校文化的认同是学校文化发挥专业促进作用的关键。教师的专业发展需要肥沃的土壤，即为其提供优质且支持性的环境脉络，而这个环境脉络就是学校的文化。因此，教师专业发展离不开优质的学校文化，对学校文化的认同是促进青年教师专业成长的根源。

万竹文化是实小的精神所在，“自强不息、蓬勃向上、教学相长、实验辉煌”是万竹文化的核心理念。百年里，实小始终保持着高水准的教育质量，“严、实、细、活、深”的教学风格备受赞誉，并在青年教师的带动下拥有了更丰富的教育内涵和时代特征，成为实小万竹文化的独特标志。万竹文化作为学校成员共享的价值观、信仰、准则和思维方式，指导和规范着青年教师的行为，形成强大的凝聚力，激发青年教师共同为学校愿景的达成而努力，对于学校发展具有巨大作用。我们相信，培养青年教师对实验小学、对万竹文化的认同，必能有效促进青年教师专业发展。

针对青年教师的培养方式各校百花齐放，我们的实践立足我校教师队伍建设实际，定位于“一主两翼”，即以教师自主规划、自我定位为主导，以“浸润式”项目培养和“互助式”青年沙龙为双翼，引导2～5年期青年教师实现共同愿景下的自我规划，强化专业信念，在共同责任下主动自我修炼，提升专业能力，在与青年伙伴互助互补中实现共同成长。

三、实践与探索

路径一：启迪——共同愿景下的自我规划

共同愿景是青年教师发展的基石，也是青年教师专业发展并服务于学校发展的重要驱动力。对青年教师的专业培养首先从文化认同开始。

1. 读懂校史

实小作为百年老校，历史源远流长。我们通过校史挖掘和校史宣传培养青年教师对学校的热爱和归属感。学习校史，可以帮助青年教师加深对学校的了解，是培养青年教师建立对学校文化情感认同的过程，也是青年教师主人意识逐渐养成的过程。

2. 对话名师

实小有以小学教育界的领军人物为代表的优秀教师群体，他们德高学精，在与他们面对面的过程中，青年教师可以读懂高尚，领悟师德，从而明白如何爱岗敬业，为人师表。

3. 恪守校训

“自强不息、蓬勃向上、教学相长、实验辉煌”是万竹文化的核心理念，也是实小的校训。我们以校训为座右铭，激励青年教师树立责任感和使命感，投身教育改革，再现实小辉煌。

在读校史、学名师、守校训，认同学校文化的基础上，学校引导青年教师在对自身进行全面分析的基础上确定未来五年内的专业发展目标。规划内容包括政治追求、师德锤炼、教育教学工作承担、专业发展领域及自身专业成长期待，以及需要学校提供的支持等。自我规划帮助青年教师认清自我、找准目标，个人专业发展也具有更大的内驱力。

路径二：浸润——共同责任下的自我修炼

青年教师如同刚破土的新芽，学校就是他们成长的土壤；青年教师如同起跑线上刚起步的行者，跑得如何，终究依靠自我。因此，学校以良好的专业发展氛围浸润青年教师，引领青年教师明确教师之责任；用明确的目标激发青年教师的自我发展愿望，使青年教师在从教的道路上自觉学习与研究；构建良好的专业发展空间，青年教师自我修炼、自主成长、自信发展。

1. 扎实教研，奠基成长

学校将教研引领作为青年教师专业成长的有效路径之一。立足学校常规教研活动组织开展有针对性的培训，引导青年教师聚焦课堂、研究教学、研究学生。通过践行教学反思、课例跟进、课题研究、骨干帮带、同台竞艺、展示交流等六种教研模式，推动青年教师在聚焦教学的实践和思考中，服务学生发展，追求教学实效，夯实自我专业成长的基础。

2. 投身科研，助推成长

学校把基于教育教学主要问题的课题研究作为青年教师应努力修炼的基本能力，以此促进青年教师专业水平和实践能力的提升。学校定期召开教科研大会，不断唤醒和强化青年教师的科研意识；邀请科研经验丰富的专家来校展开专题培训，从立项申请、实施过程、统计处理、撰写报告论文等方面对青年教师进行一对一、有针对性的指导，全面提升青年教师的科研能力；在校本教研中创造学习共同体，给予青年教师更多参与科研的机会，青年教师在科研中学习“自律、求实、创新、协作”的精神，在科研中对教育教学工作不断反思、实践、创造，最终提升自我。

3. 以赛促研，见证成长

学校为青年教师搭建各类教育教学比赛的平台，从入职第一年的“萌芽杯”，第二年起每年一次的“五四”教学比武，三年后的区学科教学评选，每一次备赛、参赛都在检验青年教师“教学不止，探索不停”的职业自律与专业追求，也让青年教师在一次次比赛的锤炼中快速成长起来，青年教师的专业成长有迹可循。

路径三：共济——共同经历下的自我成长

为促进青年教师团队建设，加强青年教师间的交流与互动，以更轻松、有效的方式实现青年教师团队成长，学校建立了学术探讨与人文关怀相结合的青年教师学习共同体——万竹青年沙龙。学校定期举办沙龙活动，引导青年教师坚持在实践中探索、在困惑中学习、在研究中反思、在讨论中领悟创新原则，发挥青年教师群体的辐射作用，使青年教师在学校的教育教研中增强内在个人素质、外在整体形象。来自不同学科的青年教师们在沙龙中进行教学探讨、经验分享、思想交流，在互补、互促、互助的青年沙龙中，青年教师的精神成长得到关注，专业技能得以切磋，教育理想更为坚定，专业成长更具幸福感，对学校文化的认同感也更加深刻。

四、成效与反思

续写百年强师实践新章，讲好中国故事。百年前实小就以精良师资成就优质课堂为特色享誉上海，一直以来学校不断探索文化强师、科研优师、分层激励等多样化培养模式，形成了面向全体的全面强师格局。

着眼做强人力资源，高位均衡发展。学校成为上海市教师专业发展学校暨见习教师规范培训基地后，已经在一年期教师的入格培训以及二年期合格型教师的培训路径方面获得了可以推广复制的培训方法。在万竹文化的熏陶下，青年教师五年内在各类教学比赛及科研中不断取得佳绩：多名青年教师在“萌芽杯”教学比赛及黄浦区中青年教学评比中获得一、二等奖；2 名青年班主任在黄浦区班主任基本功竞赛中取得一、二等奖；90%以上的青年教师参与或主持过课题研究，其中3位获得黄浦区青年课题成果奖；2019年，还有1位青年教师参加中英数学教师研讨活动，执教一节公开课，被媒体广泛报道。

面对新时代新要求，探索之责任重道远。新时代教育使命光荣，教育事业需要新一代"四有"好教师实现办"人民满意的教育"的庄严承诺。提高政治站位前提下，我们的教师培养模式还需要完善，指向教师专业能力形成的课程支持需要更加科学化，信息化大环境下的个体支持培养方式需要进一步突破。

总之，教师培养的方式没有最优只有更优，把满足人民群众对优质教育的渴望作为己任，用诗意与远方自勉，咬定青山，不断探索，寻求突破，追梦强师我们永远在路上！

（上海市实验小学　执笔：沈小婷）

第八节　基于信息技术的青年教师专业发展的诊断策略研究

一、背景与意义

信息化时代，在信息技术的助力下教师了解学生的学习状况、智慧教学方案的持续动态生成、达成聚焦教与学的流程再造，都需要教师的"数字胜任力(Digital Competence)"，即识别、分析数字信息，判断信息相关性的能力，通过数字化手段解决问题的能力等。学校十年来积极探索信息技术与教育教学的深度融合，于2018年6月成为上海市首个信息化标杆培育校，在数字校园、数字教学、数字画像等几方面开展研究，其中有一项是针对入职2～5年青年教师的，即基于信息技术的青年教师专业发展的诊断策略研究。

本研究聚焦入职2～5年的青年教师的专业发展。目前虽有多种教师评价的方法与工具，但仍存在三方面问题：尚未有针对入职2～5年的青年教师专业发展特点的专门评价工具；尚未有针对教师个体专业性发展的全面主动评价工具；评价、反馈、调整三者之间该如何整合以形成"诊断"尚未被有效研究。在实践研究过程中，我们希望能够在解决上述问题的基础上，开发出相应的信息化工具，并以此为核心探索青年教师专业发展的诊断机制。

二、思考与认识

我们按照教育改革和学校发展规划的总体要求，结合我校青年教师队伍的现状，遵循入职2～5年青年教师成长的规律，采取全方位、多途径的培养措施，围绕师德建设、教育教学业务能力、科研水平等方面，全面提升青年教师的教育教学能力、教育科研能力、新课程改革的实践与创新能力，努力建设一支具有现代教师素质和创新精神的教师队伍，为学校教育教学的持续发展奠定基础。

我们基于学校信息化建设的良好基础，根据“上海市中小学见习教师规范化培训内容和要求”，构建云基地见习教师规范化培训管理系统，融合信息化手段，积累培训的记录和资源，充分了解个体差异，实现长期的职业跟踪和追溯，帮助他们尽快适应并能够较好地、独立地开展教育教学工作。在此基础上为培训课程的设置与完善提供有效的支持，探索具有卢一特色的青年教师专业发展培养模式。

三、实践与探索

这个项目实施经历了双向选择，确定培养对象，制订培养计划和措施，落实培养工作负责人等几个步骤。学校对培养对象给予系统的、经常性的指导和帮助，指明努力的方向和途径，尽可能提供学习观摩和高层次培训进修机会，再搭建各种形式的展示舞台，扩大影响，让2～5年的青年教师学习有榜样、成长有目标。在此基础上进行再设计，促进团队“滚雪球”式地发展。

（一）立足校本研修，提升专业素养

适切的校本研修是促进青年教师专业发展的重要途径，我校以“教师的发展”为第一目标，提出专业引领，倡导同伴互助，开展实践反思。我校的校本研修呈现以下特点：(1)组织上的网状化。学校的一切活动均可视为校本研修，学校一切部门均为校本研修各司其职。(2)内容上的多元化。校本研修专业态度、专业知识和专业技能三管齐下。师德修养服务计划、人文修养读书计划、课堂教学改进计划三个计划促进教师专业化发展。(3)形式上的丰富性。既有沙龙式的随机教研，倡导随时、随地、随需开展教研活动，又有主题式的备课教研，针对某一主题开展“三三制”备课研讨。既有微技能的说评课教研，又引导教师从课的研究到课题研究。

（二）促进个体成长，激发团队共进

为了能够全程关注青年教师的成长历程，学校形成了相应的机制，实施了一系列举措。青年教师在这样的氛围中浸润、实践，而在此过程中，系统平台全程采集的相关数据同步提供了科学依据，掌握动态，跟进矫正，加速青年教师的成长。

1.“智囊团”的价值——学术委员会的逐步成熟

由名师工作室、特级教师、区学科带头人、区青年学科带头人、区级骨干教师等教学骨干组成的教育委员会，通过随堂听课和评课，确保课堂教学质量，并对教师的业务水平进行考评。根据考评结果，选拔和推荐青年骨干教师，建立后备骨干教师培养梯队。

2.“小课题”的诞生——“一组一品”的扎实推进

“一组一品”研讨中，个人课堂行为研究、团队式专题研讨与学校的教学管理相结合，将重点放在实实在在地研究课堂教学中经常面临的问题。学校为教师之间进行信息交流、经验分享和专题讨论提供平台，强调教师之间的专业切磋、协调与合作，互相学习，彼此支持，共同分享经验。

3.“研究月”的功能——“教学研究月”的持续进行

“教学研究月”活动就是在为期一个月左右的时间里，全体教师围绕着研究的主题，选择适合本学科和自身特点的研究专题，开展形式多样的研究活动，通过研究提高教学质量，提升专业水平。

青年教师立足课堂实践研究的“主阵地”，进行多场教学展示，鼓励教师在实践研讨中形成课题研究项目。教师既有个体展示，又有团队合作，共同进步。立足于教师现有的专业水平，运用信息技术对不同层次的教师进行相应的培养。

卢一的教学五环节有着严格规范，具有校本特色的操作模式，针对传统教学中“备课、上课、作业、辅导、评价”五个环节，通过伴随式无感知的数据采集，获得动态学情实时反馈，为教师的教研提供科学依据。例如，在教导检查见习教师备课的过程中，系统平台发出了提醒，有一位刚入职一年的青年教师对于大家讨论后形成的成熟型教案的修改率达到了32.5%，经研究发现她的不少修改出现了偏差，如授新课时去掉了动画引入，直接开始口算练习，没有考虑到一年级孩子的年龄特征和成长规律。当数据比对与分析呈现在青年教师面前时，她在导师的指导下发现了自身教学存在的问题。

不断积累的数据，精准地跟踪矫正，让青年教师逐步入门，教学更加具有针对性与时效性，促进了专业成长。

随着关注时长的不断递增，系统平台数据的不断累积，每位青年教师在教学五环节中的具体表现都被记录下来，成为他们发展规划的基础资料。

（三）借助系统平台，加强发展诊断

不同年龄、学科、职务、类型的教师对培训的需求是不同的，对入职2～5年的青年教师，大量数据勾画了他们初步的“数字画像”，怎样针对他们每个生长点来设计培养内容，我们也进行了深入的思考。

1. 了解个体需求

我们引导青年教师根据自己的发展愿望与需求，制订专业发展规划，特别注重两个结合：一是评价体现了关注教师现实表现与注重教师未来发展的结合，二是学校对教师期望与教师自身发展期待的结合。我们期待唤醒教师专业发展的个性与自主性，成为符合教师本人和学校需要的教育者。

2. 分类开设培训

学校进行了分类培训：学科培训一类主要是指青年教师所教授学科的专业能力，另一类则是作为校级、区级骨干教师培养的定位。对后一类培训，选拔、带教等都有规定的流程及评价方案。具体为：选苗子——双向选择，确定培养对象。压担子——适时下达与其教学工作密切相关的教研科研和改革实验任务。引路子——对培养对象给予系统的、经常性的指导和帮助。架梯子——对骨干教师的成长发展创造必要的条件。搭台子——搭建各种形式的教育教学改革和实验的交流、研讨和评比活动的“舞台”。

3. “云基地”随身伴

学校作为上海市首个教育信息化标杆培育校，经过多年的实践探索获得了上海市教育科研成果特等奖。我们在逐步推广应用的同时，除了与教学五环节相匹配的系统平台以外，还设计开发了“云基地”App，做到青年教师成长随身伴，将日常的学习、培训的相关情况及时记录下来。目前“云基地”主要有以下几方面的功能：青年教师管理（考勤、学习记录、学习进度），带教导师的指导，导师可以通过平台查看学员完成基地学习的情况并进行点评、指导。

“云基地”结合市区相关文件内容，把课程内容分为必修课和选修课。必修课为职业感悟与师德修养、课堂经历与教学实践、班级工作与育德体验、教学研究与专业发展。选修课分为“读书、读图、读人、读我”四个部分。通过“云基地”平台，我们全程关注、跟踪青年教师的成长，记录下他们脚踏实地的每一步脚印，做到及时反馈，跟进矫正，促进青年教师成长。

四、成效与反思

在实践中，我们也发现了一些需要进一步思考的问题：如何与见习教师所在学校加强沟通，并且使沟通能够常态化；如何建立更为灵活、实用的带教机制，尤其是异地带教，鼓励更多的优秀教师主动加入培训指导教师的队伍中；如何继续完善我们极具特色的入职2～5年青年教师培训模式？作为以情感教育为办学特色的学校，我们需要进一步研究如何使情绪、情感的功能在教师的学习过程中发挥到最佳状态。

几年来，全校有20多位教师在市、区语文、数学、英语、自然、音乐、美术、体育、拓展等学科教学评比中获得一、二等奖以及市、区教育科研成果奖。学校也成为上海市教师专业发展学校，15位教师在区级见习教师教学评比中获得一等奖，7位教师获得模拟课堂奖、教案设计奖，7位带教教师获得优秀带教导师称号。

让卢湾一中心小学的每一位教师得到发展，打造出一支“精兵强将”，促使教师成为“专业型”“学者型”“科研型”“智慧型”的教师，这是我们不断追求的目标。

（上海市黄浦区卢湾一中心小学　吴蓉瑾）

第九节　基于“e-f”互动研修模式的青年教师学科教学关键能力提升研究

一、背景与意义

百年大计，教育为本；教育大计，教师为本。造就党和人民满意的高素质、专业化、创新型教师队伍，是办好人民满意的教育的一项重要举措。2018年，第一个专门面向教师队伍建设的文件《中共中央国务院关于全面深化新时代教师队伍建设改革的意见》，提出了“大力振兴教师教育，不断提升教师专业素质能力”的要求，教师的角色定位正逐渐从学习的“传授者”转变为网络时代的“共同学习者”。

在上海师范大学附属卢湾实验小学有这样一批青年教师，他们大多是上海师范大学小学教育专业世承班的优秀毕业生，其中80%左右的青年教师在大学期间获得一、二等奖学金。从2015年以来，每年黄浦区见习教师规范化培训中，这些教师在各个学科领域崭露头角，在区“萌芽杯”比赛中荣获一、二等奖；其中又有部分教师晋级上海市新教师技能大赛并荣获一等奖。这些青年教师不仅在学科领域有着较为扎实的学科素养，同时在信息技术方面也有着极大的优势，学习适应能力强。如何聚焦这类教师的培养，把一年规培中的成效延续拓展，在未来的2～5年中，基于他们自身信息技术的优势，通过搭建适切的教研方式促进他们逐渐发展成为区域骨干型教师，是我校教师培育规划中一个重要研究课题。因此，本研究基于上述问题的思考，聚焦青年教师(2～5年)学科教学关键能力的培育，通过搭建“e-f”互动研修模式促进其专业发展。

二、思考与认识

(一) 什么是“e-f”互动研修模式

“e”主要是引自Internet浏览器“e”的符号，意指依托网络或媒体资源丰富与共享性广的优势，突破时空的界限，进行信息共享与交流，但其缺乏情感交流的互动性(以下简称“e方式”)。“f”主要指传统的人与人“face to face”的直接传输或对话式的教学研讨行为，一般采用专家引领、同伴互助和自我反思的形式。其优点是具有即时性、动态性，情感交互性较强，但极易受到时间、空间、人员等条件限制，导致互动单向性强，效益体现的差异性较大(以下简称“f方式”)。“e-f”互动研修模式兼顾“e方式”的开放性和便捷性和“f方式”的人际动态互动性两者的优势，而形成基于“e-f”互动的两种技术相互支持的一种教师研修模式。

(二) 如何界定青年教师(2～5年)学科教学关键能力

我们选取本校教龄2～5年的若干青年教师，围绕专业能力发展需求进行访谈。我们通过访谈，发现处于不同发展阶段的教师有不同的需求，因此将其划分为两个发展阶段，并分别对青年教师(2～5年)的专业发展能力从“优势”“劣势”“机会”和“威胁”进行SWOT分析(见下表2-8)，聚焦专业发展需求，从而确定“e-f”互动的教学关键能力。

表 2-8　上海师范大学附属卢湾实验小学青年教师(2～5 年)专业发展 SWOT 分析

	教龄	优　势	劣　势	机　会	威　胁
专业提升态度	2～3 年	部分教师有较为强烈的理论学习与专业提升的热情与需求，处于职业定性培养的关键期	缺乏专业敏感度	学校优秀教师专业引领，搭建平台，一对一导师带教、教学评比等，身边的榜样带动专业提升的强烈愿望	
	3～5 年		想提升，但缺乏发展的有效、科学方法		
学科专业能力	2～3 年	实践性知识需求强大，可能性与模仿性强	对自己专业能力的关注点和缺失不明确	部分中青年教师专业发展潜力较大	简单模仿背后对课堂思考能力缺失
	3～5 年	有一定的教学经验，对于自我的教学基本技能有一定的认知，明晰自己的问题	课堂实际教学中目标意识尚缺乏，对学生学习特点分析把握不精准	学校进行“允能教学”研究，聚焦“主题式”和“听班制”的教研团队，为青年教师成长提供支撑	存在一定的思维定势

综上分析，教龄 2～3 年的青年教师处于职业初期，对于教学有很大的热情，投入度也更高，有提升课堂教学技能的强烈愿望，但不能发现自己的问题，课堂教学技能的敏感度较低；教龄 3～5 年的青年教师对自我发展现状有一定的认识，具备一定的教学基本技能，对基于教材和学情分析下科学制定教学目标、基于教学目标独立进行教学设计以及课堂教学实施与教学目标的匹配分析的需求较大。因此，学校需建构一定的研修模式，就两类教师的不同需求，聚焦不同阶段的学科教学关键技能，为各个层次教师的发展提供支撑。

因此，我们根据青年教师的发展阶段特点、个性需求，匹配了如下学科教学关键能力(见表 2-9)作为青年教师发展的聚焦点。

表 2-9　青年教师(2～5 年)学科教学关键能力

	职初教师(2～3 年)	青年教师(3～5 年)
学科教学关键能力	(1) 课堂仪态 (2) 课堂理答 (3) 课堂目标达成 (4) 板书与媒体运用 (5) 设计意图分析	(1) 基于教学主题的教材解析 (2) 学情分析(班级学生特点分析) (3) 基于教材和学情分析下的教学目标的制定 (4) 基于教学目标的教学设计能力 (5) 课堂教学实施与教学目标的匹配分析

三、实践与探索

通过 SWOT 分析进行了教师发展需求调研和分析后，在具体实践中，我们基于两个不同发展阶段的教师的不同需求和方式，为他们提供了满足需求、适合发展的可操作的实践路径，以供改进教学行为，提高教学有效性（见下表 2-10）：

表 2-10　青年教师（2～5 年）“e-f”互动研修路径解析表

路径	职初教师（2～3 年）	青年教师（3～5 年）
	“e-f”	“f^1-e-f^2”
步骤	（1）网络中寻找并观摩名师课堂（e 过程）	（1）与其他教师组团，聚焦教研主题或班级学生特点，进行“face to face”的主题研讨，基于主题进行文献分析、学情分析、教材解析、主题漫谈等，从而确定教学目标（f^1 过程）
	（2）立足职初教师基本教学能力，以《“我看名师课堂”操作手册》中互动要素为引领，进行课堂实录与分析（e 过程）	（2）青年教师围绕主题内容和教学目标的制定，进行教学设计并开展课堂教学实践；对自己的课堂录像进行“我看我的课堂”分析，基于目标对目标落实情况对教学录像中的个性观测点进行观摩，展开分析（e 过程）
	（3）与导师共同就“课堂目标达成”等要素进行互动研讨（f 过程）	（3）与“主题式”或“听班制”团队共同“face to face”，展开课堂实施成效分析（f^2 过程）

研修路径一：“e-f”方式下的名师剖析研修

这适用于教龄为 2 或 3 年的青年教师，通过观摩名师课堂（e 方式），设计《“我看名师课堂”操作手册》（见下表 2-11），职初教师对名师课堂进行课堂实录，分别从课堂仪态、理答特点、板书设计与媒体运用等方面展开独立分析，并与带教导师共同进行研讨分析（f 方式）。

“e-f”研修模式的基本操作步骤如下：

（1）通过网络或学校课程资源欣赏名师优秀课例，进行课堂实录。

（2）在操作手册引领下，从课堂仪态、理答特点等角度分析名师课堂要点。

（3）与带教导师“face to face”共同研讨，对提炼的要点进行分析。

表 2-11 《“我看名师课堂”操作手册》

<table>
<tr><th>赏析要点</th><th>名师课例</th><th>设计意图赏析</th></tr>
<tr><td rowspan="3">课堂实录</td><td></td><td></td></tr>
<tr><td></td><td></td></tr>
<tr><td></td><td></td></tr>
<tr><td rowspan="5">赏析要素与匹配实录</td><td colspan="2">【课堂仪态】特点分析</td></tr>
<tr><td colspan="2">【示范指导】特点分析</td></tr>
<tr><td colspan="2">【课堂理答】特点分析</td></tr>
<tr><td colspan="2">【板书设计与媒体运用】</td></tr>
<tr><td colspan="2">【课堂目标达成情况】(列举 1～2 个教学目标,通过实录,对目标达成的相关有效教学策略进行分析)</td></tr>
</table>

研修路径二:“f^1-e-f^2”方式下的“允能教学”实践研修

这适用于教龄为 3～5 年的青年教师,参与学校特色教学“允能教学”研究,通过“主题式”和“听班制”教研方式,青年教师与其他骨干教师或成熟型教师自由组合“允能团队”,开展系列教学研讨活动。

“主题式”——聚焦“教”的角度,课堂中围绕团队的研究主题进行观察,凸显教师对该学科某一主题的整体设计与创新思考。

“听班制”——聚焦学生“学”的角度,通过执教同一班级的各学科教师基于学情上的共同研讨,进行教学设计思考,课堂观察将焦点聚焦于学生学习过程的反应,通过学生的行为检测教学效果。

青年教师通过与骨干教师或成熟型教师的共同组团,形成教研团队的关注主题或关注班级学生学习特点,从而进一步强化目标意识,关注学生的学习经历,进一步凸显学科之间的整合,教师教学方式的融合创新和学生学习方式的融合创新。

表 2-12　青年教师(3～5 年)“允能教学”操作表

<table>
<tr><td>团队研究主题</td><td colspan="3"></td></tr>
<tr><td>教研模式</td><td colspan="3">听班制(　　)主题式(　　)</td></tr>
<tr><td rowspan="3">基础分析</td><td>文献综述</td><td colspan="2"></td></tr>
<tr><td>学情分析</td><td colspan="2"></td></tr>
<tr><td>主题漫谈</td><td colspan="2"></td></tr>
<tr><td>教材解析</td><td colspan="3"></td></tr>
<tr><td>教学目标</td><td colspan="3"></td></tr>
<tr><td>个性观测点</td><td colspan="2">匹配教学设计</td><td>课堂实施分析</td></tr>
<tr><td></td><td colspan="2"></td><td></td></tr>
<tr><td></td><td colspan="2"></td><td></td></tr>
<tr><td></td><td colspan="2"></td><td></td></tr>
</table>

“f^1-e-f^2”分段模式的基本操作步骤如下：

(1) 与其他教师组团，聚焦教研主题或班级学生特点，进行“face to face”的主题研讨，基于主题进行文献分析、学情分析、教材解析、主题漫谈等，从而确定教学目标。

(2) 青年教师围绕主题内容和教学目标的制定，进行教学设计并开展课堂教学实践；对自己的课堂录像进行“我看我的课堂”分析，基于目标对目标落实情况对教学录像中的个性观测点进行观摩，展开分析。

(3) 与“主题式”或“听班制”团队共同“face to face”，展开课堂实施成效分析。

学校也定期为这些青年教师搭建校本培训的平台，将研讨过程中的问题和内容进行提炼与交流，从自培逐渐走向他培，以培训他人促进其专业反思能力的提升。

四、成效与反思

(一) “e-f”互动研修模式下的青年教师专业成长显著

近几年，随着青年教师在该研修模式下的专业培育与成长，2～3 年的青年教师群体通过系统梳理教材、课堂教学模仿等，在学校的青年教师教学比武、区教学基本功技能大赛中屡屡获奖；3～5 年的青年教师在学校允能研究团队的引领下，目标意识更清晰明确，在过程中促进教学方式的变革，实现自我突破，部分教师迅速成长为校骨干教师、学科教研组长，并在上海市中青年教师大赛、黄浦区教学评比中荣获一、二等奖。

（二）形成可持续性发展的特色化研修路径

“e-f”互动式研修模式的运作，有“face to face”式的即时互动性、动态性和情感的交流，同时突破时间、空间、学科的界线，逐渐提升了教师进行教研活动的自主性与自觉性，从而提高教师专业发展的效能。

以上提炼总结的两种研修路径也可为教龄 0～2 年或师范生前置培养提供借鉴。目前，随着高校优秀师范生的引入，学校也将借鉴“e-f”研修路径，为有意向留校的师范生提供前置指导，为他们量身定制研究路径，保障学校师资队伍的常青力量。

同时，基于青年教师现有发展，学校将继续结合“上海微校”这一信息化研修平台，开展基于学生问题分析和基于教师教学策略的“精准教研”模式，为青年教师的后续可持续性发展匹配研修路径，助力他们逐渐成长为区域骨干型教师。

（上海师范大学附属卢湾实验小学　虞怡玲）

第十节　基于胜任力的导师参与式培训模式的实践研究

一、背景与意义

上海市荷花池幼儿园创建于 1958 年，是一所有着 60 多年办园历史的全日制公办幼儿园。我园是上海市首批市级示范性幼儿园、上海市教师专业化发展基地、上海师范大学卓越教师培养基地、华东师范大学实习基地等。

近年来，随着课改的不断深入，社会对于学前教育高质量、均衡发展的需求，使得我们对于幼儿园教师的专业能力要求也逐日递增。我国开展了针对中西部地区的"国培计划"，上海师资培训中心也开展了对新入职教师进行规范化培训的探索。目前职后培训模式的研究已趋向于关注受训教师的个性需求，遵循教师不同专业发展阶段的知识结构与认知发展规律。然而，对于2～5年这样一个教师发展的关键期①，一线幼儿园从理论和实践两个层面的研究还有待深入思考、提炼经验。

我园现有班级18个。其中2～5年青年教师人数12人，占一线教师总人数的三分之一。我园高度重视2～5年青年教师的培训工作，于2019年12月申报了"基于胜任力的导师参与式培训模式的实践研究"项目。

二、思考与认识

（一）理念引领，孕育小荷

基于我园的园所文化特色和办园实践，我们提出了"青荷教育"的办园思想。在此思想之下，本项目所要构建的培训理念是："亲荷"共生，从"力"到"行"，将"青荷"孕育的幼儿园文化传递给更多未来的"青青小荷"，使其通过培训葆有一颗炽热的初心，"学着做教师，快乐教孩子"；通过构建导师参与式的培训模式，为优秀的幼儿教师架起一座理论和实践的双向彩虹桥，实现力与行的转换与沉淀。

（二）因需而动，调查先行

为提高研究的靶向性，我们在此理念与目标之下，在文献与文本调研分析的基础上，对2～5年青年教师基于胜任力的培训现状进行了调查，以获得更适合的教师胜任力要素。我们通过问卷星共发放问卷202份，回收率100%，有效问卷率100%。

现从青年教师对胜任力的理解和培训需求来分析：

从调查结果看，青年教师对胜任力包含的4个维度非常认可，认为这些维度反映了他们对胜任力的理解。通过开放式问题，进一步了解青年教师对胜任力的理解，我们对调查结果进行归类合并，梳理出18个条目（如下表2-13）。如表

① 姜勇，阎水金．教师发展阶段研究：从"教师关注"到"教师自主"[J]．上海教育科研，2007(7)：9—11.

所示，首先，青年教师认为热爱幼儿、尊重幼儿、细心等与师德素养高度相关的内容是最为必备的。其次，对幼儿的了解，以及与此相关所需的专业知识、发现问题的能力、因材施教都是需要掌握的能力。再次，还需要如创新、合作、沟通、表达等基本素养。

表 2-13　青年教师胜任力条目归类结果统计

胜任条目	出现频率	所占百分比
热爱幼儿，尊重幼儿	543	89.57%
了解和研究幼儿	319	52.6%
细心	316	52.1%
沟通能力	311	45.98%
乐于合作	246	40.76%
积累并更新相关知识经验	235	38.86%
发现问题	223	37.91%
因材施教	230	34.12%
有教育智慧	198	32.7%
反思能力	192	31.75%
责任心	190	31.28%
创新能力	187	30.8%
表达能力	143	23.69%
耐心	106	17.53%
观察记录与支持	106	17.53%
合作精神	66	10.9%
举一反三	51	9.00%
良好的自我调节能力	46	7.58%

培训需求主要从教师对培训内容与形式的反馈来看。从培训内容看，青年教师最迫切需要的是家长工作类和教育专业技能类培训。另外，他们也希望通过多样的培训内容和形式增加师幼互动、一日活动组织和课程设计方面的知识。从培训形式看，青年教师最期望的是观摩活动现场，占总人数的 82.18%。同时这种培训模式也是青年教师认为最有效、印象最深的一种形式。另外，青年教师更偏向于实践性的导师一对一指导。

（三）点面结合，厘清维度

基于以上调查和文献研究，我们将条目对应到4个胜任力的维度中，形成教师胜任力结构（见表2-14）。在18个条目中，有关于师德素养的热爱幼儿、有责任心、细心等价值观与品性的条目隐含在4个维度所指向的条目中，不再单列出来。

表2-14　2～5年幼儿教师胜任力结构

胜任力维度	具体条目
学习力	了解和研究幼儿（技能、价值观）
	积累并更新相关知识经验（知识）
	发现问题（价值观、技能）
执行力	观察、记录与支持
	因材施教
	创新能力
	举一反三
	有教育智慧
沟通力	沟通与合作
	表达能力
反思力	反思能力
	良好的自我调节能力（乐观等）

这启示我们在构建培训模式中：

1. 导师参与式为核心，以导师的专业素养引领青年教师参与，讨论的形式可通过线上线下多途径展开，激发教师参与的兴趣。

2. 学习交流要基于相当数量的观摩及实践经验。

3. 培训主题要多元，以教育教学培训为主，保证含有家长工作类内容的主题。师德素养类的培训内容要自然渗透到各种培训形式与内容中。

三、实践与探索：亲历过程，小荷葳蕤

基于所建立的2～5年幼儿教师胜任力的模型，我们形成了基于胜任力的导师

参与式培训模式(见图 2-4)。

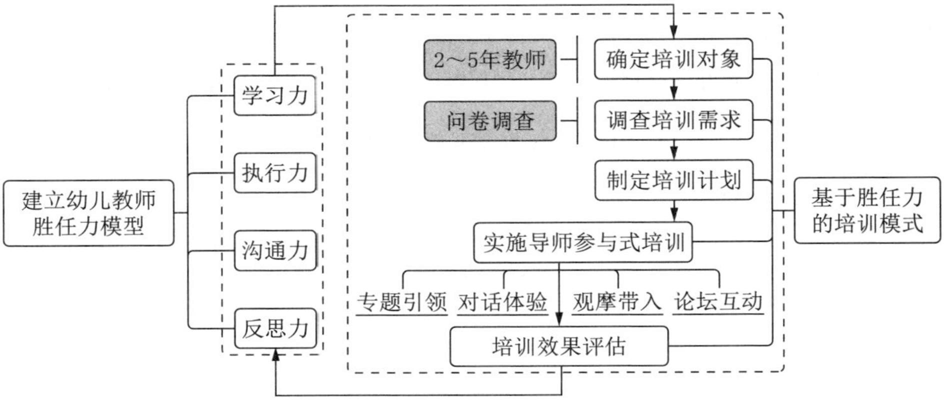

图 2-4　2～5 年青年教师基于胜任力的导师参与式培训模式

(一)建立导师团队

分实践导师团和专家分享团打造导师团队(如下图 2-5):

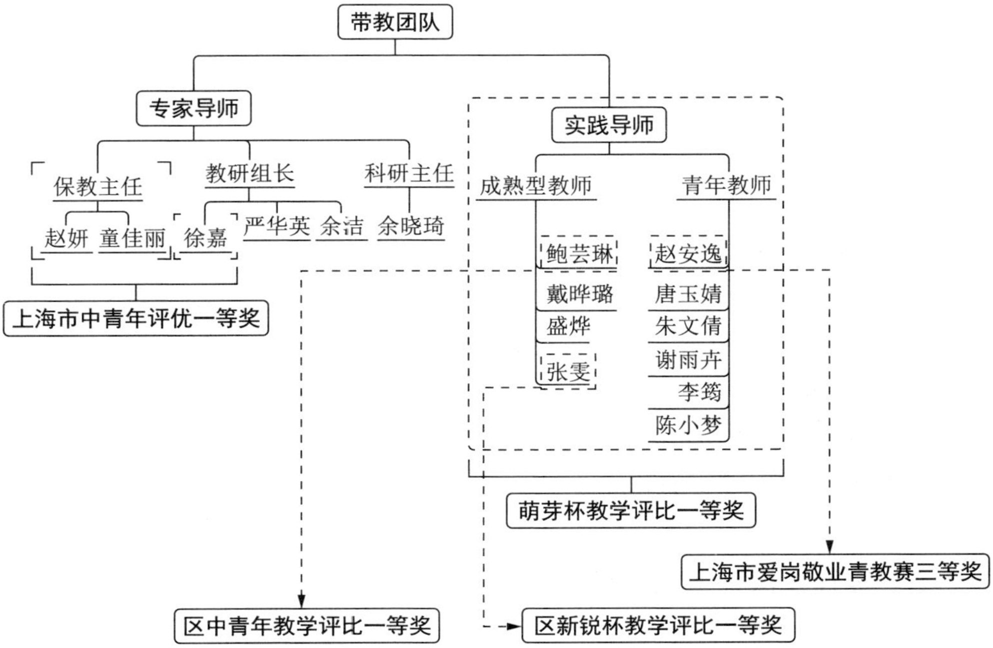

图 2-5　基于胜任力的培训导师团队

1. 实践导师团：立足课堂，实践启航

针对幼儿园一日活动的组织与实施进行常规浸润式带教，如请园内三位上海市名师导师每两周对青年教师进行一次模拟课堂的示范，让青年教师充分感受优质的模拟课堂是怎样的。

2. 专家分享团：更新理念，演绎理论

着眼于拓展教育视野、提升专业能力、引领专业精神的专题讲座、专题教研等活动，开展多元、立体式的带教培训，助推青年教师形成清晰的职业愿景。专家团由上海市特级园长宋青领衔，团队成员包括区学科带头人、区骨干教师、市学科中心组成员等，根据专家团教师的专业特色来实施。

（二）确立培训内容体系

我们在 2～5 年教师胜任力结构基础上，确立培训内容维度（见表 2-15）：

表 2-15　基于胜任力的培训内容维度

胜任力维度	具体条目	培训内容
学习力	了解和研究幼儿（技能、价值观）	儿童观 课程观
	积累并更新相关知识经验（知识）	
	发现问题（价值观、技能）	
执行力	观察、记录与支持	教学技能 教学策略
	因材施教	
	创新能力	
	举一反三	
	有教育智慧	
沟通力	沟通与合作	家园互动 科学育儿
	表达能力	
反思力	反思能力	评价教师 评价幼儿

根据导师参与的不同方式将培训内容具体化，形成培训内容体系（见表 2-16）：

表 2-16　导师参与式培训内容体系

培训方式	培训形式	培训主题		具　体　内　容
专题引领	专题组活动	四大板块培训主题	生活	1. 主题式牛奶吧——今天你喝了吗 2. 亲亲大自然——让我来照顾你们吧 3. 开心嘘嘘乐——盥洗室里的小秘密
			学习	1. 集体教学活动的选材 2. 集体教学活动的设计 3. 个别化学习活动的环境创设
			运动	1. 一物多玩——户外运动器械的创意玩法 2. 关注幼儿运动状态，提升教师在运动中的观察指导能力 3. 生活材料在运动游戏中的创意运用
			游戏	1. 全留白角色游戏中材料投放的策略 2. 全留白角色游戏中教师该如何观察 3. 如何把握全留白角色游戏交流分享
		家园互动培训主题		1. 沟通艺术 2. 亲子游戏 3. 育儿指导
对话体验	沙龙活动	音乐活动体验式主题		1. 幼儿园歌曲弹唱 2. 敲敲打打真快乐 3. 幼儿舞蹈表演与仿编
	教师论坛	教师表达表现主题		1. 我和孩子的故事 2. 主题教师论坛 3. 青年教师风采展
观摩浸润	实践带教	一日活动组织与管理		班级常规那些事
论坛互动	专题讲座	儿童观 课程观 教学观		1. 青荷文化的孕育 2. 优化小社团艺术活动课程，提升幼儿学习品质 3. 记录“哇”时刻 4. 基于《指南》学习背景下的幼儿园一日生活活动解读
	演讲			微论坛：我的教育梦想

1. 专题引领式培训

在不同的板块通过不同的形式来进行专题研学，如“学习板块”以“模拟课堂”的形式，请园内三位上海市名师导师每两周示范一次，让青年教师充分感受优质的模拟课堂是怎样的。

在家园沟通主题中，从“沟通艺术”“亲子游戏”“育儿指导”三个主题策划活动，帮助青年教师消除内心的“畏难情绪”，科学有效地开展家园沟通工作（见表 2-17）。特别是在这次的“防疫病毒”的活动，青年教师在家园沟通中发挥了重要作用。

表 2-17　导师引领式家园沟通培训

“专题策划”活动	专题内容
沟通艺术	如何让我们赢得家长
	换位思考的心理调适
	有效的语言沟通技巧
亲子游戏	亲子游戏的类型
	亲子游戏的设计
	亲子游戏的实施
育儿指导	3～6 岁幼儿年龄特点分析
	育儿案例的收集与分享
	育儿栏目的设计与反思

2. 对话体验式培训

在青年教师们非常感兴趣但又畏难的“音乐领域”，开展更具“浸润性和实践性”的音乐沙龙系列活动。沙龙分为三个内容（见表 2-18）：

表 2-18　对话体验式音乐沙龙活动

音乐沙龙系列	沙龙内容
幼儿园歌曲弹唱	基础知识学习
	弹唱歌曲选择
	实战演练尝试
敲敲打打真快乐	乐器使用
	音乐游戏赏玩
	课例实践
幼儿舞蹈表演与仿编	歌曲表演
	律动、早操
	集体舞、表演舞
	音乐游戏

3. 观摩浸润式培训

针对青年教师一日活动组织与实施中的主要问题：缺乏灵活性，环节组织重点不明确，领域不平衡等，请青年教师进入导师一日生活的教育实践，更加全面地学习。

4. 论坛互动式培训

根据专家团教师的专业特色来分别主持（见表 2-19）：

表 2-19 专家团论坛内容

<table>
<tr><th colspan="2">板块</th><th>导师</th><th>内容</th></tr>
<tr><td colspan="2">园所文化</td><td>宋青（特级园长、正高级教师）</td><td>青荷文化的孕育</td></tr>
<tr><td colspan="2">儿童发展</td><td>李文娟（市评价中心组、高级教师）</td><td>如何撰写学习故事
如何观察幼儿、评估幼儿
如何进行有效的师幼互动</td></tr>
<tr><td colspan="2">课程实施</td><td>宋青（特级园长、正高级教师）</td><td>优化小社团艺术活动课程，提升幼儿学习品质
园本课程实施方案 3.0 版</td></tr>
<tr><td rowspan="4">基础课程四大板块</td><td>生活</td><td>徐嘉（上海市评优一等奖、市中心组教师）</td><td>基于《指南》学习背景下的幼儿园一日生活活动解读
基于《3～6 岁幼儿学习与发展指南》的幼儿园生活环境的创设</td></tr>
<tr><td>运动</td><td>余洁（区运动中心组教师）</td><td>户外运动材料投放的策略
走进幼儿的真游戏——看安吉运动带回的思考</td></tr>
<tr><td>游戏</td><td>李文娟（市游戏中心组研究教师）</td><td>有效分享，推进个别化学习活动的催化剂
站稳十分钟：孩子的游戏你看得懂吗</td></tr>
<tr><td>学习</td><td>童佳丽（市评优一等奖、区学科带头人）</td><td>如何说好课
集体教学活动教案撰写与规范设计</td></tr>
<tr><td colspan="2">艺术特色活动</td><td>赵妍（种子基地主持人）</td><td>音舞飞扬
基于原生态理念的音乐活动开展与实施</td></tr>
</table>

（三）构建培训策略

1. 点亮一双“慧眼”，迈进专业门槛

以实践经历为落脚点，通过一个抓手（走班观摩）、二个规范（《荷花池幼儿园青年教师工作指南》和《荷花池幼儿园一日活动安全工作实施要点》）和三步走（预习导师的半日活动计划→详细笔录流程→即时反馈)，让青年教师更好地看懂、听懂、理解导师教学行为背后的教育思考。

2. 找准两个“支点”，培养专业自信

一是信念支点。导师通过潜移默化的影响，渗透师德素养、师幼互动理念。如在小社团艺术活动课程中，青年教师亲身感受教师角色转变为“支持者、合作者、推进者”，树立师幼平等的理念。

二是实践支点。通过三个板块实现：一是导师基于案例的问题细剖，二是青年教师基于问题的现场解决方案，三是青年教师基于现场方案的班级实施。

3. 搭建三维“云平台”，共享学习资源

一方面，将我园优秀教育资源通过平台分享，青年教师也可以将自己学习中的困惑通过平台向导师求助，分享自身经验。另一方面，通过“云平台”开展“云培训”(示例如下表 2-20)：

表 2-20　云培训活动示例

培训目的	培训内容
学习先进前沿的教育理念，开阔教师视野	解读“包豪斯课程理念”，将包豪斯课程中“所有艺术设计都回归最基础的形式，拆解世界万物最本质的构成元素”这一理念与我园的艺术特色课程中“回归幼儿本真”等理念进行对接和贯通学习
研究教育教学，围绕本学期大教研、园本培训的重点，开展专题培训	学习艺术领域各年龄段的培养目标，将艺术领域中幼儿的学习序列、发展规律做了梳理，撰写原创艺术领域的教案
集思广益，提升家园指导质量	发挥每位教师的智慧和创意，完整地演示自己原创的一些科学小游戏、创意新制作等，如“塑料袋的创意玩法”“一棵小桃树”等游戏，力求把最好、最有趣的游戏推荐给家长和幼儿

四、成效与反思：映日荷花，别样绽放

(一) 小荷生长，教研一体

在导入式培训的助推下，我园 2～5 年青年教师迅速成长，崭露头角。以下是近三年来我园 2～5 年青年教师所取得的成果：

表 2-21　近三年 2～5 年青年教师取得的成果

序号	姓　名	教学成果	科研成果
1	张　雯	黄浦区新锐教师教学评比一等奖	完成 2018 黄浦区青年教师教育科研课题
2	徐　嘉	黄浦区青年教师教学评比一等奖、上海市青年教师教学评比一等奖	完成黄浦区教育科研课题
3	赵安逸	上海市青年教师爱岗敬业教学技能大赛区一等奖、市三等奖	上海市青年教师科研成果二等奖
4	谢雨卉	上海市第二届见习教师基本功大赛二等奖	立项 2019 黄浦区教育科研重点课题
5	鲍云琳		上海市青年教师科研成果二等奖
6	赵　芳		立项 2020 黄浦区青年教师教育科研课题
7	许　煜		完成 2018 黄浦区青年教师教育科研课题
8	李　�		完成 2018 黄浦区青年教师教育科研课题，获区二等奖

其中，青年教师代表陈小梦老师，于 2019 年报名参加了教育部首批领航工程宋青名园长工作室四川凉山州为期半年的教育支教，以坚定的信念、科学的态度、创新的教学，扎实开展凉山支教工作。青青小荷，茁壮成长！

（二）专业提升，崭露头角

2～5 年青年教师在导师参与式的培训模式下，以“模拟课堂”的演练亮出青年教师教学的特色；以“案例分析”的形式激发青年教师分析反思的能力；以“我型我秀”的展示张扬青年教师的教学个性；以“技能实练”的实操夯实青年教师的基础。青年教师们无论是在教学的设计力还是执行力上都有了一定程度的提升。因此，我园每学期有 20 多人次青年教师承担全国、市、区各级艺术教学公开展示活动，“新荷”“小荷”“青荷”人共同延续着荷幼的卓越，让荷幼的艺术课堂经典永流传。

2～5 年青年教师的发展更好地满足了社会、家长对于优质均衡学前教育的需求，我园教师发展序列更加合理、有序。我们希望荷幼做的点滴努力，能在 2～5 年青年教师的职业画卷上添上点点色彩，能够不断地、有力地促进他们从懵懂到“走进”，从“走进”到“理解”，帮助这些“青青小荷”在专业化发展的道路上呈现出更加明亮、活泼的光彩。

（上海市黄浦区荷花池幼儿园　李文娟、童佳丽）

第十一节　2～5年青年教师成长手册的编制与使用

新时代背景下，教育要承担起中华民族伟大复兴的使命，要实现中国特色教育现代化，必须依靠一支高素质、专业化、创新型教师队伍。用新思维、新策略、新路径来发展青年教师是当下值得思考的问题。

一、手册研究的背景与意义

我园随着一园三部规模的扩大，一大批青年教师不断扩充进来，2～5年教龄的教师所占的比例逐年增加，已经达到34%。青年教师的专业成长与发展成为我园当前特别要关注的话题。为此，我们对青年教师提供了雏鹰沙龙、师徒带教、浸润式培训、1＋X牵手制等多种途径助推其发展，同时，还编制了《2～5年青年教师成长手册》(以下简称《手册》)，帮助青年教师提升专业能力。

我们通过文献检索发现，手册是幼儿园促进教师成长的有效途径，对教师的专业发展具有积极的作用。首先，手册促进教师反思和个人知识管理。青年教师在填写手册的过程中将自己的工作资料，包括案例、体会等进行分门别类的整理，在整理过程中深入分析、反思和总结经验教训及目标的实现程度，通过不断探究解决教学中的问题，从而形成实践性知识。其次，手册是教师成长过程的真实记录，可以让教师体验成长与成功的过程，有助于教师形成客观的自我评价和自我认识，了解自己在专业上的优势和不足，并有意识地进行自我调控、自我完善，提高教师的教育反思能力，促进发展性教师评价制度的形成，还可以帮助教师形成自己的教学风格①。

二、基于问题的思考与认识

《手册》实施一年来，我们发现它存在缺乏阶段性目标制订、无法很好地激发教师内在动力、不能帮助教师形成清晰的自我评价等问题。因此，我们对《手册》

---

①　康丹.档案袋对幼儿教师专业成长的意义[J].基础教育研究研，2012(15)：55—57＋59.

进行了重新修订、编制，使其真正体现内在价值，帮助我园2～5年教师专业的成长。

实践出真知，反思促成长。我们认为遵循“规划—行动—总结”的思路，唤醒教师的专业发展意识与激发主体能动性，才能更好地为教师的专业成长提供发展指南。我们结合青年教师在实践使用中发现的问题进行调整与扩充，针对青年教师的师德素养、专业能力两方面，新版《手册》包含了三大板块的内容：“我的成长规划”“我的成长历程”和“我的成长收获”。

三、促进成长的实践与探索

（一）基于问题进行的编制改进

1. 角色转换激发内驱

新版《手册》重点突出了“我”的角色和地位。我们将《手册》的各项内容与名称进行了修改，原本以“青年教师”为名称的内容都改为以“我的”为前缀，无形中对教师形成了积极的自我暗示，让教师意识到这是为自己学习，增强了主体意识和内驱动力。

2. 目标引领明确方向

新版《手册》中增加了“我的成长规划”，将青年教师个人自主发展三年规划融入其中。每位青年教师需要对个人现状进行发展优势和薄弱之处的自我分析，对自己一学年的发展目标、任务、重点及相应实现路径和具体措施进行规划。在“达成标志”和“完成情况与调整”中，同样要求以要点形式分析将如何自我改进与突破，如何利用或赢得学校、社会、家庭等的环境资源和社会支持。“目标引领方向、凝聚力量，规划明确路径、集聚资源”，青年教师对自己的职业成长有一个阶段性的目标，更能明确方向。

3. 实践反思促进成长

《手册》中“我的成长历程”和“我的成长收获”重点围绕青年教师的师德素养和专业技能来编制的。《手册》是一种反思性作业，帮助青年教师收藏职业生涯中的精彩点滴，记录下自己实践、反思、提升的过程。在观察幼儿上，个案跟踪和案例后增加了分析与反思，使教师逐渐学会看、学会思、学会做，教育行为更落地。在课堂上，青年教师重设计轻反思，观摩活动和自己的教学课堂存在着较大的差异。于是在原有的“听课记录”的基础上，新增加了“我的观课报告”和“我的展示活动”，促使青年教师对观摩课进行分析和思考，并在自己实施该活动后进行对比和反思，形成“观摩—实践—反思”的螺旋上升的学习模式。

（二）基于多元内容整合进行的实践

1. 与师徒带教相融合

《手册》的使用中，借助了师徒带教的力量，更好地指导和帮助青年教师做好日常的记录及质量的把关。《手册》平时由教师自己保管，每周末上交带教导师审阅、检查评估并进行指导反馈。在“各类计划递交审阅记录”中，指导教师的分析和建议实用、管用、适用，彰显导师智慧，促进青年教师自身纵向的发展。每月末交给保教主任审阅，保教主任从全园青年教师横向的发展中发现青年教师的长处并在团队中搭建平台促其成长，当发现青年教师的不足之处，则进行个别指导，尽快帮助其弥补短板。师徒亦师亦友，在一次次通过对手册的互看互记互评中教学相长，共同进步。

2. 与校方资源相联合

为了给青年教师填写《手册》提供更多的信息和资源，学校精心设计和实施各种校本研修活动，如政治学习、教研活动、教学展示等，为青年教师专业发展提供有力支持，使得他们可思、可想、可记、可研，有高质量内容可加工。

3. 与绩效奖励相结合

学校管理部门提出过程管理和终结评价的标准要求，《手册》为衡量绩效提供了有力的依据，对质量较高的《手册》进行评奖和展示。

四、专业发展的成效与展望

对青年教师而言，《手册》培养了教师反思教育教学的能力，让他们更加明确了自身专业发展上的不足，以及今后努力的方向，激发其内在的学习潜能，使其能逐渐走近儿童，收获成长，体验职业的成功和幸福。

对学校而言，《手册》中记录的教师教育案例为学校提供了丰富的评价材料，对教师的评价更开放、更全面了，有助于深入了解本园青年教师师资队伍的优势和不足。也让学校对青年教师的指导更有针对性，更人性化，寻找出适合教师发展的培养方式和内容，为教师的专业成长提供更加良好的环境。

今后，我们还要基于青年教师的需求开展调研，在使用过程中不断调整优化《手册》内容，让《手册》更具有个性化，使不同层次的青年教师都得到相应的发展。

（上海市黄浦区蓬莱路幼儿园　邬健瑾）

第十二节　以队伍管理支持“新睿教师”成长的策略研究

一、背景和意义

（一）践行“睿智教育”理念，促进幼儿健康发展的需要

作为上海市示范性幼儿园，瑞金一路幼儿园一直以“为了每个孩子的健康成长”为办园理念，内涵就是以儿童的健康发展为教育的宗旨，而教师是儿童发展轨迹中的重要支持者，是最具动力性的因素①。教师的素质和能力对儿童的健康发展具有关键性意义。青年教师作为我园睿智教师队伍中的重要组成部分，虽然年轻，但在持续的发展中有着无限发展的可能性，将是“睿智教育”理念重要的践行者和传承者。

因此，我们持续关注青年教师教育行为发展，以“激发智慧”为核心，推动青年教师在成长过程中不断突破自我，以“创新、巧思、精致”的专业精神夯实自身的课程设计和实施能力。

（二）凝聚教师团队智慧，促进教师队伍发展的需要

《上海市基础教育改革和发展“十三五”规划》中提出要“加强教师队伍建设，提升教育人才专业素养”的任务。我园一直以发展一支具有区域影响力的、较高素养和专业能力的睿智型师资队伍为目标，但目前我园教师队伍结构出现新特点，具有经验的成熟型老教师逐渐面临退休，比较有经验的中青年教师为数不多，而2～5年的青年教师占有一定比例。

因此，我们需要充分发挥园内各层次教师的资源优势，引导成熟型教师和青年教师间的对话，集思广益，凝聚每一位教师的智慧，在促进青年教师成长的同时提

① 庞丽娟，教师与儿童发展[M].北京：北京师范大学出版社，2003：1.

高成熟型教师的专业影响力。

二、思考和认识

教师的专业发展会呈现出相异的阶段特征①。我园2～5年的“新睿教师”正处于生存关注阶段到任务关注阶段的过渡期，因此在其专业发展中，除了要关注教师本身的专业自觉性，还需要给予教师学习的资源、途径以及发展的平台。因此，我们从教师队伍管理入手，遵循个性化发展需求、引导管理、创设环境、共同成长四大原则，通过行动研究，运用科学的工作方式和管理方法，充分调动和发挥各层级教师的积极性、能动性和创造性，形成专业指导团队，搭建各类学习和互动平台，以支持“新睿教师”的个性化成长，并带动成熟型教师专业的再发展，进而推进瑞一教师团队整体发展。

三、实践与探索

幼儿园依据办园理念和“新睿教师”培养目标，建设形成“成长导师”团队，通过“成长导师”与“新睿教师”的互动互研，促进青年教师个性化成长。

（一）“成长导师”形成策略——导师团招募

招募一支师德高尚、专技一流、有研究能力、善于交流合作的“新睿教师”导师团，形成“成长导师”招募要求和方法，完善园内成熟型教师职业发展激励机制，兼顾发挥骨干教师的示范和辐射作用。

招募要求：在课程实践中能领衔创新、奉献智慧、积极实干，体现一定专业特长的一级及以上职称教师。一般以区学科带头人、区骨干教师、园骨干教师为优先遴选对象。

招募方法：每学年以个人申报与园所审核相结合，形成一支相对稳定和灵动调整兼顾的优质导师队伍，为助推2～5年教龄教师的专业成长提供有力的支撑。

基于“成长导师团招募”策略，目前我园已经形成了一支由区学科带头人、区和园级骨干教师领衔的，体现师德优先，涵盖了环境创设、教育教学、课题研究、班级

---

① 叶澜，教育概论[M].教育概论，人民教育出版社，2006：201.

管理等专项的导师队伍。

（二）“成长导师”发展策略——多元平台促导师再发展

我园遵循导师专长，创建舞台，培训导师，支持导师形成自身风格，提升导师指导能力，夯实导师团队软实力。

1. “导师共享圆桌派”，指导能力再提升

为了加强导师团队内部的合作与共享，凝聚核心力量，我园以圆桌派形式，借助网上“瑞一教研平台”开展定期线上和线下研讨。导师们根据自身在教学中遇到的问题和解决方法，进行经验分享和交流，扬长补短，促进导师指导功能的最大化，以最大限度地满足不同青年教师培训的需要。

2. 搭建个性发展舞台，促导师专业再成长

充分发挥各层级导师专业优势，促进其在原有的基础上错位发展，建立园内“科研工作室”“运动工作室”发挥其引领作用；根据 45 岁以下导师的专长，支持其参与区域中心研修组，以助推导师专业成长。

（三）“成长导师”支持“新睿教师”成长的策略

1. “成长导师”与“新睿教师”双向互选结对策略

采用“新睿教师”与“成长导师”双向选择的结对方法，“新睿教师”可以结合自身的专长或专业需求，每学年从环境创设、教育教学、课题研究、区角活动、班级管理等专项特长的导师团队中进行自主选择，向园长室递交“成长导师”意向书。如果只有一位“新睿教师”选择这名导师，则结对成功。如果出现多名“新睿教师”选择一位“成长导师”，则由“成长导师”反向选择其中一位。未选择到心仪导师的“新睿教师”来年具有优先选择的机会，以满足每位“新睿教师”个性化的发展需求。

2. “新睿教师”培训方案个性化策略

为了使“新睿教师”的培训更加有效，我们从培训内容和培训课时多个方面进行合理高效的安排，以更好地发挥团队和个人的特长。

（1）量身定制个性化“新睿培训”计划

“成长导师”与“新睿教师”完成一对一的结对后，根据我园“新睿教师”发展目标制定“一人一策”的“新睿教师个性化带教计划”，明确岗位带教重点内容、步骤、方法等，助推新教师快速发展。

（2）必修与选修相结合，形成个性化培训

每学年召开导师探讨预备会议，形成“两周一次跟岗实践、三系列专题学习”的

培训内容。包括“基础课程”和“师德熏陶”系列必修课程，以及跟岗实践活动“特色专场”系列的选修内容，“新睿教师”具有一定的选择自主性。

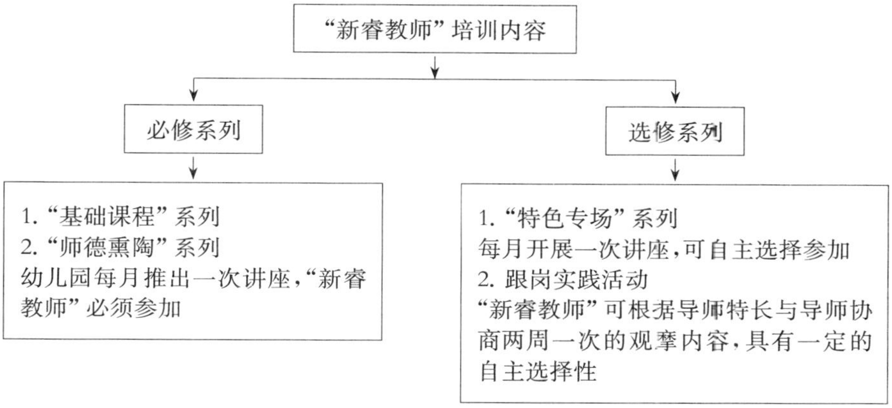

图 2-6　“新睿教师”培训内容安排

“新睿教师”跟岗观摩：通过两周一次的跟岗实践学习“成长导师”的带班技巧、课程设计等诸多方面，引导“新睿教师”纳入“模仿导师活动”—“师徒共创活动”—“自主创新活动”发展轨迹，鼓励新教师在和“成长导师”的交流中逐渐产生深层思考。

“新睿教师”成长课程培训：针对 2～5 年教龄教师的工作现状和发展要求，我园梳理形成“全方位、三系列”的“新睿教师”培训课程框架（见图 2-7）。

3.“成长导师”与“新睿教师”研讨途径多元化策略

（1）教育教学研讨

幼儿园每学期开展“教研组展示日”“教研智慧分享日”活动，“新睿教师”根据活动的主题与“成长导师”讨论、研究，最后进行教研组的展示以及经验分享，促进教师间智慧的碰撞，激发“新睿教师”的自我发展内驱力。

（2）课题研讨

幼儿园积极鼓励“新睿教师”申请各项课题研究项目。“成长导师”在教学实践中具有独到的经验和专业眼光，通过共研对话，引导青年教师将教学实践中有价值的问题转化为课题研究，围绕课题目标和内容展开研究，在研究中提升教学研究、反思的能力。

“新睿教师”培训课程内容

- “师德熏陶”系列
  - “慧引新师睿智成长”
  - “瑞一校园文化之旅”
  - “铸师魂、正师风、树品牌”
  - “做孩子喜欢、家长满意的老师”
  - “师爱如歌——说说我们身边的师德故事”
  - “睿智教师话语小册子”
  - “师道匠心之幼儿教师师德培育”
- “基础课程”系列
  - 《3～6岁儿童学习与发展指南》
  - 《上海市学前教育课程指南》
  - “集体学习活动中教师对幼儿生成有效回应十九招”
  - “大班幼儿自主阅读支持性材料设计运用的研究”
  - “一日活动中保教结合操作手册的实施”
  - “个别化学习活动中幼儿探究式学习特点与教师指导策略”
  - “生活情境中促进4～6岁幼儿自我服务能力的提高”
  - “大班幼儿自主阅读支持性材料设计运用的研究”
  - “让儿童文学作品融入孩子的心”
  - “数学回归幼儿生活，提高问题解决能力”
  - “聚焦幼儿生活真问题，会观察善思考能推进”
  - “浅谈幼儿美术教学中的创意”
  - “角色游戏的开展”
  - “信息技术应用能力实践应用课程培训”
- “特色专场”系列
  - “瑞一幼儿健康领域发展指标”
  - “瑞一幼儿户外运动菜单”
  - “基于数据监测的幼儿户外运动方案设计的实施”
  - “低结构运动材料支持4～6岁幼儿运动量的提高”
  - “幼儿户外运动区域的实践和探索”
  - “瑞一不同年龄幼儿定向运动设计与实施”
  - “幼儿园体育游戏的研究与指导策略”
  - “在组织运动集体教学的行动中提升幼儿园教师专业自觉”

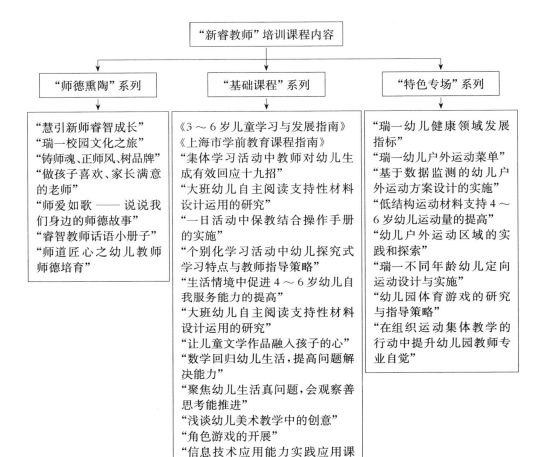

图 2-7 “新睿教师”培训课程框架

（3）建立手册

引导每位“新睿教师”建立个人专业成长手册——《睿智教师成长册》，将每月的自主学习、活动设计和反思等实录在手册中。导师按时就手册内容和“新睿教师”进行探讨和评价，支持“新睿教师”对方案的改进，以帮助“新睿教师”专业积累，不断丰富自身内涵，记录成长轨迹，激发内驱力和成就感，促进自我管理、自主发展。

（四）形成促进“新睿教师”成长的保障机制

1. 实施园长负责制和专人协同管理制

由园长负责，形成“新睿教师”成长项目管理，实现整体规划、统筹协调、组织实施。其中重点在于完善和执行制度和机制；建立园本培训质量监管和评估体系；整合和优化资源，有效实施园本“新睿教师”研修，每年对园本培训工作进行自评和总结，为教师的教育教学专业能力提升创设条件、做好保障。

由师训员负责建立园本培训资料库，做好与培训有关的过程性和结论性的资料收集与整理工作；按培训模块、培训内容制定学分要求，做好培训的出勤、考核的资料档案与管理。

2. 完善经费保障和管理制度

幼儿园完善培训经费的管理制度，每学年做好相关的经费预算，规范经费使用，提高教师培训经费的使用效益，从经费上保障园本培训。

3. 建立“成长导师”与“新睿教师”奖励同步制

引导“成长导师”与“新睿教师”积极参与市、区各级各类教育教学的评优活动及专业讲坛的成果交流，将“新睿教师”的进步与对“成长导师”的考核进行挂钩，通过捆绑式的正向奖励机制，促进“新睿教师”发展的同时激励“成长导师”研导、乐导。

4. 形成“成长导师”与“新睿教师”研讨时间保障机制

为了保障“成长导师”与“新睿教师”之间的集体、个别互动时间，幼儿园形成了每学期一次“教学展示以及智慧分享日”、每月一次线上线下“导师共享圆桌派”和两周一次“跟班观摩”的时间保障机制。

四、成效与反思

三年来，基于队伍管理支持“新睿教师”成长策略，青年教师在教育科研和课堂教学上获得可喜的成效。过程中，除了园内青年教师业务交流外，3 名青年教师分别立项了区级课题、区级青年课题；2 名青年教师分别在“2019 年上海市学前教育学会”和“瑞一健康教育集团”现场展示运动集体活动。

“导师团队”的教师们同样也获得了自身的发展。其中很多教师通过教育科研辐射、“瑞一教育集团”的专业引领、区中心研修组的崭露头角等，在市、区层面上提升了影响力。

我园是上海市示范园，园内已经具有一支师德高尚、理念新、学历高、专业突出的“导师队伍”。如何从管理的角度激发导师“导”的内驱力，让导师“乐导”“会导”，这将是瑞一人进一步思考的问题。

（上海市黄浦区瑞金一路幼儿园）

第十三节　以立体交互型方式支持职初教师顺应式发展

持续加强教师队伍的专业化建设，是幼儿园可持续发展面临的重大课题。我园立足于当前教师队伍年轻化的现状，充分了解2～5年职初教师专业发展需求，把握其专业发展亟待解决的问题，以“立体交互型”培养方式，支持职初教师顺应式发展，提升教师专业素养，为幼儿园教师队伍的可持续发展奠定基础。

一、背景与意义

（一）新时代对教师专业发展提出新要求

我们积极贯彻党和国家对教师专业发展的新要求，以习近平新时代中国特色社会主义思想为指导，坚持立德树人、教书育人。同时，在把握正确教育方向、建构先进的理念与行为过程中，我们不断反思现有职初教师培养方式存在的问题，并对现有教师专业发展的价值取向做了进一步的思考。

（二）教师队伍的结构性变化呼唤机制创新

近年来，我园教师队伍正逐步趋向于年轻化的现状，2～5年的职初教师比例逐年提升。专业功底强、理论素养高、工作有活力是新时代年轻教师的优势，但同时他们又具有价值观多元、重视自我感受、反思意识弱、缺乏实践经验等特点。如何让青年教师顺应、接纳和认同“思优”价值观，快速成长，并能在传承的基础上创造性地实施“思优”课程，是我们面临的巨大挑战。

二、思考与认识

（一）剖析职初教师专业成长的瓶颈问题

第一，青年教师虽有一定的实践经验，但缺少主动反思，讨论实践问题时存在着两种倾向，一种是较多地重复一些空泛的理念和概念性术语，而不是用自己的语言来表达问题和想法；另一种在涉及实践依据时，大多会说是专家权威或园长如何说的，而对于自己在专业能力提升方面缺乏思考与规划。

第二，青年教师普遍存在依赖性强、自主实践能力弱的问题。通常青年教师会有相对成熟的搭班或带教的“师傅”，他们往往沉迷于“模仿学习”，缺乏对教师专业行为背后的内在原理与机制的思考与探究，对幼儿园价值观的理解与内化有困难。

（二）“立体交互型”培养方式的实践思考

通过对问题的分析，我们认为职初教师的培养核心在于提升其主动反思能力与实践能力，并着力满足青年教师个性化发展的需要。在实践过程中，我园逐步构建了支持职初教师顺应式发展的立体交互型培养方式。“顺应式发展”指向两个维度，一是培养方式满足职初教师发展需要，二是通过园本培养的种种举措，引导职初教师认同“思优”核心价值观，融入幼儿园文化。“立体”指向不同途径、不同内容的培养方式；“交互”是指注重不同起点、不同经历的职初教师之间的互动和合作，并从知识技能、专业素养等多维度进行培养，以此为基点逐步形成具有“思优”特质、满足职初教师个性化专业发展需求的园本研修模式。

三、实践与探索

实践过程中，我们主要从优化培养途径、构建培养模式、创新对话机制和关注个性培养等四个方面进行职初教师的立体交互式培养，促进其顺应式发展。

（一）优化“3＋3”培养途径，规划职初教师立体发展路径

我们尊重每一名教师在成长的不同阶段选择不同的发展目标和成长方式，探索形成“教师专业发展三色手册”与“教师专业发展三色卡”相结合的“3＋3”培养途径。我们根据对教师专业成长规律的分析，列出教师在每个发展阶段需要提升的研修项目，并对每个项目中具体的研修内容进行标准化呈现，据此职初教师可以清晰地定位自己专业发展的起点，自主决定所需要的期限、优先达成的研修项目，自主设计项目的内容、进程、研究方式以及需要幼儿园提供的条件等。教师专业发展办公室与职初教师共同参与规划过程，体现协商互动、自主选择，鼓励教师自己搭设阶梯，有目的地攀升，形成主动的挑战。

【案例一：“3＋3”的专业发展指引】

小陈刚刚完成了第一年的见习教师规范化培训，她对工作充满了干劲和热情，

但又感到迷茫，缺少方向，感觉需要学习的东西很多，却又不知从哪里开始学。开学不久，她拿到了期盼已久的“教师入职专业培养手册”（简称“黄手册”），菜单式的目录清晰地呈现了入职初期所必须学的内容，能有效地帮助新教师自我诊断，分析自身的优势发展和迫切需要解决的问题。在这本“黄手册”的引导下，小陈制定了一份适合自己的三年教师专业发展计划，根据手册，按照自己的兴趣去选择内容，合理安排自己的时间。比如，第一年她通过园内培训的方式研修“教师职业道德”这一项目内容，并以自学的方式学习卫生保健制度；第二年重点研修“进入教研角色”这一内容，并报名参加“红手册”持有教师主持的活力型协同研究活动。她计划在第四年完成“黄手册”的学习，争取申领“教师专业进阶手册”（简称“绿手册”）。

第一学年结束时，小陈老师也得到了属于自己的教师专业发展“三色卡”。其中“基础信息卡”呈现了她的学历、教龄、职称评聘情况、三色手册信息、教师研究档案、参与或主持的课题研究、对外展示与公开活动等基本信息；幼儿园考评小组为陈老师完成了第一份“专业诊断卡”，上面呈现了她的专业发展优势，重点推荐了陈老师本学期值得推广与应用的研究成果；她也完成了“专业自荐卡”的填写，回顾分析了自己的专业研究档案，呈现研究主题，并将其中最值得分享的内容推荐给大家。

“三色手册”+“三色卡”的使用，使职初教师的专业发展有了明晰的方向和指引，激发了职初教师专业发展的能动性，为青年教师专业的可持续发展提供了支持和保障。

（二）构建“三思”培训模式，凸显职初教师思考型实践能力

为提高职初教师学习实践的目的性、行动性与进取心，我们将思考与实践作为园本培训的关键要素，以实践与思考整合的行动学习为主线，构建了“思考型实践培训模式”，强调三个“思”：

一“思”——实践理解性培训，即实践前的思考。让职初教师在保教实践前能理解培训相关内容的价值、目的和意义，能结合实践理解保教工作背后的基本理论与原则。主要采用观摩、讲座、自学、与导师的预习等方法。

二“思”——实践操作性培训，即实践过程中的思考。帮助职初教师掌握幼儿园保教实践各个方面的应知应会的规范与要领。主要采用每日活动预研、“看、问、练”实训、幼儿行为解读等方法。

三“思”——实践总结性培训，即实践后的思考。引导职初教师通过实践后的

反思和积累，理解、感悟与认同幼儿园价值观。主要采用导师点评、个案研究以及辨析论坛等方法。

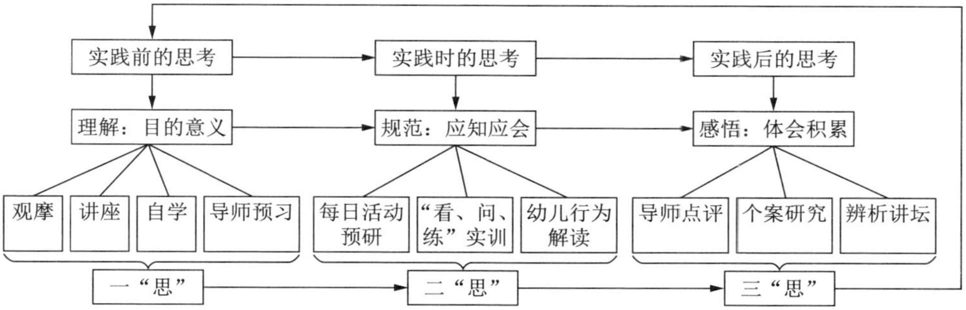

图 2-8　思考型实践培训模式

（三）创新活力型协同研究机制，促进职初教师交互影响

我们关注职初教师学习方式的差异与个性化特征，以协同理论为背景，打破单一目的及组织形式的教师团队组合，汇集有共同志趣的教师，创新形成“活力型协同研究”新机制。不设权威或专家，采用多元思辨的形式，给予团队更大的专业发展空间和更开放的发展路径，各个小组之间、小组成员之间不断发生互相作用。有“不预设、不定论”的微型沙龙，也有“表明立场、思维碰撞”的辩论会；有“解决困惑”的现场调研，也有“问题导向”的诊断分析，逐渐形成了“信息表达—寻求证据—同伴质疑—自省自悟—着力改进”的教师专业对话和互相影响的新路径，构成一种能持续发生“交互影响”的动态发展的研究环境，给予职初教师多元的成长空间。

【案例二：一名青年教师的“三重身份”】

王老师是一名有5年教龄的青年教师，她在“幼儿区域学习材料设计”方面有着独到的见解。在上个学期中，就“指向幼儿主动学习的区域材料设计”的角度，她在自己班级中进行了一系列的实践、观察、验证和研究，颇有心得体会，也积累了一定的经验。因此，在本学期中，她以“指向主动学习的幼儿行为观察与活动设计”为题，协同其他几名同样有兴趣的教师，以小组“发起人”之一的身份，形成了一个活力型协同研究小组，组成“发起人”团队。同时，她也对幼儿园课程实施与教师教育行为的相关性感兴趣，因此，她又以“自由人”的身份参与了“幼儿园课程实施方案的循证改进”小组的多次活动。而在“数概念形成的操作材料与活动设计”小组的活动中，她又以“受邀者”的身份来谈谈生活物品如何通过反复设计，提升数活动材料的可玩性和操作结果的多变性，提高幼儿的操作兴趣，进而提升幼儿解决生活中数学问题的能力。身份的不同变化，参与的不同研究，让小王老师彰显了自己的专业特长，也拓展了未来专业进步的思路。

（四）推出“一课一练”培训，满足职初教师个性化发展需要

我们通过访谈、问卷、现场“诊断”等方式了解职初教师的发展需求，并以“个性定制”“持续内化”“熟识固化”为宗旨，开展“一课一练”培训。课程主要有两种：一是全员参与的通识性课程，如一日流程的安排与管理、逐日计划撰写、教学活动设计、园本理论学习等。二是聚焦实际问题的动态性课程和个性化指导。每周以个体为单位，推出“一课一练”培训，即每周培训之后，由青年教师独立带班，导师则观察、诊断和发现问题，并给予有针对性的指导，如教育案例分析、户外游戏指导、家长工作答疑等；逐渐形成学习“四步法”：“聚焦教育现场—展开头脑风暴—对话思辨改进—模拟实战演练”，有效帮助职初教师发现问题、判断问题、解决问题，满足每一名职初教师从适应期走向成长期的个性化发展需要。

【案例三：心中有数——逐日计划学着写】

小鲍老师是一位新入职的教师。在第一次撰写逐日计划时，她非常困惑，不知道如何针对某一环节来写观察重点和指导要点。而其他新教师的情况也是如此，提交上来的计划或是观察重点太宽泛，或是指导要点与指导过程混淆。对青年教师们的困惑，除了对每一份逐日计划进行细致的修改和提示外，我们在“一课一练”培训中，形成了“你我来找茬——逐日计划大家谈”的互动环节。每次培训我们都会总结出逐日计划制定中的几个典型问题，并进行现场点评与修改。青年教师们正是通过这样的方式，逐步领会了写逐日计划的好方法，确保每天带班之前做到“心中有数”。实战培训让青年教师有了三方面的改变：(1)逐步理解计划制定与有效实施活动之间的关系。(2)观察要点与重点指导之间的关联性不断增强。(3)设计推出的班级课程让孩子的发展“看得见”。

四、成效与反思

研究有效地促进了我园职初教师队伍的专业成长，他们的专业自主性和主动性正发生转变，逐步走向成熟，并逐渐成为幼儿园发展的中坚力量，主要表现在以下方面。

问题意识在增强：73%的职初教师从一开始只关注操作层面的困难到更多思考课程实施的困惑，并能主动提出问题，主动寻求解决的途径与方法。教育能力获肯定：近三年内，有9名新教师入围黄浦区"萌芽杯"比赛，并有2名教师作为黄浦区优秀代表参加市级见习教师基本功大赛，获得市一等奖1名，区一等奖3名。专业与管理共成长：26%的职初教师在专业成长同时还在幼儿园不同层面的管理岗位进行锻炼，如教研助理、团支部书记、团委委员和信息管理员等，获得全方位的发展，逐步趋向成熟。专业研究有思考：32%的职初教师分别参与园重点课题、德育课题、安全读本编写和青年教师课题的研究与实践，在自我专业研究方面都有了一定的方向和思路，形成了个人的研究兴趣和风格。

在后续研究中，我们将进一步验证现有的职初教师培养机制和实践成果，加强对职初教师专业特点、学习能力和学习方式的研究，并从"全人发展"的角度完善教师培养机制，实现教师队伍的可持续发展。

（上海市黄浦区思南路幼儿园　毛尼娜）

第三章　成长·从实践到研究

“学生是实现中华民族伟大复兴中国梦的主力军，教师就是打造这支中华民族‘梦之队’的筑梦人。”青年教师担负着我国教育现代化的历史责任，也是推进教育现代化的生力军。青年教师有活力、有创造性、乐于分享、勇于接受挑战，2～5年期是青年教师专业发展的关键阶段，教学水平、科研能力的提升是青年教师专业成长的主要目标。

课题研究是青年教师专业成长的助推器，青年教师参加工作的时间不长，在教育教学的实际工作中一定会遇到这样那样的问题，而且在不同时期的专业发展阶段所遇到的问题是不同的。因此，青年教师可以基于这些具体的教育教学问题，尝试开展课题研究：通过查阅资料或文献综述等方式养成自主学习的习惯，提升专业理论水平；通过问卷调查或初态测试等方式进行现状调研与分析，培养基于实证的意识；通过实践反思或案例分析等方式开展实践研究或典型个案剖析，总结提炼值得借鉴和促进成长的经验教训。

黄浦区教育学院不仅在见习教师规范化培训时会安排有关“教育科研课题的选择与研究方案设计”的专题讲座，也鼓励我区青年教师积极申报“上海市中小学(幼儿园)青年教师(2～5年)实践研究项目”，2019年全区有47位青年教师申报实践研究项目，其中，有6项被列为市级研究项目。研究项目选题广泛，直击青年教师专业发展中遇到的问题，有的指向课堂教学能力，思考如何设计有效的课堂教学活动来促进学生素养发展；有的聚焦课堂教学难点，思考如何借助“问题链”，培养学生思维能力；有的从学校“班级育人共同体”的角度切入，思考如何提升少先队干部自主管理能力；有的基于教育现代化的背景，尝试教育教学的创新手段；也有的关注学生个别化的学习经历，思考如何加强有效沟通和辅导等。

项目推进和开展的过程就是促进青年教师不断学习、不断成长的过程，通过课题研究，青年教师提升了教学水平、科研能力，能更自信地开展教育教学各项工作。

第一节　促进学生素养发展的化学课堂教学活动设计

一、背景与意义

教育部于 2014 年 3 月发布了《关于全面深化课程改革是立德树人根本任务的意见》①，提出在基础教育阶段应该帮助学生形成适应个人终身发展和社会发展需要的必备品格和关键能力，即发展学生的学科核心素养。化学课程作为落实立德树人根本任务、提升学生核心素养的重要载体，其核心素养的形成，需要学习者在学习中与学习情境持续互动②。学科课堂教学必须重视学生学习活动的设计和组织，创设与现实生活紧密关联的、真实性的问题情境，开展基于项目（主题）、基于问题的学习活动，基于合作和探究的建构式学习。

二、思考与认识

学习活动是感性认识与理性认识的有机结合。在不同学科之中，活动又有其个性，即学科性③。科学活动是学生科学探究（科学实践）的活动，“让学生经历真正的科学探究的过程”是科学活动的本质。化学作为科学学科的重要组成部分，同样需要以学生的科学探究学习活动为中心来展开课堂教学。简单地说，科学探究学习是“在做科学中学科学”。“做科学”，即像科学家那样发现问题，用科学的方法研究问题，获得新的认识。

课堂学习活动的设计最终表现为学习任务的设计，学习任务即学习者要完成的具体学习活动的内容、形式、操作流程及活动成果④，目标需指向要培养的必备品格

① 中华人民共和国教育部制定.关于全面深化课程改革是立德树人根本任务的意见[S]. 2014-4.

② 中华人民共和国教育部制定.普通高中化学课程标准（2017 年版）[S].北京：人民教育出版社，2018.

③ 余文森.核心素养导向的课堂教学[M].上海：上海教育出版社，2017：228.

④ 王云生.化学探究学习活动设计组织刍议[J].化学教育，2009，30(9)：23—25.

和关键能力。中学化学课程中有关化学研究方法、策略的知识需要学生用科学探究的学习方式，面对新问题、新事物做分析、探究，经历动手操作（实验）、查找资料，运用归纳、概括、推理论证等逻辑思维方法，同伴间交流、讨论和反思，“做中学”①。

三、实践与探索

元素周期律的发现和总结对于化学学科的发展具有里程碑的意义，它使化学家建立起元素间的联系，为未知元素的认识和发现提供了更多的预测参照指标，为普通化学在近代的蓬勃发展奠定了理论基础，提供了强有力的工具②。从认识发展维度来看，化学家对元素的认识也是经历了从无序到有序的过程，促使其认识发展的动机就在于追寻元素间的联系。当零星、散乱的元素摆在人们面前时，科学家首要解决的任务就是探查规律、寻找认识工具。

元素周期律的认识发展功能在于揭示了元素之间的内在联系，帮助学生形成认识元素和物质性质的新视角和系统思维框架。作为高中化学课程的核心内容，最常见的教学模式就是直接让学生寻找短周期元素（3～18 号）的原子半径、元素主要化合价的变化规律。笔者认为，在缺乏背景的情况下，直接让学生寻找第二、三周期元素的化合价、原子半径等规律，加之第二周期还存在特例（如 O、F 无最高正价），以两个周期为代表拓展到整个元素周期律中，不仅不够典型，而且缺乏对周期律的深度探究。因此，笔者在进行本节课教学时，为更好地引导学生基于事实证据进行推理和论证，设计了问题驱动线和探究活动线（见图 3-1），让学生在探究中构建知识。

图 3-1　双线合一的教学设计

① 王云生.探索课堂学习活动设计落实核心素养培养要求[J].化学教学，2016(9)：3—6.

② 胡久华.对化学 2 教科书中“物质结构　元素周期律”的分析研究[J].化学教学，2010(7)：35—39.

在活动 1 中，学生将元素卡片按照已有信息（卡片上有相应元素的原子半径、相对原子质量、常见化合价等数据信息）进行有规律的排列时，并未排列出像元素周期表那样的顺序。学生认为排列并不一定是排成表格，也可能是某种图形，可以是平面的，也可能是空间的。可以看出，元素周期“表”中的一字之变，极大地拓展了思维的空间。通过该活动，学生明白了“元素周期表是元素周期律的具体表现形式”所隐含的深刻思想，即“元素周期表是元素周期律的重要表现形式，但不是唯一形式”。

学生利用元素卡片的形式对 21 种元素（这 21 种元素是除云 H、He、Ne、Ar、Kr 的前 1～36 号主族元素）进行编表，学生排出了表 3-1 中的灰色底部分。在活动 2 中，增加了 He、Ne、Ar、Kr 共 4 种元素的卡片（卡片信息同前），学生对 25 种元素的排列结果如表 3-1 所示。

表 3-1　25 种元素编表结果

第 1 种								第 2 种							
															He
He	Li	Be	B	C	N	O	F	Li	Be	B	C	N	O	F	Ne
Ne	Na	Mg	Al	Si	P	S	Cl	Na	Mg	Al	Si	P	S	Cl	Ar
Ar	K	Ca	Ga	Ge	As	Se	Br	K	Ca	Ga	Ge	As	Se	Br	Kr
Kr															

这一小小的差异，也折射出在对大量看似杂乱无章的信息中寻找规律时，要把握好“共同性”和“递变性”，使“规律最大化”。这正与当年门捷列夫在进行元素排列时“强调依照元素特性的总和以及该元素与其他元素的联系”的思想不谋而合。

铁作为一种过渡金属元素，几乎不在元素周期律中有所贡献。在活动 3 中，为了充分挖掘铁在元素周期律中的学习价值，笔者设计了铁元素卡片（卡片信息同前）。学生利用铁元素的信息排列出两种形式，如表 3-2、表 3-3：

表 3-2　部分错位后的元素排列表

$_{1}$H							$_{2}$He			
$_{3}$Li	$_{4}$Be	$_{5}$B	$_{6}$C	$_{7}$N	$_{8}$O	$_{9}$F	$_{10}$Ne			
$_{11}$Na	$_{12}$Mg	$_{13}$Al	$_{14}$Si	$_{15}$P	$_{16}$S	$_{17}$Cl	$_{18}$Ar			
$_{19}$K	$_{20}$Ca	…	$_{26}$Fe	…	$_{31}$Ga	$_{32}$Ge	$_{33}$As	$_{34}$Se	$_{35}$Br	$_{36}$Kr

表 3-3　整体变形后的元素排列表

$_{1}$H								$_{2}$He
$_{3}$Li	$_{4}$Be		$_{5}$B	$_{6}$C	$_{7}$N	$_{8}$O	$_{9}$F	$_{10}$Ne
$_{11}$Na	$_{12}$Mg		$_{13}$Al	$_{14}$Si	$_{15}$P	$_{16}$S	$_{17}$Cl	$_{18}$Ar
$_{19}$K	$_{20}$Ca	$_{26}$Fe	$_{31}$Ga	$_{32}$Ge	$_{33}$As	$_{34}$Se	$_{35}$Br	$_{36}$Kr

该活动的目的是将高中阶段学过的过渡金属知识作为认识元素周期表结构的重要载体，激发学生的思维活力，初步构建起元素周期表的雏形。尽管学生此时尚未学习过拓展型课程阶段的原子结构知识，但一定能体会到现行元素周期表的结构以这样的方式呈现是有原因的。

四、成效与反思

元素周期律在形式上是抽象的、概括的，但在内容上却是具体的、客观的。在本节课的学习中，学生通过丰富的实践探究活动，揭示元素之间的内在联系，经历观察、比较、分析、综合、抽象、概括、推理等思维过程后，逐步建立起了基于“元素原子结构—周期表位置—元素性质之间关系”的系统模型，形成了对元素周期律的深刻认识。而这种认识是从特殊到一般、由具体到抽象、由现象到本质的认识过程，是在由感性认识到理性认识的不断循环所进行的归纳、演绎等逻辑推理过程中逐渐形成的，这对发展学生的证据推理与模型认知素养具有非常重要的意义。

元素周期律在应用时会表现出一定的局限性，这就需要启发学生学会运用批判的思维来看待。如有些元素及其对应的化合物在化合价、酸碱性、氧化还原性等方面与元素周期律出入较大，而过渡元素部分更难有清晰的规律可循。元素周期律只是人们在认识事物的过程中归纳、演绎、假设、推理的结果，只能尽可能揭示事物的本质和规律，其正确性体现在与事实的吻合程度上。因此，元素周期律是有一定的适用性的，某些元素所表现出的特殊性难以在周期表中体现，这一点需要学生用批判的思维来看待，并学会尊重客观事实，创造性地运用科学的思维方式分析问题，解释事物发展的本质和内在规律。

（上海市大同中学　喻　俊）

第二节　核心素养视角下高中英语阅读“问题链”培养学生思维能力的案例研究

一、背景与意义

“学起于思，思源于疑。”学习总是从问题开始，所有问题的解决始于对问题存在的认知。“提问”行为是教师在组织、引领和实施教学时不可或缺的重要方式，是师生互动的主要途径。“问题链”并不是单纯地将几个问题进行组合，而是作为一个系统将问题进行串联，在这一系统中每个问题都是环环相扣并且具有层次感，这种层次感属于逻辑上的层次。①但是在课堂教学过程中，我们发现：设计“问题链”时容易进入一些误区，如：问题指向不明，脱离学生的经验和水平，从而使得学生不知如何作答；问题过于单一，停留于表面，缺少对学生高阶思维的关注；问题与问题之间没有关联性，缺少对学生思维品质的提升；问题表达的准确性和目的性不够明确，使得提问的层次缺乏梯度；片面追求问题的多样性，忽视了问题的有效性等。

将思维品质的培养与高中英语阅读“问题链”的设计相结合，具体意义体现在以下两个方面。

（一）利于创设有效的“问题链”，提升学生的思维品质

设计符合学生能力水平的“问题链”，设计有梯度的“问题链”、有逻辑关联性的“问题链”，学生在问题的启发下，结合自身的能力水平，建立思维路径，促成更深层次的认知功能，提升思维能力。

（二）依托英语阅读“问题链”教学，培养学生语言综合运用能力

“问题链”的设计是师生双方围绕问题情境，进行多元的、多角度的、多层次的探索，使得学生能够在英语阅读过程中辨析语言和文化中的各种现象，分类概括信息，分析、推断信息的逻辑关系，理性表达自己的观点。

二、思考与认识

英语阅读“问题链”是指在英语课堂教学过程中，为引发学生积极思考，实现课

① 王后雄.“问题链”的类型及教学功能[J].教育科学研究，2010(5).

堂的教学目标，根据学生已有的知识或经验，针对学生在学习过程中将要产生或者可能产生的困惑，将文本知识转换成为层次鲜明、具有系统性的一连串教学问题而进行的教学设计。①英语阅读“问题链”旨在通过科学合理地设计有中心、有序列、相对独立而又相互关联的问题，从而有效激发学生的学习热情和学习兴趣，促成学生丰富的语言输出，提升学生英语学习的思维品质。在这一过程中，教师通过学生的课堂回答与反馈，对“问题链”的有效性、合理性、逻辑性进行检测和评估，并及时掌握学生对所授知识学习的效果。

《高中英语课程标准》中的英语核心素养是指“能根据自己的意愿和需求，通过口头或书面形式，实现理解、表达和交流”的基本素养。英语核心素养被概括为“语言能力”“文化品格”“思维品质”和“学习能力”四个维度。其中思维品质内容丰富，包括思维的准确性、深刻性、敏捷性、灵活性、批判性等。这些思维品质都可以通过语言学科教育来提升。语言是思维的工具，学生通过语言不仅能独自思考问题，而且也能表达自己和了解别人的思想。因此，要发展思维能力，培养思维品质，就必修提高语言修养。②

三、实践与探索

课题研究内容分以下几步进行：

（一）制定调查问卷表，调查学生对不同阅读课型所设计的不同教学功能“问题链”的理解程度

讨论、分析并研究所设计的“问题链”的有效性以及提升学生思维品质的充分性。以下表格为调查中主要呈现的情况。

表 3-4　调查问卷部分情况反馈

	1	2	3	4
调查结果	“问题链”可以帮助学生有效地理解阅读文本	教师设计的“问题链”能帮助学生深入思考	教师设计的“问题链”是层层递进，由易到难	教师设计的“问题链”较难，学生不知该如何作答
作肯定回答的学生占比	90%	85%	65%	30%

① 鲁子问.英语教育促进思维品质发展的内涵与可能[J].英语教师，2016(23).

② 刘丹.浅谈青少年思维能力的培养[J].教学改革，2011(11).

（二）通过不同的英语阅读文本，归类整理不同教学功能的“问题链”

根据不同阅读文本，对“问题链”的设置类型进行探索。在引入新课时，将已有知识平滑链接到引入性“问题链”；使学生在被诊断并纠错过程中获得真知的诊断性“问题链”；与之前所学概念相违背，引发学生独立思考的差异性“问题链”；有一定深度且使用由浅入深提问方式的递进式“问题链”的基本结构、要素、边际范围。

（三）设计多角度、多层次的“问题链”，提升学生语言运用的思维深度

以“Surprises at the Studio”（牛津英语 S1A Unit4）为例。这篇课文属于娱乐新闻题材，两位主人公 Mandy 和 Angela 在电视竞赛节目录制过程中发生许多意外事件。因此在设计“问题链”的过程中，首先引导学生关注背景、人物、情节等要素，即“When/Where did the story happen?”“Who are in the story?”“What happened in the story?”又例如在 plot 的这一部分，可以通过“问题链”把作者针对不同情节、人物所选用的一系列动词呈现给学生，并提醒学生注意此篇课文的中心词：surprises，帮助厘清文章脉络。与此同时，可以给予学生一定的思维空间，在提问的过程中让学生找出文中的第一个 surprise，并根据问题的提示让学生运用自己的语言对段落进行概括总结。

四、成效与反思

根据课堂实际教学，教师认真观察学生对所提出问题的应答积极性、回答问题的深入性、思维的活跃程度等情况，发现在阅读的过程中学生能够通过不同形式的“问题链”夯实原有的语言积累，提升语言感受能力，提高语言表达能力。教师根据不同阅读文本设置教学功能不同的“问题链”，学生据此与其他技能相结合，如读说结合、读写融合，进行“多感官”参与，在此过程中显著提升了语言运用能力以及综合实践能力。通过实际课堂教学，教师在设计“问题链”中起到的主导作用必然会调动或发挥学生在学的方面的主观能动性。将教学内容设置成以问题为纽带，以知识形成、发展和培养学生的思维能力为主线，将“学习目标”转换成“问题链”，并据此对教材的重点和难点进行梳理，一方面能帮助学生巩固所学内容，另一方面又巧妙地把培养和提高学生阅读能力和语言表达能力有机地结合在一起。因此在设计“问题链”时，要利于培养学生思维的深刻性和独立性，帮助学生形成相对完整的认识思路和掌握知识的整体结构，给学生指出思维的方向，引导学生深入思考。与

此同时，教师需要以文本阅读材料为载体，不断关注和加强学生的思考，优化教学提问方式，设计符合学生认知与语言能力水平的“问题链”，从而形成进一步提升学生思维品质的有效途径。

（上海市比乐中学　徐佳依）

第三节　在学校“班级育人共同体”中提升少先队干部自主管理能力的实践研究

一、背景与意义

少先队干部是少先队组织中一支重要的队伍，《中小学少先队改革主要任务清单》中明确指出：要激发活跃中、小队，发动少先队员在辅导员指导下自主管组织、自主建阵地、自主搞活动。①对于少先队干部的要求应该比普通队员更高一级，他们应当是自主管理、自主建设、自主活动中的组织者、策划者、负责人。然而，当下初中学段少先队干部的自主管理能力相对比较薄弱，仍然停留在大队部有任务我来完成、班主任有要求我去达成的被动阶段。近年来，国家教育部、团中央以及市区级团委、少工委对少先队干部自主能力的提升是相当重视的。因此，本项目的研究具有一定的创新性和必要性，旨在总结出一套提升少先队干部自主管理能力的方法，并通过具体的实践案例，给少先队辅导员和德育工作者在培养小干部方面提供参考。

二、思考与认识

笔者在中国知网上以关键词“少先队干部”并含“自主能力”，检索到 3 篇学术论文，以关键词“少先队干部”并含“自主管理能力”，检索到 6 篇学术论文。其研究方向多为如何让少先队干部参与到班级管理中。而本项目研究的方向则是把少先

① 中小学少先队改革主要任务清单[EB/OL]. http://zgsxd.k618.cn/zywj/201710/t20171027_13924071.html，2020-3-20.

队干部作为班级建设的主体，转被动为主动，从主动视角思考少先队干部在共建“班级育人共同体”中可以起到的主体性作用。就目前的国内外实践现状和研究现状而言，这方面理论建设和实践结果相对较少。

“班级育人共同体”建设的提出，可以为提升少先队干部自主管理能力提供有效的途径和实施建议。“班级育人共同体”以班级为单位，以育人为目标，由学生、班主任、任课老师、家长、社会资源等元素共同组成，是围绕共同的愿景，使班级更好地发展的共同体。希望通过本项目的实践研究，能够激发少先队干部的内在驱动力，从被动办事转变为主动自理，提升初中年段少先队干部包括自主管理班级日常工作、自主策划和组织开展班级活动、自我评价能力等在内的自主管理能力。

三、实践与探索

围绕学校创建“班级育人共同体”项目，以少先队组织建设和活动为载体，从“老师带着做”到“自己试着做”，再到“伙伴合办一起做”，最后做到“集体齐心做”；及时观察和记录队干部的应变能力和反应，通过定目标、勤反思、做评价、会总结四个步骤，循序渐进提升队干部的自主管理能力。

（一）四步法提升队干部能力

1. 定目标

队干部经过思考，结合实际情况制定学年自主管理能力提升目标，并根据学年目标，进一步将目标细化，制定学期小目标。在建设“班级育人共同体”前，学校大队部开展了小干部座谈会，了解小干部们对这一概念的理解。小干部们一致认为，“班级育人共同体”的提出，进一步明确了将班级作为一个整体发展的意识，在这个整体中包括同学、老师、家长、校外辅导员等，集合所有人的力量，共同努力、共同进步，不落下每一个人。小干部们表示，这一理念的提出，有助于完善班级的整体管理，在四年初中学段，他们能够根据制定的共同愿景，认识到自身的优势和不足，制定目标，不断调整。根据小干部们的认知，大队部制定了一份“班级育人共同体”建设手册和小干部能力跟踪手册，分为自主管理能力、活动组织策划能力、沟通能力、合作能力、时间管理能力和其他能力几个板块。小干部们任选 1～2 个板块，作为本学年的主要发展目标，并制定具体的发展方式和计划。设立活动记录页，记录每一次主办或参与的校级、班级事务，并每月对自己的各项能力打分（满分 10 分），每月以雷达图的形式体现自身能力的变化，从而为下个月的发展做调整和计划。

2. 勤反思

大队部制定反思情况表。每周一中午是大队部的例会时间，自开始建设“班级育人共同体”以来，每月的最后一个周一例会就定为小干部的能力汇报交流会。总结会上，队干部汇报本月参与的工作内容，最满意和最不满意的工作各挑选一件，就自身表现做自我反思，分析做得好的地方和不足之处。在分析的过程中，大队辅导员会引导小干部层层递进，分析产生原因，并集合全体队干部的意见，提出改进方法。

3. 做评价

大队部制定评价反馈表。每月大队部都会组织全体队干部就本月的工作表现做自评；大队辅导员会在班主任例会上，征询班主任和年级组长的意见和评价，并对小干部的能力情况打分；大队辅导员也会从学校层面做出评价。三者按照30％、40％、30％的比例，形成当月整体评价总分，在每月的小干部能力汇报交流会上公布，大队辅导员会将每一次的评价做成折线图。在每个学期末，每位小干部都会拿到一本能力跟踪手册成果记录，其中包括了每个月的计划和实施策略、参与工作的记录、每月各级评价和一学期的总体评价。用数据说话，通过比对评价表数据，进一步明确每个队干部身上的优缺点，有助于队干部在下一阶段工作中进一步改进和提升能力。除此之外，在每月的小干部能力汇报交流会上，也会邀请学校党、政、工、团领导列席指导，从学校整体发展的视角，结合小干部们的实际情况提出更适合的发展要求。

4. 会总结

在学期末，学校大队部会同德育室共同开展小干部培训会。在会上，队干部汇报本学期各班在“班级育人共同体”建设方面的具体做法、成效，汇报期初计划完成情况，撰写和提交学年总结。队干部们通过汇总结的形式，对小目标和大目标的达成情况进行评估，同时，也能对自身自主管理能力总体提升情况做复盘，为下一阶段的改进做准备。

（二）探索“云中队”建设，提升“云管理”能力

自进入“线上教育”以来，学校大队部还提出了打造“云中队”，将“班级育人共同体”与“线上教学”有机结合，为在疫情期间教育教学工作的开展提供保障。学校大队部制定了管理建议指南，组织小干部们学习、运用，现已开展了第一阶段调研。

根据调研报告显示，队长们认为“云中队”建设首先具有秩序性、便捷性、监督性、高效性，课前点名速度变快，缺勤迟到的现象降低了，每日作业也不会因为群内消息刷屏而错过，队员们能更好地完成作业，并且作业的上交率和订正反馈率都有所提升。“云中队”建设让每位队员在自己的班级里各司其职。

本次调研还跟进了大中队长在“云中队”建设中的职务，有 10 位队长担任总负责，除了协同班主任管理中队以外，还要负责安排各小队的工作；其余 16 位队长为各小组组长。小干部们成为老师和同学们之间的桥梁。“线上教学”的转变，除了考验学生的学习自律性，也在考验干部们的自觉性和服务意识。

四、成效与反思

自“班级育人共同体”提出以来，各中队召开中队委员会，与辅导员一同制定班徽名称、设计班徽、拟定共同的班级愿景；就班级现状分析优势与不足，从而在思想品德素养、自主学习能力（质量保障体系）、社会实践和身心素养四个维度制定发展目标和具体措施。大队部定期组织召开阶段分享会，通过分享交流，跟进小干部们的实施情况，并在学期末制定评价表，开展自评和互评工作，以量表的形式对比小干部们在学校“班级育人共同体”中自主管理能力的变化。

对比量表数据和班主任、任课老师、年级组的反馈，能够明显地看到小干部在组织开展班级活动方面，操作更规范、条理更清晰、指向更明确，在人际沟通和合作、组织策划安排等方面的能力都有所提升，办事效率得到一定的改善，因而使得班主任也轻松了不少。学校大队部在学期末再次就小干部能力发展情况开展问卷调查。就 2019 学年第一学期期末调查数据显示，92％的队干部认为通过一学期参与“班级育人共同体”的建设，各方面能力都得到了显著提升，8％的队干部认为自身能力有所提升但并不显著。其中，沟通合作能力的提升最高，占 80％，其次为管理能力和组织策划能力，分别为 64％和 68％，比较欠缺的是时间管理的能力，有 44％的队干部，特别是六七年级低学段的队干部认为，在学习与工作事务的协调方面还不够高效，如果事情接踵而至，经常会力不从心，无法合理安排。在学期初的调查中，队干部们对自身能力的打分集中在 5～7 分（满分为 10 分），但到了期末，队干部们对自身能力的评分主要集中到了 6～8 分，其中 40％的队干部认为自身能力达到了 8 分，这也与调查结果中“92％的队干部认为通过一学期的‘班级育人共同体'建设，能力显著提升”基本吻合。借助“班级育人共同体”这个平台，队干部们在开展活动的时候可以更自由，并贴合同学们的喜好兴趣；在管理工作中，成就感得到了提升，虽然也会遇到失败和挫折，但每一次都会有所收获，逐渐地也养成了先计划再实施，随时变动，事后总结反思的好习惯。

值得肯定的是，“班级育人共同体”的确能够提升队干部们的自主管理能力，符合学生需求。在实践研究中，我们也发现不同年级的队干部在管理方面的方式方法各有不同，这除了与年龄有关，还和能力有关。下阶段，我们将会继续研究，如何整合出一套适用于整个初中学段队干部们的班级自主管理能力手册，从而为小干部的日常工作提供帮助，也为班主任培养队干部提供参考和指南。

（上海市敬业初级中学　汤影影）

第四节　基于 micro：bit 的小学创客启蒙教学的实践研究

一、背景与意义

曹光彪小学鼓励教师在智能时代加强学生信息素养和创新精神的培养。如何在原有的基础上不断创新与突破，需要找到新的生长点。2015 年，“大众创业、万众创新”掀起了我国创客教育的新潮。2016 年，中国学生发展核心素养的主要表现与创客教育的培养模式不谋而合。

笔者积极响应政策号召、学校发展需求，选择了 micro：bit 与 makecode 编程软件为工具，以项目化学习的方式对学生进行编程启蒙教学，并引导学生运用编程作为工具解决身边感兴趣的问题。在此过程中，笔者探索教学策略，以期培养学生的核心素养，形成可推广的创客编程教育。

二、思考与认识

（一）什么是创客教育

“创客”，是指努力把各种创意转变为现实的人。2013 年以来，美国越来越多的中小学开始实施“创客教育”，将“基于创造的学习(Learning by Making)”视作学生真正需要的学习方式。①

（二）micro：bit 适合小学阶段创客课程开展的理论依据

micro：bit 是一款由 BBC 公司设计的单片机。笔者选择 micro：bit 作为小学创客教育的载体，理由如下：

1. micro：bit 作为载体，能进行编程教育，符合小学生认知水平

micro：bit 可使用 makecode 图形化软件进行编程。2019 年，教育部办公厅提出要在中小学阶段逐步推广编程教育。不少研究结果显示，图形化编程工具有助于提升学生学习兴趣，符合中小学生的认知水平。

2. micro：bit 受到创客青睐

著名创客教育工作者谢作如老师出版了《爱上 micro：bit》专著；2019 年，全国创意编程与智能大赛的参赛选手们带来诸多涉及生活社会各方面的智能设计创意作品。此外，micro：bit 集成多传感器于一体化，简化了学生端不少操作，便于教师管理。

（三）国内外相关研究探索

目前，国内中小学并未普及 micro：bit 的教学。因此，适合小学课堂，比较成熟的 micro：bit 相关教学案例较稀缺。笔者将国内出版或者引进的一些文献大致分为以下三类：

1. 产品说明，如《BBC micro：bit 官方学习指南》。由于出版时间较早，加上采用了非图形化的编程平台，因此案例丰富性、易上手性方面尚有欠缺。

2. 编程案例，如《小创客轻松玩转 micro：bit》。该著作使用了非官方的软件编程平台。不足的是每篇案例篇幅较短，可拓展、可探究部分较少。

3. 课程开发，如《micro：bit 超好玩》。书中案例全部使用 makecode 编程，配以热门传感器的使用方法，可以说是一本现阶段关于 micro：bit 如何使用的“百科全书”。

然而笔者认为，国内外相关指导著作提供的案例绝大多数以安排学生模仿为主，留给学生们自由创作发挥的空间较少。直接照搬案例进行教学，最终的学习成果容易千篇一律，显然与创客教育的初衷背道而驰。

---

① 郑燕林，李卢一.技术支持的基于创造的学习——美国中小学创客教育的内涵、特征与实施路径[J].开放教育研究，2014(6)：1.

三、实践与探索

（一）课程设计

在进行 micro：bit 创客启蒙教学课程设计的过程中，笔者基于核心素养的指导方向与创客教育的培养模式，并根据校本情况进行优化，提出相应的课程总目标：本课程旨在引导学生通过项目活动，在积累了 micro：bit 相关知识与技能后，学做生活的有心人，对用智能改变生活提出想法，设计方案，运用信息编程技术解决问题，从而实现创意。

（二）课程实施过程与内容

一个具有应用价值的创客作品，需要经过良好的创意设计，反复改进，且需要开发者具有丰富的知识技能储备。而在小学开展创客教学，受到课时、学生发展水平与创意思维等因素制约，想要实现每位学生都能拿出成熟的创客作品的目标，显然是比较困难的。因此，本研究的重难点是：设计出有趣味性，难度匹配学生发展水平的主题式项目学习内容，通过教学使学生能应用 micro：bit 创意编程解决实际遇到的问题（见表 3-5）。

表 3-5　基于 micro：bit 的小学创客启蒙教学课程实践内容（部分）

序号	内　　容	规定目标	开放式目标
1	初识 micro：bit 与 makecode	认识 micro：bit	—
2	小小电子屏真神奇	制作 led 跳动的心	show 出你的专属图案
3	多彩的音乐盒	制作乐曲《一闪一闪亮晶晶》	制作一首数字音乐
4	神奇的输入模块 创意实践模块 1：用 micro：bit 讲故事	体验各种输入模块	用输入模块与 led 屏、音乐效果，呈现一个数字作品
5	多彩的 led 灯	制作红绿灯	制作跑马灯
6	数字引脚与数字传感器 创意实践模块 2：用 micro：bit 套件为智慧上海添砖加瓦	学习数字引脚与二进制的关系，学会使用红外线、触摸数字传感器	运用所学知识，制作具体生活中一个应用场景，声像结合的宣传板
7	无线传输真方便 创意实践模块 2：用 micro：bit 套件为智慧上海添砖加瓦	学会无线传输的使用方法	

笔者将 micro：bit 的小学创客启蒙教学课程实施过程分为两个主要阶段：

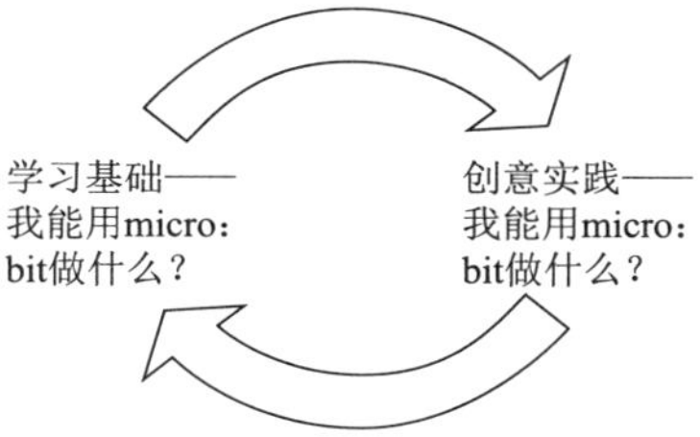

图 3-2　基于 micro：bit 的小学创客启蒙教学实施过程

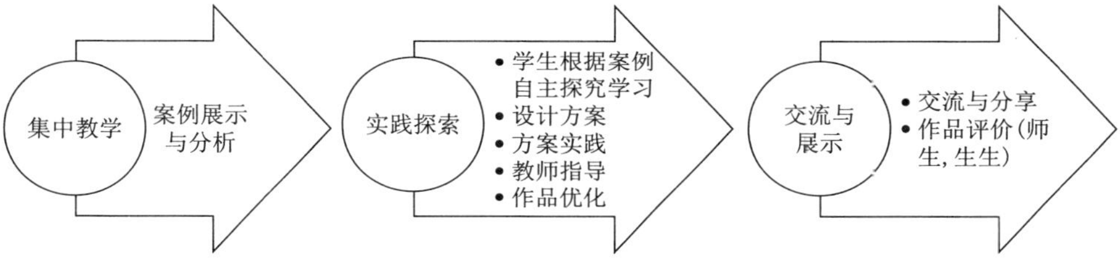

图 3-3　基于 micro：bit 的小学创客启蒙教学课程模型

两个阶段交替进行：经过一个模块的基础知识学习后，运用已有知识，进行创意实践，产生学习成果。然后再进行下一个模块的基础学习，循环提升。同时，在基础学习阶段除了规定目标之外，同样设立小型的开放式目标，为本阶段创意实践阶段的大型开放式目标搭建梯度。

（三）教学评价

本实践研究的教学评价主要考虑以下因素：

1. 过程性评价与总结性评价相结合。
2. 多主体评价。
3. 多形式评价。
4. 基于创客教育量规与核心素养标准(见表 3-6)。

表 3-6　基于 micro：bit 的小学创客启蒙教学课程评价标准

创客教育维度	核心素养表现	学　习　评　价
学习成果	实践创新	问题解决：是否善于发现提出问题，会根据问题设计方案 技术应用：是否具有工程思维，能将创意和方案通过编程手段转化为有形物品或对已有物品进行改进与优化等

续表

创客教育维度	核心素养表现	学习评价
过程维度 学习成果	学会学习	乐学善学:是否能养成积极、自主学习探究的习惯 信息意识:具有数字化生存能力,会使用编程、互联网等获取信息手段 勤于反思:善于总结经验,调整学习方法
学习成果	科学精神	勇于探究:是否能够坚持探索,积极寻找有效解决问题的方法
过程维度	责任担当	是否有团队意识与互助精神,主动作为,能完成教师的要求,爱惜器材
理解维度	人文底蕴	人文情怀:对案例要求理解程度,是否能关心生活中的事物,提出自己的想法 审美情趣:作品是否考虑艺术表达形式
过程维度	健康生活	健全人格:是否与组员相处融洽,遇到困难的表现 自我管理:是否能合理安排进度与时间,合理自评学习过程与成果

(四)具体课例分析

教学实践开展一学期以来,已经形成约 12 篇课例,以"用 micro: bit 套件为智慧上海添砖加瓦(1)"举例,学生经过一段时间的学习,已有一定知识基础,能开发一款初步的创客作品。本项目活动旨在鼓励学生做生活的有心人,聚焦上海生活中出现的各种电子显示板,以小组为单位提出创意,用已有技术制作智能电子显示板。为激发学生的创意且培养撰写设计方案的意识,笔者设计了这份脚本任务单:

表 3-7 电子显示板设计脚本表

场景	想怎么样操作和表现? 分步骤具体说明
例如:班级运动会的电子拉拉队牌	按键 A: micro: bit 发出声音,led 屏幕闪动,鼓励同学 按键 B:胜利了给同学掌声和图像彩灯效果
例如:抓娃娃机的宣传电子板	当时间到了,抓到娃娃,娃娃触碰到传感器后,led 显示胜利,并伴有音效和彩灯;如果时间用完了,没抓到娃娃,led 显示哭脸
例如:行人红绿灯	摁下按键 A:另一个 micro: bit 显示绿灯通过,过几秒后,再显示红灯

脚本要求学生举例某个生活场景，并详细描述操作步骤与表现反应。同时脚本作为过程性评价被列入本项目考评环节之一：

表 3-8　活动过程评价表(节选)

类　　别	打分内容	打　分　标　准	打分 0～10 分
脚本设计		能够详细地写出作品脚本的每个步骤与应用场景(≥8 分) 作品脚本总体能够阅读，有些步骤比较含糊(5 分) 作品脚本基本没有写好就做作品了，做到哪里算哪里(<3 分)	

学习成果作为总结性评价之一，考虑多个维度：

表 3-9　活动过程评价表(节选)

类　　别	打分内容	打分标准 0～10 分	打分
作品成果	技术性	编程作品功能丰富，用到大部分已经学习过的知识点，没有错误，运行流畅(≥8 分) 编程作品功能一般，用到一部分已经学习过的知识点，程序运行没有重大错误，偶有小问题(5～7 分) 编程作品功能较少，用到小部分已经学习过的知识点，程序运行经常出错，还需要改进(≤4 分)	
	创意与实用性	作品独特有想法，解决了生活中的问题，可以推广到生活中(≥8 分) 作品有点新意，部分解决了问题，可以再改进(5～7 分) 作品和现有的产品差不多，实用性不高(≤4 分)	
	艺术性	作品 led 彩灯，电子屏与声音配合流畅，很好地起到了宣传效果(≥8 分) 作品 led 彩灯，电子屏与声音配合较好，观众能知道表现什么意思，还有改进空间(5～7 分) 作品 led 彩灯，电子屏与声音配合较差，不知道要表现什么意思，或者效果太少，影响宣传效果(≤4 分)	

四、成效与反思

本研究项目经过一个学期的试点，重点关注培养学生的创客与编程能力，通过项目引导，使他们能创造性地应用 micro：bit 创意编程，与团队协作发现问题，解构问题，寻找解决方案，并经过不断实验形成创客作品（见图 3-4、图 3-5）。

图 3-4　学生作品：会长大的智能花盆

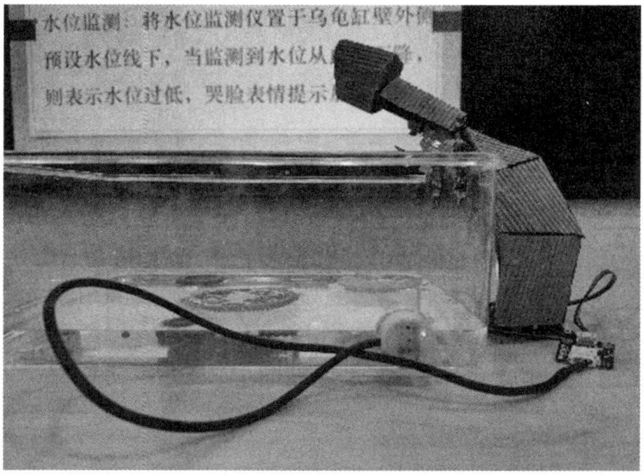

图 3-5　学生作品：智能乌龟喂养监测系统

学有余力的同学参加了“青少年创意编程与智能设计大赛”，获得上海第一名、全国三等奖；第 35 届上海市青少年科技创新大赛青少年科技创意板块二等奖等。

回顾实践过程，笔者认为目前存在以下几点不足：

（1）课程初期设计偏向于安排学生模仿文献中的案例，出现部分案例超出了学生认知水平或者作品雷同的问题。

（2）普及面不够广，目前仅为部分学生试点，还未开展一定范围的普及型课程。

（3）课时较短，影响内容设计：目前仅试点了一学期，因而更多相关知识与技能没有选入课程内容中，影响创客作品的开发手段。

在实践过程中，笔者也在不断积累教学案例。希望在以后完善修改课程设计，努力将该课程发展为普及型课程，为培养更多学生的创客精神与信息素养贡献一份力。

（上海市黄浦区曹光彪小学　徐亦达）

第五节　关注幼儿学习经历的个别化学习活动分享交流策略的实践研究

——以大班科学领域为例

一、背景与意义

随着经济社会的不断发展，幼儿园的教育也随着时代而变革，这对幼儿教师的整体素质水平有了更高的要求，教师是否能看到教育对幼儿终身的影响？教师是否能关注每一个幼儿而使教育变得公平？教师是否相信幼儿是有能力的学习者？教育的主体究竟是教师还是幼儿？……这些都是教育体制的不断改革对当代幼儿教师提出的新问题。2018 年印发的《关于深化教育体制机制改革的意见》中提出了“建立以学生发展为本的新型教学关系”，致力改变“重知识、轻能力，重传授、轻思考，重理论、轻实践”的传统教育方式。

本研究以分享交流为落脚点，发现分享交流存在的问题及成因，重点探索大班幼儿科学领域个别化学习活动学习经历的呈现，提出有效策略，丰富分享交流的相关理论，同时丰富教师在科学领域个别化学习活动分享交流中的经验，提升教师对幼儿学习经历关注的意识和分享交流的能力，使分享交流促进大班幼儿的主动学习和全面发展，让幼儿的学习经历可视化，帮助教师了解幼儿，开展以幼儿为本的分享交流。

二、思考与认识

项目初期，我们围绕三个方面进行资料的收集与整理，聚焦“对于学习经历的研究”“对于科学教育的研究”，以及“对于个别化学习活动分享交流的研究”。

通过对幼儿“学习经历”相关文献的梳理，我们发现该方面的理论和实践研究较少，学者们更关注教师在个别化学习活动中主观地观察与记录，而较少探讨幼儿如何呈现自己的学习轨迹和学习经历，以便教师能通过幼儿的记录和表述更好地了解每个幼儿的学习需求。因此，本项目研究旨在这方面有所弥补与完善。

我们通过梳理有关科学教育的资料，明确了科学教育的目标与内容，我国幼儿园科学教育确定的课程目标是：丰富幼儿对自然和社会的粗浅知识，培养幼儿对自然与社会的兴趣和求知欲；开发幼儿的智力，形成对人与事物的正确态度。而美国对于“科学”的概念要更为丰富，它包含三大领域：科学探索过程的技能、科学知识、科学的态度与价值观。①由此可见，科学领域的个别化学习活动有着其特殊的教育价值，同时也明确了教师的指导作用，能基于科学领域的特殊性进行有效指导，这也为分享交流的开展提供了思路。

对于个别化学习活动，关于分享交流的文献是最多的，既有一线教师的策略梳理，也有学者们总结的价值与理论依据，这其中也发现个别化分享交流仍存在一些问题，主要在于分享交流内容都是从教师角度提出的，对于分享交流环节提供给幼儿参与交流、讨论以及分享的部分关注不够，分享交流重结果、轻过程。

三、实践与探索

（一）改变访谈对象，关注幼儿体验

既然要让幼儿成为分享交流的主体，那首先就是要听取幼儿的意见。可能有

① 袁爱玲.中美幼儿科学教育课程的差异性比较[J].比较教育研究，2001(1).

人会说幼儿太小，无法说出对分享交流的想法。但事实证明，在分享交流中，教师总是习惯用自己的想法来代替幼儿的想法，把幼儿的意见纳入分享交流中，而非幼儿没有想法。笔者对三个大班共90名幼儿代表进行了访谈，其中有几个问题的回答令人深思。

对“你喜欢分享交流吗？”的问题（见图3-6），96.7%的幼儿回答非常统一：喜欢。原来幼儿对于分享交流是有所期待的、是感兴趣的，这更坚定了我们研究的方向，支持幼儿之所想，让有效学习自然发生。

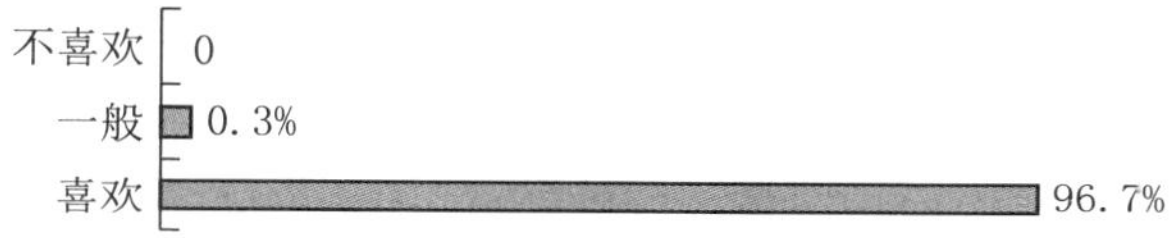

图3-6　你喜欢分享交流吗？

对“在分享交流时你有遇到过不愉快的事情吗？”的问题（见图3-7），有22名幼儿表示分享交流时老师不请他，他就无法介绍自己的学习，还有23名幼儿则表示，每次都有很多想说却不能都说。可见幼儿们在分享交流中的表达愿望是非常强烈的，那么对于未能分享的幼儿，他们的学习经历是否就没有了梳理和推进呢？又如何去了解他们的学习需求？

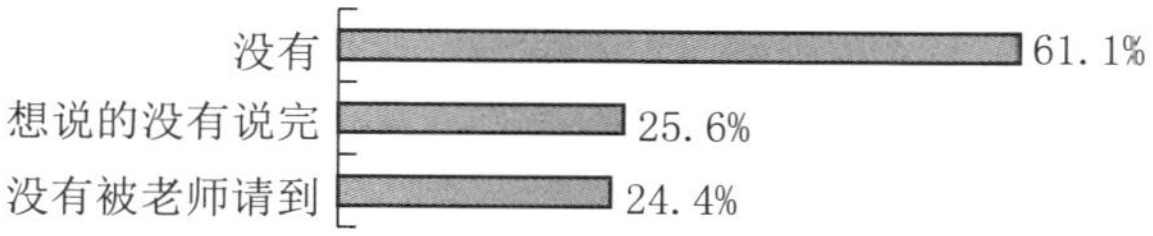

图3-7　在分享交流中有遇到过不愉快的事情吗？

对“你在玩的过程中遇到的问题都能解决吗？不能解决时你是怎么做的？”的问题（见图3-8），有60名幼儿都表示遇到过不能解决的问题，而怎么处理这些问题，大部分孩子都不记得了。幼儿的思维还处于具体形象思维向抽象逻辑思维发展的阶段，需要有支架帮助他们学习。

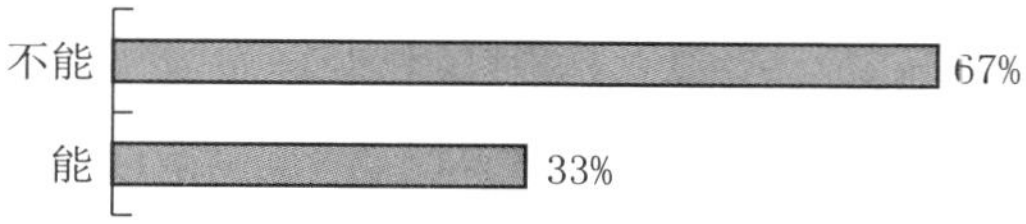

图3-8　你在玩的过程中遇到的问题都能解决吗？

孩子对分享交流虽没有提出意见，但他们的回答已经给出了答案，大班幼儿渴望个性化的学习，想要有更多的交流机会，同时也期待着教师的“指导”与“支持”。

（二）幼儿记录学习经历，分享学习过程

为了更直观地了解每个幼儿的不同学习经历，我们设计了不同类型的“学习经历记录表”并投入幼儿园“科学区”使用。

1. 打卡型学习经历记录表

使用方式：实验材料由教师根据每个区的材料拍照，并放在表格中。幼儿使用到该材料，就在蓝色格子内打钩，如果使用该材料后实验成功，则在黄色格子内打钩。

2. 尝试型学习经历记录表

使用方式：教师根据活动区的材料预设可能出现的玩法，设计改变的实验材料和不变的实验材料，引导幼儿有目的地进行尝试和记录，幼儿将观察到的现象和发现记录下来（具体见表 3-10）。

表 3-10　尝试型学习经历记录表

	（改变的实验材料 1）	（改变的实验材料 2）	！ （我的发现）
（不变的实验材料）			

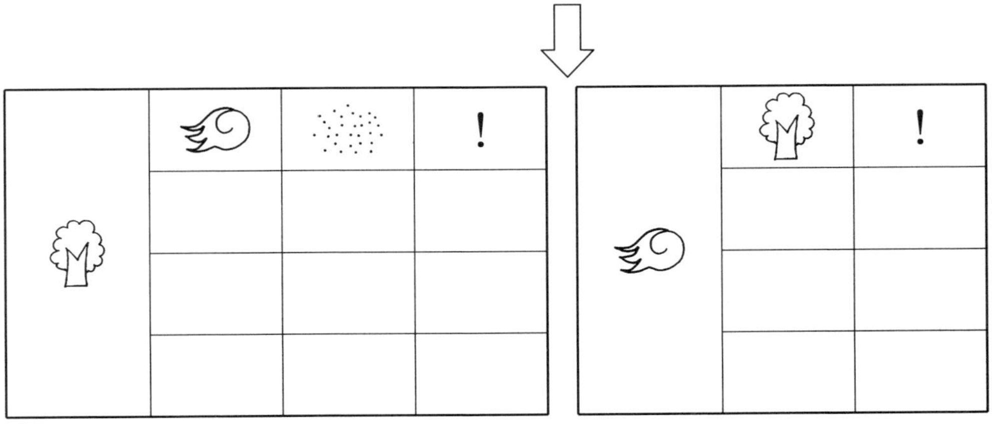

3. 创造型学习经历记录表

使用方式：幼儿在“科学区”有新的探索内容，可以将实验方法画下来，并记录发现和问题（具体见表 3-11）。

表 3-11　创造型学习经历记录表

<table>
<tr><td rowspan="4">（我的实验）</td><td>！
（我的发现）</td><td>？
（我的问题）</td></tr>
<tr><td></td><td></td></tr>
<tr><td></td><td></td></tr>
<tr><td></td><td></td></tr>
</table>

其中，“打卡型学习经历记录表”和“尝试型学习经历记录表”适合在个别化学习活动开始之初，让相关经验不丰富的幼儿使用，幼儿可以通过“打卡”的方式来比较材料的使用频率和成功频率，从而及时调整自己的实验计划，并且将自己多次尝试的方式、现象和问题详细记录在“尝试型学习经历记录表”中。当幼儿的经验丰富后就可以自己设计玩法，针对感兴趣的内容来进行创造性的学习，“创造性学习经历记录表”就可以支持这些幼儿的学习。

不同类型的学习经历记录表满足了不同幼儿的需求，在投放的过程中，幼儿会根据自己的需要来选择记录纸，无论是分析记录的数量还是内容，都能让教师更好地了解每个幼儿的学习过程。

（三）幼儿主体式分享交流初尝试

让幼儿成为分享交流的主讲人可能吗？他们的分享会有意义吗？在大胆尝试了幼儿主讲、小组分享等多种分享交流模式后，这样的担忧显然是多余的，幼儿主讲，会以自己的学习经历记录表为载体，先说出自己的发现，再面向其他幼儿发问。在这一过程中，教师适时捕捉有价值的内容进行追问，形成“对话”，有时教师也会将幼儿的学习经历进行分类，让有相似学习需求的幼儿开展小组分享，在有限的时间内让每一个幼儿都有机会成为分享交流的主体。

四、成效与反思

（一）幼儿的改变

幼儿开始期待分享交流。幼儿们拥有了“学习经历记录表”仿佛是拥有了一个自己的“小天地”，有些不善表达的幼儿在分享时愿意举手了，哪怕是让大家猜测自己今天的发现与问题，也是一种成功的体验。

幼儿善于延续思考与疑问。当幼儿多次来到同一个区域学习时，他们会翻看之前自己的记录，学习经历得以回忆和延续，减少了幼儿“重复学习”的情况。

激发幼儿反思性学习。也许记录的当下幼儿们只是画下了“所见、所感”，而当再次重温这些记录时，会促使幼儿们对比、反思，很多幼儿在分享时会说“我之前……”，这些影响幼儿终身的学习品质就发生在记录表带给他们的不经意间的改变中。

（二）教师的改变

教师开始真正了解每一个幼儿。这带给教师们的是一次新的尝试和思考，以往的“观察与记录”往往是以第三人称去分析幼儿，而学习经历的可视化就是视角的转变，让幼儿也能参与到自己的学习中，打破了教师“推进”，幼儿“被推进”的学习方式，教师变成了一个“了解你、支持你、想要更了解你”的有温度的角色。

教师能够个性化支持每一个幼儿。学习经历细化地呈现也让教师开始关注对不同幼儿需要的不同的支持方式。有的幼儿需要的是展示的舞台，有的幼儿需要的是成功的体验，有的幼儿需要的是突破瓶颈的方法，还有的幼儿需要更丰富的学习内容……

学习经历能够成为个别化学习活动分享交流的重要依据，在个别化学习活动的过程中或是集体活动中，幼儿的学习经历也许同样值得探索，无论如何，幼儿有权利为自己的学习做主。

（上海市黄浦区星光幼儿园　朱昌榕）

第六节　教育信息化背景下大班幼儿在PBL活动中提升信息素养的实践研究

一、背景与意义

（一）《教育信息化2.0行动计划》背景下信息素养的要求不断提高

2018年4月13日，教育部正式发布的《教育信息化2.0行动计划》中明确提出"信息素养全面提升行动①"，对新时代下师生的信息素养提出了更新更高的要求。心理学研究证明，0～6岁是幼儿学习品质与学习能力发展的关键时期。这一时期，幼儿对图像、符号、声音以及文字等多元化的信息数据具有强烈的感知兴趣。②幼儿信息素养的发展也正是从这个阶段开始。作为基础教育的开端，幼儿园承担着提升幼儿信息素养的重要责任。

（二）PBL活动与信息素养培养的教育理念相似

在PBL(Problem-Based Learning，即问题导向学习)活动中，幼儿的问题是探究的起点和主线，探究过程则是围绕着问题进行一系列的信息收集、信息筛选、信息共享、信息评价的过程，这对幼儿的信息素养有着很大的要求。PBL活动与信息素养的培养两者的教育理念相似，将两者有机结合，相互作用，能引起共鸣效果。

二、思考与认识

信息素养是全球信息化需要人们具备的一种基本能力，最早是1974年由美国信息产业协会主席保罗·泽考斯基首次提出。我国著名教育技术专家李克东教授提出了信息素养的三个基本要点：信息能力、信息伦理道德、信息意识与情感。这对探索和分析幼儿信息素养的培养具有借鉴和指导作用。③

随着信息技术在教育教学过程的广泛应用，学习环境、学习资源、学习方式都

① 中华人民共和国教育部.教育信息化2.0行动计划[R].2018.4.

② 吕文超.新时期幼儿信息素养探究[J].天津市教科研学报，2017(2)：74—77.

③ 张嘉楠.基于生态学视角的学前儿童信息素养培养研究[J].西北成人教育学院学报，2017(3)：10.

向信息化方向发展。在这种背景之下，PBL 活动从主题选定到活动实施的过程中无不呈现“信息化”的特点。本研究依据大班幼儿的身心发展规律和学习特点，把信息化与 PBL 活动整合，将信息化的作用贯穿于整个活动的主线，让大班幼儿自主探究、自主学习，完成问题解决任务，从而促进大班幼儿信息素养的发展。

三、实践与探索

（一）根据信息素养评价标准设计相应的 PBL 活动观察记录表

依据李克东教授提出的信息素养基本要点，我们设计出 PBL 活动观察记录表（见表 3-12）。

表 3-12　PBL 活动观察记录表

评价项目	评价标准	评价（10 分制）
信息能力	A. 以积极的态度尝试操作各种信息工具来获取问题的相关信息	
	B. 有获取信息的意愿，能够主动地从生活实践中不断地查找、探究新信息	
信息伦理道德	C. 能够较为自如地对获得的信息进行辨别和分析	
	D. 能较好地掌握选择信息的技能，可灵活地支配信息	
信息意识与情感	E. 能够有效地利用信息、记录信息，表达个人的思想和观念，并乐意与他人分享	
	F. 能够充满自信地运用各类信息解决问题，有较强的创新意识和进取精神	

（二）确定在 PBL 活动中培养大班幼儿信息素养的原则

1. 渗透性原则

将教育信息化渗透到 PBL 活动各个环节中，多方位引导幼儿获取信息；利用思维导图梳理知识，提供与幼儿问题相关的多媒体课件、微视频等，构建网络平台以进行家园共育；引导幼儿采用不同方式来处理和交流信息，将收集的信息与同伴进行分享。

2. 自主性原则

在运用教育信息化手段提高幼儿信息素养过程中，鼓励大班幼儿收集信息、筛选信息、共享信息，培养自主获取知识的能力；坚持自主性原则，让幼儿围绕着问题，自主选择信息收集方式、信息呈现方式、信息分享方式，让幼儿成为问题解决的主人。

3. 整体性原则

在培养信息素养的同时，促进幼儿其他方面能力的发展，在 PBL 活动中引导大班幼儿增强合作意识、学习的积极性，发展创造性思维；结合核心素养的培养目标，培养幼儿共享、合作、参与、思考、探索等素养，促进大班幼儿整体素质的提高。

4. 灵活性原则

结合大班幼儿身心发展的特点，关注幼儿的学习兴趣，灵活选择信息化应用范围，将多种方式有机地结合在一起，提高活动质量，使幼儿在获取信息、处理信息能力不断提高的同时感受到应用信息来解决问题的成就感，从而激发其更大的探索欲望，提高探索能力。

5. 发展性原则

教育信息化应着眼于幼儿长远发展，选取对幼儿终身学习具有重要影响的内容，全面关注幼儿的身心健康、创造潜力、个性化能力。在 PBL 活动中要注意发展性，不断更新信息源、信息量、教育信息化手段。

（三）制定 PBL 活动中促进大班幼儿信息素养提升的有效策略

1. 适合 PBL 活动的教育信息化内容应用范围和类型

设计符合大班幼儿身心特点和适合 PBL 活动的教育信息化内容，确定应用范围和类型（见图 3-9）。

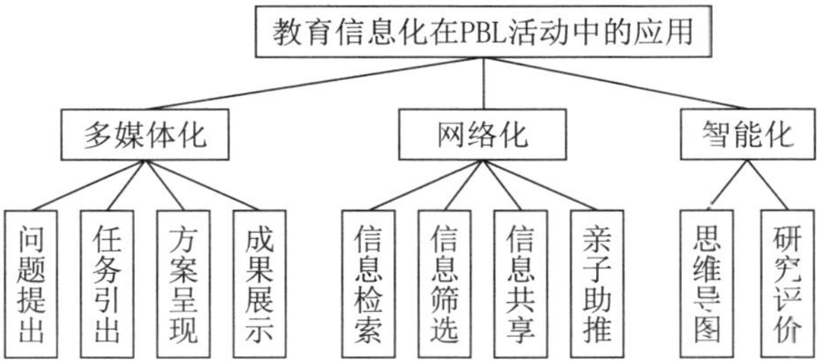

图 3-9　教育信息化在 PBL 活动中的应用范围

2. PBL 活动中教师支持策略

教师在整个过程中作为支持者、合作者和信息提供者，运用不同的支持策略给予幼儿积极的引导和辅助。

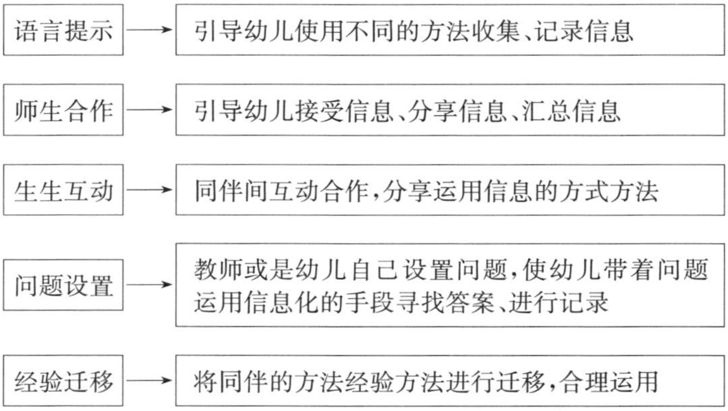

图 3-10　PBL 活动中教师的支持策略

依据以上原则和策略，我们挑选了部分大班幼儿作为 PBL 活动的对象，分析幼儿信息素养的变化情况。

四、成效与反思

依据 PBL 活动观察表，我们对幼儿 PBL 活动前期和后期的信息素养变化进行了分析评价（见图 3-11）。

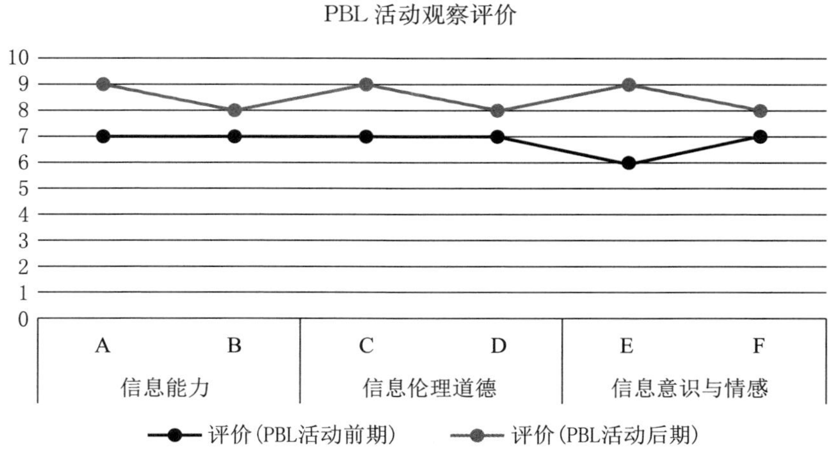

图 3-11　PBL 活动中幼儿信息素养的变化

（一）幼儿查找、探究新信息的主动性增强

“小超市”的开展源于幼儿在游戏中对超市的兴趣，幼儿对超市提出疑问，创设可视化墙面“问题墙”（见图 3-12）。通过亲子助推发动家长力量，让家长协助幼儿网络查找、去超市亲身体验。教室图书角里放置了有关超市的绘本、多媒体课件。幼儿比以往更自主、更有目的地收集信息、处理信息，完成调查。

图 3-12　PBL 活动“小超市”可视化墙面

（二）幼儿能更好地选择信息、支配信息

PBL 活动“纸”中，幼儿将收集来的不同纸及小秘密展示在互动式墙面（见图 3-13）上，从中选择不同的纸进行实验。幼儿选择信息，并灵活运用在实践中，又将实践所得到的新信息再次记录在墙面上。幼儿获得了许多有关纸的知识和经验，而且选择信息、支配信息的能力得以提升。

图 3-13　PBL 活动“不纸如此”互动墙面

（三）幼儿能有效地记录信息，并乐意与他人分享

“哈哈播报站”中，幼儿收集想要分享的新闻，以多种形式呈现于播报站中（见图 3-14）。在集体、个别化学习中，鼓励幼儿进行形式多样的分享，使幼儿能有效地利用信息表达个人的思想和观念，分享播报内容。在共同分享经验的过程中，幼儿也活跃了思维，丰富了生活体验。

图 3-14　PBL 活动“哈哈播报站”

在 PBL 活动的开展中，幼儿从跟随到自主，从获取信息、记录信息方法单一到能够多种方法，从不知该如何分享信息到能用多种方法大胆分享得到的信息，收获良多。综合评价表的数据来看，幼儿的信息能力、信息伦理与道德、信息意识与情感都得到了显著的提高。同时幼儿的自主解决问题能力、合作能力、思维能力和创造能力等也得以提升。当然，幼儿信息素养培养是个长期的课题，也希望今后不管是幼儿园还是家庭，都能给予幼儿更多的机会来提升信息素养。

（上海市黄浦区松雪街幼儿园　徐迪璠）

第二篇

从讲师到名师
——黄浦海派名师培育工程

黄浦区作为上海市教育综合改革试验区，要当好全市教育改革的排头兵和先行者，拥有一支信念坚定、师德高尚、业务精湛的优秀教师队伍是关键。一直以来，黄浦区教育高度重视教师队伍建设，积极打造黄浦海派名师培育工程，不断优化黄浦优秀教师队伍培养模式，引领未来区域教师专业发展的方向，使本区教师队伍在科学统筹的前提下实现全面、协调、健康、持续发展。

2015年起，在区委、区政府的高度重视和区教育局的领导下，黄浦优秀教师人才培养专业发展序列先后形成：29位特级教师（优秀学科带头人）主持23个名师工作室，带教培养138名学员；125名学科带头人组建形成10个学科研修沙龙，279名骨干教师组建形成19个骨干教师学科研修组。2019年新一轮发展开启，又成立了19个区名师、名校长工作室，评选出的128名区学科带头人形成了11个专业发展研修组，262名区骨干教师形成了19个专业发展研修组，另外根据第四期上海市普教系统名师名校长培养工程要求，最终选定了172位优秀青年教师组成了17个“种子计划”团队（黄浦）。

通过几年的实践，黄浦区逐步形成了面向不同优秀教师群体专业发展的培养方式：区名师（名校长）工作室采取蹲点助教与项目引领两条腿走路的方式，导师带领学员深入本区各学校蹲点，直面蹲点学校的教育教学实际问题，以项目为载体，在帮助蹲点学校解决实际困难的同时，提高学员研究指导能力，有效发挥名师的示范辐射作用；区学科带头人在率先上示范课、承担区校培训课程的同时，以科研为路径，关注课堂教学改进，开展主题式研修沙龙活动，集聚集体智慧破解难题，以研究带动教师团队科研水平提升，助力本区学科建设；区骨干教师研修组结合学科特点和骨干教师专业发展需求，进行了以研修组为载体的互动式骨干教师研修团队建设，充分调动了每位骨干教师的专业能动性，又很好发挥了同伴互助的作用，分享经验，交流感情，为骨干教师个体的可持续发展提供了专业支撑；“种子计划”团队以“聚焦实践、团队研修(协作发展)”“搭建教学实践与理论研修的平台”为工作思路，聚焦实践问题的课题研究，实现团队合作的教学活动，培养专业自觉的研究成果。这一系列的培养方式彰显了黄浦优秀教师团队以前瞻性的思考落地研修课程，以智慧的引领创设高端培训的思考与实践。

第四章　项目引领，蹲点助教

第一节　以工作室为载体，造就一支高素质专业化创新型教师队伍

进入“十三五”以来，深化教育领域改革的呼声日益迫切。作为上海市教育综合改革试验区，黄浦时刻走在改革前沿，不断探索教育新模式，把培养一支信念坚定、师德高尚、业务精湛的优秀教师队伍作为黄浦推进区域教育改革工作的关键所在。

一、专业发展，制度创新

多年来，区教育局持续出台了系列优秀人才培养工程文件，并在黄浦区教育学院专设教师专业发展部负责区域优秀教师队伍的服务管理工作。“出经验，出成效，出人才”就是黄浦教育的人才政策导向，也是区名师工作室践行的方向。

二、蹲点助教，项目引领

区名师工作室运用“蹲点助教”与“项目引领”两条腿走路，每个工作室都会带着项目进入蹲点学校，抑或是结合学校的实际情况开展项目研究，不仅提升了工作室学员的研究指导能力，同时帮助蹲点学校直面教育教学问题，更形成了黄浦特色的名师培养带教机制。

工作室是一种带教方式，也是一种学习机制，更是一个学习共同体，还是一个信息数据交流的平台。参与者开展教育教学难题的研讨，也有对典型案例的剖析；有表达自我的舞台，也有质疑别人的机会。常年耕耘在教育教学第一线的教师正

是借助这个平台,通过真实问题的研讨和诊断,分享彼此的智慧与经验。

15 个区名师工作室,21 位工作室导师皆为上海市特级教师,其中 14 人为正高级教师。工作室导师以其高尚的师德风貌、精湛的专业素养和独特的人格魅力,带教区域优秀青年教师,开展多层次、多领域的实践探索,以前瞻性的思考落地研修课程,以智慧的引领创设高端培训的范式,并以此来引领、促进和示范区域教育教学。

三、完善机制,智慧引领

区教育学院教师专业发展部专人专项负责相关工作,采用了为每个工作室都配备工作室秘书的方式,为工作室的培养工作提供更加有效的支持,并且将工作室的总体工作统筹设计在《名师工作室工作手册》中,同时为工作室学员统筹设计了《教师发展手册》。这一管理形态在客观上保证了区域优秀教育人才队伍建设的组织需求,成为区域优秀教育人才队伍建设的创新之举。

工作室的运作过程,是管理制度逐步完善、激励机制不断创设的过程;是逐步强调受教者自主选择、工作室导师不断形成多样化带教风格的过程;是政府投入逐年加大,优秀教育人才茁壮成长的过程。未来几年,面对新的形势和新的挑战,工作室将承担起更为重要的任务,将继续以问题、需求和项目为导向,以任务为驱动,蹲点基层学校。同时,我们将以更加开阔的视野、更加宽阔的胸襟、更加科学合理的程序,把“培养造就一支高素质专业化创新型教师队伍”作为重要任务持续推进,使本区优秀教师队伍的建设发展实现新的跨越。面对“十三五”优秀教师队伍建设的更高要求,我们深感任重道远,但是有了前面的坚守与耕耘,对未来,努力将与信心同在!

（上海市黄浦区教育学院　教师专业发展部）

第二节　对标教学一流,实现双赢发展

一、挑战与回应

生命教育的内涵存在三大层次,即认识层面的生存意识教育、实践层面的生存

能力教育、情意层面的生命升华教育。教育理论告诉我们，教育不仅要关注师生完整的日常生活，还要构建师生的可能生活。第三次工业革命是在前两次工业革命成果的基础之上，对生存阈度的再一次伟大超越，它促使我们从观念意识到行为方式都要进行脱胎换骨式的改变。我们也将由工业化时代的“智人”，转变为合作化生活里的“同感人”，因而要唤醒公民意识，从事积极创造。随着第三次工业革命的到来，我们的课程观、教学观、学习观和教师角色都将产生巨大的变化，这对我们而言，既是挑战，更是机遇。

本次名师工作室设置的指导思想是：“积极探索导师主导下的团队负责人制工作模式，充分发挥专家的引领作用，使工作室成为尖端人才（导师）和高端人才（学员）成长的摇篮，通过师徒教学相长达到共赢。”针对学员实际，我们工作室活动的宗旨，一是取法乎上，注重项目引领，组织学员深入学习名著，提升自我的阅读能力；二是扎根课堂，直面困难问题，通过团队合作，提升自我的教学能力。

二、主题的聚焦

我们有幸生逢网络时代，前辈学者经年累月才能完成的资料索引、数据统计，我们可以瞬间完成。研究前期需要广搜博采的文献综述，现在也有诸多捷径。阅读材料也由单一的纸质媒体拓展为丰富的视听盛宴。当然，学术泡沫也汹涌而来。阅读的眼界瞬时豁然开朗，评判的眼光更要犀利精准。否则，我们极易在信息的汪洋大海中自我迷失。

我们在学习过程中，注意宏观设计；在资料积累上，构建素材库；在经典阅读上，形成名著丛；在创设体系上，细化资源谱；在教育科研上，创设课题链；在名师带教上，倡导微演讲；在丰富生命上，开掘欣赏源。

如果用镜头对准我们的阅读生活，可以见到：态度上，系统阅读与随意乱翻并举；情境上，个人钻研与集体分享共生；方式上，精读比读与浏览速读齐飞。颠来倒去地阅读，互文交错式阅读，还有比阅读更美好的事吗？

课堂是文化传承的核心地带，是课程实施的主要渠道，是师生成长的关键路径。从某种意义上说，教师的专业发展、学生的全面成长都有赖于理想课堂的打造。我们三年的研修，主要致力于构建理想课堂的如下三大支柱。

一是关注学习主体。我们所努力打造的理想课堂教学，其目标是学生的全面发展,而实现路径则是充分发挥学生主体性。在工作室研究视域中,学生是课堂教学研究的出发点与终点。

二是提炼核心知识。我们认为,理想课堂教学需要学生的深度学习,而深度学习的关键在于学生能够理解、反思、转化课堂核心知识。

三是设计学习活动。理想课堂就是依据学生学习规律,通过精心设计一系列学习活动促使学生理解、内化学科核心知识,最终形成全面的综合素养,达成学科育人目标。

三、项目的引领

我们以撰写《意象与思辨——高中写作经典素材》《红楼梦导读》作为工作室的核心任务。这里以《意象与思辨》为例展开说明。

第一,选题针对性强。当今高中学生写作最为普遍的问题,一是素材或缺乏或老旧或干瘪,二是层次或单薄或呆板或凌乱。意象正可以从这两个问题的结合点入手,它是感性形象与理性思辨的完美结合,对学生写作的价值远远要高于普通的素材。而新课标最大的亮点,一是整本书阅读的落实,二是批判性思维的引入。本书选择五部西方长篇小说(《战争与和平》《傲慢与偏见》《约翰·克里斯多夫》《悲惨世界》《第22条军规》)做整本书阅读,精心选取其中的经典意象作为素材并设置精彩的问题,力图从素材与层次两个方面提升学生的写作水平。五部作品代表性强,可以展现社会的全貌。

第二,构架新颖精致。理论界对意象的解读相当丰富,这就使意象这一概念具有了丰富的弹性。本书构想从六个角度对意象做全方位的网络式解读,首先以母题意象关联高中写作的相关主题,并引领人物形象,然后从四个角度对人物意象做全方位的解读,由此读者对主要人物和核心事件的理解就不断地趋向立体和深刻了。

第三,特点鲜明突出。本书努力体现三大特点,一是全程性,在六个角度上都努力穷尽可能的思考纬度。二是全息性,每个意象都是相对独立的,可以"风吹哪页读哪页",同时又跟全书的整体网络形成千丝万缕的联系,体现出结构的缜密。比如《悲惨世界》中的商马第事件,充分地显示了冉·阿让的悲情,它可以对应人性与成长两个母题。冉·阿让人生中的第二次犹豫充满了巨大的张力,是解救无辜的流浪汉商马第,"回到地狱做天使";还是视而不见,继续扮演好市长马德兰,"留在天堂做魔鬼”？深刻的矛盾令冉·阿让备受煎熬，时间上对应中年危机，空间上主要是星夜兼程的旅途与惊人自供的法庭，关系网络上出现的则是当年监狱里的狱友与警察。三是经典性，即选择的108个意象都是人们可能面对的人生重要场景，能引发人们丰富的思考和强烈的共鸣，有助于读者形成正确的三观；同时精心打磨语言，值得学生熟读成诵。

在具体的操作上，我们以结构导图、人物卡片、研究综述、章节导读等环节展开学习与研究。

四、多维的合作

我们工作室自然地将项目引领与蹲点助教融为一体。蹲点的清华中学语文教师有较高的理论学习热情、规范的课堂教学意识、一定的团队合作精神、良好的师生合作氛围。我们主要合作完成了四个方面的任务。

一是提升功力。我区工作室与市攻关基地的教师联合推出了以下系列讲座："磨练语文基本功""专业发展无止境""扎实研读促教学""学习文言正当时""训诂学应用举隅""信息技术的应用""读写之审美鉴赏"，旨在引导蹲点学校的教师从多个角度提升教学的功力。

二是补强短板。通过梳理学校的需求和诊断学生的问题，我们集中力量点拨学生的写作能力。我们为强校工程设计了如下讲座："中考作文启示录""记叙文思路展开""一波三折的构思""写作之细节描写""用语言点亮文字"。例如龚翔老师用五种玩"转"之道讲述了"记叙文写作一波三折的艺术构思"："一是在对比反差中增加事件的曲折度；二是不多不少，恰到好处；三是欲速不达，轻重缓急把握到位；四是转是升华主题的台阶；五是转合之成。"师生听后感觉实在、管用。

三是精读名著。清华中学语文组三位教师加入了上海市课程领导力项目实证研究团队，参加了"初中语文名著阅读"研究项目，完成名著《骆驼祥子》《汤姆·索亚历险记》《鲁滨逊漂流记》整本书阅读的相关撰写和教学任务，并完成《清华中学书香阅读手册》的初稿。

四是多维合作。有师徒式合作，如一起商讨程思怡"蝉"公开课的流程。有示范式合作，如在清华中学教学研讨周时，工作室学员吴群英开设"联想与想象"的示范课。有引领式合作，如导师沈红旗老师开设讲座和进行公开教学活动的点评等。

两位导师精诚合作，所有学员积极进取，发表论文，展开研讨；开设讲座，示范教学。短短时间，已现斐然成绩。读写贯通，教学相长，是我们一以贯之的工作原则。而随着网络时代、后喻时代的到来和成熟，学生和教师、学员和导师之间的相互催促、相互激励已经成为常态，让我们携手共进，不断升华。

“视野更宽广，思考更深刻，心灵更强健，教学更灵活，让我们在更高的层次上实现双赢式的发展。”这是我们工作室的格言。我们都明白，语文学习的疆界与生活的疆界相等。这是语文教师的辛苦，也是语文教师的幸福。

（黄浦区语文名师工作室　沈红旗）

第三节　研发创思活动，激活数学课堂

黄浦区数学名师工作室一组（高中数学）由光明中学穆晓炯校长和大同中学张亚东老师两位导师带领来自本区各个高中（职校）的16位学员，以课题“数学创思活动课程开发的实践研究”为抓手，深入课堂教学一线，积极探索如何改进课堂教学活动，研发创新思维学习活动，增添课堂教学活力，激活数学课堂教学；开发适合学生参与的教学平台，激发学生学习兴趣，调动学生参与课堂教学的积极性和主动性，在活动中交流、体验、感悟知识的发生、发展过程，激发学生的求知欲望，促进其创新素养的形成，以适应新时代对教育的要求。

一、未来科技所需人才的素养与要求

现代科技迅猛发展，互联网、信息技术、人工智能日新月异，因而未来社会对人才素质的需求发生了根本性的变化，这对教育提出了较高的要求。新课程强调，课堂教学的根本目的，就是为学生适应未来社会的发展提供“必备品格和关键能力”。学科核心素养培育的新理念，提出注重培养学生“人文底蕴、科学精神、学会学习、健康生活、责任担当、实践创新”六个方面的核心素养，注重培养学生自己获取知识、创造知识的关键能力，这也正是古人所云的“授人以鱼不如授人以渔”的道理。新课程倡导在教师的启发引导下，以建立学生自主学习方式为重要的着眼点；关注学生学习的方式，从而使师生关系获得新的定义，增强课程内容的生活化、综合性。

课程生活化作为现代课程发展的重要理念，已渗透到课程改革的实践中。

二、传统教学模式带来的问题与思考

传统的课堂教学模式更多地关注知识的结果性教学，注重知识的应用，关注考试成绩提升的应试教育特征明显，忽视知识的发生、发展过程性教学，具体表现在“教师讲得多，学生活动少；知识要求高，过程能力弱；新课赶进度，复习加课时；作业不精选，批改欠仔细；考试次数多，分析不到位”等方面，往往表现出“匆匆忙忙型、高高在上型、题海战术型、自娱自乐型、包办代替型、杂乱无章型”几种不良教学行为。经过传统课堂教学模式培育出来的学生往往表现出模仿能力特别强；标准答案式的教学缺少独立思想，往往人云亦云；缺失问题意识，也就缺失了创新意识；课堂更多地关注学习结果的教学，也就缺失了体验、感悟的过程性教学。

三、新课程改革的进一步认识与探索

我们经常说教无定法，教必有法，课堂教学方法种类繁多，通常有启发式、引导式、探究式、活动式等，但不管哪种方法，都是围绕学生和思维两个主线展开，离开学生这个主体谈教学法就是空谈。传统的课堂教学更多地关注知识本身，关注知识的运用，关注问题的变式训练，侧重解题方法的堆砌和规律性的归纳，短时间内记住知识的量的多少。新课程要求我们更多地关注知识的形成性教学，指导学生如何从生活情境中提炼问题，如何通过团队协作获得问题的解决，如何正确地表达自己的观点，如何利用现代教学技术，通过实验来验证自己的猜测，如何进行科学合理的思维活动，提升学生自己获取知识、创造知识的能力，这实质上就是新课程所倡导的学法指导，学法指导直指学生自主学习能力的培育，从数学抽象、逻辑推理、数学建模、数学运算、直观想象和数据分析六个维度全方位地、立体地培养学生的数学素养。

四、数学创思活动课程的开发与实践

我们针对新课程改革的要求，按照“大观念”的理论指导，开展创思活动课程开发，按照能力目标把数学拓展型、研究型课程分为八大板块：(1)数学建模；(2)实验探究；(3)空间想象；(4)数学美学；(5)抽象思维；(6)发散思维；(7)类比联想；(8)归纳猜想。我们带领学员开展数学建模与数学实验教学研究，开发数学建模课例教学研究，探索数学实际应用能力提升的路径和方法，培育学生数学核心素养，形成整个高中数学创思活动课程系列，研究如何发挥学段整体教学效应，培养学生提出问题的能力和水平；加强数学实验教学研究，利用现代教学技术验证、探究发现数学新成果，激发学生的创新思维能力提升。组织开发有益于学生创新思维能力培养的活动课程，如"游戏之趣""图形之幻""文化之润""思维之精""计算之策""统计之美""建模之妙""实践之探"等，让学生在有趣的学习探索活动中增长才智，激发学习数学的兴趣，在活动中不断培养学生提出问题的能力和水平，养成质疑问难的习惯，从而真正成为学习的主人。

五、激活数学课堂教学的途径与方法

现下的课堂更多地表现为大容量、快节奏，以接受知识量的多少为指针的课堂教学模式盛行，有着浓厚的应试教育色彩，带着升学择校的功利目的。新课程倡导学生主动参与、乐于探究、勤于动手、培养学生搜集信息和处理信息的能力、分析和解决问题的能力以及交流合作的能力，教师在其中只起到了协助、引导的作用。在概念与知识的形成过程中，教师及教材所展示的背景，不是教师告之结论，而是在教师的帮助、引导下，由学生自主地去观察、发现、搜集信息，并用已有知识对所获信息进行归整，化未知为已知，并主动纳入自己的知识体系，给学生提供创造性思维的学习机会。新课程改革突出学生作为课堂主体的地位，而教师将成为课堂学习的一员，师生共同探究，发现问题，探索新知。把课堂还给学生，让学生自主学习，自主思索，真正成为学习的主人，强调研究性学习，这将成为新课程改革发展的又一大的方向。

（一）理念提升

通过理论学习提升全体学员的教育教学理念，是促进课堂教学改革的第一步，让学员充分认识到开发数学创思学习活动，对改进课堂教学中学生参与活动，并在活动中提升创新素养和实践能力的重要性，并把这一理念落实到自己的课堂教学实践中去，带领教研组、备课组全体数学教师积极投身新课程教育教学改革实践之中。

除了工作室导师与学员之间的相互讨论之外，工作室还邀请了华东师范大学鲍建生教授解读新课程标准，解读数学核心素养培育的途径和方法，让学员充分认识到数学创思活动开展的实际意义；邀请了著名特级教师顾鸿达老师做数学创思活动的开发研究案例分析，为学员们开拓课堂教学活动设计思路；邀请了复旦附中李秋明老师做数学创新思维能力培育的讲座，提升学员们对活动设计的理性认识；邀请了浦东教发院周宁医主任讲授研究型、拓展型活动开发的途径和方法，开阔学员们的眼界；邀请了市教研室高中数学教研员方耀华老师和上海师范大学创办的《上海中学数学》杂志主编朱培老师等专家一起来参与交流与研讨，智慧火花的碰撞带来了新的视角。

（二）活动开发

新课程提出的数学六大核心素养的培育，根植于数学创新思维活动设计。课堂教学首先应该通过问题情境的设置，通过提出问题情境，搭建学生思维平台，激发学生参与小组讨论，留给学生思维的时间和空间，交流讨论各自的发现，提高学生的语言表达能力；教师对学生的发言作出科学的评价，引领知识生成，强调在知识的发生发展过程中培养学生能力；提倡以“大观念”为抓手进行单元教学设计，从单元教学设计的高度整体设计教学，指向学科核心素养的培养，对课程内容进行有机重组，有效地组织起学科零碎化的知识与技能；引导学生构建单元知识思维导图，理清知识网络结构，有助于学生的学习超越特定的情境，将所学知识通过类比、联想应用于其他知识的学习中，提升学生自己获取知识的能力，从而从整体上提升课程实施的品质和效益。

（三）深入课堂

我们带领学员深入课堂，先后在大同中学、格致中学、光明中学、黄浦学校等学校观摩听课并交流探讨，拓展了学员的视野。比如黄浦学校蔡颖老师的公开课，通过设计数学游戏，让学生在游戏活动中学会如何分类，体验感悟数学分类讨论思想的精髓；格致中学的一堂数学建模拓展课，通过设计数学建模活动，探索真实情景下的“动物运动轨迹”，进行一定的思想方法指导，体现了相当高的数学视角。又比如光明中学由本校教师和来自新西兰奥塔哥男子高中的数学教师以“函数图像变换”为课题进行同课异构教学，通过不同的活动设计比较，组织学员们课后交流讨论，体验感悟课堂教学活动设计的精髓要领，引起了学员们的极大兴趣。

（四）蹲点助教

我们带领学员深入黄浦学校等初中学段进行蹲点指导，和这些学校的数学教研组所有教师一起磨课评课，共同探讨如何通过设计数学创思活动，激发学生的课堂教学参与积极性，提升学生的创新思维素养和实践能力。工作室蹲点助教的目的不仅仅是听课，更重要的是了解新课程改革理念的落实情况，了解数学核心素养培养的真实状况，帮助青年教师更好地提升自我；提出改进的策略和教学改进要求，要求学员们在已经形成的自我风格的基础上有所突破。要求青年教师在数学素养方面勤练基本功，力求吃透教材，多些自己的思考，要用心打磨教材，特别是一些重点内容，做好数学活动设计的实践经验积累，通过发散思维的情景创设，充分放手让学生自己进行活动研讨，自己去发现数学结论，让学生在活动中感悟体验，提升学生的问题意识、创新意识。

（五）策略改进

在教学研讨和蹲点助教的基础上，我们提出以下十大课堂教学改进策略：(1)变知识学习为学法指导；(2)变知识灌输为能力培养；(3)变知识讲授为生活建构；(4)变机械训练为体验感悟；(5)变问题给出为问题提出；(6)变谈话式交互为探究式；(7)变教案执行为学程设计；(8)变传统手段为现代技术；(9)变作业操练为课外探究；(10)变重复备课为教学反思。

同时我们还提出了数学课堂教学行为改进的六个反思：(1)预设的问题是否引起学生的回应和思考？(2)是否留给学生足够的思考时间和空间？(3)学生能讲、可以讲的，教师讲了或多讲了吗？(4)倾听学生的发言，讲课是按照学生的思路还是按照教师的思路？(5)是否引导学生进行了总结、归纳、提炼？(6)有没有引导学生在问题解决的基础上生成新的问题？

以上改进策略和教学反思，对学员们驾驭数学课堂大有裨益。

（六）蹲点带教改进课堂的成效与反思

通过一年的项目引领、蹲点带教的实践，学员们的教育教学理念得到较大提升，充分认识到新课程理念提出的培养学生六大核心素养的重要性，培养学生适应未来社会高科技发展的必要性。数学课堂教学设计引导广大学员深入课堂，观察学生学习过程，一致认为上好一堂数学课，首先要开发数学创新思维活动，向学生提供一个问题情境，启发学生从身边生活情境中提出问题，激发他们的学习兴趣，组织学生讨论、交流，鼓励学生大胆提出合理化猜想，引导学生进行理论论证，培养学生严谨思维的习惯和科学研究的方法。课堂教学改进的路还很长，我们将不断努力，负重前行！

（黄浦区数学名师工作室一组　张亚东、穆晓炯）

第四节　双学段互品课堂，双路径共育素养

基于《黄浦区教育局关于组建新一轮名师、名校长工作室的实施意见》指导精神，数学名师工作室（二组）在顾跃平导师、虞怡玲导师的领衔下，以数学学科本体知识与内涵的理解为基石，关注学员课堂教学风格的形成.关注学员教育科研能力的提升，通过对话课堂践行学科辐射，通过项目研究引领现代化教育思想；站在全面育人的角度提升学员的数学品味，促进教育教学思想凝练，提升教育教学创新能力，充分发挥数学名师工作室的示范、引领和辐射作用。数学工作室智慧融合初中、小学两个学段，以蹲点助教为平台互品课堂，以促进中小衔接，以项目研究为载体，双路径共育核心素养。

一、在调研中孕育

数学名师工作室（二组）是跨学段的工作室，如何更有成效地融合初中、小学两个学段，在工作室系列活动中构建清晰主线，成为工作室成立之初的思考重点。两位导师非常有前瞻性地对学员成长需求展开问卷调研，调研具体围绕课程改革、素养培育、课程整合、中小衔接、专业发展等热点，根据调研结果最终孕育出以“核心素养”为项目研究中心，初中、小学双学段分双路径实施的项目研究方式。

二、在思考中升华

工作室明确了以“核心素养”为关键词展开项目研究之后，围绕数学核心素养展开了系列理论学习和文献综述，增厚相关理论底蕴，进一步明确研究的方向和脉络。

（一）项目缘起综述

核心素养是当今世界各国课程教学改革的主方向，自国际经合组织（OECD）提出核心素养之后，联合国教科文组织、世界经济论坛等国际组织，以及美国、英国、法国、芬兰、韩国、日本、新加坡、澳大利亚、新西兰等国均提出了自己的“核心素养”。中国在2014年启动学生发展核心素养项目研究，建构了三个维度、六个素养、十八个基本要点的中国学生发展核心素养框架；2017年在国家修订普通高中

课程标准中,每一个学科均凝练了本学科核心素养。学科核心素养是核心素养培育的基础与支撑,同时它是通过课程与教学的实施途径,在过程中引导学生体验、生成。鉴于学生核心素养、学科核心素养的教育性、人本性,因此需要课程的整合及支持整合课程的教学实施予以落实。

基于以上思考,工作室最终确定了"课堂教学实践"与"数学课程整合"两个研究方向,初中组以"课堂教学实践"为研究点展开"单元设计背景下初中数学抽象素养培育的课堂教学实践研究",小学组以"数学课程整合"为研究点展开"指向核心素养的小学数学课程整合实践研究",将项目研究最终升华为以关键词"核心素养"为中心,分别以"课堂教学实践"与"数学课程整合"为双翼的双路径研究模式。

(二)双路径具体设计

如何沿着双路径展开项目研究,工作室分双学段分别进行项目研究探讨,设计了具体研究路径(如图 4-1 所示)。

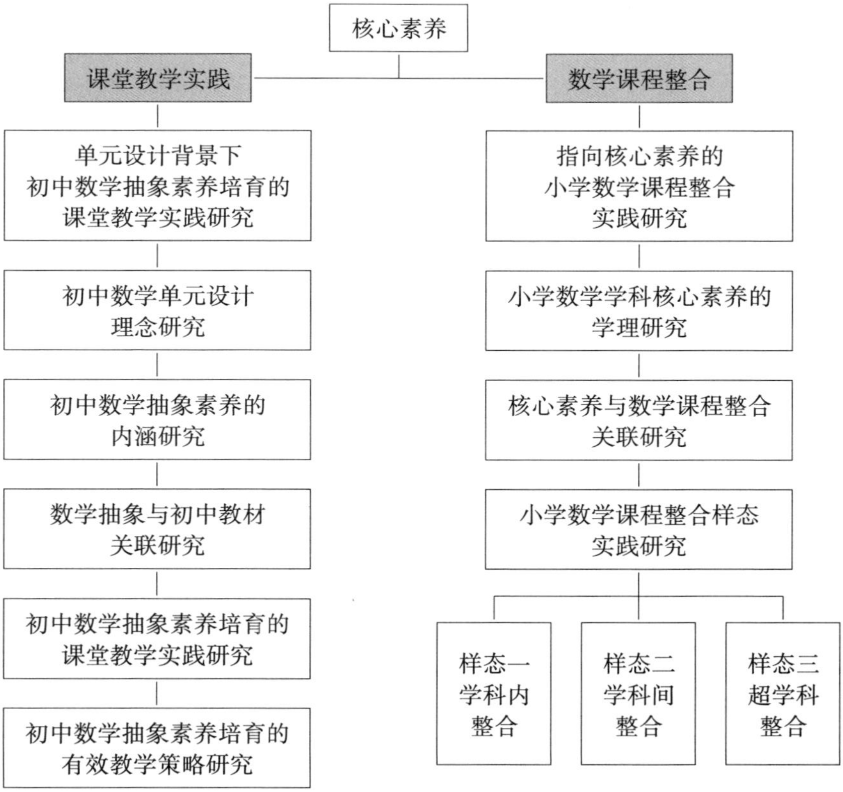

图 4-1 双路径研究设计示意图

三、在实践中探索

在项目研究双路径的指引下，工作室积极推进项目具体研究。从项目关键词的理念研究，到研究方向的关联研究，再到课堂教学与课程整合的实践研究。

（一）理念研究

顾跃平导师和虞怡玲导师分别提炼项目研究关键词“单元设计”“数学抽象素养”和“课程整合”“数学学科核心素养”，并进行专业解读，指导学员通过文献综述厘清与本研究相关的理论基础及分析思路。特别有意义的是，针对学员提出的关于文献综述的困惑，导师组织大家利用头脑风暴的形式展开一系列分析、共享文献综述的活动，用鲜活的案例激发对文献综述逻辑架构的理解，共促理念研究深度收获。

（二）关联研究

初中组有序进行数学抽象素养与初中数学教材的关联研究，深度剖析教材中数学抽象素养培育点并对其进行层级划分（见表 4-1）；小学组深入展开核心素养与数学课程整合关联研究，探索培育核心素养视域下的数学课程教学变革的方向。

表 4-1 初中数学抽象素养的主要表现与水平层级指标对应表

水平	获得数学概念和规则	提出数学命题和模型	形成数学方法和思想	认识数学结构与体系
水平一	能够在熟悉的情境中直接抽象出数学概念和规则，能够解释数学概念和规则的含义	能够在特例的基础上归纳并形成简单的数学命题；能够了解数学命题的条件与结论，了解用数学语言表达的推理和论证；能够在熟悉的情境中抽象出数学问题	能够模仿学过的数学方法解决简单问题；能够在解决相似的问题中感悟数学的通性通法，体会其中的数学思想	能够了解相关数学知识之间的联系
水平二	能够在关联的情境中抽象出一般的数学概念和规则，能够用恰当的例子解释抽象的数学概念和规则	能够将已知数学命题推广到更一般的情形；能够理解数学命题的条件与结论，理解用数学语言表达的概念、规则、推理和论证；能够在关联的情境中抽象出数学问题	能够在新的情境中选择和运用数学方法解决问题，能够提炼出解决一类问题的数学方法，理解其中的数学思想	能够理解和构建相关数学知识之间的联系

续表

水平	获得数学概念和规则	提出数学命题和模型	形成数学方法和思想	认识数学结构与体系
水平三	在现实问题中，能够把握研究对象的数学特征，并用准确的数学语言予以表达	能够在得到的数学结论基础上形成新命题；能够在综合的情境中抽象出数学问题，并用恰当的数学语言予以表达	能够针对具体问题运用或创造数学方法解决问题；能够感悟通性通法的数学原理和其中蕴含的数学思想	能够通过数学对象、运算或关系理解数学的抽象结构；能够理解数学结论的一般性，能够感悟高度概括、有序多级的数学知识体系

表 4-2　小学数学课程整合样态及类型分析

整合样态	整合类型	整合内容	凸显小学数学核心素养要点分析	凸显学生核心素养方向分析
学科内	系列知识中心模式	学科知识整合系列化方向		
学科间	主题中心模式	跨学科、与生活链接整合方向		
超学科	主题中心模式	STEAM 课程理念下的主题式整合方向		

（三）实践研究

有了“研”的统领，“教”的思路更为开阔。在聚焦课堂的实践研究中，双学段发挥优势，互品课堂，从单元教学全景视角深度理解教学设计，从小中衔接纵向视域换位思考教学脉络。

初中组展开数学抽象素养培育的课堂教学实践研究，积累课堂抽象素养培育精彩案例，从品味教材文本内涵和激发教学创新方式双维度共促实践升华。顾跃平导师指导学员鲁海燕老师、郑洁老师公开展示教学，对数学探究课的尝试，对数学复习课的锤炼，都充满了对数学本质的智慧理解，充分体现了如何在课堂中培育学生数学抽象素养的思考及实践。

小学组展开数学课程整合样态实践研究，根据学员特长对研究主题下的三个实践样态进行分组课堂实践，通过教学实践及案例梳理，进一步指向学生核心素养的培育。虞怡玲导师率先示范，在名师大讲堂活动中开设研究展示课“平行四边形的认识”，课堂上充满了对数学本质的思考和碰撞，真正诠释了小学数学的深度学习，淋漓尽致地展现了领航名师的专业素养，以“学科内整合”样态实践学生核心素养的培育。

四、在成效中反思

工作室以“核心素养”为中心，“课堂教学实践”与“数学课程整合”为双翼的双路径研究项目均已经取得阶段性研究成果，在理论研究基础上形成相关文献综述，对初中数学抽象素养的内涵、核心素养与数学课程整合的关联有了较为成熟的认知，通过梳理提炼数学抽象与初中教材的关联，通过课堂教学实践进行小学数学课程整合的样态研究，最终指向培育学生核心素养的回归本质的数学课堂。

在双路径的研究模式下，更有收获的是两个项目围绕“核心素养”中心点，通过不同路径的研究突破，在“研”的道路上互相交流、互相促进。如在理念研究方面，双项目显性的共性是“数学抽象素养”的研究，隐性的共性是“单元设计理念”研究，双路径穿插交流研究成果，对数学核心素养之数学抽象素养在不同学段的层级表现，对初中与小学单元设计理念均有更深度的比较认知。在关联研究过程中，小学组的课程整合理念宏观指引初中组的教材关联研究，初中组关于数学抽象素养的深度理解为小学组推进数学核心素养其他要点的课程整合开拓思路。在实践研究中，双项目更是互通有无，除换位思考品味教学设计，时时互动小中教学衔接外，在小学课堂中体会数学抽象素养的闪光培育点，在中学课堂中体会三类课程整合样态的不同呈现，在双路径互动交流中滋生灵感，促进研究。

研项目、聚课堂，工作室将继续项目研究的双路径模式，围绕核心素养培育，引领研究走向深入，在后续研究中将立足行动研究，注重教学实践案例的积累、分析和反思，进一步提炼和深入基于学生数学抽象素养培育的典型案例分析研究，进一步梳理和归纳基于小学数学课程整合的三种样态教学实践研究，最终优化和完善学生核心素养培育的方法与途径。“课堂教学实践”与“数学课程整合”双翼展翅，有效实现双学段双路径共育数学核心素养。

（黄浦区数学名师工作室二组　顾跃平、虞怡玲、鲁海燕）

第五节　聚焦课改，携手研学，追求卓越

教育是为学生终身发展奠基，教师专业发展是学生发展的根本保障。现代化的教育需要现代化的教师，教师只有在专业思想、专业知识、专业能力等方面不断提升和完善，才能满足现代化的教育需求，才能无愧于新时代所赋予的使命。

一、新时代更需要教师的修炼

（一）高考综合改革对教师的新要求

国家在稳步推进高考综合改革，新修订的普通高中课程方案和课程标准提出要努力培养学生的正确价值观念、必备品格和关键能力，发展学生核心素养。新课程改革不仅仅是教材内容的增删与课时的调整，而是要构建符合“立德树人”“五育并举”的新课程体系。新课程改革要求教师的教育观念和教学方式的转变转型，正确应对学业水平考试和新高考，这既是教师专业化成长难得的机遇，也是一次严峻的挑战。面对新形势，黄浦区教育系统第二期中学物理工作室在黄浦区教育局的部署与领导下应运而生。

（二）教师专业发展的促进机制

精品黄浦离不开精品教育，学生喜欢的学校离不开学生喜欢的教师。高水准的专业教师队伍是教育高质、均衡的基础。促进教师专业成长，既是国际教师教育改革的方向，也是我们教育改革与发展的迫切需求。

教师专业发展是教师人生价值实现的过程，是教师在专业理想、专业知识、专业能力、专业智慧等方面不断发展和完善的过程。教师的专业发展仅靠教师个人的打拼是相对缓慢和低效的，专业引领和团队协作互助是教师专业发展的助推器和催化剂，在交流与实践中更新教育专业理念，升华教育理想，实现教师专业的快速成长，推动教育的创新与发展。

二、构建项目研究的团队研修模式

（一）新课标新教材的任务驱动

《普通高中物理课程标准（2017 年版 2020 年修订）》强调学科核心素养的培

养，中学物理新教材与现用教材在内容和要求上有着明显的变化。对教龄在20年内的教师来说，他们在当年高中阶段就没有学习过的内容有：光的偏振、电容、洛伦兹力、交变电流等，而这些也恰恰是高中物理的难点内容，教师们对这部分教材的理解、教学重点和教学难点的把握、教学方法的选择具有不确定性。有必要组织一批骨干教师，以团队研修的方式，开展基于新教材的单元备课与实施的行动研究，为新教材的实施做前瞻性准备，形成在全市具有推广价值的成果，发挥示范辐射作用。

图4-2　物理工作室主持人、特聘导师与全体学员

中学物理工作室以"新课标新教材的单元备课与实施的行动研究"为引领，对高中物理新课标和上海高中物理新教材开展行动研究，既研究物理教学改革的前沿问题，又研究长期存在的实验教学相对薄弱问题，要求每位学员将承担的单元里含有学生实验的章节以公开课的形式展示出来，以此促进区域实验教学，也鞭策学员在研究与实践中成长。

（二）在项目研究中推进团队研修

项目研究立足于课堂，主要研究基于学科核心素养下新教材的单元教学设计，开展基于现代化的物理课堂教学实践，探索物理教师专业成长的有效途径。以项目为引领，以课堂实践为重心，以交流展示为平台，促进学员在学习与研究中开阔专业视野，提升专业自信；在实践与交流中总结教学经验，分享教育智慧。通过工作室的学习与研究，创新优秀教师发展模式，有效促进区域优秀教育人才的持续发展，为区域涌现一批具有较大影响力的中学物理高端人才助力。

我们在蹲点与走访中了解区域教师单元备课中存在的问题，探索单元备课的流程和方法，形成单元备课模式，完善备课组的教研方式，满足蹲点学校物理教师的教学需求。我们研究设计高中物理新教材中各单元的整体构架，研究突出学科核心素养的教学方式，形成单元教学设计方案文本和配套的教与学的资源。

三、在学习与实践中探索教师专业发展之路

（一）著名学术专家“请进来”

工作室聘请上海物理教育界的著名专家任特聘导师和合作伙伴团队，有上海市教委教研室的陆伯鸿副主任、华东师范大学的潘苏东教授和复旦大学附属中学的王铁桦副校长。特聘导师们对学员学习态度、现阶段工作方向、课题研究、继续教育、阅读书目等方面提出要求与建议，鼓励学员扎根于自己所在的学校，确立自己的教育理念，要坚持探索，形成丰富多彩的教学成果，走向卓越。工作室先后邀请上海新教材主编、复旦大学蒋最敏教授，复旦大学蒋平教授分别参与听、评工作室学员新教材试教试用的教学课，复旦大学物理实验中心主任乐永康教授为大家做学术报告。

（二）导师学员组团“走出去”

既有“请进来”，又有“走出去”。带领学员组团参加 2018 年 11 月在山东青岛举行的“第七届全国中小学实验教学说课活动”，指导的向明初级中学的教师在说课比赛中获得佳绩。同时观摩了“第 77 届中国教育装备展示会”，学员们特别对云端学习、线上教学与测试、物理实验操作考无人监考方案等方面进行了深度学习，无意中为 2020 年上海“空中课堂”和各校开展线上教学做了铺垫，使得学员们均能很快掌握线上教学的技术，成为线上教学“高手”。

（三）与市“双名工程”基地携手共建

中学物理工作室重视与上海市各类双名工作室携手共建，分享经验、相互促进、共同提高。带领学员参与“高峰计划”王铁桦基地的“物理实验之教育功能与价值”的课程研讨；应“攻关计划”金松基地、关伟基地邀请，带领全体学员在建平中学做了“新课程背景下的物理实验与教学”的主题报告与展示交流活动。

（四）蹲点助教共成长

工作室 2020 学年蹲点助教学校为格致初级中学。格致初级中学的物理教师

团队是非常年轻且具活力的团队，针对物理组教师年龄结构比较年轻、实验动手能力较强的特点，以及教师们的意愿，确定以提升课堂教学素养为抓手，让学员参与教师们的磨课、说课和评课，形成课堂教学研讨的“三要求、二建议”。

三要求：在每一次的听课前要求有学员与上课教师一起磨一次课。在每一次听完课后，要求上课教师说课，说教学设计思路、课中感觉、课后效果、与预期的差异。要求每位听课学员评议课，既要评亮点又要论不足，并要给出具体建议。借此促进学员在听课过程中认真思考和研究他人的教学，在有效帮助他人的同时提升自身的教学素养，实现“蹲点助教”共成长。

二建议：建议继续坚持实验教学的传承与创新；建议将每节公开课的所思、所感做好记录并形成交流文本，以此培育和提升教师们的教育科研能力。

四、初步成效与反思

（一）区域物理高端人才崭露头角

学员们在各自的教学岗位上取得很好的成效，撰写出多篇市、区各级别课题项目研究论文和新教材的单元教学设计案例，同时获得一些荣誉，如学员李丹老师获得上海市园丁奖、市实验教学竞赛一等奖，王珍老师获得黄浦区园丁奖，李樑、臧己相老师带领学生获得上海市第五届 IYPT 学术竞赛团体一等奖，李樑老师成为上海市第四期双名工程“种子计划”领衔人，陈琪琪老师成为上海市“立德树人”人文社科基地高中物理教材组核心编写成员。

（二）“蹲点助教”成效逐步显现

在格致初级中学校领导的大力支持下，我们在两个月内对每一位物理教师都进行了听课。蹲点学校的学员王立源老师带头开设研讨课，随后又有 3 位老师主动开设了公开课。很惊喜地看到教师们的每节课中都有自制教具的使用。有些教师的教学反思被发表，只有不断对自己的课堂教学进行反思，才能将一些先进的理念、创新的思想内化于心而外化于行。格致初级中学物理教研组已经形成了较浓的研教、研学的氛围，教学改革与研究在蹲点学校得到了逐步的落实与深化。

（三）直面挑战敢担当

虽为导师，实为同伴，我们都是有理想的教育人。我要以高度的责任心和满腔热情，积极为教师搭建专业平台、提供专业支持，发挥专业引领的作用，在研究与实践中引领教师共成长，努力使物理工作室成为尖端人才和高端人才成长的摇篮，实现师徒教学相长与共赢。

（黄浦区物理名师工作室　严　明）

第六节　课题引领，促进发展

一、背景与意义

教育部《关于全面深化课程改革　落实立德树人根本任务的意见》强调，要研究学生发展核心素养，明确学生应具备的适应终身发展和社会发展需要的正确价值观念、必备品格和关键能力。化学学科核心素养包括“宏观辨识与微观探析”“变化观念与平衡思想”“证据推理与模型认知”“科学探究与创新意识”“科学态度与社会责任”五个方面。上述化学学科核心素养将化学知识与技能的学习、化学思想观念的建构、科学探究与问题解决能力的发展、创新意识和社会责任感的形成等多方面的要求融为一体。而基于核心观念构建的教学是落实化学学科核心素养的重要途径，也是当前化学教学研究的重点内容。

为适应新时代教育与区域教育现代化的要求，黄浦区化学名师工作室以黄浦区重点课题“基于化学学科核心观念建构的课堂实践研究”为引领，以课堂教学研究为主阵地，通过“蹲点助教”的方式下沉学校，开展课题实践研究，以促进学生的深度学习与学员的专业发展。

二、思考与认识

研究中学化学核心观念既是提高学生化学学科核心素养的需要，也是促进学生终身发展的需要；既是改变学生学习方式的需要，也是促进学生对知识的理解和转化的需要。化学核心观念的构建对培育学生的化学学科核心素养具有重要价值，化学核心观念是居于学科中心，具有超越课堂之外的持久价值的关键性概念、原理或方法，在本质上都体现为对化学问题的概括性认识，它源于具体知识又超越具体知识，对学生的学习和发展有持久、迁移的作用。教学的设计应突出核心观念的构建，精选典型事实和核心概念，引导学生通过深层次的思维活动，促进知识的理解和观念的构建，为学生的终身发展奠定基础。

清华大学宋心琦教授指出，“中学化学教学的第一目标是让学生牢牢地、无误地、尽管只是大概地形成化学学科观念”。①我国《普通高中化学课程标准(2017 年版)》提出，“结合人类探索物质及其变化的历史与化学科学发展的趋势，引导学生进一步学习化学的基本原理和方法，形成化学学科的核心观念”。②基础教育阶段的化学教学，要培养学生用化学学科的观念、思路和方法认识物质及其变化规律的能力，使学生能够从化学学科的角度去分析事物和解决问题，逐步建构化学核心观念。使学生具备化学核心观念应当成为中学化学教学有意义的价值追求。

三、实践与探索

我们针对中学化学核心观念这一领域，采用了文献研究，特别是案例研究方法，丰富了基于化学核心观念建构的教学实践。工作室的全体学员分工协作，均参与了教学实践研究。为了较全面反映基于化学学科观念建构的教学理论与实践，我们的课题研究包括下列四个部分。

（一）文献综述

总结了国内外相关的代表性的研究，并分析了化学学科的发展与特点。“宏观—微观—符号”是化学学科独具的特点，化学教学应促进学生在三种水平之间自由转换；化学教学离不开在教育学、教育心理学相关理论的指导，为此工作室组织学员学习并运用了认知结构理论、认知同化学习理论和建构主义理论。

（二）化学核心观念的理论建构

我们主要是对化学核心观念体系的理论研究，界定了化学核心观念，总结提炼了中学化学 11 种核心观念，包括元素观、微粒观、变化观、结构性质观、能量观、平衡观、实验观、模型观、分类观、科学本质观和化学价值观；引导学生运用化学概念和原理分析和解决化学问题，并将化学概念和原理进行分类整合，在此过程中逐渐建构化学核心观念，促进学生深度学习。另外，帮助学生将化学核心观念迁移应用到化学事实性知识、

---

① 宋心琦，胡美玲.对中学化学的主要任务专论和教材改革的看法[J].化学教育.2001(9)：9—12.

② 教育部.普通高中化学课程标准(2017 年版)[M].北京：人民教育出版社，2018.

化学概念和原理的学习中，从而提升其化学核心观念建构的水平。中学化学核心观念具有概括性、科学性、关联性、层级性的特点，化学观念具有认知论价值和教学论价值。

（三）基于观念建构的教学策略与教学设计

我们将观念建构的教学策略分为两个层面，一是依据学科特点的教学策略，包括统领具体知识策略、突出化学思维方式策略、化学史策略、化学实验探究策略、理论模型策略、科学方法策略和化学实践活动策略等；二是依据学生认知的教学策略，包括先行组织者策略、创设最近发展区策略、引发认知冲突策略和概念关系图策略等。

我们还建构了促进观念建构的教学设计的流程，立足于整体内容，在对中学化学课程进行全面、系统分析的基础上，合理筹划各观念分阶段、分层次、有计划地逐步达成。教学设计是以问题解决为过程目标，以核心观念的建构为最终目标的教学设计。它具有两个特点：一是超越具体事实提炼核心观念，将核心观念外显为基本理解，使核心观念的建构具有可操作性；二是将核心观念的形成过程情境化、问题化、活动化，以问题为主线贯穿始终。概括出以观念建构为本的教学流程设计包括四个方面：情境设计、问题设计、小组活动设计和反思评价。

（四）教学实践研究

我们根据"基于化学学科核心观念建构的课堂实践研究"课题的主题，按照化学学科内容标准的分类，从"化学基本概念与理论""元素化合物知识""有机化合物知识"和"化学实验"四个方面，开展了案例研究，形成了系列案例，丰富了化学核心观念的实践研究。我们组织学员开设了区级"课题研究公开课"30余节，市级公开研究课2节。在基于核心观念构建的教学实践中，我们注重引导学生进一步学习化学的基本原理和方法，形成化学学科的核心观念；注重培养学生用化学学科观点、思路和方法认识物质及其变化规律的能力，使学生能从化学学科独特的角度来分析事物和解决问题，逐步建构化学学科的核心观念。我们在共同探究中感悟到新的想法、体现了新的理念，同时也发挥了工作室在区域化学教学研究方面的示范、辐射和引领作用。

四、成效与反思

（一）取得了显著的研究成果

工作室学员结合课题研究，在《化学教学》和《上海市课程教学研究》等市级学术刊物上发表学术论文与案例10余篇；工作室的课题研究成果《基于化学核心观念的教学实践研究》于2018年8月由上海交通大学出版社正式出版；课题研究结题成果获得区级优秀等第。

（二）促进了学员的专业发展

近年来，工作室学员在导师的专业引领下，通过该课题研究及课堂教学实践等活动，在专业上得到长足的发展，取得了优秀的成绩，在全市产生了一定的专业影响：有3位学员获得全国化学教学大赛一等奖，有2位学员代表上海市参加全国中学化学创新实验展示活动，有6位学员在教育部"一师一优课，一课一名师"评比中获得部级优课10节，有3位学员获得上海市实验"说课"教学评比一等奖，有1位学员获得"第二届上海市基础教育青年教师教学技能竞赛"中学理科组一等奖及市"教学能手"荣誉称号，有1位学员获得上海市教育考试院的"华强奖"。学员们还参与了2020年上海市"空中课堂"化学录像课的指导与上课、上海市"初中化学网络研修课程"(共3期)的开发与培训、上海市《初中化学分年级教学基本要求》和《化学学科德育教学指导意见》编写等工作。

黄浦区化学名师工作室是一个研究学习、分享经验、资源共享和提升专业素养的平台。我们将继续结合区域教育现代化的要求，深化课题研究，进一步探索高端化学人才培养的有效路径，进一步发挥工作室在培养优秀化学教师方面的重要作用，引领区域化学教师的专业发展。

（黄浦区化学名师工作室　夏向东）

第七节　携手前行，一路成长

一、问题的提出

中共中央、国务院《关于全面深化新时代教师队伍建设改革的意见》指出，百年大计，教育为本；教育大计，教师为本。全面贯彻党的教育方针，坚持社会主义办学方向，遵循教育规律和教师成长发展规律，以有理想信念、有道德情操、有扎实学识、有仁爱之心的好教师为示范标杆，建设党和人民满意的高素质专业化创新型教师队伍。为打造黄浦名师、海派名师以及"四有"好教师标杆队伍，根据黄浦区教育局关于开展“黄浦区教育系统第二轮名师、名校长工作室导师、学员”推荐的相关通知，区中学地理名师工作室于2019年1月正式成立，格致中学校长、地理特级教师、正高级教师、华东师范大学特聘教授吴照老师担任工作室主持人，聘请了华东师范大学、上海师范大学等高校地理教育教学的知名学者以及上海市基础教育界地理教学特级教师、正高级教师，共同承担来自本区15位地理学科骨干教师的培养任务。

二、工作思路

区中学地理名师工作室自成立以来，按照教育局的要求，坚持“学习—参与—体验—感悟”为原则的研训、实践为一体的方式，注重行动研究。工作室组织学员开展了多维度、多层次、多形式的活动，通过理论学习明确发展方向，在专家的指导下探寻发展路径，在参观考察中学习同行经验，在同课异构中积极开展教学实践，在反思改进中不断提高，在展示交流中与同行切磋，在一线教学中不断提质增效，在课题研究中形成成果。学员们勤奋探索、勇于实践、自觉加压、多元发展，成功实现了综合素养进步的团队大提速。学员们在深化中学地理课程改革、基于高考新政“3+3”模式探索与实践过程中，在确保自己所在学校工作任务完成的前提下，积极参加工作室活动，努力完成工作室任务，在理论和实践两个方面取得了长足进步。有的在教师岗位不断成长，获评正高级职称，有的在区内外进行教学示范或交流，有的走出上海到外省市进行教学和交流等。

三、特色亮点

（一）项目引领，落实学科核心素养

在导师的带领下，工作室以“基于新课标、新教材的中学地理有效教学研究”为重点研究项目，以高中新课标中关于地理学科核心素养的培养要求为依据，从地理教育的角度探讨如何落实立德树人根本任务，聚焦地理学科核心素养、课程目标、课程结构、课程内容、学业质量，为一线教师提供可复制、可参考的有效教学探索，并对新教材的编制提供实践案例。

在项目研究推进过程中，工作室以学员所在学校为实践基地，先后选取了不同

学段、不同年级的学生为实践研究对象，对初中生、高一新生、高二地理选考生的地理课堂教学进行调查分析，重点关注了学科育人价值在地理课程教学中的呈现方式、目标导向、落实内容及过程探索；设计完成了基于新课标的，涵盖自然地理、人文地理和区域地理的基本框架；依据新课标中的教学目标，按照教学单元设计了便于学生学习和选择的教学任务。

在整合地理学科课程资源的过程中，学员们从地理教材资源、学校地理资源、校外地理资源、互联网资源、乡土地理资源等方面梳理和整合与时代发展、课程改革相适应的地理课程资源。学员们来自不同的学校，工作年限也有差异，个人积累的地理课程资源有交集也有差异。工作室团队共同协作，获取了大量有效的一线教学课程资源。这些资源在日常一线教学中得到学员们的广泛应用。

在地理教学有效实施过程中，工作室学员不断加强教学研讨，探索实现四个层面的教学内容：第一个层面是国家对地理学科的宏观要求，体现爱国主义、家国情怀、科学发展观；第二个层面是地理学科的内容要求，体现人地关系、环境与区域认知、可持续发展；第三个层面是高中地理的教学要求，体现人地观念、区域分析与综合、地理实践力；第四个层面是地理学科和地理教学的借鉴要求，体现对比分析、综合思维、学习对生活和终身发展有用的地理。

（二）“蹲点助教”，携手同行一路成长

工作室以储能中学地理教研组为“蹲点助教”对象，多次召开工作室、教研组联合研讨，从课程标准、教学基本要求、教学计划、教学实施等多个环节落实中学地理教学的有效实施。储能中学地理教研组承担了上海市高中地理新教材审读试教工作，导师吴照作为上海市高中地理新教材审读专家，对审读试教进行了实践指导。

工作室学员、储能中学顾宏帅老师承担了新教材高中地理选择性必修 1 中的“海——气相互作用”主题的审读试教工作。在试教课前讨论过程中，学员发现该教学内容在目前使用的教材中并没有涉及，属于新教材根据新课标编写的新内容。对教师而言属于从未执教过的新内容，可供参考的教学资源非常有限。为此，学员们集体备课，为顾老师出谋划策。储能中学教研组长苏老师提出在学习领悟新教材编写意图的同时，参考课程标准，在难度把控上不超纲、不过难，从新颖性、趣味性的角度调动学生的学习积极性。

顾老师积极参与课前研讨，认真学习高中地理新教材审读试教工作要求，精心制作试教课件，认真撰写基于新教材的教案、学习任务单，教学实施方案几易其稿。在执教完成后，他认真填写了教师审读意见表，从新教材的教育性、科学性、教学性以及结构体例等方面给予审读和试教评价，提出修改意见，顺利完成新教材的审读试教任务，为新教材编写组提供了可靠的一线教学实践案例。

（三）搭建平台，学术实践同步发展

根据区名师工作室管理的相关要求，工作室每学期制定的两周一次学习计划都能按计划实施，学员们的出席率达90%以上。工作室从学术和实践为学员搭建培养平台。

在理论学习方面，以课程培训为主、研读理论著作为辅。工作室把握前沿理论与教改热点，请来专家学者开展高端学术报告和实践指导，提升学员们的理论水平和实践能力。学员们围绕“加强地理概念性知识教学”“地理教学中的立德树人与地理实践力”“浅谈地理空间思维及其培养”“让地理学习变得更有意思”“地理学科核心素养思考与实践”等专题深入学习，在多位专家学者、特级教师解剖个案的条分缕析中受益良多。

（四）教育实践，紧跟课程改革步伐

工作室紧跟课程改革步伐，坚持围绕“五个中心”开展地理教育教学实践。一是以“课堂教学为中心”，研究备课、说课、研课、授课与评课等环节，通过区级、市级及外省市公开课、示范课、展示课等平台，促进学员地理教学风格的形成。二是以“拓展型和研究型课程实施为中心”，研究基于地理学科的学校拓展型和研究型校本课程的设计、编制、教学实施、评价等过程，积累学习案例，构建课程资源库。三是以“学科德育为中心”，研究地理学科德育的内涵，探索学科德育实施的途径与方法，培养地理教师的育德素养，提高地理教师的育德能力与水平。四是以“课程改革为中心”，研究高考新政下地理学科教学实践、国家新版地理课程标准的解读与实施，更好地为上海教育综合改革试验区相关工作推进做好服务。五是以“课题研究为中心”，研究在一线地理教学过程中的重点和难点，通过学术研究引领学校的地理教育教学实践。

四、后续展望

自工作室成立以来，在导师的带领下，工作室学员在理论提升、实践体验、校际交流、专家指导等方面收获颇丰。大家融会贯通，将学习心得融入教学实践。大家自觉加压，将各级各类论坛交流上赢得的掌声条分缕析，举一反三。大家集思广益，切磋磨合，去芜存精，不断修习！

随着普通高中课程改革的不断深化，上海乃至全国都将推进普通高中新课程新教材的实施。作为课程改革的关键，教师队伍建设尤为重要。区名师工作室是优质、高端教师培养的大熔炉，肩负着区域课程改革示范引领的重任。如何引领教师树立新课程新教材新理念，全面推进新课程新教材实施，提高新课程新教材实施质量，深化课堂教学改革，将成为工作室后续开展的重点工作。特别是在基于新课程新教材的教师胜任力与课程实施优化、基于新课程改革的课堂教学模式转型与教学管理创新、基于学生全面而个性成长的学生发展指导机制、基于新课程改革的普通高中学生综合素质评价等方面，工作室要努力成为课程改革实践的排头兵、教师特色发展的先行者。

（黄浦区地理名师工作室　吴　照）

第八节　"立美育人"，构筑校内校外一体化的同心圆

一、背景与意义

党的十九大明确提出："要全面贯彻党的教育方针，落实立德树人根本任务，发展素质教育，推进教育公平，培养德智体美全面发展的社会主义建设者和接班人。"基础教育承载着党的教育方针和教育思想，是国家意志在教育领域的直接体现，在立德树人中发挥着关键作用。

艺术是人类文明的重要组成部分，艺术教育对青少年美感的形成、人格的陶冶、情感的丰富、创造力的开发具有重要意义和价值。艺术课程采用综合性、一体化的艺术教育理念，使学生在丰富的艺术与人文情境中快乐地学习，在多种艺术的交织和沟通中增长艺术能力，在不断的创造与发现活动中学习艺术，在艺术与生活、情感、文化、科技的联系中感受、理解和创造艺术。通过综合性、一体化的艺术学习，学生既学会了欣赏艺术，培养了健康的审美观念和审美情趣，同时，也为人格的完善奠定了基础。

面对新形势和新要求，学校艺术教育必须在新的历史起点上加快发展。尽管艺术教学的硬件建设上已经发生了较大改善，但艺术教育依然是学校教育中的薄弱环节，活动形式单一、碎片化的教学占主导，课程缺乏系统性建设，这些问题制约了艺术教育育人功能的充分发挥。

如何让学校艺术教育更好地遵循艺术的审美规律，将感知、直觉、体验、情感等审美心理活动方式广泛运用于教育实践，在此基础上使学生获得对真、善、美的情感体验和理性认知，最终在世界观、人生观、道德观、审美观上形成价值取向并内化为稳定健全的美好人格，无疑，这就是我们学校艺术教育的任务和价值所在。

基于此，黄浦区艺术名师工作室在导师赵其坤主持的上海市"双名工程""高峰计划""中小学艺术美育一体化研究"项目引领下，以"立美育人"为导向，提出了"立美育人"校内校外一体化的教学实施策略。

二、思考与认识

"立美育人"与"校内校外一体化"的研究是该项目的两个核心问题。

第一，美育是审美教育，也是情操教育和心灵教育，真正的美育就是"立美育人"。

育人始于立美；而立美亦离不开审美，只有当立美与育人建立对立统一的关系时，作为特定的审美教育才具有美的价值，而成为一种广义的"立美教育"。

从古至今，无论是西周时代完备的礼乐制度，还是春秋战国时期的"礼崩乐坏"，或是汉代董仲舒提出"大一统"思想，再到近代蔡元培、王国维、陶行知等人提出的关于艺术教育与道德教育的种种见解……我国德育和艺术教育契合的传统由来已久，艺术教育能够促进德育的发展，同时，德育也能促进艺术教育的正确发展，"立美"和"育人"的整合目的就是为了更好地完成个体精神生命的完整和统一。

第二，"校内校外一体化"实施途径的创建，突破边界，将校内的艺术教育延伸到更为广泛的社会美育路径，拓宽艺术美育的资源，形成以美育人、以文化人的合力，发挥一体化的综合育人的功效。

2015 年，联合国教科文组织发布的《反思教育：向"全球共同利益"的理念转变?》报告中指出，可以将知识广泛地理解为通过学习获得的信息、理解、技能、价值观与态度。①这一报告重新界定了美育的实施途径。据此，我们把“校内校外一体化”界定为：通过课程、教学、活动、环境等资源的整合，创建出艺术学科与德育、智育、体育、劳动技术教育的一体化；音乐、美术、舞蹈、戏剧、影视艺术等学科融合的一体化；课堂、课外的一体化；学校、家庭、社会的一体化；小学、中学、高中不同学段的艺术美育一体化；线上、线下教学资源的一体化的实施路径。

以“立美育人”为导向的“校内校外一体化”的项目研究价值在于，通过建构框架，解决中小学艺术教育纵向缺乏衔接、横向缺少融合的现象；建立项目，改变一课一主题的碎片化、固定式的教学现象；突破边界，打破单一学科、被动学习的现象；转变观念，改变中小学艺术课程重技能、轻育人的现象，将德育注入艺术教育并成为其内在的灵魂，引领艺术教师更新教学理念、改善艺术课堂、提升学科育人实效，实现学校美育强校的根本目标。

三、实践与探索

工作室 19 位学员通过调查研究，分析中小学各阶段学生的认知水平和身心发展的特点；通过师生问卷调查，了解中小学各阶段学生艺术教育与美育实践的现状；通过比较不同国家和地区不同学段艺术美育的要求和特点，寻找艺术美育的分层次、螺旋上升的目标、内容、方法、评价手段等，架构了以“立美育人”为导向的“校内校外一体化”项目研究的理论体系，同时，也为探索学校艺术教育提供了有价值的理论与实践的参考。

结合实际，工作室共拟定了 19 项子课题，其中涉及音乐、美术、综合艺术等学科，包括了高中、初中、小学各学段，以及校外艺术教育，为本项目研究成果的实践推广提供了极为丰富的实践载体。

上海市格致中学通过学科融合一体化的教学途径，将戏剧教育融入高中课堂（见图 4-3），在拓展课中系统培养学生的创新能力，从剧本的编写、戏剧的编排、舞美的设计等多元化入手，培养学生的创新能力，并结合学校现有的创新资源，开发戏剧舞美设计与 3D 打印技术的结合、音乐创作与录音棚技术的结合等现代化教学

① 联合国教科文组织.反思教育：向“全球共同利益”的理念转变？[M].联合国教科文组织总部中文科，译.北京：教育科学出版社，2017：8—9.

模式的探索，极大地提高了学生自信表达和自我控制的能力，对于塑造学生完美人格起着至关重要的作用。

图 4-3 原创音乐剧《快乐王子》剧照

上海外国语大学附属大境初级中学通过线上、线下一体化的音乐教学模式探索，将课堂内容与网络虚拟空间相融合，形成了教学循环系统，其中，围绕"在线与课堂教学混合""单人与小组协作混合""师师、师生与生生互动混合"的三层混合结构，从组织选课、活动流程、学习评价三个方面进行了系统设置与整合操作，拓展了学生的艺术视野，培养了学生自主探索与学习的能力。

尚文中学将场馆资源深度融入初中美术课程各学习领域之中，建立了"艺术场馆＋特色工坊"、"艺术场馆＋非遗文化""艺术场馆＋主题体验""艺术场馆＋海派文化""艺术场馆＋科学技术""艺术场馆＋网络课程""艺术场馆＋续构创意"等课内、课外一体化分支项目，丰富了学生的学习经历和学习方式。

卢湾初级中学基于初中音乐教材，结合学校课堂改革的试点项目"FM 我调频"、校园艺术社团，并与社会教育资源相整合，建构了一体化的教学体系，让学生在了解亚洲各地更多的民族乐器及赏析民族音乐的同时，逐步提升音乐审美能力和自主探究、合作学习的实践能力，促进学生对多元文化的认同和理解。

蓬莱路第二小学通过学校、家庭、社会的一体化建设，深度拓展“蓬莱小镇微美术场馆”的教育价值，运用主题场馆的情境创设、任务驱动和探究体验，让学生沉浸在微型美术场馆，设计展品、布展，提高审美能力的同时，多维度培养学生运用美术场馆资源进行学习的好习惯，培育美术活动的综合能力和核心素养。

四、成效与反思

一年的研究实践将“立美育人”导向下的“校内校外一体化”研究在区域内进行了有效的推广，19 位学员在此基础上形成了凸显学校特色的艺术教学风格，教师、学生在参与一体化学习的过程中也收获了各自的成长。

（一）彰显了学校艺术教育一体化开展的成效

学校艺术教育是学校教育的一部分，要体现艺术学科的育人成效，就应当把每个学生作为一个活生生的人而容纳于一种艺术的熏陶之中，以美启智、以美储善，达到真、善、美的高度统一，让艺术教育成为学校“炙手可热”的特色课程。

如黄浦区教育学院附属中山学校，通过学科融合一体化的途径，引入装置、影像、网络等现当代的展示方式，将作品在校园内构建成沉浸式艺术氛围，提升校园环境的美育氛围，以互联网 + 的模式，拓展了美术作品的传播途径与方式，让学生从被欣赏中获取自我认同与对民族文化的热爱之情，成为学校的亮点课程。

（二）拓展了学校一体化资源整合的途径

“校内校外一体化”的建构，就如构筑“同心圆”，“同心圆”的中央就是“育人”，在外环中，分别有不同的课程内容、教学活动、学习环境等，但它们并不是固定的和静止的，它们会根据育人目标与要求不断改变着相应的范围，产生新的一体化组织形式。

在项目化推进的过程中，学员们又创建出了多元资源的整合方式：如课程链（基础型、拓展型和探究型三类课程链接）的建设，网络资源的互通，学校、家庭、社会资源的综合利用等，不断地探寻出适合不同情境下的立美育人的新路径，让艺术的教育资源在整合的过程中发挥出更大的优势和作用。

（三）促进了艺术教师“立美育人”的能力提升

校内校外一体化的建设，是基于“立美育人”的导向下，对现有的艺术课程进行再梳理，精选内容，补充相关资源，引领了课程开发中教师的教与研的能力，特别是打破学科壁垒，聚焦学生核心素养的培育，为艺术课程的建设输入了源源不竭的创新动力。

如黄浦区青少年科技活动中心通过小学阶段的校内、校外琵琶课堂教学实践，开发出了适合小学生年龄特点的初级琵琶课程，包括选择、改编、调整过的琵琶曲目，配套的文学、历史、地理、图像、互联网、音乐赏析等拓展教学资源库，为上海市小学初级琵琶教学提供良好的教材与资源支持(见图 4-4)。

图 4-4　新曲改编《潜海姑娘》

随着项目研究的深入推进，艺术教育一体化的实施在区域内均取得了实效，但也带来了一些深入思考，在后续项目研究推广的过程中，我们将继续改进、优化艺术课程的教学内容和方法；盘活、利用艺术教师的优质资源，提升学生的艺术素养；进一步提升艺术教师的育德意识和育德能力，制定出相应的评价体系；逐步建设出校内外一体化资源的共享平台，构建资源生成的合理结构。特别是在“立美育人”一体化的实施中，我们将继续深入研究如何关注学生的行为表现，如何培养学生的艺术学习兴趣，如何培养学生良好的艺术学习习惯，如何培养学生掌握正确的艺术学习方法，如何运用形成性评价和终结性评价，有效地激励学生在轻松、愉悦的艺术一体化的综合活动中既能展示自己的艺术才华,又能体验到艺术美育学习的乐趣。

（黄浦区艺术名师工作室　赵其坤）

第九节　科研引领,技术支撑,信息科技展新翅

一、确立研究课题促思考

随着信息技术日新月异的发展,各种新技术在教育教学中被广泛地应用,为教师课堂教学的手段和谋略带来了更多的可能性。当教学策略遇见新技术,会产生怎样的火花？学生怎样在新技术背景下进行合作与探究,从而提高其创新思维能力？怎样借助新技术对学生的综合素质进行评价,来达到促进学生个体发展的目的？

将技术与知识的"需要和目的"有效契合,如何让新技术真正走入教师的日常教学,形成常态,是工作室需要研究并解决的问题。计算机名师工作室在高考改革、新课程标准即将颁布实施的大背景下,依托学科特色,确立了"新课标、新技术下的信息科技学科教学策略研究"这一课题开展教学实践与研究,借助蹲点助教,为学员创设多种类型的舞台和环境,成为教师成长的共同体、智慧课堂的发源地、高效教学的实验室。

二、细化研究方案促创新

为了将大家凝聚在一起,形成发展的共同体,冯忻导师提出了强规划、拓视野、勤沟通的工作室构建思路。学员们围绕课题,分别确定自己三年发展方向,制定个人专业发展规划。

三年期间,我们分别在学员的学校开展蹲点助教,感受到每一所学校本身所散发出的文化内涵。与此同时,我们走出上海,将先进的教学理念带到了祖国的不同城市,在开阔视野的同时,激发了工作室成员对教学创新的再思考。

工作室的研究采用理论研究与实证研究相结合的方式,既强调对教学策略、新

技术的理论研究,又需要通过新技术应用、上课实践,结合不同类型的课程实施进行案例研究和创新策略的分析。本研究主要采用如下的技术路线:

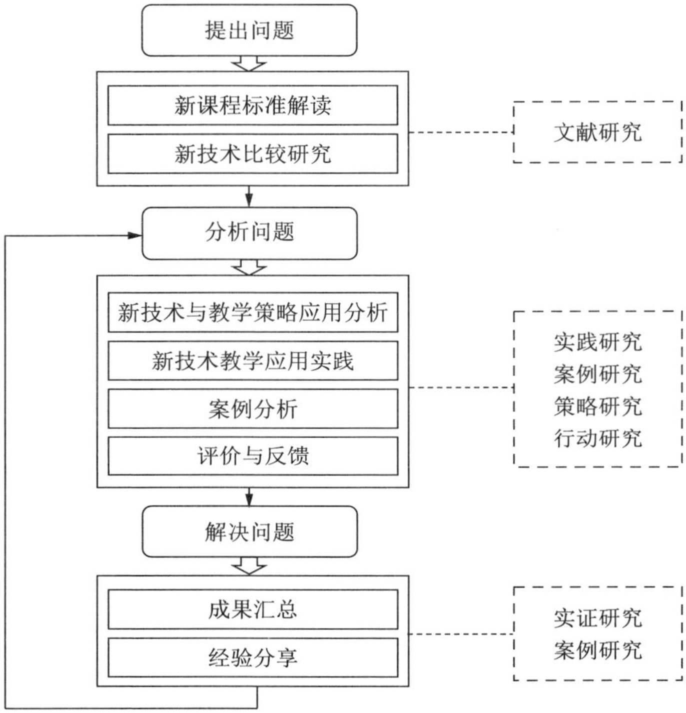

图 4-5 研究技术路线

三、实施研究计划促发展

课堂永远是教师的主阵地。冯忻导师始终坚持在培养学员的过程中聚焦课程,打造高效课堂,引领学员们提炼教学风格,不断提高教学水平。研究的主要成果包括以下方面。

(一)课堂教学中的新技术对比研究

对于教学工作而言,离不开教学五环节——备课、上课、作业、辅导和评价。我们从实践层面对部分新技术在课堂教学中的适用性进行了对比和分析。具体如下表所示:

表 4-3　新技术与教学五环节的对比分析

技术层面	新技术	备课	上课	作业	辅导	评价
底层支持层	点阵笔	√	√		√	
	无线同屏		√			
	机器人	√	√	√		√
	Elements 4D(AR 技术)	√	√	√		
	虚拟博物馆(VR 技术)	√	√	√		
	3D 打印	√	√	√		√
消费应用层	APP Inventor2	√	√	√		√
	Focusky 动画演示大师	√	√	√		√
	ProcessOn	√	√	√		√
	作业盒子			√	√	√
	Umu	√	√	√	√	√
	Kahoot!(移动终端的测试平台)	√	√			√
	Plickers		√			√
	CodeOrg	√	√	√		
教学应用层	STEAM 项目可视化编程	√	√	√	√	√
	翻转课堂	√	√	√	√	√
	网班移动学习	√	√	√	√	√
	MOODLE 教学平台	√	√	√	√	√
	慕课平台	√	√	√	√	√

由于技术本身特质不同，因此应用的场景也大不相同。

一般而言，底层支持层的新技术能在教师备课和上课环节提供支持，很少触及辅导的环节。

消费应用层的新技术呈多样化状态。

教学应用层的新技术因为本来就是为教学而设计，一般涉及的环节会比较多，大多数能应用于教学的整个过程。

（二）评估与选择：新技术教学资源应用策略

在新技术飞速发展的大背景下，单向的教学资源已经不能满足教与学的需求，需要综合考虑学习目标与策略、学生情况、环境等因素，合理选择和应用教学资源，并对新技术教学资源做出评估，在此基础上进行二次开发，使教学资源更好地为达成教学目标服务，这对于成功的学习十分重要。

新技术教学资源的评估可以从教学目标、教学策略、学生情况与学习环境以及以往该资源使用后的评价等几方面进行考虑。新技术教学资源评估一般步骤如下面的流程图所示：

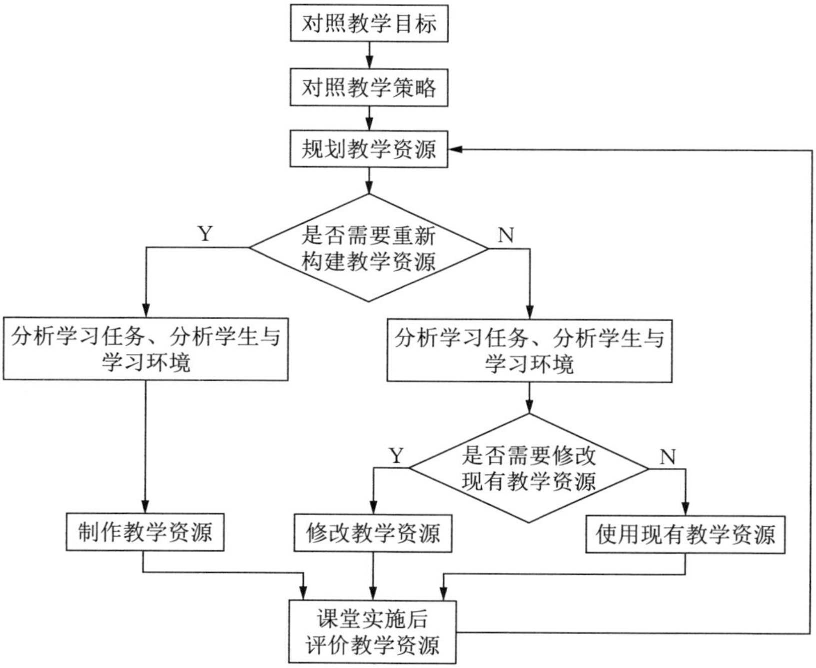

图 4-6 教学资源评估流程

（三）体验与创新：新技术下的探究学习策略

随着新技术在教学中的应用，教师可以灵活应用丰富的工具开展探究式教学，体验新知识、新技能，改进教学方法，采用自主、合作、探究的学习方式，培养学生自主探究的能力，逐步形成科学的探究态度和精神，发展解决问题的能力。

新技术下研究学习策略的核心是“体验”与“创新”。新技术从情景引导、课堂组织、学习支持、过程记录、知识拓展这五个方面给教师提供多种技术支持，将帮助教师顺利实现探究学习的整个过程。

（四）延伸与协作：新技术下的合作学习策略

新技术下的合作学习在空间上和时间上延伸了学生之间的合作，打破时间与空间地域等限制，使得合作学习能够更深入，取得更好的合作学习成果。

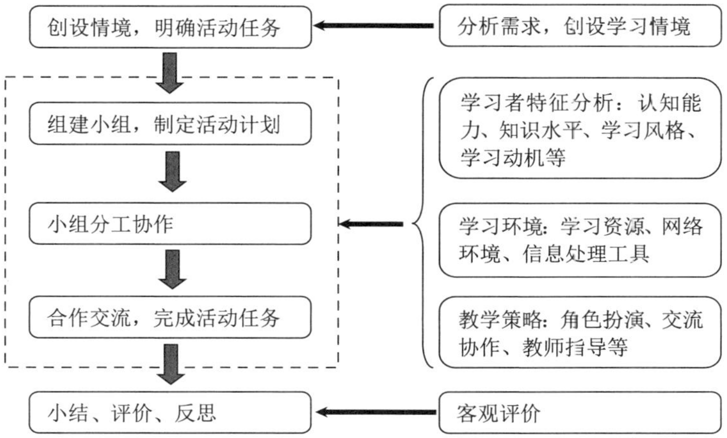

图 4-7　新技术下的合作学习流程

新技术下合作学习策略可分为小组分组策略、交流沟通策略、知识共享策略、激励反馈策略、教师指导管理策略等。

（五）可视与交互：新技术下的知识呈现策略

知识的外在呈现方式对内在内容的认知、理解、运用和传播有着极其重要的影响，知识可视化在教育教学中发挥着重要的作用。

新技术对于知识呈现最大的优势在于为知识可视化提供更多的可能性。知识可视化呈现的优势具体表现为：知识呈现更加多样、更加直观生动、增加交互方式。

（六）过程与发展：新技术下的教学评价策略

要把评价还给学生，让评价为学生服务，把评价嵌入在教学过程中，嵌入在学生的学习过程中——即嵌入式评价，以评促教，以评促学。

新技术下教育评价策略的核心是“过程”与“发展”。新技术让评价实现跟踪学生学习的脉络，而基于新技术的评价促进了学生个性化发展。

四、总结研究成果促成长

教学实践的过程中，我们从“教学五环节”和“学习环境”两个角度对各项新技术进行了横向对比,为教师教学资源和新技术的选择提供参考;研究总结了基于新技术的各类教学策略,并提供了丰富的应用场景,便于教师选择适合的教学片段进行教学再设计;研究总结了涵盖小学、初中、高中三个年段的各类案例,对于今后其他教育者借鉴与应用、课题成果的推广和延伸,都具有良好的价值。

研究的创新之处包括:理论层面,我们进行了新技术教学适用性的对比研究,从“教学五环节”和“学习环境”两个维度进行了横向比较,为教师新技术的选用提供了依据。

策略层面,基于新技术的特点和应用场景,我们从教学资源应用、探究学习、合作学习、知识呈现、教学评价等几个维度,对新技术在课堂中应用的策略进行了总结和归纳。

案例层面,基于教学实践,工作室在三年的时间中陆续开设了近 30 节公开课,课题形成的教学案例涉及小学、初中、高中三个年段,涉及的新技术涵盖三种基本类型 20 多种不同的具体技术,无论是对于新课标的解读还是新技术应用策略,都具有很好的示范价值。

由于新技术具有时代特征的特点,在研究的过程中其本身也在不停地演变,因此课题的后续研究主要包括:新技术的可持续研究和新课标的内容挖掘。

经过三年的蹲点学习锻炼,大家无论在教学理念还是教学实践上都有了很大提高,同时在个人专业化发展方面有了一定的突破。工作室成员不仅多次在市级以上刊物发表文章和专著,论文多次在市、区级获奖,在市级以上教育教学评比中获奖,还在职称上获得了晋升。

(黄浦区计算机名师工作室　冯　忻、冯金珏、王文辉)

第十节　项目引领,推进区域生涯教育特色活动创意开展

黄浦区教育心理名师工作室由来自区域初高中学校的 15 名心理教育骨干教师组成,以打造优质心理健康教育师资队伍为目标,提升区域心理教师在教育教学、咨询辅导、项目研究、课程开发、特色建设等方面专业化水平。工作室以“中小学生涯教育特色活动设计与实施”研究项目为载体,探索学校心理健康教育的新模

式和新方法，努力实现学员所在校在推进心理健康教育工作方面有创新、有亮点、有特色，促进心理健康特色校建设和学生心理健康成长，推进区域心理健康教育水平的整体提升。

一、背景与意义

新一轮教育综合改革以及高考改革背景下，推进学生的生涯教育势在必行。2018 年上海市教委《关于加强中小学生涯教育的指导意见》指出，“构建大中小幼有机衔接，内涵丰富、科学适切的生涯教育内容体系；形成以学生发展需求为导向，形式多样、注重体验、讲求实效的生涯教育服务体系”。教育综合改革背景下呼吁学校要关注学生的全面成长，要积极开展中小学生涯教育。

中小学在生涯教育实践推进的过程中，我们发现，中小学生涯教育往往缺乏顶层设计和系统思考，缺乏结合学情和校情的特色化设计和实施。据此，普通中小学开展生涯教育如何进一步关注学校生涯教育方案的整体设计和规划；关注学校生涯教育特色活动的系列化开发和实施；关注生涯教育家庭、学校和社会资源的整合和联动，这是当前中小学生涯教育需要直面的问题和挑战，也是本项目进一步突破的重点方向。

二、思考与认识

（一）对“生涯教育”和“生涯教育特色活动设计”的理解

生涯是指人的整个生命成长历程。生涯发展指个人生命成长是一个连续的长期的发展过程。个体在其特定年龄阶段应当完成相应的任务，如果个体能成功完成其发展任务，则可获得积极的体验，并且有利于下一阶段的发展，反之就会产生消极的体验和受到阻碍，并且有碍于下一阶段的发展。

生涯教育指学校需要立足学生的自我成长和人生发展需要，帮助学生把教育目标和生涯发展目标联系起来，在真实生活中体验生涯发展和个人成长。增强学生对自我和人生发展的认识与理解，培养学生的综合素养与能力，促进学生在成长过程中学会选择，主动适应变化，激发成长内驱力。它不仅仅指一般的职业选择指导，而是推进教育综合改革和新高考形势下进行的养成教育、理想教育、励志教育、职业教育、公民教育、成功教育等综合性教育工程，对学生的学业定位、专业选择和专业发展，乃至个人未来生涯发展和人生发展都具有重要的影响。

生涯教育特色活动设计指学校立足自身的办学目标和特色，立足学生生涯发展及成长需要，立足所在学段学生生涯发展的特点和定位，立足家庭、学校、社会教育资源的整合，开展系列化有特色、有创意的生涯教育活动设计，推进生涯教育特色活动的开展，促进学校办学特色和品牌的形成。

（二）如何开展生涯教育的特色活动设计

结合校情和学情，工作室学员分析和了解学生的成长需要和特点，依托学校的办学优势和特色，探索学校生涯教育的新内容、新特点和新模式；立足学校实际，遵循学生的身心发展规律，依据教育学、心理学、社会学和生涯教育的理论、方法、技术，指导学生增强对自我和人生发展的认识与理解，科学设计和有效开展学校生涯教育工作，促进学生在成长过程中学会选择、主动适应变化。

本项目研究是立足实践、指向实践、服务实践的研究，希望通过基地资源的整合，形成立足校情学情和学校特色发展的学生生涯教育实践模式，关注生涯教育实践的顶层设计和实践中的系列化推进，关注实践成果的可推广性和可借鉴性，以期促进上海市生涯教育专业化水平的提升，促进学校生涯教育有效性的整体提升，促进学生心灵的健康发展和终身幸福成长。

（三）研究思路

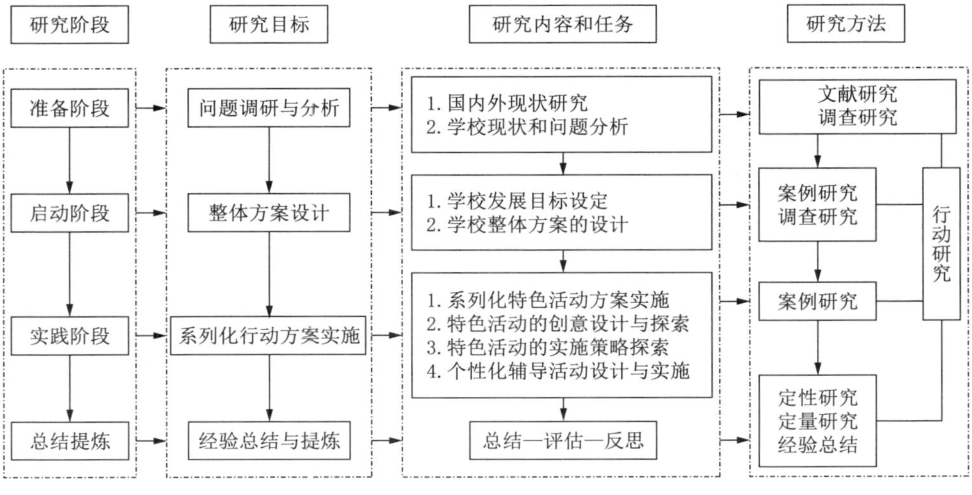

图 4-8 项目研究路径

三、实践与探索

（一）现状分析，研制调查问卷

工作室围绕项目课题，经过文献分析，分学段调研，多频次研讨，确定了生涯教育需求的各项指标，在此基础上编制了《上海市中学生生涯教育需求现状调研问卷》初中版和高中版。问卷内容分为生涯教育的内容需求和形式需求。高中生涯教育内容需求包括自我探索、选科探索、升学探索、专业探索、职业探索、目标规划、生涯能力 7 个维度，初中生涯教育内容需求包括自我探索、升学探索、职业探索、目标规划、生涯能力 5 个维度。生涯教育形式需求调查则从实施生涯教育的年级、指导者、形式、方法、内容以及建议 6 个方面展开。

（二）在线调研，了解问题和需求

课题调研通过学习科学研究所在线调研平台开展，包括工作室学员所在学校在内的 18 所初、高中学校参与问卷调研，回收有效问卷 4811 份，其中高中 2239 份，初中 2572 份。通过数据统计，发现初、高中学生对生涯教育内容各个维度的需求均在 4 分以上（注：各题目采用五点记分，对各维度计算平均分）；大多数学生希望生涯教育能够贯穿整个学段；学生最希望心理老师和班主任实施生涯教育，其次是家人和同伴；在生涯教育的形式需求上，初、高中略有差异，排在前三位的，初中依次为实践体验、社团活动、职业体验或生涯人物访谈，高中依次为实践体验、职业体验或生涯人物访谈、个别辅导；在生涯教育方法上，学生对体验式教学和探索活动的需求最为强烈。

（三）基于校情学情，推进整体规划与设计

学员立足学校的办学目标和特色，立足学生生涯发展及成长需要，立足所在学段学生生涯发展的特点和定位，立足教师和家长生涯指导能力的提升，确定学校生涯教育的目标体系，开展系列化的生涯教育特色活动设计，形成顶层设计方案。凝聚同行力量，团队合作，优势互补，推进学校生涯教育特色活动的整体规划和方案设计，推进学校生涯教育的特色和品牌建设。

（四）系列设计，推进特色方案的创意实施

学员围绕学生、教师和家长，围绕需求类型、学段特色、年级特点，围绕学校的办学特色、资源优势推进系列化特色活动的设计和实施。如大同初级中学陈剑超的“初中生生涯教育小团体辅导的实践研究”、兴业中学王瑷的“基于家校联动的初中生生涯教育实践活动探索”、格致中学黄佳音的“基于生涯导师项目的高中生生涯教育探索”、敬业中学姚项哲慧的“高考改革背景下生涯教育的家校合作探索”、卢湾中学吴静君的“班会课与初中生涯教育相融合的探索与实践”、启秀实验中学张引的“积极心理学视角下的初中生涯教育探索”、同济黄浦设计创意中学颜佳萍的“以设计思维特色融合项目化学习开展高中生涯教育的实践探索”、大同中学林琳的“高中生生涯教育家长指导手册的开发和实践”、黄浦区教育学院郑慧萍的“教师生涯发展团体心理辅导实践探索”、敬业初级中学余晓婷的“心理投射工具 OH 卡运用于初中生涯教育的实践研究”、市八中学丁烨的“基于社会项目的高中生生涯教育实践研究”、格致初级中学张依娜的“以生涯辅导理念整合初中校本心理课程的实践研究”、光明中学秦周青的“提升小语种学生生涯成熟度的实践研究”、卢湾高级中学秦青的“基于生涯发展需求的高中生同理心培养的实践研究”。

（五）提炼经验，形成鲜活生动的个性化实践案例

引导学员围绕生涯教育特色活动的“主题内容的创新与设计、方法运用的创新与设计、手段形式的创新与设计、素材媒体的创新与运用、评价反馈的创新与运用”等方面开展案例研究，提炼经验，形成实践案例；围绕学科渗透教育活动、班级主题教育活动的开展、心理健康教育活动月方案设计、学生心理社团活动的开展、家校社资源的整合利用、科研课题设计、队伍的建设等方面开展实施策略探索，提炼总结实践经验；围绕学生生涯教育个性化需求设计辅导方案、开展生涯教育的个案辅导策略探索，形成案例报告。

四、成果与成效

我们分析学生、教师和家长生涯教育的发展需求，了解学校生涯教育的问题和缺失，为学校生涯教育实践行动方案的制订提供有力依据；立足校情学情确定学校生涯教育的目标体系和系列化的生涯教育特色活动内容，开展了行动方案设计，形成顶层设计方案；围绕整体设计，立足校情，制定学校系列团体或个体活动实施方案，推进有针对性的、有特色的生涯教育行动策略的实践；梳理总结学校生涯教育特色活动实施的有效实践经验，形成可借鉴、可推广的学校生涯教育特色探索的经验和案例。

（黄浦区教育心理名师工作室　梅　洁）

第十一节　聚焦听说教学，助力专业发展

一、课标引领，思考变革寻突破

《普通高中英语课程标准（2017年版）》（以下简称《课标》）确立了英语学科核心素养框架，明确了英语学科核心素养主要包括语言能力、文化意识、思维品质和学习能力①。而语言能力是英语学科的基础，也是实现学科教育的途径。我们通过语言养成文化意识，通过语言促进思维品质的提升，也通过语言帮助形成学习能力。习得语言的第一步就是通过反复听，然后再模仿着说才逐步学会运用。语言学家认为，要通过使用语言来学习语言，而不是通过研究语言来学习语言。因此，在英语语言教学中，加强听和说的训练，以及对学生听说技能的培养，让学生在使用语言的过程中学习语言是非常必要的。

传统的英语教学更关注于语法的掌握及词汇识记，虽然近年来开始重视英语阅读和写作教学，但对于听说教学方面始终缺乏必要的研究。往往以中高考题型训练代替系统的听说技能及策略的传授，或即便有听说课，也时常出现听说课教学目标定位不明确，对于听与说的微技能指导缺乏针对性，听与说的任务割裂进行，听说比例失衡等问题。国内不仅缺少适合中学生水平的听说教材或课程，且听说教学相关领域的研究少有涉及中学学段，而高校相关研究也主要集中在电影、美剧及歌曲在听说教学中运用的层面。

听说测试计入高考总分，中考题型将增加听说测试板块，对“说”这一能力维度的考查已不可避免地进入广大考生与一线教师的视野。但如何避免以考代教，以考代学，这需要我们英语教师沉下心去思考，静下心去研究。本项目研究将以英语学科核心素养培养为目标，通过对于中学听说教学现状调查、听说能力水平界定、听说微技能目标梳理、听说教学活动设计，以及信息技术在听说教学中的实践研究，帮助教师逐步能够依据《课标》，创设交际情境，夯实语音基础，挖掘教材听说内容，开发课外听说资源，有效指导听说技能，切实提高学生听说能力。

---

① 中华人民共和国教育部．普通高中英语课程标准（2017年版）[S]．北京：人民教育出版社，2018：4.

二、理论支撑，依托活动促习得

（一）语言习得——输入与输出假设

Krashen 提出的输入假设认为，只要人们接收足够的输入性知识，同时这些输入性知识又是可理解的，人们就能习得语言。可理解性输入（comprehensible input）是二语习得的必要条件，获得语言知识的唯一方式就是摄取足够的可理解性输入知识①。只要有充足的可理解性的输入，就可以确保学习者在适当的时候使用所需要的目标语。

针对 Krashen 提出的关于可理解性输入的观点，Swain 认为可理解性输出（comprehensible output）是语言习得过程中必不可少的重要环节。语言输入是语言习得的必要条件，但不是充分条件。要使学习者成功地习得语言，只依靠语言输入是完全不够的，还需要迫使学习者进行大量的语言输出活动。Swain 认为输出活动有利于学习者检验目标语的语法结构和词汇以及语用的规范性，促进语用自动化，从而更有效地促进二语习得②。

（二）任务型教学

H.D.Brown 认为任务型学习将任务置于教学法焦点的中心，视学习过程为一系列直接与课程目标相联系并服务于课程目标的任务，其目的超越了为语言而练习语言③。Nunan 认为任务型教学作为一种教学法，具有结构性，它由教学目标、信息输入、活动方式、师生角色、教学环境等要素组成。它与传统教学法之间的差异在于前者注意信息沟通，活动具有真实性而且活动量大。英语课堂教学应具有“变化性互动”的各项活动，即任务。学生在完成任务过程中进行对话性互动，进而产生语言习得④。

---

① Krashen S.D. The input hypothesis: Issues and implications[M], Addison-Wesley Longman Ltd, 1985.

② Swain M. The output hypothesis, focus on form and second language learning[J], Applying linguistics: Insights into language in education, 1997: 1—21.

③ Brown, H.D.Teaching by Principles: An Interactive Approach to Language Pedagogy[M], Prentice Hall Regents, 1994.

④ Nunan, D. Designing Tasks for the Communicative Classroom[M], Cambridge University Press, 1989.

程晓棠认为任务型教学模式具有以下特点:(1)通过完成任务来学习语言;(2)强调学习活动和学习材料的真实性;(3)学习活动以表达意义为主;(4)强调以学生为中心;(5)鼓励学生创造性地使用语言;(6)鼓励课堂教学活动之间的联系。①

三、实践探索,聚焦听说"学""研""做"

为将学员从经验型、苦干型教师培养成学习型、研究型教师,黄浦区英语名师工作室坚持"名师的根基在课堂,名师的培养在课堂,名师的舞台在课堂,名师的效应在课堂"的培养理念,确定了"课题引领、聚焦课堂、实践研讨、专业提升"的培训方针,从英语教学前沿理论的学习入手,注重理论联系实际,坚持在课堂教学的实践探索研究中引领学员的专业发展。

(一) 学习教学理论原著,提高理论水平和专业素养

工作室通过理论学习,帮助学员了解学科发展趋势,提高教育教学理论素养和英语学科素养。同时引导学员理论联系实际,不仅知道做什么、如何做,还要明白为什么做,做到不盲从、不跟风。工作室根据课题项目"基于标准的高中英语听说教学研究"的需求,确定了 5 本必读书目,即《语言课堂中的听力教学》《如何教听力》《如何教口语》和 *Assessing Listening*、*Assessing Speaking*,采取个人自学、撰写体会、小组交流、集中论坛等形式,重点研读有关听说教学的英语教学理论原著。

学员秉着"简而不缺,同而存异"的思路,通过摘抄、减缩、提纲等方法,梳理教学论著,按字母顺序摘录专家观点,编辑成册,使理论研读体系化。同时,运用论著中的理论,学员对所听到或实践过的听说教学活动予以分析,理解教师设计意图,反思教学改进之处,通过论坛开展学员之间的深度交流。学员还结合教学实例,通过 Q&A 的形式,解答一线教师日常听说教学中存在的困惑,做到了带着问题读书,内化教学理论,指导教学实践,推广学习成果。

(二) 联系课堂教学实际,磨砺实践能力和专业才干

工作室坚持聚焦课堂,引导学员在课堂教学的磨砺中提升教育教学能力,在教学实践中发挥引领辐射作用,提升学科领导力。

工作室开展"主题式的课堂教学研究",围绕"人与社会"这一主题,结合"Big

---

① 程晓棠.任务型语言教学[M],北京:高等教育出版社,2004.

business—Buying & Selling”单元教材内容，依托“设计开店计划”的情境创设，在蹲点学校卢湾高级中学开展了“单元视角下的听说教学实践研究”。教学设计关注了听前活动的预测及兴趣激发作用，以及听中环节捕捉关键信息、提炼观点的技能指导。课后研讨则充分运用了《语言课堂中的听力教学》中的选听及推测技能、听力结果理论以及双向活动设计等经典思想，通过理论联系实际，磨炼教学设计，分享教学智慧，转换教学研究模式，提升学员课堂执行力。工作室还鼓励学员开展个性化教学研究，通过备课、磨课、试讲、课堂实施、反思交流等多个环节，提高教材驾驭能力、教学设计能力和课堂应变能力，进而形成个人教学特色。

（三）开展学科建设分析，助力课程建设和强校发展

工作室蹲点“强校工程”实验校上海启秀实验中学，聚焦学科建设，开展专题调研。启秀实验中学英语教研组介绍了学校“以英语为亮点、以课程为依托”的办学特色，分享了“听说领先，注重交际”的P.I.C.特色课程，以及“项目引领，任务驱动”的教研组建设。来自浦东外国语学校的市名师基地学员分享了浦外学科建设经验——“国际创新人才”培育理念下的英语课堂，内容涵盖了学段课程设计、课内外语言学习模式、英语文化活动、学生英语自主学习能力培养等，多纬度地展现了浦外“借力学科建设，助力学生核心素养培养”的课程群。最后导师通过“国家课程的校本化实施、校本课程的系统性建设及学校课程持续优化的机制建设”的讲解，让学员明确了课程建设的关键着力点，通过“基于校情的学科SWOT分析、基于英语学科核心素养的理性反思”的指导，帮助学员理清了学科建设分析的思路与步骤。

工作室通过了解“强校工程”实验校的发展现状，分析制约学校发展的根本问题，以解决问题为导向，以任务引领为原则，助力“强校工程”实验校的强势突围，创造互惠互利、共赢发展的良好格局。

四、成果积累，技术助力促发展

工作室成立一年间，开设英语听说教学论坛3次，学员示范教学14次，开设讲座8次，听课180余节，指导教师教学11人次，命题工作10人次，并参与了原版听说教材 *Speech Navigator*、*Speaking for Presentations* 及 *Basic Listening and Speaking* 引进改编工作。在这些活动中，学员不仅提升了自身教学能力，也充分发挥了辐射引领作用。

现代信息技术不仅为英语教学提供了多模态的手段、平台和空间,还提供了丰富的资源和跨时空的语言学习机会和使用机会。后一阶段,工作室将关注信息技术在英语听说教学中的运用,努力丰富学习资源,拓宽自主学习渠道,增加视听量,开展基于网络的分享互动,提升听说教学效果。

名师工作室承担着培养高端教师的重任。我们将不断实践、探索、反思,通过"项目引领,蹲点助教",激发学员专业发展动机,发展专业能力,提升专业素养,培养更多具有理想信念、道德情操、扎实学识和仁爱之心的教师群体,办好人民满意的教育。

(黄浦区英语名师工作室 金 怡、乔 健)

第十二节 "更加注重因材施教"实践探究

新时代、新使命、新课标、新教材……身处这个伟大时代的中学历史教师迎来数十年未有之变革,历史名师工作室肩负着为本区历史学科培养适应变革、推动变革的学科高端教师、拔尖人才的重任。

一、因材施教:发展学生与培养教师并重

2019 年 2 月中共中央、国务院印发《中国教育现代化 2035》,提出了推进教育现代化的八大基本理念:"更加注重以德为先,更加注重全面发展,更加注重面向人人,更加注重终身学习,更加注重因材施教,更加注重知行合一,更加注重融合发展,更加注重共建共享。"值得欣慰的是,历史名师工作室在此前三年的实践活动中自觉践行"更加注重因材施教"的教育理念。

工作室将培养学科高端教师与发展学生作为"因材施教"的目标,即通过"蹲点助教,课题引领",有针对性地培养,提升其育人能力,使其通过自己的教育教学活动,达到促进学生全面发展、个性发展和持续发展的目的。

工作室以新课程改革为切口,课题研究为抓手,课堂实践为路径,通过蹲点听课、示范教学等形式,增强学员的实践能力,筑高工作室成员专业发展的平台,激励其专业发展的动力;同时,帮助蹲点所在学校教师尽快适应新课程、新教材的教学

要求，领会“中学历史课程的根本任务是落实立德树人，以培养和提高学生的历史学科核心素养”的精神，提高历史课堂教学有效性，将培养学生历史核心素养落到实处。

二、蹲点助教：因材施教与共克难题相结合

三年里，工作室蹲点初、高中十余所学校，工作室学员与蹲点学校教师结对，进行一系列教学、教研活动。

（一）蹲点听课的立足点：五个“关注”

初、高中不同学段学生，相同学段、相同年龄学生个体，在历史学习关键能力——时空观念、史料实证、历史解释等方面都存在一定的差异。在了解差异的基础上，工作室以“因材施教”为原则，蹲点听课的一系列活动，如课堂观察、撰写教案、评课议课、命题指导，均立足五个“关注”，即关注学生历史学习力的差异、关注学生学科素养的落实、关注学生已有的学习经历和经验、关注学生历史学习的情感体验、关注学生的知行合一。

（二）蹲点听课的重心：“共克难题”

当前，中学历史教学面对的挑战来自中考、高考模式改变和初高中历史学科全国统编教材的使用。特别是高中历史课程，高度凝练的“纲要”式内容，必修、选择性必修和选修课程三类课程并行，教学任务重，课时严重不足，教师教学理念、教学行为的转变需要时间，这些成为困扰中学历史教师的难题。工作室围绕中考、高考模式改变，初、高中统编教材教学的衔接，高中《中外历史纲要》有效教学等问题，基于统编教材初、高中“课程的关联”，通过蹲点听课、示范课、同课异构等形式，探究基础教育不同学段历史教学在内容、立意、目标、过程等方面的衔接、贯通、区别、梯度。

（三）蹲点听课的目标：“教师成长”

在以蹲点听课为形式的教研活动中，学员与蹲点学校教师从教学环节的设计、教学方法的选用、教学内容的分析到教学效果的预设，共同讨论，集体备课，每节课结束后，及时交流反馈。在促进授课教师的教学反思，提升课堂教学有效性的同时，学员的理论水平、实践能力也有长足的进步。白玉林老师说：“伴随着导师布置的一项又一项任务的落实、达成，当初设定的每一个目标下都能填充若干具体项

目、内容或成果，每一个目标由此变得丰满。通过蹲点助教，在帮助同伴的同时，也提升了自身实践能力。”

在指导黄浦学校朱仁亚老师“中华人民共和国的建立”一课教学中，工作室学员吴小英与朱老师共同备课，查阅资料，多次研磨，精心选材，用心设计。朱老师说：“吴小英老师针对此课撰写的点评总结，使我不仅顺利完成开课任务，而且对之前的困惑也有一些感悟，找到了解决之道。我和各位资深老师一起评课议课，公开教学，一起研究初中学生的历史学习力，探讨在初、高中历史教学链中，初中教学的职责，收获很大。课题引领和专家点拨指导加快了我的成长。”储能中学一位历史老师在工作室蹲点教研后真实感悟道：“对于我们这种年轻的新老师，跟着那些有经验的老师学习，真是如沐春风。”

三、课题引领：多渠道培养与个性化发展结合

课题研究是培养教师的创新精神，提高教师素质，推动教师由经验型向研究型转变的重要渠道。工作室确立了“基于初高中学生历史学习力差异的教学衔接探究”课题，以课题研究为抓手，采用多种形式“因材施教”地开展培养工作。

（一）加强课题辅导，规范研究过程

作为基层教师，课题研究采取理论与实践结合的“行动研究法”，遵循“提出问题”—“情报检索和现状调研”—“预设解决方案，确立课题计划”—“分组落实研究计划”—“中期检查修正计划”—“继续深入研究”—“课题总结，成果提炼”的流程，有序开展研究。

课题组认真学习专业理论著作，先后听取复旦大学、华东师范大学、台湾清华大学教授所作的理论辅导，听取教研、命题专家的业务指导，为每个学员的课题聘请专家进行针对性的辅导，从而提升学员自身专业理论素养。实行主持人课题引领、示范在前，学员个人独立承担课题相随其后的发展程序。主持人领衔的市级课题结题并出版课题成果，学员承担若干子课题，形成课题网。

（二）聚焦教学实践，夯实研究基础

工作室蹲点 10 多所学校，听取随堂课、进行同课异构，研究伙伴遍布本市内外，有初中和高中，有市中心城区和近郊崇明，有外省市贵州贵阳、宁夏银川，积累了大量课堂观察的素材，充实了对历史学科不同学段教学衔接的信息资料搜集工

作。多维度、多视角的课堂观察和教学实践，为课题研究提供了极为丰富的第一手资料。在此基础上梳理初、高中历史课堂教学衔接策略，学员作阶段研究成果交流、修改；从理论层面阐述教学衔接的目标与策略；结合《普通高中历史课程标准（2017 年版）》的学习，重点开展对“历史学科核心素养”的理解和阐述。

（三）发挥教师特长，提升创新精神

课题研究中依据学员特长，分为“学习力测评组”和“衔接策略研究组”，两组教师的研究各有侧重，齐头并进，定期交流。

历史学习力测评小组的教师在阅读了大量史学理论著作、夯实理论功底的基础上，梳理了自 2007 年起，上海在历史学科教学和会考、水平考、高考中，加强史学思想方法教育时积累的经验，对中学生历史学科关键学习力形成了明确、清晰的概念，将其分解成四大项二十六子项目考查点，编制十余万字、详尽的《中学生历史学科关键学习力观察评价量表》。三年里，历史学习力测评小组成员重点探究了历史学科素养中的“时空观念”和“历史解释”素养，围绕“时空观念”“历史解释”的培养策略、概念源流、内容分解、层次划分、案例分析等方面开展研究，将“以学生发展为本”的理念真正落实到课程教学中，努力做到以学定教、以学施教、以学评教，为初、高中两个学段历史教学衔接策略研究创造了根本前提，奠定了扎实的基础。

教学衔接策略研究组的教师从初、高中历史教学现状出发，要求初、高中历史教师做到“转变、领悟、领会”。转变观念，彼此都能熟悉另一方的教材内容、教学要求、考核评价、学生不同阶段学习力的差异和发展；领悟初、高中历史课程标准对培养学生历史核心素养的要求；领会初、高中教材特点，明确教学衔接的文本依据。在此基础上，提炼出“立意分层，恰当表述”“激发兴趣，夯实基础”“温故知新，激励求知”“知识拓展，内涵深化”“关注细节，管中窥豹”“重组教材，凸显主线”“评价导向，有序推进”等教学衔接策略。

四、时不我待，任重道悠

历史工作室将培养教师与发展学生作为“因材施教”的目标，坚持探索和实践，通过蹲点助教，搭建学习的共同体、教学研究的空间、交流合作的平台，在帮助同伴的同时，提升自身实践能力。我们通过课题引领，任务驱动，促进学员迅速从“经验型”向“研究型”教师转变，一批有一定质量的课题报告、个案分析、教学论文先后成稿。三年里，工作室导师、学员出版专著1部，参与5部专著的撰写，在《历史教学》《历史教学问题》等刊物上发表论文14篇，开设市、区级公开课、研究课、同课异构优质课18节次，4位老师的教学录像被评为部级“优课”和全国中小学“德育精品课”，折射出学员们的专业自觉，以及对历史教师事业责任的一份坚守。

在2019年全国教育大会上，习近平总书记强调，教师是人类灵魂的工程师，是人类文明的传承者，承载着传播知识、传播思想、传播真理，塑造灵魂、塑造生命、塑造新人的时代重任。历史名师工作室将继续发挥示范、指导、辐射、引领作用，为本区历史学科培养出一批具有良好的师德修养、先进的教育理念、厚实的专业素养、开阔的国际视野和较强的研究指导能力、在本市有一定影响的优秀教师；继续扎根教学一线，针对中考、高考模式改变带来的教学观念、模式改变和初、高中历史学科全国统编教材使用中遇到的困难，开展深入研究，在研究中发挥示范作用，解决实际问题。

（黄浦区历史名师工作室　钱君端、郎宇飞、邵　清）

第十三节　项目引领凝智聚力，蹲点助教研学共进

黄浦区生物名师工作室自成立以来，“项目研究”和“蹲点助教”构成了工作室运行的两大关键词。开展活动的一年间，工作室在研修中秉持团队精神，发挥引领、示范和辐射作用，以项目研究为载体谋求专业更高位发展，以蹲点助教为契机协同区内生命科学教师聚合内生。无论是工作室学员还是蹲点学校教师，都在实践中得到了专业成长和发展。

一、项目引领，激扬教师专业成长的创生力

工作室学员思想活跃，教育理念新颖，这些思想和理念需要通过适当的形式展示、表达，工作室以不同类型的项目研究为载体，研习现代先进教育思想和先进科学技术，凝智聚力，聚焦问题解决，在相互碰撞、融合中不断发展。

（一）课题研究，促进专业创新发展

工作室将课题研究作为提升教师专业化发展的重要抓手。以导师梅守真老师

主持的市级课题“基于课程标准的初中生命科学单元学习活动设计与实施的研究”为载体，引导学员准确把握课程标准的内容和要求，研究教材、研究学生，提炼各教学单元的核心要素，编写《初中生命科学各单元学习目标分解纲要》；开展单元教材分析、学习目标与学习活动目标之间的关系研究，确立单元学习活动设计的基本框架和流程，强调单元学习活动设计的整体性和结构化。学员们针对学科核心内容进行单元学习活动的设计与实施，提炼单元学习活动设计的基本原则和实施建议，完成初中生命科学 17 个单元的学习活动设计案例。通过课题研究，大家加深了对单元设计和单元学习活动设计的理解，关注学科素养培育。研究过程中，学员们能将隐性认识显性化，模糊认识清晰化，提升专业实践的品质，更能升华自己的专业思想。同时课题研究汇聚了每位教师的智慧，有利于形成团体内的合作和共同发展。

（二）课例研发，引领课堂教学转型

教育教学的主阵地是课堂，课堂教学是工作室学科建设水平最直接和最有力的说明。2019 年 9 月，工作室承担了电化教育馆“指向学生发展核心素养的课堂教学课例”研发工作，有 4 位初中生命科学教师参与了 6 节课例的开发和录制。通过“制定基于发展学生核心素养的课堂教学目标”“设计基于发展学生核心素养的课堂学习活动”和“建构和实践基于发展学生核心素养的课堂教学评价”等研究，帮助学员理解“如何在生命科学课堂教学中发展学生核心素养”。学员们精心设计、认真打磨每一节课，在观课评课的过程中，坦诚交流，互相启发，共同感悟新的想法。工作室导师对案例的点评和分析，帮助学员们更加清晰地了解学科核心素养的内涵，更懂得怎样去设计、评价一节课，如何全面分析课堂教学中的“得”与“失”，从而更多地关注学生必备品格和关键能力的培养。学员们还在课堂教学策略上达成共识：在对教材分析和教学策略的选择上，追求内容精炼、目标简明、方法适切；在课堂教学中，要关注生活、关注社会，注重生命教育，注重学生责任担当意识的培养。目前，该 6 节课例光盘已由电化教育电子音像出版社出版发行，供全国初中生命科学同行学习和借鉴。

（三）教材研析，建设智能学习平台

教师对教材的领悟程度直接关系到课堂教学目标的落实程度。除了精心打磨课堂教学，工作室还以任务驱动的形式将学员们的眼光引向教材的信息化和智能化，组织学员参与上海电化教育馆主持的生物智能教材研发工作。该项目以高中人教版教材为蓝本，工作室承担其中第六章《细胞的生命历程》的电子教材开发的设计工作。为了做好这个项目，几位高中教师们共同认真研析人教版教材，将其与沪教版教材进行详细比较分析，寻找两种教材的特点，取长补短，吃透教材。随后大家分工合作，撰写每节课的教案，设计教学课件和课后作业，提出教材中相关知识内容的3D模型计需求，收集教学相关的视频和动画素材。在项目推进过程中，教师们通过比较式的教材研习，加深对人教版和沪版教材的理解，在智能教材的开发设计和素材收集中更新对智能学习平台建设的认知，在提升个人教学能力同时又更新教学理念。

二、蹲点助教，激活教师专业成长的内驱力

生物名师工作室在上海市金陵中学进行了蹲点助教活动，围绕项目研究开展学习和指导，通过专业引领、团队协作等形式，研学共进，激发蹲点学校教师专业发展的内驱力，为助力强校发展献计献策。

（一）联合研讨，指导解决教学难题

金陵中学是上海市课程领导力项目“中考改革背景下跨学科案例分析研究”试点学校，以“中考改革背景下提升初中学生跨学科案例分析能力”为主题，工作室开展了地理、生命科学跨学科联合教研活动。金陵中学地理教师以“青藏高原地区”为主题进行了说课，工作室学员结合这节课与生命科学学科结合点及相关活动设计提出了改进建议，大家进行充分研讨，并达成共识：学科教学应以学科课程标准为依据，精心选择与组织教学内容，要突出对概括性、应用性、有迁移价值的学科原理性知识，关注学科素养培育，强调对学科基本知识结构的理解，为跨学科案例分析提供必要的学科基础；在夯实学科基础知识与技能的同时，积极探索基于真实情境、问题导向的项目化学习，重视学生跨学科意识和能力的培养。工作室的蹲点指导，真真切切地解决了教师教学中遇到的困惑，助推学校课堂教学的变革与提升。

（二）浸入研磨，助力提升教学品质

工作室积极发挥辐射作用，深入学校听课研磨，围绕教学中的难点问题开展研究，提升课堂教学品质。上学期工作室有两位学员参加上海市中青年教师教学大赛，聚焦学科主题“关注学习经历，落实学科素养”，工作室多次组织学员集体研讨，听课议课，集思广益，两位教师均获得了市二等奖的好成绩。同时，工作室还引导

学员发现并研究课堂教学中的“靶点”问题，学员柯文汇老师立项了区级课题“基于单元教学的高中生物单元作业设计实践研究”，围绕生物大概念组织单元教学，开展单元作业设计，形成相关的方法指导，为区域相关研究积累案例，建立可推广、可示范的样本；学员郑晓燕老师立项了区级课题“提升初中生跨学科知识综合运用能力的实践研究”，围绕中考改革中地理、生命科学等跨学科教学难题，寻找有效提升学生跨学科能力的教学策略。工作室还两次参加了大同初级中学开展的市课程领导力项目“基于项目学习的跨学科课程设计与实施”研究活动，针对“雷鸟与气候的关系”主题案例，学员们对跨学科教学中尤其要关注的校本课程设计以及跨学科的主题教学进行了重点研讨。充分的交流和思想碰撞能助力教师解决目前面临的教学难题，找到专业发展新的生长点，提升专业素养。

一年多来，工作室学员们在导师的指导下共同开展教学研究，在实践中反思，在反思中不断成长。接下来，工作室将继续围绕“教育现代化”，聚焦新课标、新课程理念，不断丰富研修的形式和内容，拓展研修的时间和空间，让学员们深深地植根课堂教学，因地制宜、因人而异地制定任务目标，用任务驱动目标达成，解决学员成长过程中的实际问题和瓶颈期的突破等现实问题，让学员们凝练特色，形成个人教学风格，助推学科建设。

（黄浦区生物名师工作室　梅守真、刘　骏、郑晓燕、戴　智）

第十四节　海派体育文化视域下中小学体育“三化”教学的实践研究

一、研究背景与意义

（一）独具上海特色的海派体育文化传承的需要

上海是一个中西交融、开放多元的城市，由于独特的地域特征和人文情怀，形成了极具特色的“海派文化”。“海派体育文化”是“海派文化”的重要组成之一，体现了“海纳百川，兼容并蓄”的海派文化特质。学校作为育人的主要场所，应当借助体育教学发扬和传承海派体育文化精神。传承是创新的基础，创新是传承的目的。在推进海派体育文化传承的过程中，学校体育的发展应该顺应时代的变化进行创新和改革，以此满足海派体育文化的传承需要。

（二）深化上海市“三化”课程改革的现实需求

继上海市2012年开始推行的“高中体育专项化”课程改革取得显著效果后，为进一步落实上海教育综合改革的要求，建立科学、完善、有机衔接的学校体育教育教学体系，市教委于2015年推行“小学体育兴趣化、初中体育多样化”课程改革。“三化”课程改革作为上海特有的课程改革，现阶段虽取得了一定的成效，但也存在着诸如教师对“三化”课程改革的内涵理解不清晰、“三化”体育教学未体现学段间的层级贯通等问题。在深化课程改革的实践中迫切需要梳理中小学体育“三化”教学的理论内涵以及“三化”体育教学的结构化发展，做到横向上体现学段特点，纵向上体现科学衔接。

二、海派体育文化的认识与思考

海派体育文化源于“海派”文化，是指上海在传承本土传统体育文化的基础上，通过引进、吸纳、借鉴、改编等不同手段，使异地异质文化背景下的不同体育流派在同一区域内同生共存、和谐相处，既保持自身的文化特性，又融合其他文化优点的体育文化形态。①海派体育文化是上海体育教育发展的浓缩，与海派文化的精髓一脉相承，体现出开放、多元、包容、创新、领先和务实的核心特征。②上海学校体育文化是传授海派体育文化的主阵地，也是创新海派体育文化的主要场所，而中小学“三化”课程改革是上海特有的教学改革，正是海派体育文化在学校体育的具体实践，可从“理念文化、行动文化、环境文化”三个维度在体育课堂中开枝散叶。

黄浦区体育名师工作室主持人俞定智老师在2019年长三角地区体育特级教师论坛“教学新时空”专题研讨中对海派体育文化特征进行了解读，他认为，“开放”是发展的必要，需要“博时同行”，即与时间同行，做到与时俱进；“多元”是博采的芬芳，既像蜜蜂采蜜，又像海纳百川，进而“博采众长”；“包容”需要“博大善爱”，更是现实发展的需要；“创新”需要“搏发异彩”，形成海派的追求；“领先”需要“博越冠绝”，遥遥领

① 陆遵义.上海学校海派体育文化继承与创新的探索[J].现代基础教育研究，2013，11:22—25.
② 沈建华，马瑞，卢伯春.海派学校体育文化形成、特征与传承[J].体育科研，2013，34(04)：82—86.

先，是时代的呼唤；“务实”需要“搏崇实干”，更是体育的本色。知识图谱见图 4-9。

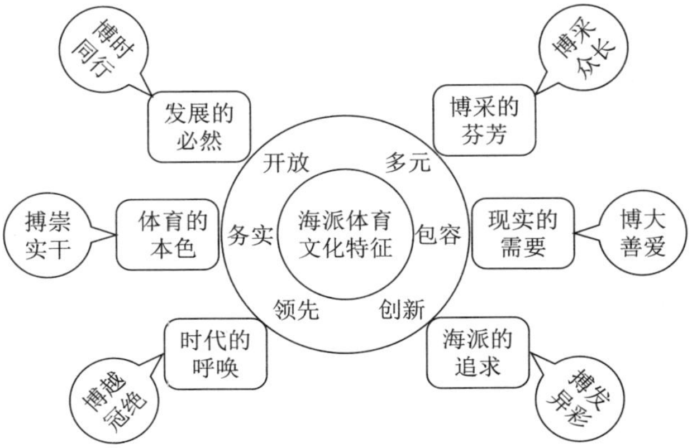

图 4-9 海派体育文化特征知识图谱

三、海派体育文化视域下中小学体育“三化”教学实践探索

（一）海派体育文化视域下中小学体育“三化”教学实践路径

上海中小学体育与健身学科在课程与教学改革 30 年的历程中，经历了从“身、心、群的素质教育观→以学生发展为本的健身育人主线→从海派学校体育文化凝练的学科核心素养”的逐步深化过程。我们基于这一课改路径，结合海派体育文化内涵，重新梳理构建了海派体育文化视域下中小学体育“三化”教学的实施路径，以海派体育文化为起点，以学校体育文化为主渠道，通过“三化”体育教学，形成体育课堂文化，立足体育课堂教学，达成健身育人的目标（见图 4-10）。

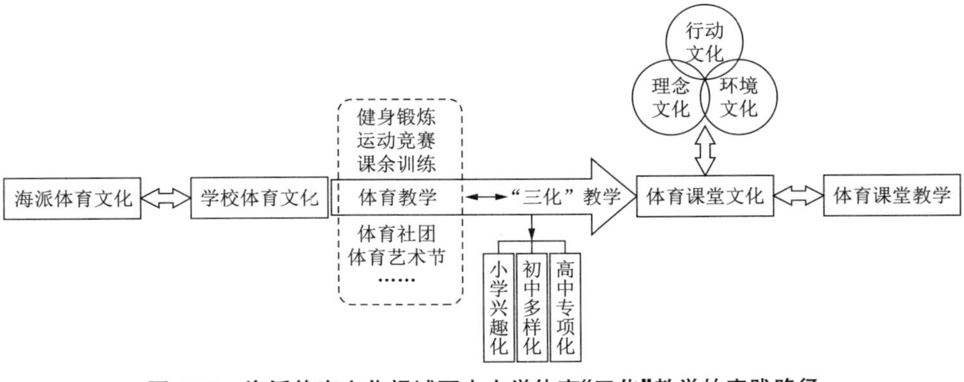

图 4-10 海派体育文化视域下中小学体育“三化”教学的实践路径

（二）海派体育文化视域下中小学体育“三化”教学实践落点

中小学体育“三化”教学改革是上海特有的教学组织模式，本研究探索不同学段的实践落点，力求纵横贯通，逐步构建形成了以小学“三乐”（乐玩巧学、乐趣巧练、乐思巧动），初中“三多”（多样选择、多种方法、多元评价），高中“三自”（自主选择、自觉锻炼、自我评价）为实践落点的小初高一体化“新时代海派体育教学模式”（见图 4-11）。

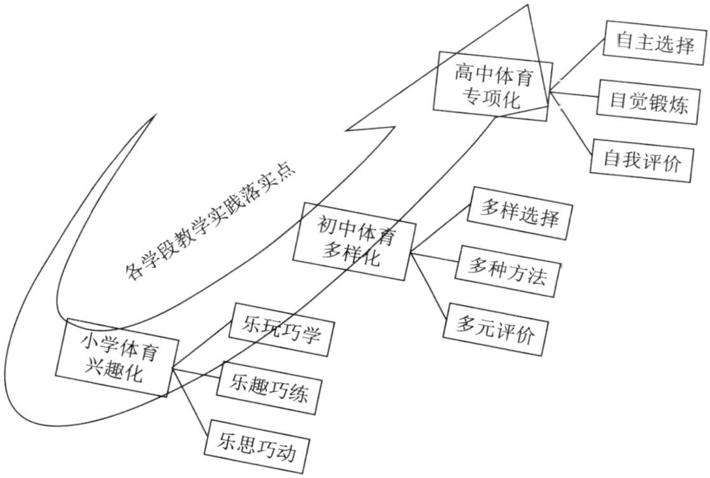

图 4-11　海派体育文化视域下中小学体育“三化”教学实践落点知识图谱

1. 小学体育兴趣化“三乐三巧”教学实践点

基于小学体育“兴趣化”的课程改革和小学生爱玩的天性，通过创设有趣、巧妙的活动情境和游戏形式，组织学生在快乐的氛围中从“玩、趣、思”到“学、练、动”。让小学生在“玩中学，趣中练，动中思”的过程中形成良好的学习习惯，初步形成小学体育兴趣化“三乐三巧”教学实践点（见图 4-12）。

2. 初中体育多样化“三多”教学实践点

初中体育多样化既是小学体育兴趣化的导引，也是高中体育专项化的前提。初中体育“多样化”教学改革应在小学体育“兴趣化”的基础上，兼顾“体育中考”的特殊需求，开展多个运动项目、多样练习方法、多元评价方式为主的教学改革实践，初步形成初中体育多样化“三多”教学实践点（见图 4-13）。

3. 高中体育专项化“三自”教学实践点

高中体育“专项化”以学生兴趣和技能水平为依据，打破传统年级、班级概念进

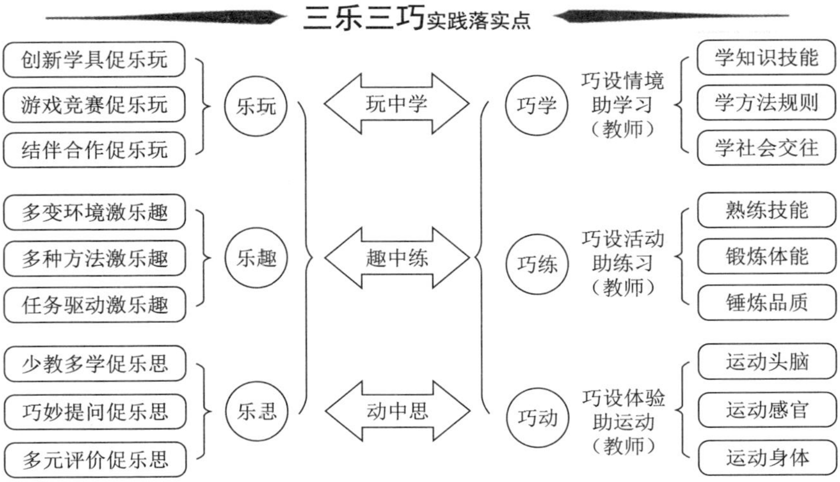

图 4-12　小学体育兴趣化“三乐三巧”教学实践点

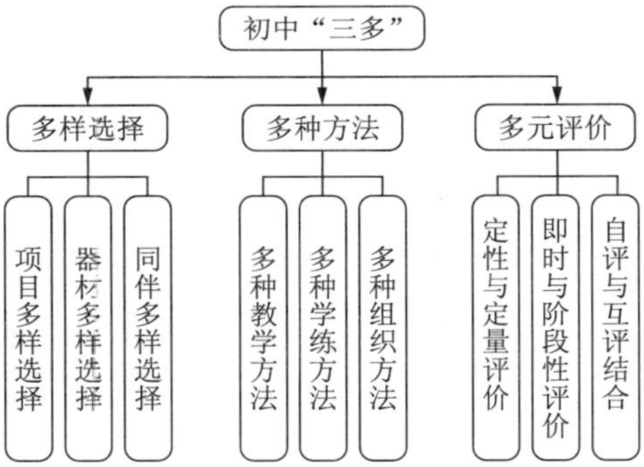

图 4-13　初中体育多样化“三多”教学实践点

行分层次专项教学，改变传统的体育教学组织形式和运行机制，使学生掌握 2 至 3 项体育运动技能，养成“自主选择、自觉锻炼、自我评价”的体育锻炼习惯和健康生活方式，初步形成高中体育专项化“三自”教学实践点（见图 4-14）。

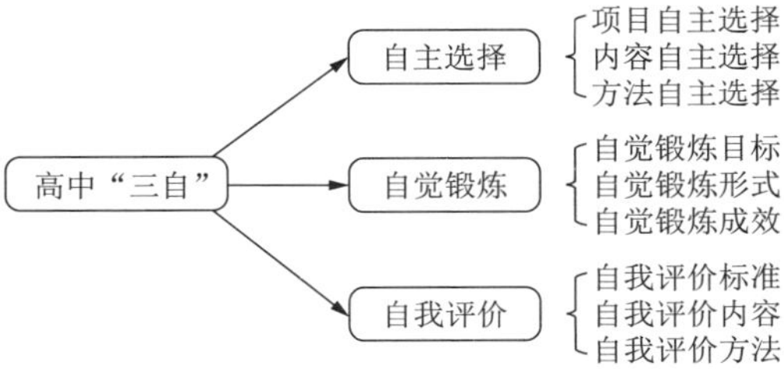

图 4-14　高中体育专项化“三自”教学实践点

（三）海派体育文化视域下中小学体育“三化”教学实践载体

如何促使小学、初中、高中三个学段间实现层级贯通，需要寻求一个实践载体建立各学段间的衔接渠道。2018 年 9 月，上海市教委教研室出台了《单元教学设计指南》一书，为中小学“三化”体育教学实践带来了明确的载体，单元教学设计是对不同学段间有效衔接和系统化处理的重要抓手，也是教师教学的主要依据，在《课程标准》与课堂教学实践之间起着承上启下的桥梁作用。课题组经过反复思考和多次研讨，将“单元教学设计”确定为实践载体，实现三个学段间横向上的系统整合和纵向上的科学衔接，如图 4-15。

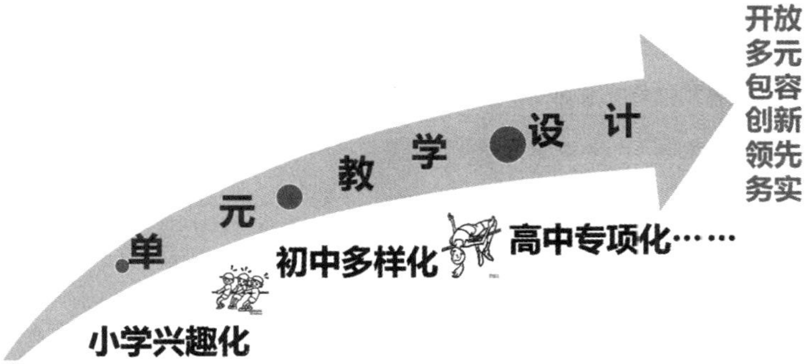

图 4-15　海派体育文化视域下中小学体育“三化”教学实践载体

四、中小学体育“三化”教学实践研究的成效与反思

我们现阶段的研究已经初步厘清了核心概念的理论内涵；梳理了海派体育文化视域下中小学体育“三化”教学的实践路径和各学段的实践落点，并确定了以“单元教学设计”为实践载体。在上海市第四期“双名工程”高峰计划体育基地专家们和开展体育攻坚课题的项目引领下，已开展了近 20 次长三角、上海市区教学实践展示研讨活动，取得显著成效。

“路漫漫其修远兮，吾将上下而求索”，如何发挥攻坚课题的项目引领作用，立足课堂教学实践，加强区域合作交流，构建集教学、科研、培训等职能于一体的体育教师合作学习与研究共同体，形成科学、合理、可操作、可推广的“新时代海派体育教学模式”，且做到学段贯通、逻辑自洽，是未来我们需要重点思考的问题。我们将继续通过工作室这个平台，让名师间、名师与青年教师间有更多的交流、学习、提

图 4-16　海派体育文化视域下中小学体育“三化”教学展示活动黄浦学校专场

高，继续践行“凝智攻坚课题，聚力蹲点助教”工作，全面提升工作室成员的综合素质，为推进黄浦区中小学体育师资队伍建设与体育学科发展贡献力量。

（黄浦区体育名师工作室　俞定智、于生德、陈静娴、张建强、张小娟）

第十五节　运用结构性认知发展学生核心素养

黄浦区小学自然科学名师工作室以“运用结构性认知发展学生核心素养的实践研究”项目为载体开展实践与研究，在解决教学实际问题的过程中，传播学科育人理念，培养学科优秀教师，发挥示范引领作用，提升区域学科教学品质，丰富学科教学理论，促进学科教学论建设。

一、结构性认知有助于学生核心素养发展

（一）聚焦核心素养

依据中国学生发展核心素养和胡卫平教授提出的科学观念与应用、科学思维与创新、科学探究与交流、科学态度与责任的科学学科核心素养①，针对当前碎片

① 杨九诠.学生发展核心素养三十人谈[M].上海：华东师范大学出版社，2017：140—147.

化知识、形式化探究、情感态度与价值观目标难以落实的问题，我们提出科学教学中要注重发展学生的科学观念、高阶思维、科学实践、科学精神等核心素养。

（二）注重结构性认知

认知是指人们获得知识、应用知识或信息加工的过程，是人最基本的心理过程①。比格斯用 SOLO 工具描述了从新手到专家的发展过程，从图 4-17 可以看出"关联结构"水平是通向专家水平的阶梯②。结构化知识是指把所学的知识划分为不同的部分或归入某种更大的范畴，在头脑中组织起来，形成知识组块③。神经科学对认知的研究发现，相互联系的概念在遇到新情况时更容易被应用④。可见，关联的认知方式和有结构的知识更有助于问题解决。

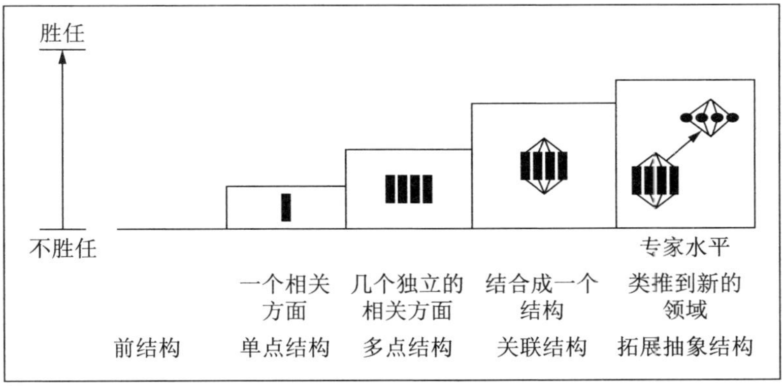

图 4-17　从新手到专家水平 SOLO 分类法

（三）运用结构性认知发展学生核心素养

综合文献研究和黄浦区自然学科关于培养学生科学精神和发展学生高阶思维的研究成果，我们提出运用结构性认知发展学生核心素养的观点。结构性认知是指用关联的认知方式建构结构化的知识。学生在用关联的认知方式建构结构化知

---

① [美]E.Bruce Goldstein.认知心理学：心智、研究与你的生活[M].张明，译.北京：中国轻工业出版社，2018：4.

② 夏雪梅.以学习为中心的课堂观察[M].北京：教育科学出版社，2012：88—94.

③ 王亚南，余嘉元，李华梅.当代认知心理学的教学启示[J].江苏教育学院学报（社会科学版），2004(01)：45—48.

④ [英]Wynne Harlen.以大概念理念进行科学教育[M].韦钰，译.北京：科学普及出版社，2016：5—6.

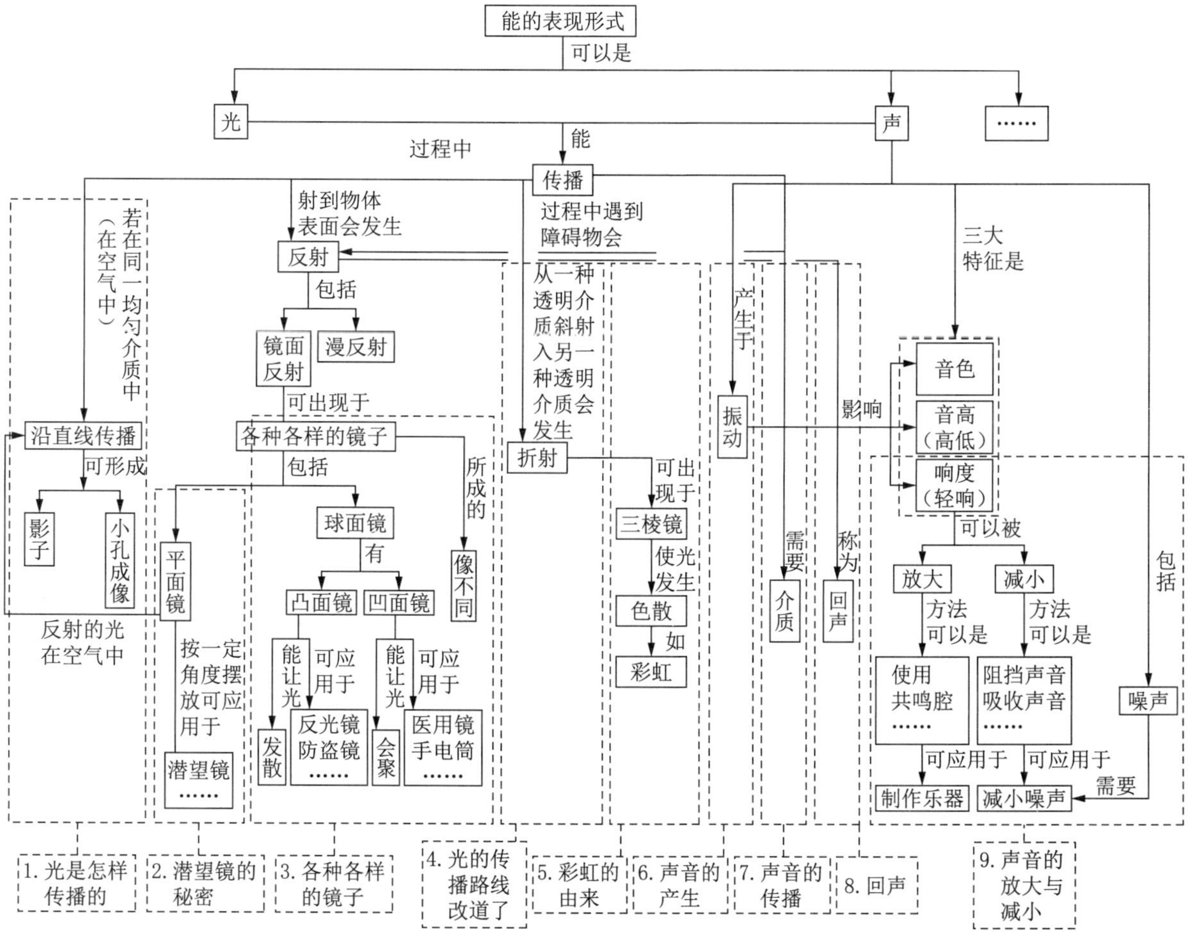

图 4-18 “光和声”重组单元概念图

识的过程中，分析、评价等高阶思维将得到发展，观察、实验等探究技能将得到提高，探究、实证、创新等科学精神将得到培育，科学观念和对科学本质的认识也将得到提升。因此，运用结构性认知教学策略是发展学生核心素养，培养创新人才的一个重要途径。

二、用概念图助力结构性认知，发展学生核心素养

（一）建构概念图

1. 建构单元概念图

概念图是一种呈现结构化知识和帮助建构结构化知识的有效工具。在单元教学设计时，我们用概念图的方式呈现单元全部教学内容。单元概念图是用箭头和连接词把单元中包括的所有概念联结起来，使教师明晰各课的教学内容以及它们之间的联系，以便更好地为学生自主建构知识和灵活应用知识搭建"脚手架"，更好地基于学生的已有经验和知识提供发现问题和解决问题的机会，并在此过程中发展学生的核心素养。为帮助学生从具体概念到核心概念进而逐步形成科学观念，我们还将有关联的单元进行整合。如，将教材中"光的传播"和"声音与振动"两个单元组合成一个大单元"光和声"，图 4-18 是重组大单元"光和声"的概念图。

2. 建构结构性板书

在各课教学中，我们以概念图的形式呈现板书。简洁直观的结构性板书有助于学生建立知识之间的联系并进一步理解相关概念，有助于学生长时记忆和灵活应用，同时也有助于学生形成良好的认知方式。图 4-19 是"各种各样的镜子"一课的板书。

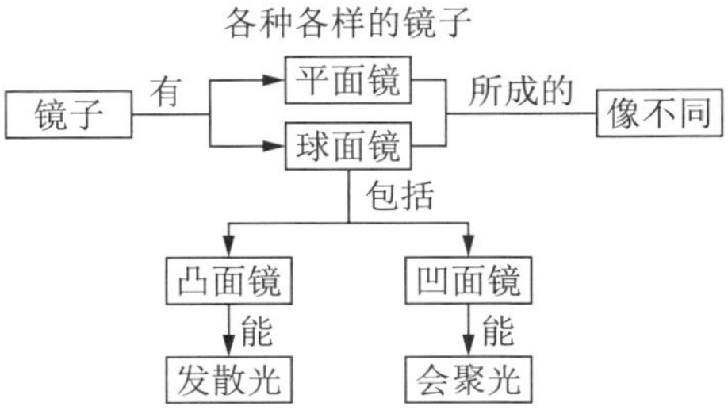

图 4-19　"各种各样的镜子"教学板书

（二）运用概念图设计单元活动、作业和评价

1. 运用概念图，发现认知不足，优化活动设计

“光在同一均匀介质中沿直线传播”是“光和声”大单元中的一个具体概念。概念图 4-18 显示，学生在第 1 课中只能获得“光在空气中沿直线传播”的结论，与之相关的概念是折射。教师可以在组织探究光的折射时增设探究光在水、玻璃中传播路线的活动环节，帮助学生逐步建构“光在同一均匀介质中沿直线传播”的概念。在此过程中培养学生基于证据得出结论的实证精神，促进学生分析思维的发展。

2. 运用概念图，寻找认知冲突，创新活动设计

概念图 4-18 显示，第 2 课是对第 1 课光的直线传播的应用。为激发认知冲突，提供应用已有知识的机会，教师可以创设用“弯管”观察的情境导入教学。第 1 课，学生用弯管不能看到纸偶的影子，由此提出“光沿直线传播”的假设，并通过实验验证假设。第 2 课，学生用加装平面镜的弯管观察到了物体，由此产生认知冲突，提出问题“光是沿直线传播的，但为什么用弯管也能看到物体？”。在解决问题的过程中，学生的探究技能、分析思维能力和实证精神也得到了培养。

3. 运用概念图，关注课时联系，设计连贯作业

概念图 4-18 显示，第 2 课和第 3 课都是“镜面反射”的应用。为使学生对一类问题持续关注，对一个内容深度学习，可以设计图 4-20 所示的连贯作业。“作业 1”既是第 2 课的拓展又是第 3 课的学习准备和探究对象，“作业 2”为学生提供了应用所学知识的机会。学生在调查时科学实践能力得到锻炼，在向家长解释时分析思维得到发展。

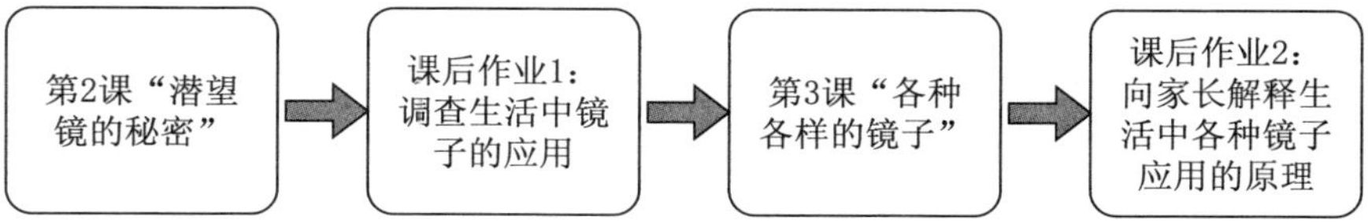

图 4-20 “光和声”单元连贯作业

4. 运用概念图，关注单元整体，设计综合作业

概念图 4-18 显示了光的反射与光的折射的关联。为了给学生提供在新的情境中灵活应用知识的机会，教师可以设计综合光的反射与光的折射的自由探究作业：尝试用多种方法看到碗中的硬币，并说明其科学原理，促使学生在用平

面镜、凸面镜、凹面镜、加水等多种方法解决同一问题的过程中发展创造思维和创新精神。

5. 运用概念图，把握知识结构，开发结构性认知评价工具

概念图 4-18 显示，光的直线传播、光的反射、光的折射是单元中相互关联的 3 个重要概念。为评价学生是否建立了知识间的联系，可将图 4-18 的概念图简化，选择概念图中与“光”有关的知识，设计如图 4-21 所示的评价工具“概念图填空题”及其评价量规。学生在区分容易混淆的知识时分析思维得到锻炼，在斟酌连接词时严谨的科学态度得到培养。

请选择下列词语建构“光”的概念图。
小孔成像、凹面镜、会聚、沿直线传播、折射、潜望镜、防盗镜、可形成、可出现于。

概念图

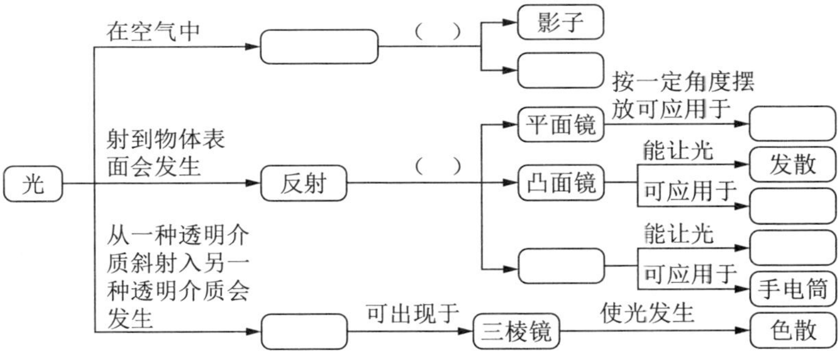

请根据以上填写情况，给自己相应星数。

评价维度	评价内容	评价量规			评价结果
		★	★★	★★★	
学业成果	建构“光”概念图	正确填写 1—3 个	正确填写 4—6 个	正确填写 7—9 个	(　　)颗★

图 4-21　“光和声”单元概念图填空题及其评价量规

6. 运用概念图，预测认知误区，开发科学实践能力评价工具

概念图 4-18 显示，“光”与“声”既有联系又有区别。光和声音的概念中都出现“介质”，声音传播需要介质，光在同一均匀介质中沿直线传播。学生容易产生认知上的负迁移，误认为光的传播也需要介质。在单元学习后，教师可设计如图 4-22 所示的评价工具，要求学生提出假设、设计实验并加以验证，进而形成正确的知识

结构。在此过程中学生将自觉运用分析、评价、创造等高阶思维，实证和创新精神也将得到发展。

辨析—验证题：
小海同学认为：声音和光都不能在真空中传播。你同意他的观点吗？请选择以下器材设计实验证明你的观点。

我的观点	
选择材料	激光光源（　）、电烛灯（　）、吸管（　）、可抽气钟罩（　）、抽气机（　）铃（　）其他（　）____
设计实验	

请根据以上填写情况，给自己相应星数。

评价维度	评价内容	评价量规			评价结果
		★	★★	★★★	
学业成果	1. 观点正确 2. 选材得当 3. 设计合理	做到 1 项	做到 2 项	做到 3 项	（　　）颗★

图 4-22 “光和声”单元辨析—验证题及评价量规

三、运用结构性认知发展核心素养有成效

（一）教师专业素养得到提升

建构单元概念图，促使教师在解读课程文本时，深入理解知识间的联系，掌握系统的学科知识，提高了表达的准确性和简洁性。教师能关注知识间的联系和学生的已有基础，提高了单元教学设计的整体性、结构性和逻辑性。自工作室成立以来，2 位学员获 2019 年上海市中青年教师教学评比一、二等奖，1 位学员获 2019 年度“一师一优课”部级优课，1 位学员获黄浦区三年成果评选二等，4 位学员成功立项 2020 年区级课题，2 位学员晋升高级教师。

（二）示范引领作用得以发挥

工作室以论坛和课堂教学的方式向全市 200 多名自然、科学与技术学科教研

员和骨干教师展示了运用结构性认知发展学生核心素养的理念与做法，相关资料发布于上海教研公众号，获得了市教研员赵伟新老师的高度评价："黄浦区的自然课堂教学有深度，课题项目引领区域教研成品牌，运用概念图的单元教学设计新模式值得大家学习。"张瑞芳小学自然科学名师工作室还向全国知名的小学科学特级教师章鼎儿工作室介绍了上海市黄浦区的单元教学设计的做法和经验。在张瑞芳导师指导、学员执教的57节上海市"空中课堂"五年级的自然课中，作为黄浦特色的单元概念图和结构性板书再次获得全市广大教师和学生的好评。

（三）学生核心素养得到发展

运用结构性认知教学策略的课堂教学显示，学生核心素养得到了明显的发展。在教师的引导下，他们能基于已有知识提出问题或形成学习需求；能应用已有知识设计多种实验方案，分析证据得出结论；能检核证据发现漏洞，并自行修正结论；表现出有用不同的方法得出相同的结论更令人信服等科学精神面貌。

（黄浦区小学自然科学名师工作室　张瑞芳、夏志骏、葛玉琴、张晟瑜）

第十六节　项目引领，在行动与对话中共同成长

一、新时代的使命：助力教师成长，践行幼有善育

习近平总书记在党的十九大报告中强调要"办好学前教育"，并把实现"幼有所育"作为重大民生问题之首。目前，上海学前教育面临着规模发展与质量提升的双重压力，全面提升保教质量势在必行，而保教质量提升的关键在于教师的专业成长。

黄浦学前名师工作室在区教育局、教育学院领导关怀下，在专家指导下，至今已开展三轮。工作室以课程改革为方向，聚焦课程与教学改革中的关键问题，围绕"表现性评价""素养培育"等研究项目，以蹲点学习为主要途径，通过公开教学、专题研究、观摩考察等形式提升学员专业素养和课程领导力。工作室强调名师、专家、学员之间的平等协商和对话，在学习、基于问题的智慧碰撞、不断实践改进中持续推动共同成长，努力使工作室成为高端人才成长的摇篮，达成以项目助推"出成果""出人才""出成效"的目标。

二、抓住关键素养：从幼儿行为分析走向幼儿核心素养培育

明晰儿童发展规律是教师的基本功。针对工作室学员普遍存在的“熟悉某些发展领域或年龄段，不了解其他领域或年龄段”等问题，第一轮工作室确立了以“0～6岁婴幼儿表现性评价的研究”课题为载体，以“学习和应用儿童发展规律”为重点，以“社会性领域表现性评价研究”为抓手的工作方式，通过学习资料、研制评价工具，运用表现性评价方法观察儿童等方式，实现思维锻炼、行动研究能力提升和专业发展的学员培养目标。

表现性评价研究的深入引发了工作室对园所课程优化必要性的思考。《中国学生发展核心素养》的发布为课程优化指引了方向，评判课程的品质应首先看课程能否有效支持儿童核心素养的提升。第二轮工作室在此背景下，以“指向核心素养的幼儿园课程开发”课题为载体，以满足实践需求为导向，通过厘清儿童核心素养结构、开发微课程等方式，完善园所课程，提升教师能力，并初步形成教师课程领导力提升机制和策略。

在积累了较多经验后，第三轮工作室在茅红美、肖燕萍两位导师的共同带领下，以“基于幼儿核心素养优化园本课程建设的实践研究”项目为载体，继续指向幼儿的核心素养培育，通过开展关于优化园本课程建设、打造品质学前教育活动两方面的学习与探索，提升教师课程领导力。

三、持续的专业行动：项目引领的学习共同体构建

（一）0～6岁婴幼儿表现性评价研究阶段（2012～2014年）①

1. 强化儿童发展规律的学习

工作室带领学员先后翻译并研读了英国、美国的早期学习标准、《儿童社会性发展指南》《3～6岁儿童学习与发展指南》等文件，不断强化学员对儿童发展规律的认识。

---

① 第一轮工作室：导师：茅红美；秘书：王燕；学员：陈群波、江欣怿、沈玲、王岫、忻怡、徐仲卿、许文婷、姚博文、俞建华、郑琦。

2. 重思维启迪与实践应用

工作室采用“研究—实践—再研究—再实践”的行动研究范式。如确立评价内容时，带领学员从第一手资料中寻找问题起源、观点演变等。每个任务设计都是在一次次应用与问题解决中日臻完善的，学员江欣怿与徐伃卿等合作设计的“3～6岁儿童移情水平的表现性评价任务”、陈群波与郑琦等合作设计的“中大班幼儿同伴关系的表现性评价任务”都先后经历半年的应用和修订。学员王岫表示：反复修订、螺旋提升的过程不仅锻炼了我们的思维方式，还有助于养成严谨、科学的思维习惯与治学态度。

3. “一横一纵”的推动表现性评价研究

选定某年龄段开展全部社会性发展评价（为“一横”），选定一个子领域（如“自我控制”）开展0～6岁整个年龄段评价（为“一纵”）。在有余力的情况下，开展其他子领域、年龄段的任务设计。

4. 组建共同体，蹲点实践，探索适宜学员发展的机制

工作室组建“研究＋实践”合作组，发挥所长，强强联合。如姚博文等教学实践能力强的老师搭档研究能力强的江欣怿老师，定期在蹲点园实践，这样设计的评价工具不仅理论上站得住脚，更便于一线教师操作。

（二）基于幼儿核心素养的园本课程建设与实施阶段（2015～2018年）①

1. 对话中促学习、促成长

与“大师”对话，强化理论基础。导师带领学员研读《核心素养的核心在哪里》等专业书籍，并共同筛选出适合本土的核心素养。

与同行对话，在交流中升华思想。在和宁夏同仁交流时，学员郑琦认识到指南解读及实践出真知的重要性。在访问安庆幼儿园并聆听温剑青园长的“聚焦课程评价，优化课程方案”报告后，学员邬健瑾表示，这样的学习不仅拓展思路，还直观感受到以评价为抓手开展课程方案优化的过程。

与导师对话，学习思考问题的视角和方式。学员王立琴在带领团队开展课程研讨时就经常迁移导师的思考方式：这个活动和课程是什么关系、促进幼儿哪些核心素养等；弄清这些问题，就保证了课程实施的可操作性及课程目标的达成。

① 第二轮工作室：导师：茅红美；学员：王立琴（兼秘书）、李艳、王英萍、邬健瑾、郑琦。

2. 蹲点研究，开展微课程开发与实践

学员基于“3～6岁学前儿童核心素养的调查”，结合对本园课程问题的分析，确立了五门指向幼儿核心素养的微课程，包括汇龙幼儿园王立琴老师的“基于核心素养‘环境’课程方案设计”、奥林幼儿园郑琦老师的“基于核心素养的‘沙水游戏’课程方案设计”、蓬莱路幼儿园邬健瑾老师的“基于核心素养的‘问题树’课程方案”、文庙路幼儿园王英萍老师的“基于健康生活素养背景下的‘生活小能手’课程方案设计”、荷花池第二幼儿园李艳老师的“基于核心素养背景下的‘运动荟’课程方案”。

课程确立后，导师带领学员定期蹲点实践及共同教研，在不断解读儿童的过程中进行课程设计与优化。如讨论“运动荟”微课程时，导师引领大家首先思考“幼儿需要的运动和发展是什么”，这个问题使大家的注意力牢牢聚焦在观察儿童运动兴趣、需要和发展上。这样的观察不仅让教师更加了解幼儿，了解运动课程促进幼儿全面发展的价值，更让教师看到了效果，进而更加积极地尝试改进课程，这就形成了良性循环改进的局面。

3. 建立观察员，用第三者的眼光观察成长和变化

工作室邀请了课题组的崔希娟、金荣慧等老师作为观察员参与到工作室学员课程开发中，从第三者的角度观察、记录、分析学员在课程思考、设计、实施、评价等方面一路的成长和变化，积累形成教师课程领导力提升的策略。

（三）继续素养培育的项目，做好传承与深入发展（2019年起）①

1. 基于工作室项目形成园本特色子项目

考虑到14位学员所在幼儿园都有自己的园本特色课程，为调动学员的主观能动性，提升他们的课程领导力，在确立工作室总项目后，每位学员围绕项目主题、依托各园园本课程及问题现状等，与导师协商形成了各自的子项目。

2. 开展越来越丰富的实地教研与深度指导活动

一年来，工作室学员在导师的带领下，走名园实地体验：走进示范园观摩（如思南路幼儿园），聆听园所优质经验；在“探寻真游戏：安吉游戏学习考察”活动中，通过专家引领（专题讲座、课堂点评等），学员们亲身体验等方式，感受安吉游戏的魅

---

① 第三轮工作室：导师：茅红美、肖燕萍；学员：陈佳昕（兼秘书）、曹佩雯、崔晓明、李艳、刘佩、王琳芳、王桦君、王岫、王英萍、杨晓菁、庄琰、郑琦、张玲、赵妍。

力，进一步理解游戏理念和游戏精神。

听报告多交流：聆听特级教师李江美“课程：师者教育信念的载体”的报告后，学员们拓展了课程视野，并通过撰写读书笔记、教学反思等方式来分享所思所感。学员陈佳昕表示：通过听报告，明白了要依托生活的经验，关注日常点滴，挖掘周边资源，拓展思维边界，让儿童在更广阔的空间中生长。导师也提出期望：大家要做好教师和园长之间的桥梁，协助园长对课程进行顶层设计，思考课程背后的意义，示范如何有效实施课程，提高自身课程领导力。

蹲点观摩多视角思考：观摩环境，导师引导学员思考环境创设与儿童发展的关系。观摩教学，导师引领学员分解核心素养，精准定位活动目标。观摩游戏，导师引导学员“看到”游戏背后儿童核心素养的发展。学员们通过自主与集中的理论学习、微论坛、云连线等专题研讨方式，互学互助、拓宽视野、更新认识。

3. 基地蹲点突破与巡回指导相结合

遴选核心项目基地，蹲点突破，将蹲点过程中积累的经验推广应用到其他子项目，并对其他子项目进行巡回指导。如经过综合评估，工作室选定重庆南路幼儿园为种子园。导师通过带领学员研讨园本课程方案、观摩环境及活动现场、一对一跟班半日活动等方式，用视频、照片等记录带班教师在生活、游戏、运动和学习各种活动中的组织与实施；基于儿童视角，通过案例剖析，多角度分析教师在带班过程中的行为，并提出针对性建议。工作室的介入，既是对园所的帮扶与指导，又能在实践中锻炼学员的课程领导力（包括课程思想力、设计力、执行力、评价力），更能以该园特色课程为例深入探索园本课程优化的方法与途径。

四、收获与成长：提升专业素养，扩大专业影响力

工作室成立以来，已培养了 29 位业务能力精湛的教师人才，硕果累累。多人在区级以上杂志发表文章、开展示范教学及展示；学员郑琦、王岫、陈佳昕等在上海学前教育年会上做研究成果的交流发言；江欣怿、王立琴、王英萍、邬健瑾、忻怡、王岫等多位学员通过了上海市中学高级教师职称评选；第三轮工作室的 14 位学员围绕项目主题确立的子项目在新一轮区级课题申报中立项率达到 85.7%。2020 年 1 月，学员王琳芳的课题“信达雅意——幼儿园书画教育课程的创新与实践”获得黄浦区第十三届教育科研成果一等奖。

学员在市、区、园内都发挥了不同程度的示范和影响。如学员忻怡发现早教中心教师在深入理解月龄特点方面存在短板，她便迁移工作室的方法带领团队探索婴幼儿发展评价以提高指导的有效性。学员江欣怿作为区幼教科研负责人之一，将工作室中行之有效的研究方法运用于区科研干部培训中。王英萍等老师作为“青苹果工作坊”坊主，也运用工作室的方法带领“小苹果”们开展研究和实践。工作室导师茅红美主持的“医教结合视角下 0～3 岁婴幼儿表现性评价研究”获得2017 年上海市基础教育教学特等奖，“幼儿园教师课程领导力提升的实践研究”经上海市教育科学规划课题评定为优秀，并入选《上海市教育科学规划课题成果选介汇编》2020 年第一辑；2019 年，两位导师受上海市中小学（幼儿园）教师培养培训专题展示活动的邀请，开展了“辨析式家园共育‘雨天带孩子去户外运动’你怎么看?”的公开课，获得了热烈反响和高度好评。

进入 2020 年，在这个全国乃至全球人民共抗疫情的特殊时期，疫情即生活，生活即教育，工作室带领学员积极应对新挑战、新问题。“停课不停研”期间，两位导师分别开展了在线公益专题讲座：茅红美进行了“疫情下的反思——托育机构从业人员应具有的职业素养”的专题演讲，肖燕萍以“疫情期间，如何开展有效教研”为主题作了专题讲座；工作室通过“云教研”方式，结合疫情开展了一系列有关幼儿教育问题的研讨，将疫情融入课程，指导家长进行科学育儿。疫情并没有让我们停下前行的脚步，工作室带领学员将继续提升工作室学员的专业素养以及课程领导力，重视培养幼儿核心素养，为黄浦学前教育的发展继续加油、助力！

（黄浦区学前教育名师工作室）

第五章　组建联盟，共同发展

第一节　以研修组为载体的优秀教师研修联盟团队建设的实践探索

黄浦区教育系统学科带头人和区级骨干教师是一支区域教育教学中实践经验丰富，具有成长潜力的优秀教师队伍，是区域教育教学改革实践中极富生命力的中坚力量。2015 年 5 月，黄浦区教育系统新一轮学科带头人和区级骨干教师队伍正式成立，其中区学科带头人 120 名，区骨干教师 278 名。黄浦区教育局和区教育学院高度重视优秀教师的队伍建设，根据《黄浦区教育系统新一轮学科带头人和区级骨干教师管理办法》，区教育学院教师专业发展部对区学科带头人和区骨干教师进行日常管理和专业服务。

面对数量庞大、资源雄厚的优秀教师群体，如何"激发优秀教师的专业自觉，彰显优秀教师的专业特色，为优秀教师可持续发展提供专业支持"成为教师专业发展部急需解决的一道难题。本着"发展每一位教师、成就每一位教师"的宗旨，教师专业发展部在总结梳理前一轮优秀教师管理经验的基础上，提出"组建研修联盟、实现共同发展"的区域优秀教师队伍管理思路，即在以往分学科、分学段、分序列（区学科带头人和区骨干教师）的研修模式上，融入跨学科、跨学段、跨序列的研修联盟模式，为有共同专业发展兴趣和需求的优秀教师提供深度研讨、共同发展的平台，力求使研修形式更灵活，研修内容更具开放性，研修品质更上一层楼。同时，聘请区优秀学科带头人担任研修组长，以学科带头人的智慧引领团队研修，既发挥学科带头人的示范辐射作用，又促进其专业成长，实现双赢。

教师专业发展部根据学科特质、学段特点和教师数量，将区学科带头人和区骨干教师分为 30 个研修组，其中既有分学科、分学段、分序列的研修组，也有跨学科、跨学段、跨序列的研修联盟。在研修组长的带领下，各研修组结合学科特点和优秀教师专业发展需求，开展“以研修组为载体的优秀教师研修联盟团队建设的实践探索”。

一、量身定制计划，凝聚团队智慧

黄浦区教育学院教师专业发展部承担着区域优秀教师的日常管理和专业服务。为此，教师专业发展部制定了研修组长工作例会制度。每学期召开研修组长工作例会，明确研修组长的职责和研修组管理的相关要求，共同商议研修活动的组织及运作方式，以及解决研修组管理中遇到的问题，加强研修联盟的团队建设，保障研修联盟的优质高效运转。

由于区学科带头人和区骨干教师来自区教育系统所有学科和学段，以及校外教育、职校等，依据学科相近，人数相对均衡组建的研修联盟其成员也来自不同学科或学段，这给团队研修带来不少困难。如有的研修组人数众多——互动研修有困难；有的研修组跨越多个学科——研修主题难确定；有的研修组虽然同属一个学科，但是跨越小学、初中、高中三个学段——研修时间难统一等。这些实实在在的困难考验着每一位研修组长的智慧。

对此，研修组长们倾听组员想法，在整合需求的基础上，充分挖掘现有资源，精心为研修组量身定制研修联盟团队专业发展计划。一份份研修计划的出炉，折射出研修组长和团队成员对团队研修寄予的期望。研修联盟的团队建设让优秀教师在互动中融合，在互助中提升团队凝聚力。

二、满足成员需求，创新研修样式

面对这个充满活力、积极向上的优秀教师群体，如何调动每位优秀教师的专业能动性，彰显每位优秀教师的专业特色？教师专业发展部提出：创新研修样式，开展特色研修活动。

学前研修组共有 47 位优秀教师，是研修组中教师人数最多的一个组。面对人数众多的实际情况，学前研修组长设计开展“俱乐部研修”的活动样式，由组员根据自己专业特长，自主报名参加不同主题的俱乐部，开展主题式研讨。俱乐部部长均由团队中有领域专长和资历的优秀教师担任。

跨学科研修组是由跨序列、跨学科、跨学段的优秀教师组成。研修组长把不同学科、不同学段作为研修资源，定期开展团队研修，引导教师深入探索学科间的相互联系和作用，鼓励教师在立足本学科教学的基础上，尝试打破学科边界，设计学科间相互渗透融合的教学活动，用"超越学科的教学"来弥补分科教学的缺陷，更好地促进学生的全面发展。

除此之外，研修组长充分发挥自身优势和资源，组织公开教学、举办专家讲座、深入学校指导、开展学科实践等，将研修活动与课程、教材、有效教学紧密结合，与优秀教师专业发展需求紧密切合，对学科领域建设起到促进作用。

三、精心设计谋划，彰显研修特色

为让区域一线教师共享优秀教师的研修成果，扩大优秀教师在区域内的影响力，教师专业发展部为优秀教师搭建了交流展示平台。活跃的展示平台使优秀教师在展示中得到历练，在历练中促进成长。

近年来，在"智慧引领，主动发展"——"黄浦区教育系统优秀教师任期展示"活动中，30个研修组自主设计、自主展示的特色研修活动精彩纷呈。各研修组在组长的带领下，精心甄选展示主题，创意设计展示形式。如跨学科研修组的"跨越学科的教学"微论坛和茶艺展示、初中语文研修组的"倾听来自你的声音"朗读会、音美研修组的"印象·青花瓷"教师技能展示、德育班主任教心研修组的"向幸福出发"和"一校一世界"、综合组的"厚积磨砺，共同成长"、中学物理组的"关注过程体验，创建学生喜欢的课堂"微论坛等，公开教学和现场评课、板书设计与书写、说课、技能展示等形式真可谓丰富多彩，各有特色，全面反映了区域优秀教师在任期中的专业成长，彰显了研修联盟团队建设的特色和成果。

近60场的现场展示活动，覆盖了区域教育的所有学科领域、所有学段及校外机构，覆盖面广，影响力大。研修联盟的特色展示活动得到了区域学校、教师和市区专家的一致好评，一份份独具特色的研修活动案例收录于"智慧引领，共同发展"的系列丛书中。

四、规范有序管理，记录研修轨迹

研修组成立伊始，教师专业发展部明确提出"管理规范化，服务人性化"工作要求，为研修组日常管理提供优质、专业的服务。教师专业发展部推出《学科带头人专业发展手册》《区级骨干教师专业发展手册》和《研修组活动手册》，使研修活动做到“有计划、有目标、有记录、有成果”。手册真实地记录着优秀教师的专业成长轨迹以及研修联盟团队建设的心路历程。规范有序的管理有效促进了区域优秀教师的专业成长，扩大了优秀教师的专业视野，为区域优秀教师队伍梯队建设提供了保障。

五、互助激励成长，收获丰硕成果

持续的研修学习不仅让区学科带头人和区级骨干教师收获知识，也让他们在教学理念、学科育人价值上豁然开朗，一支有成就、有特色、有创新的优秀教师队伍正在形成。“以研修组为载体的优秀教师研修联盟团队建设”实践探索初具成效。以 2015～2018 年黄浦区教育系统新一轮学科带头人和区级骨干教师任期成果统计为例：

区学科带头人在三年履职期间，主持或参与各级课题（项目）168 个，为全国、市、区等各级各类教师开设讲座、示范课 658 节，参与主编或编写专著、在各级各类期刊等发表论文共计 356 篇，获得各级部门以及各类行业协会授予的荣誉称号 300 人次。

区级骨干教师在三年履职期间，参与各级课题（项目）417 个，为全国、市、区等各级各类教师公开教学 487 节，为本校教师开设公开课 739 节，在各级各类期刊等发表论文共计 396 篇，带教青年教师 940 人，获得各级部门以及各类行业协会授予的荣誉称号 535 人次。30 个研修组开展各类研修活动总计 360 次。

优秀教师是区域教育的中坚力量，优秀教师的可持续发展是教师教育中面临的一项重要课题。这里推荐的 6 个研修组是黄浦区教育系统优秀教师专业发展研修组的代表，它们用不同的方式共同探寻优秀教师研修联盟团队建设的途径和方法，实现“和而不同、成就彼此”的研修效应，进一步提升优秀教师在区域教育教学中的引领、辐射能力，为区域优秀教师梯队建设输送优秀人才。

（上海市黄浦区教育学院　林建华、周俊华）

第二节 厚积磨砺，共同成长

一、背景和意义

在黄浦区教育学院教师专业发展部组织专家面试遴选后，校外职教学科带头人骨干教师联合研修组成立。

联合研修组一共有20位教师，由来自黄浦区青少年艺术活动中心和黄浦区青少年科技活动中心、上海市商贸旅游学校和中华职校的区学科带头人和骨干教师组成；来自不同的学科和专业，有科技、英语、合唱、舞蹈，也有烹饪、调酒、酒店服务等。虽然大家的专业不同，涉及的领域广泛，研修的难度比单一学科要高，但教学是相通的，而这样的跨学科观课交流，打破了学科壁垒，对我们每一个人来讲既是学习也是促进，拓展了对自身学科的认识、对自身教学能力的认识，促进了学科教学的整合，从内容到形式真正实现了跨越学科的联合研修。通过几年的厚积磨砺，我们的研修组在成长，我们研修组的每一位成员在成长。

二、思考与认识

作为基层的一线教师，当初主动报名区教育学院研修组的目的是非常明确的，即：借助一个更高的平台来全面提升个人的专业素养；争取机会与名师近距离地接触，学习教育教学的技巧；在组长的带领下，坚持听课评课，参与教材编写，提高教科研能力；展示交流教学心得，通过研修组的研修活动，达到共同发展的目标。

综合组的研修目的是希望在区教育学院已打造成功的“学科带头人、骨干教师”项目基础上，充分挖掘与发挥一线教师的能动性。一方面，在现有的学科带头人、骨干教师基础上，让个体教育理念与优势教学方法提升至更全面、更具推广与影响力的专业理论或教学典范。另一方面，通过综合组联合研修建设一批具备前瞻性、示范性、研究能力强的专业精英教师团队。例如阮毅老师的信息化教学的分享（全国一等奖）、谢维丹老师的“异影图形在海报设计中的运用”公开课、周韶红老师的公开课“纸艺——水墨江南”，使研修组教师们收获良多。

三、实践与探索

（一）丰富的研修内容

在区教育学院教师们的指导下，在组长的策划带领下，我们的学习历程包括："中外教师交流、公开课展示、现场体验、动手参与、自主学习、全面发展、团队建设……研修组学习历程镌刻了如许印记：这里有关于如何上好一节课的语言技巧和教学环节设计的知识传授，这里有关于世界技能大赛西餐服务项目的带教经验的分享，这里有关于如何编写教材和申报课题的技术指导，这里有教育教学的理念更新，这里还有专业提升的具体实践和现场观摩的直观体验，等等。通过形式多样的研修学习活动，我们在潜移默化中开阔了视野，增长了见识，得以站在更高的平台上理解职业教育的内涵和专业发展的途径。"

最近几年，研修组安排了丰富多彩的活动，在黄浦区艺术中心、科技中心、中华职校、上海市商贸旅游学校都留下了研修组教师们学习研讨的身影。大家都无比珍惜研修学习的机会，克服了工作忙、路途远的困难，积极参加各类研修活动，以勤能补拙的进取精神面对每一次的学习。艺术中心的美学教育给予其他学科教师很大启发，中华职校烹饪专业教师果蔬雕刻的造型运用了舞蹈美学的元素，计算机教师的影视后期制作也结合了美学的画面。科技中心的机器人比赛在国际上屡次获奖，他们的经验分享使其他专业教师领悟到兴趣教学的重要性，调酒西餐服务教师由学生兴趣出发，从调酒选修课和社团课入手，选拔培养人才，在上海市乃至全国的调酒比赛中屡获殊荣。艺术中心的教师也是从学生的兴趣出发，挖掘学生的潜能，使学生在合唱、舞蹈、古筝等大赛中名列前茅。可见校外职教联合研修组的研修活动真正落到实处，教学水平普遍提高，教学成果显著。

（二）特色研修活动

黄浦区校外、职教学科带头人、骨干教师联合研修组的研修成果展示让人耳目一新。研修组的故事"厚积磨砺共同成长"，记录了在名师引领下研修组成长的点点滴滴。黄浦区青少年科技活动中心马克老师、王捷老师、张力钢老师分享了他们的故事。他们的说课展示仿佛把大家带进了青少年儿童校外"健康娱乐、快乐学习、创新发展"的幸福乐园。艺术活动中心的徐亮亮老师和陶建明老师从学生的兴趣出发，用天籁的童声、优美的舞姿给大家带来美的享受。他们带的学生艺术团在国际上也颇有影响。中华职校刘广宏老师的烹饪微课和水果雕刻表演让在座的教师们感受到了中国工匠精神的精髓，真可谓三百六十行，行行出状元。上海市商贸旅游学校赵慧老师英语版的酒文化知识讲解，以及孙建辉老师和学生一起展示调酒技能，多元化教学内容的渗透，教师跨学科的教学能力颇具特色。

研修组的公开展示活动看似多学科，内容各不相干，但在教育学院分管领导及两位组长的领导下，集中了全组的集体智慧，通过精心准备、反复排练，从而取得了良好的效果。对于研修组的展示活动，有的教师感悟最深的是创新，是艺术和科技的大融合，所有展示的节目都体现了这一主题。此次展示活动充分展示了我们综合组强大的整体实力，同时也让教师们看到了自己教学中的不足之处。综合组在提升业务水平、发挥团队优势上取得了不俗的效果，唯有与时俱进、不断探索、大胆创新、勇于实践，才能培养出时代需要的复合型人才。

四、成效与反思

我们借助联合研修组提供的平台，珍惜黄浦区教育学院给予的机会，几年的时间里，教师们收获颇丰。“全国技术能手”“上海市五一劳动奖章”“上海市教委七星金牌指导教师”“上海市教学名师”“上海市园丁奖”“第三届上海基础教育青年教师爱岗敬业教学竞赛中等职业教育特等奖”“中国技能大赛全国信息行业新技术应用职业技能竞赛 VR 资源开发项目教师组一等奖”等一张张奖状凝聚了教师们的汗水和心血，也体现了研修组的研修学习成果。

教师们带教的学生所获得的奖项也举不胜举：“2017 RobcCup 机器人世界杯中国赛迷宫救援项目冠军”“2018 机器人世界杯青少年组迷宫救援超级联队赛冠军”“第 45 届世界技能大赛中国赛西餐服务项目亚军”“全国第六届中小学生艺术展演上海市活动艺术表演类舞蹈专场中学组二等奖”“上海市星光杯技能大赛数字影视后期制作项目一等奖”“上海市星光杯西餐服务一等奖”，等等。研修组教师们的教学水平得到一次次的检验，“敬业、精益、专注、创新”的工匠精神在组员和学生们身上传承。

研修组全体教师通过专业技能展示，借助课堂教学互听、课件设计交流等多种形式,共同规划组织,形成有特色、有亮点的教学新理念、新方法。大家领略了其他学科带头人和骨干教师的教学风采,他们的教学内容选材新颖、贴近生活;学习了大家的教学方法和经验,他们在教学中展示的思维创造、实践能力以及自然大方的教态、良好的组织能力等都值得年轻教师学习。厚积磨砺,共同成长,研修组全体教师将不断地攻坚克难,勇攀高峰。

(上海市商贸旅游学校　孙建辉)

第三节　基于课题,群研聚合

——区音美学科带头人研修组主题研修概述

一、背景与意义

艺术对人的影响是深远的,无法量化。学校艺术节是学校定期开展大规模文化艺术活动的节日,是丰富校园审美文化的有效途径。学校艺术节是学校文化生活的重要组成部分,其价值常常被人们低估,原因是艺术节的价值尚未表现出来。学生是学校艺术节的主体,关注学生的经历、关注学生核心素养的培养,创设向真、向美、向上的校园文化是教育工作者的职责。

学校艺术节美好的瞬间都会停留在学生心中,特殊的体验、艺术的魅力都会感染每位学子,艺术活动经历更是会根植于心,因此必须保证高品质学校艺术节的导向作用,开展健康、高尚的文化活动,学生核心素养就在潜移默化中养成,本项目研究的意义非常深远。

区音美学科带头人研修组由多学科、多学段的7位学科带头人组成,分别来自小学、初中、高中三个学段,音乐、美术、艺术三门学科,各自均有着较强的教科研能力、课程理解水平、艺术活动的组织与指导能力,业务过硬。由此组建的研修联盟有着独特的资源优势,学科"一体化"与学段"一体化"联动,多角度、全方位地探寻学校艺术节的活动设计,探究学校艺术节的组织形式,创新学校艺术节的活动模式,创建主题式学校艺术节品牌与特色。

二、思考与认识

(一) 关于学校艺术节

学校艺术节是艺术节种类之一，虽没有专门概念，但却是广大学校每年都要举行的重大活动。按照艺术节种类来看，学校艺术节应隶属于主题类艺术节，通过开展丰富多彩的校园文化活动，打造新的文化活动品牌，创新校园文化活动的内容和形式，引导青少年学生加强文化道德修养，提高综合素质，创造有利于学生健康成长的校园氛围，促进德智体美全面发展。

国务院办公厅发布了《关于全面加强和改进学校美育工作的意见》，意见指出：坚持育人为本，面向全体。大力开展以美育为主题的跨学科教育教学和课外校外实践活动，形成课堂教学、课外活动、校园文化的育人合力。①教育部关于推进学校艺术教育发展的若干意见指出：创新活动内容与形式，确保每个学生都能参与艺术活动。开展学生艺术活动要以育人为宗旨，面向全体学生，坚持社会主义先进文化导向，体现向真、向美、向上的校园文化特质。②

(二) 确立分工

以区音美学科带头人研修组为研究团队，共同开展“开发区域中小学学校艺术节活动设计的行动研究”。以每位带头人所在学校为基地，积累并梳理学校艺术节创意设计与案例，研究学校艺术节对学生艺术经历的影响，在此基础上，寻找外校、外区、外省市有特色的学校艺术文化活动。

(三) 明确研修目标

以带头人所在学校为研究基地，打造区域学校艺术节品牌，发掘学校艺术节的创意，撰写、研究活动案例；为区域学校开展艺术节活动提供可供参考的活动框架与设计。

通过学校艺术节，为学生搭建展示艺术才华、艺术创造力的舞台；面向全体，关注学生核心素养的养成，关注学生学习经历，提供艺术体验，提升整体素养。

---

① 国务院办公厅.关于全面加强和改进学校美育工作的意见[EB/OL]. http://www.gov.cn/zhengce/content/2015-09/28/content_10196.htm.

② 中华人民共和国教育部.教育部关于推进学校艺术教育发展的若干意见[EB/OL]. http://www.moe.gov.cn/srcsite/A17/moe_794/moe_795/201401/t20140114_163173.html.

三、实践与探索

（一）主题研修，基于课题

“开发区域中小学学校艺术节活动设计的行动研究”由区音美学科带头人研修组召集人王朝红老师领衔。在研修组日常活动中，不定期开展课题研究工作，共同商议概念界定、选题意义、研究目标、研究内容、研究方法等。

研修组成员分工合作，面向小学、初中、高中三个学段近400位学生开展问卷调查，面向全区三个学段的艺术教师开展问卷调查，样本面向全区，采集的信息较为全面。透过教师问卷和学生问卷，开展主题研修与数据分析，从学校艺术节的活动时间、学生参与度、组织形式与创意、传统与创新、学生艺术学习经历等问题进行了分析。

（二）微型论坛，群研聚合

研修组以“学校艺术节创意设计与案例”“学校艺术节对学生艺术经历的影响”两个主题，开设微论坛，剖析自己所在学校的艺术节，提供鲜活的案例与研究。

季蓓蕾老师展示的“艺术，点亮梦想”，通过七个数字故事，诠释了董二小“跨越围墙的艺术节”。校园艺术节活动带给了学生欢乐，构筑起学生与社会的心灵桥梁；开放学生的思维空间，激发学生创作潜能；体验艺术作品的魅力，提升学生的艺术素养。

创意是卢湾二中心学校的校园文化特色，俞瑾老师从创意空间项目、创意实践课程和学生创意活动三个方面，用大量鲜活的例子展示了学校艺术创意项目特色。创意无处不在，要善于发现，还要懂得转化和实践，让学生成为有情趣、懂生活、会生活的人。

陈路老师以第14届艺术节“临黄浦江畔，望世界之远——走进非洲”为例，展示了上外—黄浦外国语小学长达8个月之久的外语文化艺术节。学校将自己的办学特色与艺术节相结合，探究全员参与、浸入式的文化艺术体验活动。

魏静老师就“学校艺术节的创意设计”展示了曹光彪小学接地气、有创意的学校艺术节，激发学生对艺术的兴趣与爱好，丰富学生的审美体验；展示学校艺术教育的成果，培养学生健康的审美情趣和良好的艺术修养。

庄琪老师展示了尚文中学艺术节的核心理念——让每一个梦想“落地开花”。尚文中学把艺术节拓展为“综合实践艺术月”，让课内外所获得的知识“落地开花”，有机整合资源，实现课堂、学校、社会等范围内的艺术教育大融合。

光明中学“弘扬国粹”的系列校园文化艺术节活动，丰富了学生的艺术实践经历，提升了校园文化品位。沈晓燕老师分别介绍了“弘扬国粹，艺动光明”“艺术·梦想·幸福·光明”“追寻大师足迹，情牵艺术梦想”“扬艺青春，筑梦光明”“激扬青春，绽放光明”等主题的校园文化艺术节活动。

（三）外出研修，主题延伸

学员们观摩青浦区朱家角中学、静安区上戏附中等学校的艺术节活动，并通过电视、网络等多种途径观摩、查阅关于国际艺术节、上海市学生舞蹈节等国际性、全市性的艺术节活动与资料。大家通过观摩各级各类的艺术节活动，转换局限的活动范围，关注主题延伸，比较不同级别、不同区域、不同学段学校开展艺术节的状态，寻找能面向全体学生、有特色的学校艺术节活动设计。

（四）抽取提炼，关注特色

全员参与文化探究，浸润式文化艺术体验；弘扬民族文化，丰富学生艺术经历；立足学校特色，让梦想“落地开花”；依托专业艺术团体，实践体验两相宜；发挥地域优势，创设开放艺术空间；打破时空界限的场馆，点亮每位学生的梦想。

四、成效与反思

（一）主题研修，学科“一体化”与学段“一体化”联动

以课题研究为抓手，发挥多学科、多学段教师的优势，学科“一体化”与学段“一体化”联动，实现课内、课外知识互补，校内、校外创新体验相结合的教学途径。学校的艺术教育应该让学生张扬个性，走出教室、走出校门，到更广阔的天地，去领略精彩。只有这样，才能在学生心灵中播撒美的种子，让他们感知美、理解美，丰富学生的艺术学习经历，让每一位学生成为一个真正有灵性的人，而不是学习的机器。

通过主题研修活动，掌握第一手资料，发掘经验与亮点予以推广，发现普适性问题，以“问题”为纽带，引领研修主题，使研修活动“落地”。

我们会不断吸取外区、外省市的经验，关注学校艺术节对学生艺术经历的影

响，关注学生核心素养的培养，创设向真、向美、向善、向上的校园文化艺术节活动，构建主题式学校艺术节文化品牌，形成能传播、能推广的学校艺术节活动设计。

（二）微论坛，丰富研修形式，每位研修者都是主角

研修组每位成员都负责各自学校艺术节的筹备、组织等工作，各校均形成了自己的特色。在微论坛中，大家交流展示了各校艺术节特色、创意、对学生艺术经历的影响。尚文中学、光明中学、上外附小等学校的艺术节活动已经兼顾到所有学生，让学生都有参与的机会，实现了梦想的一切可能，学生们都喜欢这样的活动。艺术节的设计和组织形式不仅要接地气，还要更具创意，这样才能吸引到更多的参与者，让学校艺术节焕发出勃勃生机。

（上海市黄浦区教育学院　王朝红）

第四节　和而不同，成就彼此

——黄浦区教心骨干组特色研修路

一、背景与问题分析

2015年5月，黄浦区教育系统正式命名新一轮学科带头人和区级骨干教师。为进一步“激发优秀教师的专业自觉，彰显优秀教师的专业特色，为优秀教师可持续发展提供专业支持”，教育局创新管理模式，创建“研修联盟”，教心骨干研修组应运而生。教心骨干研修组成员不多，11位教师的专业背景包括教育心理、教育科研、教育管理、教师培训、特殊教育等多领域，是典型的跨学科骨干研修组。

教心骨干研修组横向跨领域呈现多学科，纵向跨学段贯穿学前到高中，此外，所属序列也有差异，包括校长、教研员、学校中层以及教师。如此跨学科、跨学段、跨序列的人员组成，专长不同、需求不同、目标不同，不适用传统以专题或主题推进的研修模式，这无疑是对研修组整体规划和有效运作的挑战。

骨干研修组是区域优秀教师组成的学习共同体，其研修定位应该是助力所有成员成为更专业的教育人；其研修形态应该有别于日常的教研，突破学科边界，超越稳定对象，探索新的路径与方法。

这样的定位之下，跨学科、跨学段、跨序列成为研修组的优势，将差异转化为资源，成为研修组运作的策略。每位成员都学有所长，不同的专业背景成为研修组自然储备的知识资源；每位学员都有各自使命，校长、教导管理见长；教研员服务指导，以研究引领教师成长；学校心理教师更是倾听学生牵手学生成长的引路人。不同的角色有不同的故事，分享工作中的心路历程有利于唤起共情，形成集体“广泛的自治性”，促进成员“自我要求、自我提升”；跨学段让每位成员不局限于自己的教育服务对象，在终身教育的视角下，审视自己的工作是否基于对象的基础条件，是否关照其未来的发展方向。从研修组成员都有一定教育科学研究经历的前提出发，存异求同：进一步提升应用研究能力，成为大家认同的操作性目标。借力先进的网络技术建群互助，随时随需实现资源共享、信息传递、情感交流，成为突破时空的研修平台。

二、实践探索与成效

教心骨干研修组以骨干教师的专业精进为核心追求，以提升成员教育科学应用研究能力为主要抓手，力求将差异转化为资源。三年间，在研修主题盘整、研修活动设计及研修生态创设方面作了诸多探索性实践。

（一）盘整资源，丰富内涵拓宽视野

张雷鸣校长认为教师队伍对学校发展至关重要，提倡教师通过研究形成自己的气“派”。她很自豪地讲述了程玉琳老师投身科研获得成长的故事。张校长坚持科研兴校，为各级各类教师生涯发展搭建平台、提供资源。2017 年 5 月 12 日下午，研修组来到上海儿童艺术剧场，观摩了大同初级中学“唱响青春最强音”艺术节闭幕汇演，在激情饱满、青春昂扬的视听盛宴中，领略了学生的艺术才华，感受到师生奋发向上的精神风貌。这场精彩的活动凝聚着师生的智慧，也承载着学校的办学理念，体现了学校和谐高雅、健康文明的校园文化。在现场很容易将那一份冲动与张校长的办学思想关联起来，感受到其管理的力量和魅力。

研修组借力成员的各方资源设计、组织丰富的研修活动：大家领略了华师大未来课堂现代技术带来的教学转型，观摩了辅读学校的教学活动，参与了聋校的个别化干预过程，聆听了上海市中小学德育骨干教师实训基地主持人张蔚芹校长“师德至尊——解读新时期对教师师德的要求”讲座……无论是专家高屋建瓴的理论解

读，还是教师对待特殊儿童的倾情投入，无不直抵内心。研修组的活动虽然不频繁，但是每一个过程都波澜起伏，活动后的分享更让大家满载而归。

（二）强调研究，探寻学理精进专业

通过教育科研提升专业能力是教心骨干研修组的主要研修目标。三年中，研修组提倡成员术有专攻，通过研究形成自己的教学风格或提出自己的学术主张。刘金艳作为卢湾高中的心理专职教师，完成了“基于学生成长需要的区域学生心理发展现状调研”。研究采用问卷调查法，对本区18所初中和高中6640名学生的学习心理现状、心理压力现状和人际关系现状展开了详细调研。得到的结论包括：学习心理问题目前仍然是学生最大的困扰，中学生心理压力的主要来源依次是学习、自我身心发展、同伴关系，中学生的亲子关系和师生关系有待于进一步提升。同时，针对上述结论对区域心理教学提出了四项建设性意见：推进学业心理团体辅导系列设计，提升全体学生心理健康素养；推进学生小组辅导和个别辅导，关注问题倾向学生心理健康；推进家庭教育分类辅导设计，创设学生心理成长的家庭环境；推进教师心理辅导课程设计，营造学生心理发展的校园氛围。卢湾一中心小学余珏老师认为，小学生的人际交往在儿童的成长发展过程中具有举足轻重的作用，小学生缺乏稳定良好的人际关系，可能会引起各种心理卫生问题，阻碍其健康、快乐地成长。因此，她开展了“提升小学生人际交往能力的心理辅导活动系列设计”研究，形成了“我知道我是谁、明白你的感受、真诚交流有方法”三个活动系列，不仅将各板块的心理互动目标进行了梳理和细化，还提出了活动设计的模型，总结提炼了活动投放的环节以及教师指导的方式，操作性强，在小学心理活动领域具有一定的推广价值。

研修组中几乎每位教师都结合自己的工作有了研究的选题，通过课题研究的过程分享，研修组成员对方案设计、研究方法的选择以及研究报告的撰写都很有心得。大家研究的课题源于工作中的问题，研究的过程中开展针对性学习，研究的成果指导工作的改进，工作、学习、研究如影随形，三位一体，成为教心骨干研修组教师的工作常态。

（三）延展分享，随时随需成就彼此

三年研修，组内11位成员已然成为和谐共进、彼此顾念的温暖团队。大家的联系绝不仅限于一月一次的研修活动：唐军老师开发的区域学习调研平台，让很多伙伴的研究得到了支持；陈亚莉老师开设的心理团队辅导课程，向大家开放，为同行提供心理咨询；谁看到前沿热点的教育咨询，都会第一时间与大家分享；哪位老师遇到问题需要帮忙，骨干群更是一呼百应……共同的愿景下，大家乐于在团队中提供资源，学习交流，碰撞观点，分享快乐，这种互动随时随需，可以说无处不在。三年来，大家收获了学识，更收获了友谊。成员中三位伙伴获得了中学高级职称，多位教师在区级及以上学术刊物发表论文，获得专业能力奖项……更为可贵的是，研修组每一位骨干教师都认识到，教师专业不仅仅需要学识，更需要高度的责任感和使命感；不断的自我规范是实现专业追求和生涯发展的动力。

跨学科、跨学段、跨序列是教心骨干研修组最大的特点，组建之初这曾经是研修团队规划方案的难点与挑战。尝试换一个视角突破常规，改变“满足共同需求”的研修价值取向，将研修组成员的职业经验和专长作为研修组宝贵的资源，超越学科、学段甚至是岗位角色限制来定位专业发展目标，以研究为载体，通过跨越时空形式多样的共享机制，成就了研修组“美美与共，和而不同”的专业发展生态。

（上海市黄浦区教育学院 陈玉华）

第五节 突破高原提高品质，联合学段特色教研

一、背景与意义

2015 年 5 月，黄浦区教育系统新一轮学科带头人和区级骨干教师队伍正式成立。数学学科有小学、初中、高中学科带头人共 18 名，三个学段骨干教师各有 10 余名，在黄浦区教育学院教师专业发展部的组建下，成立了各研修小组。包括小、初、高三个学段的数学学科带头人研修组，及初、高中骨干教师研修组，骨干研修小组的组长由区学科带头人担任。

我们感到，当前随着国内经济社会的发展，人民群众对高质量教育的期盼越来越强烈，对教师个人专业素养水准的要求越来越高。而现阶段的中学教师大部分毕业于各省市的师范大学，具有教学的基本技能，但随着主客观因素的制约，专业素养在工作若干年后反而逐渐拉开差距。有的在工作中表现出为了完成任务而应付的状态，主动性不够，负性情绪增加。在中学数学教师群体中，需要树立目标引领激励，提升数学教师的理想信念，提高数学教师的专业品质。

二、思考与认识

我们认为教师专业品质不分学段，都集中体现为教师的综合素质，既包括教师的专业态度，也包括教师的专业知识和专业技能，三者相辅相成，缺一不可。教育理想的确立是改善教师专业品质的首要工作，对于各个不同年龄段的教师来说，只有在具体目标的引领下才能唤醒教育激情，从而端正专业态度。对比整个区域同类学科教师，带头人和骨干教师这个群体自主发展的意识相对更强烈，能从教育改革的方向中、从外环境搭建的平台中更快地找到自己的发展方向和发展目标。我们要通过自己成长的经历帮助青年教师勾勒教育生涯规划。

希尔伯特曾指出，“数学是一个不可分割的整体，它的生命力正是各个部分之间的内在联系”。中学数学教学内容编排的重要特征之一是系统性，系统性主要包括逻辑性、连续性和层次性等几个方面的要求。如在讲某个概念时，教师首先要在宏观上认识这个概念在数学知识体系中的地位与作用。这就需要我们在强化专业知识时贯通学段体系。

我们感到，提升专业技能是以教师对自己专业发展状况的深入反思为基础的，这种反思包括对自身专业技能的评价、对教学目标的修订、对教学策略的调整和补充。一成不变的专业技能不能适应时代的要求，应当积极地回应教育的变革，对自己、学生以及学校的需求保持高度的敏感，对自己的教学行为要进行深刻的反思，在学习现代化教学技能的同时，也不能一味迎合外部要求而随波逐流、丧失自我，唯分数论。

三、实践与探索

各小组采用了工作坊的形式自我修炼，积极开展活动，发挥团队协作精神，积极开展研修活动，在学习中不断提高教育理论和学术研究水平，增强知识更新能力和教育教学能力，从各方面不断完善、提高自身的综合素质。

师德为先，育人为本。各小组认真学习优秀教师爱岗敬业的先进事迹，为人师表，严于律己，积极承担学校分配的各项教学科研任务；勤于反思，善于实践，努力将自己塑造成为业务精良、家长信任、学生爱戴的优秀教师；勇于探索，不断提高科研能力，注重积累，了解有关数学教育的前沿资料。

形式多样，研修提高。以组内教师所在学校的大型教研活动讲座等为契机，组织开展各类研修活动，分为集中讨论型、听课研讨型、观摩比赛型、课题研究型、专题讲座型，在活动中互享经验，拓展思维，相互借鉴，共同提高。

辐射区域，注重带教。在各自学校的教学中，注重对青年教师培训，制定翔实的培训方案，利用“传、帮、带”的形式，实现“新、活、实”的培训效果。

最后，在将近三年的研修活动即将结束之前，围绕着专业态度、专业知识和专业技能三块内容的厚重沉淀，面向全区的数学教师联合举办以“培育数学核心素养，发展学生关键能力”的特色教研展示活动，把研修推向高潮。

（一）智慧愿景引领，勾勒生涯规划

在展示活动中，我们设计了两块内容：

1. 微论坛“扎根课堂，让数学教师团队花繁叶茂”

由初中的6位区学科带头人分别从不同岗位的视角来阐述自己的观点。“以美启智，五韵课堂”，一位带头人交流自己在课堂上如何渗透学科德育，让数学学习富有神韵、气韵、理韵、情韵和诗韵，放眼孩子的终身发展，培养孩子会学、爱学、坚持学，在数学学习中轻舞飞扬，逐渐成为一个主动学习者。在学科德育的渗透中，教师自身的专业素养也得到发展。“关注学生，关注自主”，这位带头人是数学教研组长，她带领着教研组内的教师们，以项目研究为载体，以优化教学环节为切入点，开展主题式教研活动，探索适切的课堂教学策略，关注学生发展，创建优质课堂。“数学中的管理到管理中的数学”，带头人作为学校的教导主任，谈到在工作中要成为学生的人师、教师的导师、校领导的军师，自己个人就要领好头带好班，让教师们一起努力，这是踏实的工作作风，也是无私的奉献。“搭建平台、关注过程、促进成长”，作为学校本土培养的副校长，成长于这所校园，秉承学校对青年教师培养的一贯作风，继续植根于课堂，成长于反思，提升于课题，他告诉在座的青年教师，教师的发展要珍惜学校搭建的舞台，学校的发展需要聚集教师的智慧。“依托国际交流不断推动数学教学的发展”，带头人从校外合作谈数学教师如何依托国际交流项目，不断推动数学教学的发展，使个人的教学生涯进入新篇章。

微论坛让在场的教师们体会到，作为数学教师，可以通过不同的角色完善，在注重学生落实“双基”的同时，也要重视培养学生的创新素养和实践能力，更在此中切实发展自身的教育生涯。教师的生涯规划需要各层面搭建的舞台，也需要本学科教师团队的精神引领。每个教师的心底里都蕴藏着能量和激情，它需要管理文化和学科文化去感召，产生价值影响力，并形成一种积极的奋斗动力。

2. 三个研修小组学习过程微视频回顾

微视频回顾了研修小组三年来的研修生活，作为平均年龄过了不惑之年的高级教师来说，自我发展处于一个高原瓶颈期，一成不变的教学模式会使教师的专业发展不能适应时代的要求。我们积极地回应教育的变革，对自己、对学生以及对学校的需求保持高度的敏感，从各自工作遇到的问题中去发现自己的缺陷与需求，对自己的教育教学工作进行深刻的反思，灵活地运用他人的经验并及时地进行自我调整，从而动态地提升自己的专业发展。

我们用课堂作为舞台培育着学生，又用自己的故事展望了青年教师的明天。

（二）贯通学段体系，强化专业知识

在展示活动中，我们制作的微视频充分体现了为贯通学段体系，我们付出的努力。有中考、高考命题研讨评价会、参观大同中学现代数字化实验室创建、现代教学技术应用展示——观摩大同中学张亚东老师一堂课题为“一类函数的构造”的数学探索研究课、参与黄浦区开展的初中数学作业设计与研究、听骨干组员也是区教研员陈磊老师作“彰显数学学科育人价值的教学活动设计”的讲座、李燕琴老师作“指向数学核心能力发展的‘过程与方法’目标再研究”的讲座，此外，还观摩了各学段的区学科带头人开设的展示课。

视频回顾也告诉了同仁，我们贯通了初、高中，甚至小学学段的数学知识体系，全方位、多角度地体会了数学知识体系在不同年段的具体落实，倾注于对学生综合能力培养的渐进提升，感受到了底蕴深厚、放眼学生终身发展的育人格局，感悟到了激活学生探究意识、培养学生创造力的课堂教学。

（三）培养反思意识，提高教学技能

在活动中的教学展示环节，我们首先请区骨干教师、格致初级中学金奕老师借班黄教院附属中山学校九年级学生，执教“相似三角形的复习”。金老师向大家展示了自己的教学功力和风采，虽然是借班上课，但是充分调动了学生的主动性，师生间的课堂沟通反馈通畅及时，开拓了教师们实施初三复习课的视野。

接着，区初中骨干教师通过 5 堂教学微课，从根式运算、函数建立、几何证明、数学思想渗透等关键能力出发，各具代表性地展示了数学课堂的魅力，生动高效地把课堂教学实践展示出来，引领中学数学的教学水平。然后，另有 5 位区初中骨干教师分别谈了自己在教学中对于教材的处理方法，同课异构，让我们领略了教无定法，贵在得法。最后，5位高中学段的学科带头人进行现场点评，他们将自己多年的沉淀和积累与学员们无私地分享，更是让学员们站在更高的层次上学习和体会了评课的艺术。

教师们向大家展示了我们不是单纯的教书匠，更应该是教育教学的研究者、探索者和学生学习的合作者、共进者。新课改鼓励中学教师发挥主观能动性，黄浦区教育部门给我们搭建了如此广阔的舞台，这都有利于提高教师工作的内在动力和增强责任感，从而进一步促进教育教学活动的创新和发展。

四、成效与反思

这一轮的研修活动中，我们体会到教师专业发展需要借助外部搭建的平台，但教师是专业发展的主体，更需要自我导向、自主驱动及在此基础上进行自我反思，从而进一步自我规划、自我提升。在展示活动的准备期，我们不仅对自己以往的教学行为回顾反思，更在互动交流中对他人的教学行为进行反思，从而引发与原有认知的冲突，产生分析和思考，有破才有立。尤其是通过联合学段进行教研，对学生不同时期数学学习的思维方式、知识架构、基本素养的培育都有了崭新的认识。这种分析思考是我们成长的内驱动力，对进一步的专业发展，突破瓶颈起到一种引导、鞭策的作用。这既提升了教师的专业素养，提高了学科品质，让外力、内力交汇迸发，也让研修组这把星星之火在更多的区内数学教师群体中燎原。

三年研修活动一晃而过，黄浦区学科带头人、高初中骨干教师在教学、科研、带教工作中取得丰硕成果，形成了一批区域中的教坛领军人。大家一致表示，一定不忘初心、牢记使命，认真学习、传达和贯彻好十九大精神，共同打造黄浦区“精品”教育；要能立足课堂，潜心教学研究，聚焦学生综合素质培养；要注重自身修炼，勤于归纳反思，追求卓越，突破自我；要能带动一线教师共同成长，辐射、引领、促进黄浦区优质资源均衡，推动全区发展；更要有为国育英才的坚守担当和情怀，有所作为，起好带头示范作用，做一个有情怀、有作为、勤研究、争卓越的深度教师，迎接不断发展的新时代！

（上海市金陵中学　张　渝）

第六节 “一校一世界”，用不同的方式共同探寻德育的时代价值

——区德育骨干教师研修组的实践与研究历程

一、在时代需求中寻找学校德育创新的切入口

随着社会经济的高速发展，人们对教育品质的追求日益提升。在高品质办学的前提下，对学校德育的时代价值不断挖掘和创新能力的体现也提出了新的要求。

在区教育局和教育学院的专业引领下，通过主题式和走访各校的德育骨干教师的研修活动希望通过总结、提炼，展示、宣传德育骨干教师的专业素养和魅力以及德育实践的理念与思想，充分展现德育优秀教师团队“智慧成长，点亮课程，共同发展”的理念与实践研究成果。

主题式和走访研修活动旨在切磋与交流各校的德育实践风格，使研修组教师在骨干教师研修中培训、学习、研究的成果通过校本化的实施、传播得以充分体现，在区域内发挥骨干教师专业的影响力和课程的领导力作用。这是区域优秀教师团队对德育创新的一种时代回应与实践引领的充分体现。

二、对时代发展中学校德育重要元素的再思考

研修组教师们研读了《发展型价值观：新时期学校德育的价值诉求》①和《习近平关于传统文化的德育思想论述及时代价值》②的重要观点与论述。德育的时代性、系统性、针对性和有效性一直是所有从事德育实践的教育者和研究者存有困惑的方面。作为区域内德育学科骨干教师的优秀群体，应该基于不同学校文化的背景，用德育特色课程和活动来进行主动的规划、思考与实践、研究，从而

① 张鹏程.发展型价值观：新时期学校德育的价值诉求[J].思想理论杂志，2009(22).

② 彭援援，蒲清平，孟小军.习近平关于传统文化的德育思想论述及时代价值[J].重庆大学学报(社会科学版)，2019，25(2)：168—179.

为更多的学校和教师提供可具体参照的实践研究案例，充分体现“立德树人”在不同的时代背景下的实践，研究不同年段的侧重点和可持续发展的德育传统与创新。

本研修组是跨学段性质的骨干教师研修学习群体，如何实现德育一体化建设与发展，在不同的年段以及学校、家庭、社会领域进行跨领域的协同育人研究，是我们共同思考的聚焦点和着力点。

三、学校德育特色课程和德育精神的价值探寻

（一）走进一所所学校，让德育特色课程绽放光芒

每走访一所学校，就是对一所学校的德育思想和德育特色课程学习与感悟的过程。德育骨干研修组的教师们正是通过这样移动学习的方式，让每次的学习成为德育特色课程交流和共同提高的契机。

在敬业初级中学“弘扬中华优秀传统文化”青年班主任主题班会研课活动，实验小学“人生启蒙，价值引领”小龙人积分制激励性学生评价市级项目汇报，市八初级中学“寓德于知，健康生活”学生核心素养的落地和校本化生命教育的实施活动中，我们着重于探讨如何通过小初衔接，让时代发展背景下的学生综合素养和民族文化基因的培育，以及学生的多元评价在学校的不同课程里得以实现，同时关注、研究评价及其落地的形式、途径、方法与有效性。

复兴东路三小“家校同频共振，奖章三维发展”少先队活动课以及课题研究引领下少先队争章活动的价值和意义，卢湾一中心小学情感教育时代性与学校传统、创新的研究，使学习观摩的优秀教师们对德育课程的一体化如何在不同的学段通过学校文化传承的方式循序渐进地开展，展开了更加深入的思考。

中华路三小的消防安全手册颁发仪式以及中山学校“践行低碳生活，共创美好家园”的环保垃圾分类的主题活动，也给研修组教师们留下了深刻印象。德育主旋律教育如何从小处入手，体现学校一以贯之的文化特色；从不同年段学生喜闻乐见的形式与特点出发，开展德育特色活动，这些展示活动拓展和丰富了教师们的思考空间和维度。

对学校德育特色课程的深度思考与研究，是让学校德育走向科学化、系统化，在针对性和实效性上有所突破的必经之路和学校文化品质发展的基础。

(二) 主题式研修,凝聚学校德育精神的精髓

研修组以"一校一世界"朗读分享会的形式举行主题式研修区级展示活动。活动分"文化篇""智慧篇""活力篇"三个板块。通过朗读和讲述结合的方式,优秀教师们把自己的人文情怀融入对德育思想、德育实践的理解与思考之中,从德育的视角讲述自己学校的一个个感人至深的文化故事。

赵毓敏、吴玮、孙琼、平蓉旎老师分别与大家分享传承优秀传统文化与老城厢海派文化、经典阅读师生共读、"小龙人"学校文化品牌、大同情结等充满校园人文情怀和展现学校精神的故事,郑颖、钟毅萍、高飞、唐喆萍、贺春秋、杨保华、徐群力老师分别用浸润式爱的教育、德育熏陶、人生导航、队建智慧、学生人格完善、困难学生教育与培养、幸福德育和学生自主发展等德育实践的事例,回应时代对德育价值和创新的追问。涂丽敏和耿愈老师用文字分享了他们在终身教育和少先队改革领域中开展实践研究的感悟。

区教育学院教师专业发展部林建华老师对主题式研修展示活动进行了精彩的点评,对研修组教师们从不同角度诠释学校文化与品牌、德育思想与人文精神、德育实践与创新的朗读分享会的主题研修活动给予了高度评价,认为很好地体现出德育骨干教师们对学生、对教育事业真正的、深远的爱,体现了德育实践者在工作中静心思考、注重研究,寻求创新发展的领导力、执行力和发展力的突破。

分享会的最后,研修组长以"致敬与前行"为题分享了上海市德育名师黄静华老师的经典语录"如果我是孩子,如果是我的孩子",以及她在班主任实践中以生命关怀的视角,不断努力践行德育创新的案例、故事。还有上海市中小学德育骨干教师实训基地主持人,特级校长、特级教师张蔚芹老师在学校管理中持之以恒,注重细节,培养、支持、关爱青年德育管理后备干部的感人片段。通过分享,让从事德育管理的教师们不忘德育名师思想的滋养,永怀初心,砥砺前行,希望在不同的德育岗位上的骨干教师们都能拥有思想的自由和精神的高度,充满激情又富有智慧地承担起育人的职责,真正让"立德树人"在不同的时代诠释与表达出具有时代意义的内涵与价值。

主题式研修进一步拓展德育实践研究的时空、领域,让德育精神和思想的研究与传承成为优秀教师专业提升和学校品质提升,以及引领其他德育工作者的必修课,让德育实践与精神走向更深层次的交融,是优秀教师的职责与使命。

四、对时代背景下的德育实践进一步思考与发展的认识

（一）走进学校是过程，更是发展和对德育时代价值的追问

每走访一所学校，看似只是粗浅地了解了这所学校的情况，实则是通过走进学校的过程，让学校在不同阶段的发展集中得到了呈现，也让学校的师生在现阶段取得成效的基础上，深度思考和研究学校进一步发展的走向。其实这也是一所学校德育思想和课程不断完善的过程，是不断破解德育难题的价值所在，更是学校品质发展的契机。每成就一所有品质的学校，便助推了区域高品质教育的发展。

（二）主题式研修是总结，更是丰富多元又充满活力的教育资源

主题式研修活动的开展，是德育骨干教师研修组在学习、实践、研修培训中，从满足学生需求出发，深入思考与充分挖掘不同学校的文化资源与文化品牌、德育课程建设的校本化实施、少先队特色活动、班级个性化课程与主题教育、学生综合素养培育，进行集中的学习、提炼、总结、升华的过程。为下阶段各校在系统化构建新五年德育规划的基础上，开展让学生喜欢又丰富多彩、彰显个性的课程与特色活动积累了实施手段，尤其是助推了区域德育课程一体化建设重新再出发。

同时，这样的研修形式更是将平时进行的专题讲座、学校课堂观察与讨论、微论坛、实践活动观摩展示等活动以聚焦性的总结与提高的方式，让更多的教师进一步思考并潜心研究文化育人、实践育人、协同育人以及专业素养和育德能力提升的问题，将自身发展和德育实践研究视为一种资源，成就自己的专业发展之路。主题式研修有助于优秀资源的辐射、扩大优秀教师的专业影响力，将对区域德育的创新与发展发挥关键性的作用。

未来，期待区域德育优秀教师资源会在黄浦丰厚的土壤里，用多元、跨界又富有活力的方式生长出更加灿烂和美好的创新之花。

（上海市敬业初级中学　苏　敏）

第七节　跨学科，重融合，促发展

——区史地骨干教师研修组特色活动

一、背景与意义

在课程改革不断推进的今天，社会对教师的期望日益提高，对于教师的知识水平、教学技能和教育理念都提出了更新、更高的要求，尤其是一名优秀教师的专业内涵也在发生着重要转变——由单一趋向综合。这些不仅需要教师不断更新自身的学科本体知识，而且需要有效提升个人的综合素养。正是在这样的背景下，区教育学院教师专业发展部提出"组建研修联盟、实现共同发展"的区域优秀教师队伍管理思路，于是诞生了跨学科、跨学段、跨序列的研修联盟模式，区史地骨干教师研修组便是这一类型的研修共同体，成员涉及历史、地理两门学科，跨越初中、高中两个学段，既有一线教师，也有区教研员，还有兼有学校行政工作的教师，是一个充满生机的多元化团队。研修组这一模式的存在为有着共同专业发展需求的优秀教师提供了深度研讨、共同发展的平台。

那么，如何有效开展研修活动则是一件富有挑战性的工作。首先，历史、地理分属两个不同的学科，无论教学还是研究，思路均颇为不同。历史学科更多关注时间的流变，地理学科则关注空间的展布。历史学科核心素养主要包括唯物史观、时空观念、史料实证、历史解释、家国情怀五个方面，而地理学科核心素养主要是指人地协调观、综合思维、区域认知、地理实践力四个方面。由此可见，历史、地理学科有着各自的学科特点。当然，在学生的培养目标上，这两门学科有着共性之处，都注重学生综合思维能力和实践运用能力的培养，最终目标都是立德树人。其次，由于教师们任教的学科不同、学段不同、年级不同，再加上高考新政实施以来各高中都实行走班教学，因此要确定一个相对统一的研修时间也是一大难题。最后，如何寻找一个共通的研修主题，找到一个有效的突破口，更是重中之重。

二、实践与探索

近三年的时间里，在研修组长的带领下，教师们群策群力，及时分享各种学习资源,确立了以课堂教学研究为主阵地,通过多种途径和方式开展研修活动的策略,主要作了如下尝试。

(一)加强课堂教学研讨

讲台永远是教师最重要的岗位,只有真正投身教学实践才能不断取得进步。三年里,研修组教师开设了不少实践课和研究课,大家相互学习,取长补短。例如:向明中学程玉霞老师开设的研究课"大气的组成和大气圈对地球生命的保护",她根据学生实际情况,对教材内容进行了整合、重组,并精心设计课堂活动,利用多媒体辅助教学,引导学生有效参与教学的全过程;又如光明初级中学张洪斌老师开设的公开课"埃及",运用比例尺测算距离,使学生认识苏伊士运河的航运价值,并通过"谷歌地球"学习尼罗河和金字塔的相关特点。由于课时安排等原因,有时研修组教师无法到现场听课,于是就采取说课的方式进行研讨。例如向明中学王欣老师的"中外社会转型"一课便采用了这一形式,给大家展示了一堂高三历史等级考的专题复习课;又如市八中学的吴小英老师和大家分享了"家族制度"一课,为高中历史教学如何培养学生的家国情怀、提升学生史学核心素养提供了翔实的课例。

(二)聆听专家报告讲座

这几年中,大家共同聆听了不少高质量的学术报告,涉及的主题非常广泛,包括专业知识类、师德修养类、教学实践类、教育科研类,主讲者中有高校教授、教育专家,更有活跃在教学一线的特级教师。他们严谨的治学态度、独到的学术研究、精湛的教学方法,不仅拓宽了大家的视野,更引领着教师们共同前行。

(三)观摩市区公开课

同行、名家的教学展示往往会为教师打开一扇新的门窗,通过观摩市、区公开课,大家更深刻地理解了课改精神,认识到课堂教学的本质。2019 年 9 月,研修组教师来到格致中学,参加了以"各类资源统整下的两类课程实施"为主题的拓展型、研究型课程市级展示研讨活动,分别观摩了美术老师开设的"灰色调的魅力"、数学老师开设的"蚁群算法的内涵与 MATLAB 体验",以及劳技老师开设的"创意衣架的方案设计"等拓展课。通过这些跨学科的学习与交流,教师们可以有效借鉴和吸取他人经验,还能触发个人的教学灵感,从而对自己的课堂教学做出新的尝试。

(四)参观各类博物馆

信息化时代,课堂教学内容需要不断地更新与拓展。同样,教师的视野也需要不断开阔。因此,研修组活动有时也打破常规教研的内容,而是走出校园,走进各类专业博物馆，例如上海博物馆、上海市历史博物馆、上海市革命历史博物馆等。大家先后参观了“美术的诞生：从太阳王到拿破仑——巴黎国立高等美术学院珍藏展”“上海解放70周年特展”等，通过零距离观赏各类展品，感受艺术的魅力，提升自身的艺术修养和史学素养，也有助于丰富教师们的课堂教学内容。

（五）交流读书心得，分享科研成果

广泛阅读对于提升教师素养是至关重要的，教师们不仅要关注本专业书籍，同时也要阅读一些综合类的书籍，以达到触类旁通、激发思维的目的。研修组曾开展读书心得交流活动，大家一起分享阅读成果。与此同时，教师们在课余还积极开展课题研究，撰写科研论文，以此促进课堂教学，而且成果颇丰，并在研修组内进行交流与分享。

三、成效与反思

通过三年的实践活动，区史地骨干教师研修组逐渐成为一个灵活、有效的学习研究共同体，大家在一起研讨时便形成一种新的伙伴关系，不同学科的教师不再泾渭分明，而是相互融合，在不断的交流和对话中，大家可以“跳出学科看学科”，寻找不同学科间的相互关联以及可以借鉴的方面。

研修组的每位成员本身都是优秀教师，来自不同学科、不同学段的教师有着自己独到的教学理念和人格魅力，有着深厚的文化底蕴、灵动的课堂智慧、巧妙的教学设计，这些都是大家可以相互借鉴和学习的。跨学科研修活动有助于教师充实和完善自身的知识结构，提高课堂教学水平；跨学科研修活动也有助于教师全面了解学生，思考自身教学的不足并寻找改进措施，从而促进课堂教学模式的改革和创新。所谓“他山之石，可以攻玉”，跨学科研修不是简单的“1 + 1 = 2”，而是可以碰撞出更多的智慧火花，大家在交流对话中相互激发灵感，更能激发优秀教师的专业自觉，彰显优秀教师的专业特色，从而更好地促进教师的专业发展。

当然，跨学科研修活动也存在着一些遗憾和不足，如何深入、有效、持续开展此类教研，如何使研修形式更加灵活，研修内容更具开放性，研修品质更上一层楼，这些都是需要进一步探索和实践的。在今后的研修活动中，可以尝试围绕某个教学主题，史地学科的教师一起开设“同课异构”，大家从不同的视角、不同的层面，用不同的教学方法和手段来培养学生的史地综合素养。又比如，大家可以跨学科开展培养学生史地核心素养的课题研究，通过科研来进一步促进课堂教学的转型。

总之，跨学科研修组既是一个工作共同体，也是一个学习共同体，大家在学习中实践，在实践中研究，在研究中交流，在交流中反思，共同成长为研究型、专家型的教师。

（上海市格致中学　闵　红）

第六章　聚焦实践，团队研修

第一节　黄浦区“种子计划”培育优秀青年教师的探索

根据“上海市第四期普教系统名校长名师培养工程”相关文件精神，2018 年暑期，黄浦区教育局通过自主报名、单位确认、区教育局遴选，最终选定了黄浦区学前教育、小学、初中、高中、特殊教育的 172 位老师，组成了以上海市大同中学宋士广老师为中学语文一组领衔人等共计 17 个组的“种子计划”团队。17 位团队领衔人平均年龄 38.5 岁，其中有 1 位教研员，其余 16 位均是一线的业务骨干(其中有 3 位区学科带头人)。面对这些富有朝气和激情、有进取心，但欠缺团队协作发展的经验和能力；有自身发展需求，但缺少更多学习拓展的资源、空间和机会等。如何聚焦发展目标、选择发展途径、提供发展平台、制定发展评价等，都是我们在管理工作中遇到的一系列迫切需要解决的新问题，确保每一个“种子计划”团队的发展目标，实现每一个成员的发展初心。

根据黄浦区教育局总体部署与要求，区教育学院教师专业发展部负责项目管理并安排专人进行具体落实。教师专业发展部结合“上海市第四期普教系统名校长名师培养工程”文件中关于种子计划团队发展的要求，确立“聚焦实践、团队研修(协作发展)”，“搭建教学实践与理论研修的平台”的工作思路，帮助他们提供教学实践与科研的支撑，梳理教学经验上升为理性的思考与成果，实现这些“种子计划”教师想做事、想发展、想成才的愿望。为此，黄浦区教育学院教师专业发展部制定了《第四期上海市双名工程“种子计划”(黄浦)管理办法》及《黄浦区“种子计划”团队履职手册》；制定了区域工作实施计划；召开了“种子计划”领衔人工作会议；并和市教委装备部职教“种子计划”管理团队进行了业务交流。根据《黄浦区“种子计划”(黄浦)实施要求》的规定，要求各团队以聚焦本学科在教学中的实践问题，确立各自“种子计划”团队研究的课题项目，团队成员分工合作，培育专业自觉作为行动指标，达成“种子计划”的实施目标，推进各自“种子计划”团队研修工作。具体按以下工作措施开展。

一、明晰职责，规范过程

结合黄浦区的实际，制定管理办法、履职要求，每个团队及其成员每年均有一本团队和个人的实施手册，全面呈现研修过程，明确阶段性任务，规范团队的运作，确保有序推进。

二、牵线搭桥，丰富资源

安排各团队领衔人进入相应的名师工作室学习，共享工作室的丰富资源；对接学科教研员参与区级教研活动；联系黄浦区教育学院科研室对各团队的研究课题进行指导。基于需要与学科带头人、骨干教师研修团队共同开展教学实践。

三、搭建平台，共享成果

各团队既有线上日常工作的交流，又有线下交流例会（每学期一至两次），推介两至三个团队的分享运作经验。搭建年度成果汇报的展示平台，检验团队成员间协作开展教学活动的能力，促进团队总体及其成员教学专业水平的发展。

四、现场调研，精准服务

2019 年下半年，由黄浦区教育局严奕副局长、教育学院李峻副院长、人力资源保障科王笏科长参与的现场调研，了解各团队基于课题、“强校工程”和知识图谱开展工作的情况，了解团队研修成果及开展过程中遇到的问题与困难。在调研工作结束后，这些问题与困难都及时得到了解决。

“种子计划”作为一个重点培育优秀青年教师，为培育区域优秀教师可持续输送人才的项目，无论是管理制度还是实施手段等方面，均没有现成可以借鉴的模式与经验。面对“十三五”优秀教师队伍建设的高要求，我们把“培养造就一支高素质专业化创新型教师队伍”作为重要任务落实，夯实黄浦区优秀青年教师队伍的梯队建设，确保区域优秀教师的可持续发展。我区“种子团队”的6位领衔人将他们团队聚焦实践、团队研修的经验体会与我们分享，有助于我们对培育优秀青年教师队伍这个课题作进一步的探索与研究。

（上海市黄浦区教育学院　施峻峰）

第二节　联手家校，共启育人“三重奏”

“种子计划”（黄浦）德育团队根据第四期上海市双名工程实施要求，以项目研究聚焦实践问题，以团队发展培育专业自觉，在区域教育改革中积极发挥自身作用。团队蹲点“强校工程”实验校，联手学校和家庭，成功孵化上海市家庭教育指导研究重点课题“以劳动教育为载体，提升初中家校共育水平的实践研究”，奏响育人“三重奏”。

一、调研：未谱必先知

（一）研究的背景

项目的创设看似有着无穷的可能性，而事实上却需要心中有“谱”，这个“谱”源于对背景的深入了解。团队蹲点学校为“上海市百所公办初中强校工程实验校”之一，学校生源有近55%为外来务工子女以及超过12.5%的沪籍低保家庭子女。一位教师曾这样描述开家长会时校门前的景观：骑着助动车、穿着各类外卖平台制服的家长在门口交汇出一片红黄蓝……一方面，家长文化水平普遍较低，缺乏正确的教育理念和方法；另一方面，以体力谋生的工作收入密切关乎时长，父母与子女相处时间有限，亲子之间缺乏沟通的机会。

（二）研究的意义

随着时代的发展，研究者越来越认识到，家庭、学校和社会都是孩子成长的重要环境，其中，家庭教育既是学校教育的基础，又是学校教育的补充。然而，不少家长在和学校共同教育学生的过程中，大多只是被动参与，少数甚至还会起到反作用。针对该校六年级学生和家长的问卷调查结果显示，仅有27.3%的学生每天与家长有交流，22.9%的学生与父母的交流间隔一周以上，10.7%的学生认为自己与父母基本无交流，个中原因虽有客观条件的局限，但更多的在于理念陈旧、方法匮乏。因此，从家庭教育指导入手，转变和增强家长的平等合作意识，引导家长学习科学的教育理念和方法，促进家校共育，提升教育合力，共同为孩子的健康成长保驾护航，也就成为本项目的出发点。

（三）研究的目标

针对蹲点学校家长群体的实情，团队先后与蹲点学校和教育学院领导、市教科院专家开展研讨，最终确立了以亲子双方均便于参与且利于促进学生确立正确劳动观、实现健康成长的劳动教育为载体，以蹲点学校六年级全体学生为研究对象，通过家校共育提升家长和学生对劳动的认识，形成正确的劳动观点、积极的劳动态度和良好的劳动习惯，同时促进学校与家长达到情感共鸣，形成合力，共同致力于学生全面而个性化的终身发展的项目目标。

二、激活：不胫而远行

弹好育人"三重奏"的难点在于团队不仅要与蹲点学校密切协作，还要有效激发家长的积极性。为此，项目从三个方面入手，确保项目的活力。

（一）精心设计活动，激发项目吸引力

对于家长来说，影响家庭教育投入的重要因素之一是时间。这就决定了指导活动第一必须高效益，即在有限时间里最大限度地激发家长参与的积极性；第二要具备达成度，即无论什么样的家长群体都可以参与其中；第三还要力求无痕化，即让家长和学生在活动中自觉感悟亲子互动和劳动教育的意义所在。为此，有着丰富德育实践经验的团队成员们策划了主题鲜明、适洽度高的专场活动，通过亲子互动，使项目对家长和学生产生吸引力与驱动力。

（二）运用科学工具，提升项目可信度

在项目推进的过程中，团队坚持发现真问题，寻找真办法，以问卷调查为依据，广泛听取意见，精心设计前测、中测和后测，并运用SPSS软件进行数据分析。项目领衔人针对问卷结果作题为"家庭劳动教育十问"的分析反馈，通过数据对比指出对劳动的认知与实践存在明显差异，提示家长应在其中起到积极作用。从项目

表 6-1　黄浦学校六年级家长开放日活动方案

活动时间：2019 年 6 月 22 日 9:00—10:30
活动对象：黄浦学校的六年级学生与家长(约 270～300 人)
活动目标：宣传项目并初步了解活动对象的家庭情况和亲子关系，提升家庭劳动教育意识
活动场地：H 学校报告厅(有大屏幕、扩音设备、桌椅)

活动流程	活动时长	活动内容	负责人	备　注
开场	5 分钟	活动目标和内容介绍	章涵云	需拍照、视频记录各一人
我是谁，你是谁	20 分钟	1. 学生与父母分别用 3 至 5 句话描述自己眼中的自己和彼此 2. 学生与父母互换答案，并请个别家庭上台交流	朱育菡	需引导亲子对彼此的性格、爱好、优缺点进行表述，并请学生文字记录
垃圾分类亲子赛	20 分钟	学生与父母合作完成垃圾分类游戏	钟思慧 蔡清秀 吴　洁	需各班现场选拔后推选亲子代表进行决赛
十年后的我们	20 分钟	1. 学生与家长静默三分钟，思考未来十年自己家庭的图景 2. 每一位参与者根据想象，在白纸上绘制一幅十年后的家庭生活图景，在所画图景上进行简单文字表述 3. 在图纸背面画出一条横坐标轴，并以十年后的这幅画为坐标终点状态，倒推出几个关键的时间点，写上各时间点上最有可能发生的情况 4. 邀请个别家庭上台交流	褚朝慧 陈　敏	需引导参与者对自己的未来学业、职业、家庭关系等方面景象进行想象
我们一起成长	15 分钟	1. 针对六年级学生与家长的问卷进行情况反馈 2. 针对六年级学生暑假劳动给出相关指导方案	周雯婕 耿　愈 陈为为	需汇总数据开展分析，并初拟暑期指导方案，制作 PPT

后期参与度可以看到，科学工具的运用颇有说服力，提升了项目的可信度。

（三）编写实践指导，强化项目生命力

在开展问卷调研和现场活动之余，团队还针对亲子共处机会较多、适于开展劳动教育的假期给予实践指导。团队继 2019 年暑期给出家庭劳动教育建议后，又根据问卷中测得的结果，于 2020 年寒假专门编印了寒假《劳动实践指导手册》，并就

此收集反馈、开展后测。令人欣慰的是，几乎所有家长都能根据指导手册就职业体验、节日大扫除等主题对子女开展劳动教育，并通过拍视频和照片等形式协同子女作总结展示。父母的投入得到了子女的肯定，正像一位因父母离异，母亲再婚再育而长期感到自己不受重视的学生所描述的，劳动教育增进了他与母亲之间的积极交流，也使他的母亲感受到了家庭教育的职责所在。

有序、高效、深入的实践成功激活了家长对项目的持续关注和参与，有力奏响了“团队—学校—家庭”的育人“三重奏”。

三、聚能:有志需众成

作为区域德育骨干团队，虽然每位成员都有着丰富的德育实践经验和理论积淀，但如何化个体之能为和谐之音也是团队发展和项目孵化的重要方面。对此，团队借由两条途径实现了能量的聚集和转化。

（一）组建共同体，汲智赋能

助力“强校工程”是项目的亮点，开展家庭教育指导是项目的难点。在实施过程中，“种子计划”团队面临着与学生和家长缺乏沟通的困难，也肩负着与蹲点学校教师共同发展的使命。因此，在项目启动仪式上，团队就与班主任分组结对，邀请学校领导、德育处、年级组和班主任全面参与。项目共同体的组建，不仅保障了问卷的收发和个案的选择，还在研讨活动设计、落实指导方案的过程中汇聚了各方的智慧，获得了坚实的支撑。

（二）聚合生长力，蓄势赋能

在项目孵化过程中，团队注重让具有不同特长的成员各显其能，充分成长。“种子计划”德育团队共10位成员，分别任教小学、初中、高中3个学段、7个学科，并承担班主任、少先队、共青团和德育管理等不同工作，为此，团队专门设立了事务秘书、宣传秘书和信息秘书等不同岗位，优化效能，凝聚力量。同时，要弹好育人“三重奏”，离不开功力深厚的指挥，这就需要专家的指引。团队积极聘请市区专家开展顶层设计、支招疑难问题、举办学术讲座，为演奏美好和谐的乐章注入宝贵的能量。此外，团队还积极参与各类学习研讨活动，如长三角家校合作分享会、全国家校社协作与教师发展论坛等，主动为项目蓄势赋能。

四、展望:佳音宜绕梁

一年多来,"种子计划"德育团队在项目孵化的过程中,聚焦实际问题、开展实践研究、引发实质变革。问卷调查结果显示,蹲点学校相关年级家长有效开展家庭劳动教育的比例已经达到 90%以上,几乎所有的学生都乐于和父母共同参加劳动、学习劳动技能,亲子间的沟通频度和畅通感提升,团队、学校和家庭成功奏响了育人的美妙篇章。好的项目不光要有实效,更要让佳音长绕梁。这就需要我们在未来的实践中不断地反思和探索,譬如怎样使科学的家庭教育理念和方法在项目结束后得以存续,怎样使学校形成家庭教育指导的长效机制等,唯此,优美的育人"三重奏"方能佳音长响。

(“种子计划”德育团队　周雯婕)

第三节　"种子"的力量

——团队聚焦学校现当代中国画展示方式的研究与实践

作为上海市第四期双名工程"种子计划"(黄浦)美术学科团队(以下简称"种子计划"团队),如何通过团队建设的同时,凸显特色,拓宽美术教学的路径与范畴?我们团队开展了"学校现当代中国画展示方式的研究与实践"的课题探索,不仅拓宽了中国画作品的展示方式,更是通过项目的实践提升了团队教师对教育教学实践问题的研究能力。

一、背景与意义

我们"种子计划"团队通过多次头脑风暴,反馈了各自教学中所遇到的问题,最终大家的问题都聚焦到了以下三点上。

(一) 问题 1:学生很难通过艺术品的现有展示样式感受中国画的意境

在美术教育中,中国画的教学所占篇幅很大,从造型到欣赏,旨在让学生对中国画的笔墨情趣有一个亲身体验,但很多时候我们教师总觉得力不从心。中国画的特点之一是意境，记得在一次七年级第二学期“诗情画意的中国画”教学中，教师想向学生介绍隋代画家展子虔的《游春图》，它是中国存世最古老的山水卷轴画，层次分明地表现了远山近坡，以及明媚春光下满山花树，游人骑马、乘船的场景。但当教师通过电脑投影播放图片，或者是用临摹画作给学生观摩时，二维平面的展现形式很难体现山水画中的可行、可望、可游、可居的诗画意境。因而学生对艺术家的作品明显表现出难以欣赏、不感兴趣的样子，这也就直接影响到中国画的学习兴趣。

（二）问题2：现有学生中国画作品展示方式与学生的审美判断脱节

目前的在校学生全由“00”后乃至“10”后组成，他们伴随着丰富的视听环境成长，在博物馆、艺术馆的大量熏陶下，对于自己国画作业的展示样式有了更高的期待。除了宣纸等平面展示方式，学生更多地希望自己国画作业最终的呈现样式能有创新，能成为一件件现当代的艺术作品，比如在世博会中会动的《清明上河图》就成为大家瞩目的焦点。如何把学生的作业升级为艺术作品，如何借鉴时下艺术流行的元素样式，并运用到学生中国画作品展示方式的表现中？这个问题的解决将大幅提高学生学习中国画的兴趣。

（三）问题3：教师个人缺乏重整课程的能力

在日常教学中，教师们都希望能将更多贴近学生兴趣的新潮文化元素与样式带入课堂。但教师们自身缺乏对课程构建、重整的把控能力，期盼通过专家引领、团队协作来促进课程的开发与建构，让自己从“课程教材的执行者”变为“构建者和参与者”。

二、思考与认识

如何解决以上三个问题，我们“种子计划”团队尝试在不改变中国画绘画方式的基础上，从改变中国画的展示方式入手，既改变课堂上经典中国画作品面对学生的展示方式，又改变学生中国画作品的展示样式，从而探索出解决问题的办法。

为了进一步理清研究的方向与创意性，我们“种子计划”团队对中国画的校园展示方式做了相关的研读与梳理，经过对中国知网上文献资料的检索，发现相关研究甚少，更多教师关注的都还是中国画教学方法的研究。中小学中国画展示方式的研究还是一个空白领域，因此，在中小学中开展对中国画展示方式的研究是具有积极意义与推广价值的。

三、实践与探索

（一）搭建目标——以教师兴趣与专业为切入点

在这种背景下，我们“种子计划”团队的教师们进行多次研讨，寻找切入口，在讨论中发现，我们教师的专业主要以现当代艺术、中国画、多媒体后期制作为主。我们就畅想是否可以将中国画与现当代的艺术展示形式相结合，让传统与现代碰撞，在校内打造不同的国画作品展示方式，努力营造一种具有中国传统文化艺术氛围的校园环境，以此来提高学生学习国画的兴趣，让美术走进生活，走进学生心里，更借此解决教师在专业发展过程中遇到的问题。

在中国画的现当代展示方式中，我们“种子计划”团队主要运用装置艺术、多媒体艺术、虚拟现实以及文创产品的展示方法来拓宽中国画作品的呈现。我们注重于用现当代的手段让现有的国画“动”起来，在不改变中国画教学内容的基础上丰富呈现样式，促进教师教学的兴趣，增加学生学习中国画的意愿。

（二）开展实践——以 VR、多媒体为课程抓手

1. 利用虚拟现实技术（VR）改变艺术家中国画作品的展示方式

我们“种子计划”团队的王晨荣老师一直致力于虚拟现实技术（VR）在教学中的运用，他向大家展示了一节利用 VR 技术创设的“可观可走的校园”课程。我们就想借这个技术与方式，把 VR 运用到艺术家作品欣赏中来，于是在团队的共同打磨下，我们尝试开设了“走进吴冠中”的欣赏、评述类课程，通过学生佩戴 VR 设备，加强视觉冲击力，让学生从多角度、全方位身临其境地感受到了吴冠中绘画中用形式美构成的水墨江南的情韵，激发了学生要像吴冠中大师学习笔墨语言的强烈愿望，加强了学生对中国画的了解和尊重，拓宽了艺术欣赏课中对艺术家作品展示的方式，在创新教师的教学方法的同时提高了教师的教学能力。

图 6-1　学生课堂使用 VR 设备（左）、《水墨江南》VR 全景效果（右）

2. 利用多媒体改变学生艺术作品的展示方式

随着多媒体样式的不断深入，很多中国水墨的动画作品受到学生们的追捧。我们“种子计划”团队就尝试把学生的中国画作品变成一个个会动的短视频，用动画的形式记录并保存下来。我们团队中的阮毅、周芸颉老师就是多媒体专业的，熟悉软件的开发与运用，在这基础上，我们团队共同开发了“水墨动画”课程，利用 PS 和 AE 软件，将静止的平面国画制作成了动画形式。学生看着自己的国画作业变成了一帧帧会动的艺术作品，提升了自我成就感，拉近了与国画的距离。教师的教学能力也提升了，相信借此方式，会有更多的师生积极参与到国画的创作中来。

（三）展示成果——以“水墨申情”中国画展为例

在课题的中期成果展示中，我们“种子计划”以团队的形式加入到了“水墨申情”区级学生作品展示中，展览设在黄教院附属中山学校，我们在学校一楼海报的位置用层叠式的装置形式展示了学生的《南京路步行街》国画作品，又在六楼的展厅门口用垂挂式的装置形式展现了艺术家吴冠中的水墨作品，展厅内的展台上还摆放了用学生《延安立交》国画作品制作而成的系列文创产品，展厅内的大屏上也不断地循环播放着用学生们国画作品制作而成的《水墨申城——多媒体动画集》。

无论是动画作品、文创产品还是装置作品都深受师生们喜欢，引来他们不断摆拍，成为校园一道靓丽的风景线。区域内成果展示的成功既增加了学生学习中国画的兴趣，也给我们“种子计划”团队后续研究的开展带来了巨大的信心和动力。

图 6-2　南京路步行街装置作品（左）、吴冠中装置作品（右）

四、成效与反思

（一）成效

前期团队的研究打开了师生对中国画作品展示形式的无限思考，通过课堂的实践，加强了学生对于创作与探索中国画的积极性。团队的课题立项为区级课题，团队中的教师也因此各自确定了研究的子课题，这大大提升了教师的科研意识与实践能力，加强了团队研究的信心。我们建立了以中国画展示为主题的“童画视界”小程序；完成了五个知识点的知识图谱；团队成员开设了市、区级公开课 4 节；多次在市、区级的论坛中进行成果展示，并获得一致好评；团队内教师成立数字媒体艺术名师工作室；团队发表国家级、市级、区级论文共 9 篇；团队教师在论文评比与专业技能大赛中多次获得市级一、二、三等奖的好成绩。

（二）反思

我们还要加强 VR 的再深入，现阶段对于 VR 技术与课堂的结合只开发到欣赏、评述课程，我们在接下去的研究中将进一步运用 VR 技术的绘画功能，如何用 VR 技术来仿画一张全景的中国画名作，这也是值得期待和令人兴奋的。

开发装置艺术、文创产品与中国画结合的课程，现阶段对装置艺术、文创产品与学生中国画作品的结合，只停留在后期以教师为主的实施与改造中，学生参与度低。我们设想开发以学生自己动手为主的中国画装置艺术课程，让更多的学生亲身体验作品展示的乐趣。

我们团队通过网络平台扩大成果影响，现阶段已开发了微信小程序功能，加大学习交流与成果展示，但效果甚微。我们反思与平台的使用不便有一定原因，下一阶段我们将继续加大这一方面的推广工作。

（上海市黄浦区教育学院附属中山学校　李燕南）

第四节　“种子计划”环境下打造英语教学实践与研究的学习共同体

《国家中长期教育改革和发展规划纲要》（2010～2020）提出，应遵循教育规划和人才成长规律，深化教育教学改革，创新教育教学方法，探索多种培养方式，从而形成拔尖人才不断涌现、各类人才辈出的局面。要适应综改的要求，教师必须从传统的经验型、苦干型教师发展成为学习型、反思性和研究型教师。因而，创新教师的培养模式、激发教师的内驱动力、提高教师的专业素养、聚焦学科改革难题是关键。“种子团队”是综改背景下教师发展的一个尝试。“石本无火，相击而生灵光”，作为教学研究与实践的学习共同体，团队以成员的共同愿景为纽带，以浸润学习为通道，以课堂与课题并行互促、自我与集体的共生共荣为追求，让每一个成员都能站在集体的肩膀上飞翔。

一、针对成员发展需求，确定学习内容

“种子计划”（黄浦）高中英语团队作为教师专业发展的共同体，其核心功能在于激发教师主动发展的愿望，在自觉自愿、积极主动的基础之上，通过对教学的反思和研讨促进教师专业自主发展。团队主要由青年教师组成，他们可能会由于自身思维的局限和经验的缺乏无法看清问题的本质，个人的反思也往往由于自身的理论功底不够而无法对自己的思维方式进行剖析。“种子计划”团队可以支持和帮助他们不断更新自己的理念、改进和完善自身的教学实践，应对变化的环境和新的挑战。因此，团队从英语教学前沿理论的学习运用和教学研讨入手，在活动过程中注重理论联系实际，坚持在课堂教学的实践探索中引领学员的专业发展。团队制定了三年规划，并细化和落实每个学期的学习计划。

表 6-2　学习计划表

学习板块	学习内容	学习目标	学习方法
理论学习	英语教学理论专著 教材教法	提升英语教学理论水平	自主研修 读书交流 专家讲座
教学研究	课题研究 课堂教学研究	解决英语教学问题 提高教科研意识 提升教科研能力	专家讲座 误例案例撰写 论文撰写 课题研究
教学实践	课堂教学实践 课堂教学观察 课堂教学评价 课堂教学反思	提升英语学科素养 提升教学设计与课堂教学能力	公开教学实践交流与展示 教学磨课、反思与研讨活动

续表

学习板块	学习内容	学习目标	学习方法
导师带教	课堂教学 课题研究 论文撰写	助力学员发展	专题讲座 个别带教 教学研讨 论文指导
观摩学习	教学观摩	开阔思路 学习交流	听课观摩

除了根据团队的共性需求设计学习和研究内容以外，团队还根据成员的特点、发展的方向、导师的特长等，为每个成员打造了专属的学习和实践内容，力求实现个性学习、差异发展。为了实现这一发展目标，采用的举措是：针对团队中的见习教师，主要致力于理论学习、教学观摩和课堂实践的方式，引导和帮助他们站稳“讲台”；针对 2～5 年的青年教师，鼓励他们多进行公开教学，在实践中形成课例和案例；对于 5 年以上的较成熟的教师，课题研究可以帮助他们积累和梳理更多的经验，加强辐射作用。

二、聚焦课堂教学实践，提升专业能力

团队始终坚持以课堂为阵地，在课堂教学的实践和探索中提升教育教学能力。成员们主要围绕团队研究的课题进行主题式的课堂教学研究，以课题研究引领教学实践，同时在教学实践中推进研究。在团队的共同努力下，领衔人王莎莎老师在上海市教研室的调研活动中，开设了“Comparing Works of Art”的推荐课，获得了一致好评。她同时参加了教育部和上海市组织的“一师一优课、一课一名师”的评比活动，荣获部级和市级“优课”。成员们也争先恐后地在不同的平台上展示自我，分享收获。宋艳芳老师在“种子团队”与第四期上海市双名工程“攻关计划”金怡英语名师基地、黄浦区金怡英语名师工作室、卢湾高级中学和敬业中学英语教研组的老师们联合开展的“单元视角下的听说教学实践研究”活动中执教了一节听说课“Big business—Buying & selling”。“种子团队”合力研究单元整体教学思路，包括内容分析、学情分析、内容整合、目标确定和活动设计等，整体规划单元听说教学，通过“听”的输入，为学生的“说”搭好输出的脚手架，并最终把“话题”与学生的生活

实际相结合，实践英语学习活动观，促进学生核心素养的有效形成。同时，备课、磨课、试讲、课堂实践以及反思交流等多个环节，大大提高了教师对课标和教材的驾驭能力、教学设计能力和课堂应变能力。

三、反思课堂教学问题，强化研究意识

“勤于研而善研，勤于教而会教，以教促研，以研促教”，课题研究是解决教育教学问题的有效途径，是将理论学习与实践研究相结合的载体，也是培养学习型、反思型和研究型教师的平台。

团队教师们聚焦目前听说教学中遇到的只关注理论知识的传授，教学限制在“教师播放音频、学生认知听讲”的被动模式，忽略了学生的主观能动性，导致听说教学课堂的效率低下等问题，决定以听说为突破口，从理论学习入手，开展“单元视角下的听说教学实践研究”的课题研究，寻求更符合高中生认知发展和交际需求的听说教学策略。这一课题是团队成员们精心讨论和确定的，是大家共同的目标，也是合作完成课题的基础。我们采取理论学习、专题论坛、教学实践、专题研究、撰稿成文、专家指导、修改定稿的方式，扎扎实实地开展研究，大家各司其职，美美与共，为了共同的目标共同努力。所有成员在主课题“单元视角下的听说教学实践研究”中确定了自己的研究视角或研究重点：包括“高中英语听说教学中培养学生文化品格核心素养的实践研究”“基于思维品质发展的高中听说课设计探究”“基于标准的高中英语听说教学资源的开发及应用——以 BBC 六分钟英语为例”“TED 资源在英语听说课堂中的开发和应用”“高中听力教学中单元词块研究”“英语能力等级口语量表对高考口试的启示和建议”“基于标准的初中英语听说课教学效果评价机制”“初中英语听说课渗透思维品质培养的途径探索”和“基于标准的初中英语听说教学资源开发与应用”。在主课题的引领下，成员结合自身的专长、兴趣和发展愿景，有分有合，积极主动地参与到各项教学实践和教研活动中。

研究已初见成效。团队成员参与了各类与课题相关的指导和讲座，在展示和分享中不断累积经验，听取建议，再反思、再实践。领衔人王莎莎老师主持了“以英语听说教学理论学习——语言课堂中的听力教学”为主题的论坛，杨琛老师在上海市教委教研室和“双名工程”攻关计划的活动中做了教研组和学科建设的汇报，朱

玲老师在豫园学区作了“单元作业内容分层递进”的发言，马韵老师在黄浦区初中英语教师教研活动中作了“阅读课读后小组讨论的实施要点”的交流汇报，朱玲老师和徐佳依老师在上海市双名工程“攻关计划”的活动中作了“语言课堂中的听力教学”的听说课案例交流。与此同时，领衔人王莎莎老师在《上海英语教研》上发表《优化高中英语文本“读后拓展”活动设计的案例研究》一文、在《黄浦教育》上发表了《高中英语听说课“Comparing Works of Art”教学设计与反思》一文。团队成员们从理论到实践，实践后再反思，再凝练，不断进步。

四、思考与展望

综改向传统的教师教育原则和方法提出了新的挑战，“种子计划”团队作为教师学习共同体，是当前在综改的背景下教师专业化成长的新途径，它给教师营造了一种合作、对话、交流、互动和慎思的氛围。在下一阶段，团队将继续将重点放在理论和实践相融、阶段设计与整体设计相契、目标分层和个性化教育智慧生成相合上，通过研究与实践来滋养自己的教学知识和实践智慧，让合作文化和专业信念成为反思性实践的向导，联结美美共生，助推百卉争妍。

（上海市卢湾高级中学　王莎莎）

第五节　融合信息技术，指向深度学习

“种子计划”黄浦物理团队共有 10 名成员，其中有高级教师 2 位，一级教师 4 位，强校工程成员 1 位，来自黄浦区初、高中各个学校。我们的团队围绕“信息技术在中学物理教学中的深度融合”目标开展活动，领衔人的个人特长是课堂教学与信息技术应用，坚持以教学为中心、以研究为载体，与团队成员一起进行教育实践研究。

团队目前在知识图谱编制和信息技术融合方面初步形成特色，前期工作成果有在线协作教研、网上课堂应用、慕课开发应用、自适应个性化辅导、信息化实验研究等，目前已结题或正在研究的区级以上课题 5 个。团队的教师们正在各类一线教学实践活动中共同成长。

一、融合信息技术进行教学实践

新高考“3+3”改革对物理等学科教学管理提出了新的要求，需要大规模推进分层走班教学，但由于场地和时间等客观原因，教学管理的效果相较于以前有所下降，同时练习反馈、作业质量监控等环节比以前更难做到位，这就对教学管理与教学过程反馈等提出了更高的要求。对于物理学科而言，因其综合性高、内容多、涉猎广等学科特点，学生的学习情况差异很大，如何有效掌握学生的学习情况，及时了解学生的不同层次辅导需求，为学生提供分层次、适合学情的反馈辅导，进行更高效的教学管理，都是急需解决的问题。

而且目前教与学过程中出现了明显的冲突，教师、家长们还在墨守传统，希望通过课本、练习、课堂来完成教学过程。而学生们从懂事开始就生活在知识爆炸的信息时代，获取知识的途径远远不止课本与课堂，甚至许多企业已经针对这种需求制作了大量高效获取学习信息的工具，而大量教育者们目前正在与这种信息化的变革大潮进行抗争。

在近年的世界青年物理学家竞赛以及上海市物理学术竞赛中，运用 Matlab、Autodesk 等软件工具模拟出的流体动力学模型已经取代了传统基于公式的理论分析，运用 tracker、videophysics 等软件进行轨迹跟踪分析已经是运动问题研究的基本方法，高中生、大学生们如果无法适应这样的信息化变革，必然视野受限，发展空间局促。

在这个问题的启发下，李樑老师设计了一系列与运动有关的学习活动，如读取汽车仪表数据、查阅“电子警察”区间测速与点测速原理、汽车安全装置原理等；发现学生们对汽车的话题兴趣浓厚，所以录制了“汽车中的安全技术”慕课，在上海高中慕课平台上对公众开放。这个“科学、技术与社会”系列慕课前不久在上海市信息技术应用案例评比中获得一等奖。

黄浦学校的贺戴裔老师作为黄浦区强校工程的成员，在团队学习活动中积极主动，努力进取。他紧密结合团队课题，尝试更好地利用现代信息技术服务物理课堂教学。贺老师发现 AR 增强现实实验能较好地解决液体压强实验现象不明显的问题，与传统实验相比，AR 实验简洁方便，提高了课堂效率；与往常的电脑 flash 课件相比较，AR 实验有更好的交互性，能提升学生参与度与课堂感受，教学效果良好。

大同初级中学的李丹老师精心设计融合信息技术的课外活动和作业，将知识思维导图融入作业活动中，让学生在探索过程中梳理学科知识，体验技术应用的乐趣。李老师设计的单元作业有：(1)构建声学单元思维导图。(2)利用声学 APP 软件设计完成一个声学小实验。(3)利用微课实现单元内容个性化辅导。

而针对作业反馈问题，大同中学的林益老师开发了自适应练习反馈平台，学生可以根据自己的习题错误情况按需选择需要听和看的讲解内容，实现个性化反馈的同时还得到了作业情况的综合数据，教师可以挑选问题最集中的进行课堂巩固，或者录制视频二次反馈。

我们团队的研究主题就是物理教学与信息技术深度融合，经过一年的研讨交流，团队智慧正在物理课堂中闪耀光辉，每位成员都将团队研究的成果在自己的课堂中实践探索。

进行了那么多信息技术的尝试，当我们坐在一起研讨这个话题时，大家不约而同都会谈到一个问题：为什么做这些尝试？其实以上这些预习、实验、课外活动、作业，都是高质量的学习活动，都指向一个目标，那就是深度学习。

二、设计指向深度学习的活动

什么是深度学习？如图 6-3 是美国缅因州国家训练实验室的测试数据，可以看出不同的学习方法对于一段时间后能记住的内容比例影响巨大。

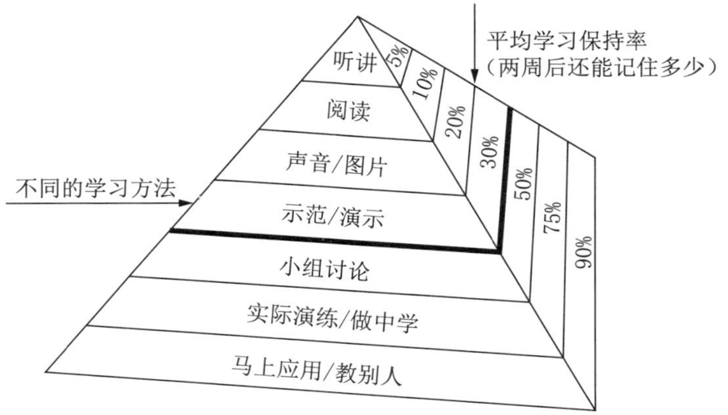

图 6-3　美国缅因州的国家训练实验室学习金字塔

物理学科的深度学习有哪些特征？学习过程应来自真实情景，解决真实问题；通过多样化学习方式，利用现代技术，营造良好的学习情境，这样才能达成深度学习的目标。

以高中物理第一单元《运动的描述》为例，教师首先应根据课标和学科基本要求梳理本单元培育的学科核心素养。然后，画出单元核心素养关系导图，理清楚各方面的关系。但四张图分别在不同的层面内，四个不同层面之间的联系又难以表达。最终，我们运用关系型数据库来进行数据结构建模，做成了本单元核心素养各个方面内容之间的关系图谱，也就是单元知识图谱。从关系图谱中很容易能看出最多关联导向的几个知识要点，这些就是本章节的关键知识节点，分别是：参考系和坐标系、速度与速率、加速度，应该在这些关键知识节点上设计学习活动，可以使学习效能最大化。

接下来就是寻找承载核心知识的实际问题或者任务，关于加速度，设计的问题或任务是：如何得知汽车运动的加速度，测量运动物体的平均加速度和瞬时加速度，设计测量加速度的实验等。

确定了任务，最后一步是调研学情，确定单元学习活动。学生学习了理论知识以后，只会在习题中分析小球物块的加速度，难以与实际情景中有联系。我们设计的活动是观察记录部分汽车仪表数据，分析数据单位的含义，运用视频分析软件研究小车运动规律。

所以要设计出指向深度学习的活动，需要将知识结构与学科活动进行有机整合，应该经过以下四个步骤：明确单元学科培育的核心素养；明确核心知识，构建知识结构框架；寻找承载核心知识的实际问题或者任务；调研学情学生需求，确定单元学习活动。

三、反思与展望

我们的团队来自黄浦区多所不同类型的学校，是一支年轻、充满活力和干劲的队伍，团队成立一年，已有一些课题研究成果，区级的有 5 项。由于来自不同学校，能一起研讨的时间不多，我们利用网络平台进行在线协作研修。通过这个在线平台，我们团队共同开发课程，在线协作功能可以让我们随时共同研讨问题，共同编辑文件，共享各自的资源和想法，记录下我们成长的过程，同时也对我们目前的信息化教学探索进行了反思和展望。

虽然部分教师在课堂已经开始尝试信息技术融合，但大多数教师的教学研究过程还没有及时跟上新时代的步伐，传统的教研备课方式根深蒂固，目前主要还是关注对课本和习题考试的研究。如何利用信息技术手段提升教学效率？如何进行差异化、个性化教学？如何利用信息技术手段改进教学与学习方式？这些议题仅仅出现在一些教科研课题中，这样的步伐太慢了。

教育者首先要革新自己的工作方式与理念，教研活动备课活动也需要过程性管理，应该充分利用网络和信息技术记录教研备课活动过程，利用网络平台进行分享和展示，不但能实现更好的效果，还能潜移默化改变教师的观念。

信息技术就是一种将割裂的信息资源整合成相互关联的有机体，共同发挥作用的手段。教学研究过程急需信息技术的融合，才能让教育者们尽快跟上信息化的潮流。目前已经有大量企业在做尝试与研究，如英知网在线课堂、门口网视频识别技术等，都能在某一方面满足教师的教学与研究需求，只要我们愿意去用，就能发挥意想不到的作用。

当我们的教育观念和技术应用理念上了新的台阶，带来的将是全新的视野与全新的教育体系，那时的学习方式会是怎样，让我们一起期待吧！愿更多的一线教育者加入信息化的实践研究，诸多问题还值得进一步推敲，投砾引珠，盼有共鸣！

（“种子计划”黄浦物理团队　李　樑）

第六节　从教师的需求出发，从学生的困难入手

“种子计划”（黄浦）初中英语团队以项目研究和主题教研为主要的研修方式，围绕“初三英语复习单元规划与实施”开展活动，旨在研究初三英语复习教学中的难点问题，提高成员的教学设计和实施能力，提升团队成员所在学校教研组活动的实效。各成员学校的初三备课组或教研组围绕主题，相应地开展具有校本特色的主题研究，形成了各校的研究经验和成果。在团队成立的两年多时间里，我们关注教学与教研中的实际困难，聚焦初三复习中学生的学习难点，分析课堂中学生的收获和成果。

在项目研究的过程中，通过调研和访谈，我们发现成员校教研活动的计划和实

施中存在以下问题。首先，部分学校教研主题的确定缺乏依据，主题不够聚焦；其次，研究课的教学目标未能关注初三复习中学生的学习难点，研究课流于形式；最后，对于教研成果缺乏提炼，一些成熟的经验和方法未能在教师或学生中得以固化。为此，我们团队在深入各校开展主题教研活动的过程中，关注教研主题的确定、研究课目标的制定和教研成果的提炼，希望运用实证数据和工具，提升教研方法和手段，使教研活动的开展更为扎实有效。

一、基于调研数据，确定教研主题

初三复习的重点很多，内容繁杂。初三第一学期我们关注了词汇单元的复习研究，那么第二学期的教研主题又该如何确定？在专家的指导和帮助下，我们开展了区域范围内的初三英语教师需求调查，收集了项目成员校初三复习计划和进度表，聆听了部分初三教师的复习课。通过分析调查数据、复习计划和进度表文本、复习课的课堂活动，我们有了以下发现：

教师关注读写研究。初三教师上交的 43 条教学需求中，有 10 条指向了阅读，8 条指向了写作，由此可见，教师对于初三阅读和写作复习研究有较强的需求。

写作复习缺少结构化整理。初三写作复习进度以罗列写作话题为主，话题间未呈现关联。大多进度表未呈现复习目标、复习资源、复习方法、复习时间等单元要素。

写作复习课的质量有待提升。初三写作课存在复习课的特征不明显、写作课活动单一、写作话题的确定缺乏科学性和针对性等问题。此外，初三写作课也存在以考代教、评价标准随意、写作内容重复等情况。

基于上述的调研分析，我们确定了“初三英语写作复习单元规划与实施”为 2019 学年第二学期的研究主题，驱动教师进行写作单元规划和实施，研究初三写作课的活动设计，力图提升教师的教学理念、教学设计能力、教学方法等。

二、基于学习难点，确定教学目标

研究课是主题教研活动的核心，合理的研究课目标是研究课开展的关键。为了更好地确定研究课的教学目标，教师们在前期做了大量的文本分析，力求提炼出学生在初三复习中的学习难点，准确地分析难点形成的原因，为教学研讨提供实证数据。

（一）从考试质量分析中找问题

在开展主题为“提升初三词汇复习课的效益”活动中，尚文中学李蓓青老师关注了初三学生在词汇学习中的困难。她在学情分析中这样写道：在此次一模考中，我校初三学生词汇选择题的得分率为92%，词形转换题的得分率为97%。然而，考查学生在阅读中辨析词汇的完形填空题和首字母填空的得分率仅为40%和20%，其中，在涉及 health care, achieve success 等词组表达的得分率远低过区均分。通过这样的质量分析，她将初三词汇复习研究课的目标确定为“在语境中理解词义和在语境中合理选择运用词汇”，并通过语境对比、词义对比、分析词义等方法，帮助学生提升词义理解的水平。

（二）从学生写作文本中找问题

在设计一节研究课的教学目标时，尚文中学张枫容老师依照经验，将读写结合的重点落在了学生对于说明文结构的理解和运用上。但通过收集学生近期的作文文本，统计分析学生的问题后，她有了不一样的发现。她在学情分析中这样写道：该班大部分学生能够合理地运用说明文的框架进行写作，首尾句明确，比例恰当。然而，学生在支撑信息的写作方面存在问题。他们的说明方法较为单一，句式重复度高，举例较为生硬。基于这样的分析，她确定了“关注支撑信息的内容与表达”的教学目标，通过分析课文的说明方法、分类支撑信息、提炼表达句式等教学方法，帮助学生充实了写作的内容，丰富了句式表达。

三、基于课堂生成，提炼教研成果

课堂教学是主题教研中的重要一环，课堂观察和反思也是项目研究中的主要方法。为了能使学生的课堂成果可视化，使教学策略的调整和优化有据可循，我们在多次的写作教研活动中通过学习单的设计和使用，记录学生在课堂中的产出，并通过对比分析，调整活动设计，提炼有用经验。

（一）运用文本对比，调整活动设计

在一次磨课过程中，市十中学沈睿老师通过分析学生在课堂上的产出，发现了活动设计存在如下问题：学生整节课的写作产出主要模仿了教师提供的学习内容，缺乏自主运用，因此产出的任务需做调整；较之写前的产出，学生整节课的写作产出未在内容或句式上有明显的提升，因此本课的活动目的需要更聚焦。基于上述的分析，团队重新设计了对比分析、写句练习、段落练习等有效活动，并调整了最后的写作任务。这些经过再次设计的活动取得了良好的效果，也成了本项研究的典型活动。

（二）运用课堂产出，提炼有用经验

尚文中学李蓓青老师通过分析学生课堂中的产出，发现了课堂教学中较为成功的案例。她分析道：在单句造句环节，学生对描述的运用的积极性优于对举例的运用，这是源于在教授描述的环节，教师运用了文本对比的方法，并通过分类使学生对于这个概念的理解更为具象。由此，她提炼了对比理解、文本再造、单句造句、比较分析等行之有效的写作任务链，形成了在写作课中学生自主发现、自主探索、自主运用、自我归纳的写作复习流程。

调研数据、文本分析、文本对比，这些实证教研工具在项目研究的规划和实施中都起到了重要作用，使教研主题的确定更聚焦，使研究课目标的设计更切合，使教学经验的提炼更有效。

下一阶段，我们将在以下方面进行更深入的研究：(1)继续研究教研计划和教研文本，分析教研主题制定的合理性、连续性和深入性。(2)通过工具的开发、分类收集的实证数据，提炼数据分析和数据运用的方法。(3)在现有的教研活动案例的基础上，梳理和提炼教研开展和项目研究的经验，将初三复习研究的成果与教研活动开展的经验在区域范围内进行展示和推广。

（上海市尚文中学　李蓓青）

第七节　凝神聚力，构建教师发展共同体

习近平总书记指出，思政课的作用不可替代，思政课教师队伍责任重大。在中国特色社会主义新时代，中学思政课教师肩负着崇高的历史使命和重大的时代责任。2019 年，“种子计划”（黄浦）政治团队组建，由来自黄浦、徐汇、长宁、嘉定区的高中学段 9 位教师和强校工程初中校 1 位教师组成。如何肩负使命，勇于担当，有所作为，共谋发展，是团队和每一位团队成员必须思考的课题。

一、教师发展共同体的内涵界定及构建的现实困境

以教师发展共同体作为教师成长发展的方式，在“种子计划”（黄浦）政治团队有效地建构并开展活动，对团队和每一位团队成员的成长都具有潜在的价值和可能。

（一）教师发展共同体的内涵界定

教师发展共同体是什么？不同视角下教师共同体所具有的共性，包括：从共同体的视角审视教师的学习和发展，将教师个体活动与教师集体活动有机地联系起来；强调教师之间合作的重要性；作为共同体成员的教师承担一定的任务、扮演一定的角色而履行责任；共同体成员之间是相互依赖、共生共享关系，在问题解决中维持、发展共同体；新进入成员对共同体已有文化历史遗产的继承。① 在文献梳理与行动反思中，我们认为：教师发展共同体是教师基于共同的成长愿景而自发形成的，具有外部治理及内部教师自觉推动属性，是以共同发展利益为宗旨，以互助合作、交流分享、敦促引领为桥梁，以团队成员为主体，教育领导、学科专家等参与的，在日常教育教学实践中提升教师个人教育教学能力，使其专业素养不断完善，最终服务于学生发展、学科发展和教育发展的教师学习与成长型组织。

（二）教师发展共同体构建的现实困境

在实践中，我们发现“种子计划”团队构建教师发展共同体存在不少现实困境。教师发展共同体作为一种依靠内生力存在与发展的“民间力量”，其构建需要教师自主性的激发和提升。同时，“种子计划”（黄浦）政治团队是由来自四个区的初、高中不同学段的教师组建而成，每位教师承担着学校和区域内一定的教育教学任务，按照独立完成工作的惯例完成任务，教师个体式的存在状态和区隔化的生存现状对于教师发展共同体的构建而言是不小的挑战。

二、构建教师发展共同体的实践探索

（一）发展规划明方向

组建之初的重点任务就是组织全体成员进行团队性质和团队发展规划的讨

① 邱德峰，李子建.教师共同体的发展困境及优化策略[J].河北师范大学学报（教育科学版），2018，20(2)：53—58.

论。构建教师发展共同体的前提，是每一位参与其中的成员都有着共同的核心价值追求与支撑。教师发展共同体是对团队性质的定位，教学是既定情境、主题研修是主体、文化是思想基础。陆俊杰老师说："我们有着共通的学术追求，通过各种形式的活动，促成员共进步，促资源共融合。"周佩君老师说："我们的团队是一个温暖上进的团体，有着明确的分工，更有着相互支撑的力量。因为我们有着共同的信念与目标——通过我们的努力，探索学科核心素养、研究课程推进有效途径、挖掘思政课的魅力与功能。"

基于此，我们以建设一支政治强、情怀深、思维新、视野广、自律严、人格正的思政教师团队为愿景，以新一轮中高考综合改革和新教材实施为契机，在"变"与"不变"中探求学生发展、学科发展和教育发展的佳径，以制度保证研修的恒常，以学习拓展研修的广度，以课题引领研修的高度，以展示提升研修的价值，在学习、研究和实践中实现个人和团队的共生发展。

（二）主题研修促成长

主题研修活动是构建教师发展共同体最好的方式。情境学习理论认为，学习的本质是对话，这不仅是个体进行知识意义建构的心理过程，而且也是一个社会性、实践性的，以差异资源为中介的参与过程。7 次区级主题发言、7 节教学研讨展示课、1 场"以书论道"、2 场"专家讲堂"、2 场"头脑风暴"、2 场"教材研习"、2 场"命题研究"……团队在新高考新课程改革背景下，以"助力强校工程""知识图谱""课题研究"三大任务为驱动，凝聚智慧，借助区域优质资源，搭建高位交流平台。

教师发展共同体建构的目的是让每位教师在分享和研讨中得到成长。每次的主题研修活动，追溯本源，选择的主题基于团队成员对教育教学的需要和困惑，素材资源来自团队成员的教育教学事件，能解决团队成员发展中的问题；从流程来看，有自我反思、同伴互助、专业引领，抓住专业发展的最佳契机。从活动组织到研修主持、参与，团队成员们精心准备、积极交流，有实践、有成效、有思考。徐珍老师感言："我有幸观摩了不少有广度、有深度又有温度的教学展示，亲身体验了有新意又不乏思考力的教学模式。"

（三）专业引领点迷津

"种子团队"领衔人是核心的活动组织者和专业引领者，团队领衔人姚瑛老师承载着成就、发展团队及成员的重任。董一飞老师感慨道："我得到了姚瑛老师的精心和耐心指导，坚持守正和创新。从统编教材的教学设计到高三复习策略的实施，从公开活动的发言到试题的编制，姚老师和其他伙伴都给予了无私的支持。”

团队组建初期，我们就荣幸地邀请到了正高级教师方培君，正高级教师芮仁杰，华师大尹城乡教授，复旦大学张奇峰教授，特级教师秦书珩，区教研员汪素青、吴立宏等担任指导专家，专家们将新时代思政教师专业发展的关键能力娓娓道来。唯有不懈追求，臻于至善，幸运与机遇才会叩响专业成长的大门，享受专业成长带来的幸福感。正如丁永媛老师所言：“专家们以鲜活的案例和丰富的知识内涵及精湛的理论阐述，给我以强烈的感染和专业的理论引领。”

（四）团队文化增涵养

成功的教师发展共同体应当具有成员认可的共同体文化。内嵌于共同体中的宝贵文化经验是共同体的核心特质，基于共同体的文化引导，才能形成共同体成员与众不同的身份建构与发展。教师发展共同体以文化滋养团队成员，尊重每位成员，使得知识结构、心理特征、文化背景等不尽相同的个体，在长期交换思想的过程中，思维得到启迪，能力得以提升。

心中有梦想，脚下有力量，夜深人静，团队微信群的讨论时常热火朝天。如何把学科核心素养对标到用习近平新时代中国特色社会主义思想铸魂育人上来，如何把聪明才智和心血聚焦到增强思政课的思想性、理论性和亲和力、针对性上来，如何认真教好思政课，调动学生积极学好思政课……团队成员共同倾情三尺讲台，做马克思主义理论的传播者；坚持与时俱进，做新时代的思政人；敬业奉献，精益求精，不断探索思政课教学新模式。一个教学课时，团队精心打造；一人遇到问题，团队集体助力，这支团队齐心协力、恪守职责、脚踏实地、深入研究，凝神聚力，携手寻梦、追梦，推动整个团队的不断前行。

（五）搭建平台拓视野

教师发展共同体从其自身来说，是为教师的专业发展搭建平台。发展到具有一定高度的团队成员，可以借助发展共同体为自身专业发展得到多元化、多样性的机遇。团队成员在过去的一年中，观摩了5场市级大型学科教学活动，倾听专家们高瞻远瞩的现场点评，清楚认识到从小学教育到大学教育是环环相扣、逐层递进的，在教学中明晰课程意识、单元规划理念的重要性，不仅要重视知识逻辑的建构，还要重视事件逻辑以及成长逻辑的建构。

正如王开尔老师所言：“最大的收获，莫过于通过团队教学活动拓展了视野，弥补、优化了教学思路上的盲区，对于学情的分析更加重视，更多地尝试站在学生的立场和视角观察社会。”在市教委“战疫”课堂的录课工作中，姚瑛老师和王开尔老师通过构架知识逻辑，深挖细节关联，取得良好成效，展现了作为团队成员的风采。

（六）课题研究显真功

课题研究是建设教师发展共同体的支点。“统编教材视域下思想政治学科核心素养测评体系的构建与实证研究”团队研修课题，极大地激发了成员们学习和发展的主动性、积极性和创造性，关注深化新课改以来自身遇到的教育教学问题，为解决“问题”而进行“实景研究”，结合新中考、新高考方案的实施，改进课堂教学和学科测评方式，力图做到“教、学、评”的一致性。

同时团队成员在承担课题研究时，以科研精神、科学方法对问题进行探究，提升了自身的专业能力和素养。作为课题研修的中坚力量，王秀芬老师说：“伙伴们在教学中共同探索教学评价的新理念、新方法；积极参与新课程、新课标的解读，共同探讨新教材、新理念的落实。”杨伟明老师说：“团队成员有着非常棒的科研能力和成果，这是对我的鞭策，督促我认真思考、不断反思。”

三、构建教师发展共同体的成效与反思

（一）构建教师发展共同体的成效

教师发展共同体对教师“个人”和团队“全体”有着重要意义。团队每位成员在教师发展共同体中，享有教师发展共同体发展的成果，在目标带动和活动过程中成长，促进专业知识的积累、推动专业技能的提高，也引领敬业精神的升华、专业成就感的提升，实现自我和团队共生发展。

（二）构建教师发展共同体的反思

教师发展共同体的运作过程中也存在问题和困难，团队成员工作压力大、时间较紧张，校内教育教学与团队活动两者的冲突尚未找到最佳解决途径；在教师发展共同体中，个别成员尚显内驱力不足。

新冠肺炎疫情发生以来，教育信息化与人工智能时代提前到来。在今后的团队建设中，我们考虑更多依托教育信息化平台突破成员参与活动的时间、空间限制，并且通过明确定位和有效评估来激励成员个体特色发展。

正如王艳老师所言：“种子团队是一个温暖的大家庭，我是大家庭里唯一的初中学段成员，也是唯一的‘强校工程’成员，得到了同伴们不少特殊照顾与帮助。我

感受了优质课堂的无限魅力，领略了思政教学的丰富多彩，开拓了我的教育视野，提高了我的专业水平。”

“种子计划”(黄浦)政治团队乐于在思想实验田的沃土上不断生长；志在坚守三尺讲台，因材施教，为学生发展贡献力量；更享受躬耕所带来的快乐，在思想政治教育的道路上共同成长！

(上海市向明中学　姚　瑛)

第三篇

从培训到培育

——黄浦教师教育精品课程建设工程

2018年，中共中央国务院颁发了《关于全面深化新时代教师队伍建设改革的意见》的文件，文件中指出，“改进培训内容，紧密结合教育教学一线实际，组织高质量培训，使教师静心钻研教学，切实提升教学水平”。为了做好区域教师培训工作，开发和建构教师优质培训课程，我区坚持以学校教师专业发展需求为导向，以课程建设为载体，均衡推进市、区、校三级培训。

当前的师训课程主要分为三类，即师德与素养、知识与技能和实践体验课程等。在“十三五”期间，我区根据师德与素养课程特点进行构建，通过整合区教育学院各部门的资源，在区级培训中重点开发素养类课程，通过发掘丰富的教育实践资源，在校本研修中重点开发师德类课程。知识与技能课程，主要通过研训一体、工作坊和借助外部优质资源等方式，设置相关课程，提升教师专项技能。实践体验培训是校本研修的重要形式，实践体验培训就是使教师亲身经历实践问题解决的过程，培训过程则是围绕选定的问题，在同伴相互帮助和相互借鉴的过程中，最终形成相关的解决策略(或方案)。

随着信息技术飞速发展，教师培训的网络课程应运而生，其具备广域性和互动性的特点。广域性可以突破时间和空间的限制，有效地解决了教师培训的“工学矛盾”，因此，网络技术支撑下课程开发成为区域教师培训的重要载体。

第七章　尊重需求，提升课程建设水平

为帮助中小学、幼儿园教师（以下简称教师）更好地承担时代重任，根据“完善以现有师范院校为主体、其他高等学校共同参与、培养培训相衔接的开放的教师教育体系”①的要求，国家建立了较完备的教师培养和培训体系。在教师培训工作中，最基础性的工作是开发和建构教师培训课程，我区坚持以学校教师专业发展需求为导向，以课程建设为载体，均衡推进市、区、校三级培训，不断提高培训实效，多年来在教师培训课程建设方面主要完成了以下工作：

一、尊重需求，建构教师培训课程

根据中小学教师专业知识结构的现状，首先明确了区级和校级培训的重点，并系统构建和培育教师培训课程。在校本研修中，以实践体验课程建设为重点，促进教师发现问题、同伴互助和实践反思等，以提高教师专业能力；在区级培训中，加强知识与技能类课程建设，积极开发相关的课程，重点培育“研训一体化”培训课程，以提升教师教育教学水平。

在区级培训中，根据不同发展阶段教师的专业成长需求，我们不断地拓展培训形式。区级培训主要以三种方式来实施：一是区级课程培训、二是区级网络课程培训、三是依托高校师资举办高级研修班。我们不断地丰富课程内涵，力求做到创新和深化相结合，如“研训一体化”培训。在创新过程中，我们完成了三个方面的工作：一是试点先行、二是积累经验、三是全面推广。在全面推广中我们也注重不断深化，又制订了“黄浦区教育学院‘研训一体化’培训课程实施办法”，以丰富“研训

---

① 国务院.关于基础教育改革与发展的决定[Z]，2001-05-29.

一体化”培训的内涵。

在推进“研训一体化”培训的过程中，我们实践探索，提炼了“研训一体化培训”的四个特征：一是问题源于实践，培训者帮助学员发现和提炼教学实践中的问题，并思考问题产生的原因和问题解决的对策；二是课例源于反思，培训者提供典型案例以帮助学员提高实践反思的能力，从而有效地建立了培训课程与实践反思的桥梁；三是引领源于专家，培训者搭建了学员之间分享交流的平台，引领学员借鉴走出教学困惑的策略；四是智慧源于思辨，培训者强化学员对实际问题的思辨能力，帮助学员形成教学实践智慧。“研训一体化”培训项目是教师专业自觉的催化剂，我区在“研训一体化”模式方面的实践探索主要经历了三个阶段：一是试点积累实施经验；二是在反思完善的基础上，在区域面上推广；三是在面上推广的基础上，在培训内容和形式上进行优化。我区“研训一体化”培训在全国各地也得到了很多的认同，如营口市教师进修学院也对此进行过总结。杨东晖提出“培训—教研一体化”是我们组织教材培训的指导思想，共安排四个环节：课例研讨、经验介绍、教材分析与辅导、调研反馈，每个环节都要求有教师的反馈，这样可以使每个教师的思维在培训期间处于一种参与状态①。

我们在校本研修中倡导聚焦实践体验课程，学校边实施边总结，从而提炼和总结出三个有效做法：一是即时性，教育现代化推进过程对于教师来说既是挑战也是机遇，如果学校能够因势利导，有效开展实践体验培训，教师就能将挑战转变为机遇，体验把握机遇的乐趣，反之教师只能在不适应中持续叹息。如“推进网上教学”的实践体验培训，既能够帮助教师适应教育技术更新的要求，也能够为传统教学赋能。二是递进性，有些学校认真分析和提炼学校教育教学中的共性问题，然后围绕这一问题循序渐进地拓展和深化培训主题，最终整体提升教师的教育教学能力。如有些学校聚焦“复习课教学”，围绕课堂教学五环节梳理和提炼相应的实施策略。三是生成性，由于教师之间存在差异，在实践体验培训过程中生成的教师个体智慧可以成为培训资源，为同伴实践提供标准和标杆。如教科研实践体验培训中，课题研究中“研修目标的撰写”就可以参考和借鉴同伴生成的培训资源。目前我区已经开设了超过 2000 门实践体验课程，有效促进了教师专业能力的提高。

---

①　杨东晖.高效教师培训的特征及策略探究[J].辽宁教育，2018(3).

二、分级把关，完善课程评审机制

市级共享课程由师训部负责征集，学院课程审定小组负责遴选，提出修改意见，个人修改后报送师资培训中心，参加市级层面的评审，三年来共有19门课程被立项为市级共享课程。

区级培训课程由学院课程审定小组负责评审，课程评审过程也不断完善和优化，在评审环节中，增加了专家与课程设计老师面谈环节，以便更清晰地了解课程开发的意图及培训内容并提出合理化建议。

校本研修课程由师训部教师负责审核，在校本课程申报过程中，我们设计了课程申报的框架，以提高课程设计的系统性和针对性，要求学校能够聚焦学校教育教学中的问题，通过经验分享和同伴互助的途径，寻找问题解决的策略，形成学校的实践体验课程，同时师训部对校本研修课程的审批也形成规范的程序。随着校本研修的不断深入，学校的课程申报越来越规范，水平也有明显的提高。

三、持续创新，提炼课程实施模式

在教师培训发展过程中，为了提高培训的针对性和有效性，我们不断探索与创新教师培训模式。就我区教师培训而言，尝试和探索过多种培训模式，如集中面授、订单式培训、课程组班式、网络培训、购买课程、工作坊、专题研修班、“研训一体化”和实践体验培训等。下面依据实践效果以及培训方式方法，选择具有典型价值的三个培训模式进行简单阐述。

（一）集中研修班模式

研修班模式就是以提升教师教育教学能力和水平为目的，根据培训目的组成的教师培训班。研修班主要包括专题研修班和专项研修班，专题研修班是以某一主题（专题）进行组班，根据主题设计专题研修班的实施方案。如“高中数学新课标”专题研修班，围绕主题细化研修内容，研修形式可以包括专家讲座、现场观摩和学员分享等，培训时间可以采取集中数日进行培训，也可以连续每周一次，结业评价可以是论文、案例和体会等。专项研修班是由某一特定对象（或项目）进行组班，根据项目要求设计专项研修班的实施方案，如高级教师研修班，此项目是以完成研修学分为目的，研修内容就是帮助学员完成课题研究。专项研修班实施必须注重研究过程中的指导，研修形式采取“做中学”，培训时间必须与完成完整的课题研究相匹配，最好分成三个阶段(开题、中期和结题)进行指导。

(二)“研训一体化”模式

“研训一体化”培训是借鉴“案例教学思路”的教师培训模式，“研”是指“两个为主”，即“培训者以教研员为主、培训形式以教学研讨为主”，“训”是指课程化的教师培训。“研训一体化”培训就是由教研员根据区域教师学科教学中的共性问题，以问题解决为载体，设计相应的教师培训课程，培训过程中充分发挥参训学员的主体性，在分享同伴实践智慧的过程，最终形成有效的问题解决策略。

(三)实践体验培训

实践体验培训是校本研修的重要形式，实践体验培训就是使教师亲身经历实践问题解决的过程，培训过程则是围绕选定的问题，在同伴相互帮助和相互借鉴的过程中，最终形成相关的解决策略(方案)。

四、以评促建，形成课程评价机制

(一)区级教师培训课程评价

我们运用区级教师教育管理平台实行动态管理，汇总三个方面的数据，对课程进行综合评价，一是参训学员对每一门课程实施情况进行满意度评价，多年来区级教师培训课程总体满意度都超过了90%。二是定期召开学员座谈会，了解学员对“课程内容、培训方式和教师的专业水平”的相关信息，并及时向任课教师进行反馈，以调整和完善课程内容。三是定期走访学校，了解学校领导对教师专业发展的需求，了解教师对教师培训工作的意见和建议，以充实和优化培训课程的建设；教育学院定期开展区级培训优秀课程的评选，鼓励教师不断完善课程，做到常教常新，以培育区级培训的优秀课程。同时也进行区级培训精品课程评选，以促进区级课程的建设。

(二)校本研修课程的评价

我们采取了“以评促建”的策略，开展了多次优秀课程的评选，共评出了优秀课程数十门，期望通过评选，激活本区校本研修课程建设的动力，形成校本研修课程评价的机制，促进广大教师更好地实现专业发展，从而提高全区校本研修工作的质量和水平。通过评选，引导学校分析该校教师队伍的优势和不足，达到了“以评促建”的效果。通过优势的分析，激活和发掘校本研修的资源，以形成校本研修课程，提升教师队伍的整体水平；通过不足的分析，寻找到有针对性的校本研修主题，以解决学校师资队伍建设的瓶颈问题。如卢湾中学和市八初级中学在师训部教师的指导和帮助下，通过几年的聚焦问题和解决问题，不仅在校本研修课程建设方面有了突破，而且教师队伍的整体水平有了长足的进步。

多年来，我们聚集教师培训课程建设，形成了一些机制，但也存在着一些问题。如由于校本研修的全面实施，各学校在校本研修课程建设上做了大量的工作，开发并实施了数以千计的课程，有些课程的设计科学合理、实施效果明显，但也有些课程设计雷同，不太科学合理。未来我们将对校本课程进行系统梳理，一是充实区级培训课程；二是制作成网络课程，让学校之间共享；对区级培训课程进行梳理，培育一批优秀区级培训课程，一是充实市级共享课程，二是制作成网络课程，让更多的教师从中获益。我们将继续凝聚教师培训资源，实现教师培训课程的梯度建设。

（上海市黄浦区教育学院　黄金丽）

第八章　师德与素养课程的探索与案例

教师是人类灵魂的工程师，是人类文明的传承者，承载着传播知识、传播思想、传播真理，塑造灵魂、塑造生命、塑造新人的时代重任。在对“十一五”教师培训工作进行反思后，从“十二五”开始，我区根据师德与素养课程特点进行构建，通过整合区教育学院各部门的资源，在区级培训中重点开发素养类课程，通过发掘丰富的教育实践资源，在校本研修中重点开发师德类课程。

第一节　在课程培训中有效提升班主任育德能力

一、背景与意义

十八大报告指出，“把立德树人作为教育的根本任务，培养德智体美全面发展的社会主义建设者和接班人”。由此教师是关键，而中小学班主任队伍是教师队伍中的重要组成部分，在中小学生发展方面发挥着重要的作用，班主任队伍建设刻不容缓。

上海市教育委员会《关于进一步加强中小学班主任队伍建设的若干意见》（沪教委德〔2007〕17 号），强调“中小学班主任是中小学教师队伍的重要组成部分，是班级工作的组织者、班集体建设的指导者、中小学生身心健康成长的引领者，是中小学思想道德教育的骨干，是实施素质教育的重要力量”。发挥班主任在学校德育工作中的重要作用。在这样的理念引领下，我们认为育德意识和育德能力对于“立德树人”根本任务的实现起着关键性作用。提升班主任的育德能力，培训是有力的抓手。

二、实践与探索

我们以“创新德育工作方法、提升教师育德能力”为目标，回归教师专业发展内涵本原，整体提升班主任的专业素养。因此，在班主任培训的课程设置上，我们加强顶层设计，使培训走向系统化、规范化、有效化，提高培训效率，使班主任的育德意识和育德能力有所提高。

（一）加强师德建设，提高班主任素养

教师是教书育人的主体，班主任每天和学生接触最多，班主任的一言一行直接影响着学生的行为。因此，我们在培训课程中设置了师德建设的内容。如，暑期培训邀请我区获得上海市“十佳”班主任、优秀班主任介绍他们是如何加强自身师德建设的，他们以自己高尚的品德和人格魅力感染激励着学生，成为学生健康成长的良师益友。他们的师德修养和育人艺术值得我们中青年班主任去传承和发扬。通过系列师德的培训，让班主任以他们为榜样，树立正确的教育观、学生观。

光明初级中学班主任高飞老师讲道：“正式担任班主任的那一刻起，我就告诉自己，我的能力不大，但我的责任大，我要帮助学生们点燃自己内心的火焰，用爱与温暖，让每个人共享阳光和欢乐。”复兴东路第三小学的李娜老师成了孩子们的“校妈”，她说自己怀揣着一份爱，用心、用情地去干，学会静待花开，不再急于求成。海华小学的章莹颖老师说：“要担得起‘学高为师、身正为范’的标杆。要有‘讲奉献’的基石，扎根本职工作，任何工作勤勤恳恳，做到‘水滴石穿、润物无声’的渗透，传承在教育的第一线。要有‘守初心’的基石，心中有责任，恪尽职守、责无旁贷，当得起‘文以载道、师以传承’的担当！”

（二）多元化培训，提升班主任的育德能力

在工作中，有教师常常会问：“你真的爱你的学生吗？”“你是否在爱的名义下摧毁着一个个的生命？”“你是在关注学生的成长还是他们的分数？”班主任在学科教学的同时应培育学生健全的人格，建设班级的同时培育个体。

我们的培训建立在对班主任育德意识和育德能力提升需求的基础上，采取多层次、多渠道的培训机制。

1. 梯队培训，满足需求

在培训过程中，我们针对班主任不同的发展程度、不同的专业发展需求，提供最近发展区的专业培训，通过有效开展梯队培训，对处于不同发展阶段的班主任提供相应的培训与指导。

我们注重理论联系实际，紧密联系班主任面临的新情况和新问题，根据教师的需求制订切实可行的培训计划，合理安排培训内容，改进培训方式和方法，使培训真正受到教师的欢迎，提高实效性。培训分三个层面，第一，校级培训，要求各校有针对性地自行培训。第二，区级层面开展新上岗班主任培训。新班主任不知从哪里做起，他们往往满腔热情投入班级工作，但是往往把握不住学生的思想、心理特点，不能掌握适应班级管理与教育学生的正确方法。对于一些班主任工作的基本规范，如，班级计划的制定、教室环境的布置、班会课怎么上等，往往不知从何下手。在设计培训课程中，充分利用我区的资源，请“十佳”班主任、上海市班主任工作室主持人蒋雯琼老师结合自己的班主任工作，和教师们分享了如何撰写班级计划；请上海市班主任工作室主持人高飞老师介绍如何利用班会课这一阵地，对学生进行思想道德教育。在培训过程中注重理论与实践相结合，既有理性的知识，又有实践操作的内容，还辅之以观摩、交流。第三，区级层面对骨干班主任的培训。以科学理念引领班主任的发展，以实践操作提高班主任的育德能力，以研究反思促进班主任的成长，帮助班主任树立科学的育人理念，遵守规范的班主任工作流程，培育富有个性的班主任工作项目，让骨干班主任形成自己鲜明的带班风格。

2. 研训一体，注重体验

研训一体中，我们更关注班主任的实践体验。如：代入式情境的模拟演练，这些情境都是班主任在平时工作中涉及的，如何更有效地处理这些疑难问题，是做好班主任工作必备的基本功。通过头脑风暴，演一演、说一说、评一评，群策群力，寻找最有效的策略，提升班主任的育德能力。又如，基于发展的专业引领，播撒幸福的种子，开展提升感恩能力团体辅导活动。感恩不仅可以拓展个体解决问题的资源，促进个体更灵活地应对逆境，还能够成为促使社会更积极发展的力量。感恩是其他美德产生的根基，因此，将其定为研修的一个主题，也可以进一步提高班主任对生活的满意度，从而提升主观幸福感。研修中，发现幸福、创造幸福、传递幸福三个环节引导班主任在自己的生活中发现幸福的资源，最终从传道授业解惑的职责出发，将自己的感悟传递给学生，引导学生常怀感恩之心，发现生活中美好的人、事、物，从而提升学生的幸福感。

3. 专题研修，互惠互利

我们以主题谈话课为载体提升班主任专业能力，开展专题研修，采用“同课异构”的方法，探索主题谈话课的有效运作；探索根据不同年龄段学生的认知特点和发展需求，开展主题谈话课的实践，从教育目标的设定、教育内容的确立，以及教育形式的选择等方面予以展开。在一次次的团队研修中，每一个渴求发展的教师在连续打磨中获得深刻的专业体验，并在课堂中不断尝试，获得专业发展。

这个过程中，同伴互为资源，教师们通过对课堂细致入微的观察，倾听学生的话语，研究每一个设计环节，从他人的观点中发展自己的认识，从各自不同的视角思考和解决问题，最终形成了能够体现集体智慧、具有普适性的主题谈话课培训材料，为全区中小学班主任提供行之有效的实践指南，成为班主任专业学习的重要资源。

4. 网络课程，筑基夯实

除了线下的培训，我们还关注了线上的培训，课程设计的内容结合班主任工作特点及其专业发展需求，涵盖基础理念、师德素养、班主任管理能力等。在自主学习和活动任务驱动下，开展专家引领、专题学习、案例剖析、反思交流等维度的研修活动，实现个性化学习、反思实践、社区交流提升三个研修层次的整合。

培训增强了班主任对工作的热爱，提高了其职业责任感，树立起新时代教师良好典范。班主任们通过“学习—思考—实践”，掌握科学的培养班集体的原则和方法，使自身素质得到提高、育人观念得到更新、育人技巧和能力得到增强。培训内容在班主任工作中有效“落地”。

（三）观课研课，同伴互助

班会课是班主任对学生进行思想道德教育的主阵地，如何看待班会课的功能，班主任的观念起主导作用。从优秀班主任个案中可以发现一个普遍规律，即优秀班主任往往非常重视班会课，并且能很好地发挥班会课的功能与作用，进而使班会课成为系统地对学生开展教育的舞台。而主题谈话课能有效促进班主任育德能力的提升，因此，在培训课程中设置听课、研课环节。每一次的听课、研课活动，教师们积极互动，发表个人的见解，互相学习，及时写下心得和感悟，时不时地还在微信群里一起探讨。教师的思维和智慧被激活了。

规范化、系统性、高效率的培训促进了黄浦区班主任队伍育德意识与育德能力的有效提高。

三、成效与反思

如今，我区涌现了以上海市“十佳”班主任周菁、蒋雯琼、陆丽萍、丁凛、高飞老师为代表的一批年轻优秀的班主任，他们以先进的教育思想和方法去思考有效的教育策略，以高度的责任心和娴熟的教育技能履行着“人类灵魂工程师”的职责和使命。

虽然有着这样一批优秀的班主任脱颖而出，但还需在以下方面不断努力，更上一层楼。

（一）高端研修班为班主任搭建成长的舞台

未来将开设班主任高端研修班，通过任务驱动、难题会诊等模块，培养一批有宽阔的学术视野、具备前瞻性研究和实践能力的区级班主任骨干队伍，为我区班主任梯队建设储备优秀种子。

（二）跨界学习让班主任具有更广阔的视野

班主任的培训除了和自己相关的专业培训外，如偶发事件的处理、有效的沟通等，形成自己的专业知识体系和班主任素养，还应开阔视野，开设跨界学习内容的培训，学习其他领域的专业知识，让班主任挖掘、唤醒自身的学习潜能。比如阅读和教育无关的书籍，看似和教师的专业没有一丁点的关联，其实教师职业很多能力的提高都是建立在广泛阅读的基础上。陆放翁诗云：“汝果欲学诗，功夫在诗外。”学诗是如此，专业能力的提升也是如此。

班主任育德意识与能力的提升是一项长远而又具有深远意义的工作。我们将不断探索，勇于实践，优化培训资源，厘清培训内容，以满足不同成长阶段教师专业发展的需要，使区域涌现出更多优秀的班主任，从优秀走向卓越。

（上海市黄浦区教育学院　李燕华）

第二节　互联网＋教育背景下的教师信息能力提升培训

一、背景与意义

进入 21 世纪以来，互联网技术日新月异，云计算、大数据、人工智能不断崛起，各行各业都在向精细化、智能化、高效化的方向迅速转型发展，信息技术应用已经渗透到社会的各个方面。随着社会整体信息化的程度越来越高，信息技术对于教育的革命性影响也越来越明显，在学习内容、学习方式、教学策略、师生关系等方面都已经产生了一定的影响。互联网＋教育的背景下，时时可学、处处能学的教学新形态已悄然而至。

为此，上海市委在《关于全面深化新时代教师队伍建设改革的实施意见》中明确提出，要提升教师信息化综合素养和应用能力，培养教师运用信息技术进行专业发展、教学创新的能力；激励教师创造数字资源、使用数字资源，鼓励教师通过网络为学习者提供支持服务。

同时，作为“十三五”教师培训的重要工作——“中小学教师专业（专项）能力提升计划”，也提出了教师应具备应用信息技术优化课堂教学的能力和转变学生学习方式的能力，利用信息技术支持学生开展自主、合作、探究等学习活动的能力。

由笔者开发的“微课的拍摄与制作”这门教师培训课程就是在这样的背景下设计并实施的。这门培训课程旨在通过学习体验，帮助教师勇敢地跨出制作微课的第一步，让每个教师都能用简单易上手的工具制作微课。拥有了这项技能，教师就能够改进自己的教学模式，利用微课的特性打破传统学习的时间限制、空间范围。这种改变可以对课堂时间的使用进行重新规划，进而形成翻转课堂的教学理念，实现对传统教学模式的革新，为学习者构建个性化的学习文化。

二、实践与探索

教师培训是面向教师、面向成人的培训。它的目的不是让教师系统地学习某个复杂烦琐的软件程序，而是注重实用、便捷、易学、易用，能够有效提高教师的教学效率，解决工作中的实际问题。所以，笔者认为一门实用的教师信息能力培训课程需要注意以下几点。

（一）运用极简教育技术进行教师信息能力提升培训

互联网时代，随着智能手机的普及化，人们接受信息的终端从家里的电视、电脑变为了手机。便携、及时、功能多，这些特点让手机成为教师日常生活中最常用的工具。利用手机就能拍摄制作微课，从一开始就能消除部分教师对于学习微课拍摄制作的恐惧和压力。“微课的拍摄与制作”这门课程从最简单易学的手机 App

引导教师利用手边熟悉的工具来进行微课的拍摄和录制。VUE、小影、UMU、explain everything 等都是设计非常人性化的手机应用，不仅功能强大，而且更重要的是注重用户体验的使用设计。培训时，只需把一些关键元素进行提醒和注释，学习者便能轻松上手制作微课。

除了利用手机这个日常工具，“微课的拍摄与制作”也提供了大量电脑端的小程序来帮助教师更好地制作微课。例如平时常用的 QQ 影音，许多教师只知道这是一款可以用来观看各种视频文件的播放器。但除此以外，QQ 影音还有一个非常实用的功能：对视频文件进行截取。在工作和生活中，当我们手里有一个视频素材，但需要的仅仅是其中一小段的时候，我们就可以用 QQ 影音对其进行截取，截出有用的一小段视频为我所用。还有简约版的 snagit 录屏软件。通过这个软件，可以将屏幕上所有的显示内容录制下来，在录制画面的同时也支持语音输入，特别适合录制一些电脑操作类、PPT 录屏类的微课。

上述这些软件都简单易上手，教师一旦有了成功的体验就会不再那么惧怕信息技术的学习，也为日后自己继续钻研更专业、更复杂的信息技术打下了良好的基础。

（二）信息技术培训要贴近教师日常工作需求

教师信息技术培训常常有个怪圈，教师学的时候非常认真，也下载了很多软件应用，但是回到学校后就再也不去使用了。一方面可能由于教师长期养成的工作习惯一时难以改变，另一方面也是由于培训的信息技术还不够贴近教师的日常工作需求，没有让教师觉得可以切实提高自己的工作效率。

“微课的拍摄与制作”这门课程不仅仅只教教师如何拍摄制作微课，也力求帮助教师学会如何制作一节好的微课。以教师应用最多的 PPT 录屏型微课为例，要提高录屏型微课质量的捷径就是提高 PPT 界面设计的合理性与有效性。这其中就涉及了教师日常工作中最常用的工具 PPT 的应用，在培训过程中，笔者除了通过案例引导、建立联接、巩固练习等适合成人学习特点的教学活动，帮助学员构建 PPT 设计基本原则的知识，也提供了类似 islide、希沃白板等 PPT 插件或程序帮助教师事半功倍地完成 PPT 制作。

以 islide 为例，这款基于 PowerPoint 的插件工具内置各类 PPT 模板、图形素材、表格素材。自建智能数据图表，通过各种参数化调节，修改数据的同时图表会跟着改变，这让表格的数据变得直观易懂。利用这个工具，哪怕教师没有办法在短短的培训时间里消化关于 PPT 的设计知识，也能够简单高效地创建各类 PPT 文档。哪怕教师回到工作岗位不经常制作微课，利用这些工具也能缩短教师课前备课时间和课后各种数据处理时间，真正地把技术运用于实际教学工作中。

（三）信息技术能力培训不能只关注技术，更要关注素养

技术的发展日新月异，今天学会一个信息技术工具，可能明天就会有更新的版本、更强的工具取代了它。所以，对于教师信息技术能力提升的培训，不仅仅要关注到技术的应用，更应该着重素养的提升。笔者认为，优秀的信息能力素养应该包括知道技术能做什么，如何去获取信息；能够合理地运用技术解决问题，以及能够解读技术呈现的结果。

以“微课的拍摄与制作”为例，在微课拍摄制作前，教师常常需要准备大量与教学有关的材料，如何能够快速有效地查询并使用这些材料是大家都需要解决的问题。在培训过程中，笔者介绍了如何利用微信的检索功能，随时随地地搜索文章；如何利用“拍图识字”等各类微信小程序帮助教师快速地获取文本材料；如何利用“硕鼠”将各大网站上的在线视频保存到本地……把搜索的结果告诉教师，不如把搜索的方法传授给教师。

同样在课程培训过程中，以“会声会影”这个软件的应用为载体介绍后期技术时，笔者没有面面俱到地讲授软件的使用，而是筛选了软件中几个与后期编辑相关的核心信息进行讲解。以“时间轴”为例，在时间轴上可以剪切、复制、粘贴各类图片影像素材，可以把录课过程中发生错误的片段删除，或者把新的素材添加进去。时间轴是后期剪辑的基石。能够合理地运用时间轴的编辑这项技术，就能解决绝大多数的微课录制问题，同时，教师以后再碰到其他后期编辑软件，也能很快地迁移知识，举一反三。

三、成效与反思

“微课的拍摄与制作”经过了市、区共 8 轮培训，600 余位教师学习了该课程。不少教师在课后的小结中也表达了对该课程的肯定。例如大同初级中学的吴老师说：“从开始什么也不懂，到能完成小微课的制作，归功于此次的学习。老师由浅入深的辅导，和同伴的互动，让我勇敢地迈出了这一步。在今后的教学工作中，我会试着继续用微课制作一些小课件，让课堂更丰富多彩。”兴业中学的杨老师说道：

"我今年教初三毕业班,复习很紧张,总感觉没有足够的时间将知识点讲透。本次课程的学习给我打开了教学的另一种方式。我制作了中考中'说明文段落换序'这一知识难点,并发布到班级的 QQ 群,供学生反复观看。这次制作也让我意识到,自己在教学用语上需要更加简洁和准确,否则会影响观看者的感受。"

对于一门教师培训课程的主讲教师来说,受到学员们的认可与肯定固然让人欣慰,但笔者更希望看到的是经过培训后,学员的行为方式发生改变,能够积极地运用学到的信息技术去优化教学环节,提高教学有效性。2020 年席卷全国的新型冠状病毒疫情让中小学全面推迟开学,微课录制和网络直播的需求迅速地摆在了每一位教师面前。各种在线教学工具、网络课程制作工具一下子成为刚需。虽然这种行为的改变可能是被动的,但是确实也是全面提升教师信息能力综合素养的绝佳机会。今后教师如何提高在线授课的互动性,培养学生主动学习而不是延续被动听讲的习惯;如何利用学生学习过程中留下的痕迹,筛选数据分析原因,从而更有效地改进教学内容与策略;如何提高线上教学评价反馈的及时性……这些都需要不断探索与研究。

技术帮我们简化了一些重复劳动,但是技术给我们带来的不仅仅是便捷,更多的是高效和精准。以前课堂教学面对一个班级的学生,教师无法做到时时刻刻关心每个个体,但是利用现代信息技术,教师在教学中可以得到更多精确的数据,可以打破空间的束缚。而相应的,教师则需要花费更多的时间去解读技术呈现的结果与规律,以便进行更加有针对性、个性化的指导。信息技术和教育的深入融合在未来会变得越来越紧密,互联网 + 教育背景下的教师信息技术能力培训没有终点。

（上海市黄浦区教育学院　严鹤旻）

第三节　互动体验式的教师心理资本提升培训

教师心理辅导课的设计和实施是一门艺术,也是对培训者开展培训工作的极高挑战。"教师心理资本的提升与管理"是由任课教师自主设计、改进、独立主讲的,自选自编的体验型教师培训课,每期课程的内容和活动形式都因学员的不同而呈现出不一样的精彩。

一、背景与意义

从课程设计开始，整体的课程开发体系就以科学、规范、有效的模式进行教学互动和良性循环。

（一）开课初衷基于需要

“教师心理资本的提升与管理”这门课培训设计的初衷，旨在教师专业发展和职业生涯中帮助教师提高自我认知和工作效率。促进自我认知和改变的最好途径就是参与团体心理咨询活动，我们在培训中实施这类活动，更有利于探究更多、更好的减压和舒缓情绪的方法。正因如此，“提升教师心理资本”得到越来越多人的认同，但从哪里入手、怎样更深地了解自我、如何开发和管理心理资本、如何测量和评估……这一系列的问题都有待通过培训进一步去思考和实践。教师的发展、成功和幸福不仅需要环境和社会文化因素的支撑，更需要充分认识和发掘个人内在的积极心理品质。这门课程不仅关注“教师的心理出现了什么问题”，而且考虑如何才能让教师达到最佳状态，怎样发现和充分开发教师的心理能量和潜力。“十三五”期间，本课程连续培训了 9 期市级和区级学员，深受一线教师的欢迎和喜爱。

（二）课程开发讲究原则

现有原则：以现实的教师心理问题和教育教学困惑作为教学题材。

应景原则：基于身边的国际国内热点时事和大家关注的生活事件展开各个专题研讨。

实效原则：以“心在前，脑在后；爱在前，教在后；听在前，说在后；人在前，事在后”的准则，帮助学员化解心理问题和情绪障碍。

（三）课程目标凸显核心

本课程旨在从根本上打造教师的竞争优势，侧重在教育教学工作中让他们的信心、希望、乐观和韧性这四大核心的心理资本得到测量、开发和有效管理，进而提升教师的心理能量及工作绩效，推动教师更有效地进行教育教学实践和研修，更有幸福感地积极生活。

（四）培训方式丰富多元

用理论导读、心理游戏、故事简述、案例分享等方式，交替开展教学。

(五)课程意义显性、深远

分享和体验式的培训、小组的互动和团队训练可以让教师之间的交流和互助变得更容易,能更多体验到内心独白和力量展示;让参加体验式研修的教师心理能量更强,变化更大,效率更高,状态更好,在日常生活、教育教学和师生互动中,更加沟通有方,得心应手。

二、实践与探索

本课程共分为八个单元,分八次课完成培训。

基于上面的课程开发三原则,在进行教学设计的时候就考虑了课程实施的三个注重、内容设置强化三个功能。

(一)课程实施三注重

注重学科特点:心理学+生活,把心理学原理和生活实例进行有效对接,用视频播放、案例分析、故事分享、心理测试等展开专题解析和主题研讨。

注重体验感悟:参与+互动,每个专题都做到有讲有练,同时缩短讲课的时间,采取团体游戏、情景模拟、分组讨论、轮流发言等活动方式,让参与者增加互动与交流,增强现场感和体验感。

注重生成提炼:分享+导学,教学中有详有略,同时观察课堂反馈,对已经准备的内容即时即兴地进行增加或删减。

(二)课程强化三功能

一是复制,二是共享,三是精进。开设一门市级共享课,需要精心设计整个课程系列,用专题研讨、心理测试、故事分享、卡牌投射、分组反馈等体验式的共享活动,让专题式的心理资本研修课程为教师的个人反思和行为跟进创设一个延续性的平台。

1. 讲解专题——聚焦心理素质提升

培训中使用了自编教材,分八个部分进行专题讲授、研讨和团训,主要包括教师心理资本解读、锻造成功信心的自我效能、巧用意志和途径提升希望、直面现实而又灵活的乐观、复原与超越中的心理韧性、发挥认知与情感优势挖掘潜在的和未来的心理资本,以及评估心理资本的投资回报等八个内容,聚焦学员心理资本的素质和幸福感提升。

2. 团体互动——精心设计体验活动

将全体学员分成不同的组，各组组员商讨后为自己的小组命名。在培训课程的八个章节中设计和安排一定量的团体心理游戏活动体验，让参加培训的教师个人心理能量和潜力可以在团训中得到充分的释放和经营，在整个过程中可以进行深度思考和多维度的尝试和转化。

比如，讲"教师的情绪管理和调适"这一主题时，设计的教学五环节中，第一环节用 OH 卡团体游戏暖身导课；第二环节用心理学理论和生活事件进行图文解说；第三个环节提供自我训练的四个方法和工具箱，让参与者有一定的认知调整；第四个环节采取情景模拟的团体游戏，让参与者进行深度体验和互动；第五环节用简短冥想进行心理调节和安抚。在教学现场活动中生成了很多鲜活的实例，丰富了今后的课程内容。其中的一个情景是感知情绪，培训者用 OH 卡（一种心理投射工具）进行团体游戏，爱心组张老师反馈小组组员的情绪有：郁闷、兴奋、期待、无奈、恐惧的心情；欢乐组王老师反馈组内的情绪有：焦虑、迷茫、无助、希望、平静；Sunflower 组李老师的反馈有：悲观、沮丧、兴奋、高兴；海豚组的学员反馈有：焦虑、悲伤、开心、沉思、无感、希望；和平鸽组的学员反馈有：欢乐、恐怖、严肃、希望、无感、享受、责任、团结、力量。在他们分享的内容中，我们听到一些情绪是正向的，比如开心、快乐、兴奋等，有些情绪是负向的，比如愤怒、恐惧、悲伤等。还有的学员说没有感觉，说自己没有情绪，属于中性情绪的反应。这些现场反馈为主讲老师进一步用心理学的原理剖析情绪背后的真相作了极好的铺垫。

3. 主题分享——转化并深化课程资源

在每讲专题讲解中，结合培训内容分发相关主题的案例或故事，围绕材料开展小组研讨和大组分享，将学习和研讨的收获转化为每个专题的课程资源。并在学期结束前，就培训的策划和要求收取学习成果：(1)教师个人心理资本测量的前测及后测量表与反馈；(2)教师自我效能量表测试和反馈；(3)教师个人乐观和希望量表测试和反馈；(4)教师代表小组进行主题发言的记录；(5)每位教师结合培训内容撰写不少于800 字的小结一篇；(6)就学员培训小结及两次个人心理资本测量的反馈和建议。

三、成效与反思

（一）成效

"教师心理资本的提升与管理"这门课程在"十三五"期间先后完成了 3 期上海

市的市级教师共享课培训和 6 期黄浦区的区级中小学幼儿园教师培训，微显成效，小有收获。

1. 成效一：参训面较广

该课程培训人数："十三五"市、区级九个班，280 人，培训辐射黄浦、静安、徐汇、嘉定等 15 个区。课程荣获"2017 年上海市基础教育教师培训课程展评活动"精品课程评选的优秀课程同创奖。培训师陈亚莉老师被评为 2019 年上海市中小学、幼儿园、中等职业学校优秀培训师。

2. 成效二：学员学有所得

学员改变大、收获多、触动深(有四位学员选修这门课后，不为学分，只为学习，自愿第二次再选本课程重修了一遍)。学员通过培训小结反映"教师心理资本的提升与管理"这门课的教学模式新颖，教学互动提升了学员的个人心理资本和能量，拓展了学员的心理学知识和技能，帮助学员成功地改变和突破自我，让学员从问题思考、思维模式改变到教育教学实践体验上都有收获和提高。比如，上海健康医学院附属卫生学校须惠玉老师反馈："经由陈老师为期 8 次的课程辅导，我们认识到压力产生的原因，情绪的负面作用，会牢记课堂给予的有效管理和提升教师心理资本的 8 个关键词——面对、接纳、欣赏、吸收、变化、坚持、感悟、提升，尝试用高能有效的方法提升自己的心理能量。老师上课引用的视频、案例、测试、OH 卡等，让我们感

图 7-1 学员是团体游戏的主体

受到课堂授课要重视学生的思想、言行、需要、情感等因素，在设计互动时，要创设宽松的心理环境，突出学生的主体地位，要提供舞台让学生唱主角，让学生有话可说、有话能说、有话敢说，能心平气和地倾诉自己的心声、宣泄情绪、发表观点。本次培训我特别想说的还有一点就是每堂课课前10分钟的静坐冥想，在舒缓空灵的音乐背景下，陈老师温婉、纯净的提示语音轻轻地漫入学员的头脑，工作的劳累、生活的烦恼顷刻放下，以至于很多学员为了这份宁静和这份舒缓，提前安排了自己的各项工作早早来到教室。这些是黄浦教师的精心策划，从第一堂课的名牌设计到最后一堂课给予每位学员的一句话，是黄浦教师的心思缜密让我们得到心理提升！这次培训值了！”

（二）课程改良的三个反思

一是少讲多练，二是少字多图，三是少导多悟。每堂培训体验课都是一次创新，培训师从中也收获了很多体验和经验，值得总结、反思和完善。所以每次培训完成后，培训师都会努力做一些新的尝试，改变以讲为主的研修活动内容和形式，设计更多的团体游戏、情景模拟、案例分析、视频分享等体验和互动的项目，激发参与者的积极性、主观能动性和创造力，促进参与者自身的内化、改变和升华。

“教师心理资本的提升与管理”这门课的开发和实施联动了无数资源，收获和创新双向倍增。感恩指导者，感恩同路人，感恩随行的学员。一个人走得快，一群人走得远，让我们继续共建、共创、共享。

（上海市黄浦区教育学院　陈亚莉）

第四节　借助推广应用成果，提升教师科研能力

一、背景与意义

教育科研是提升一线教师基本能力和素养，加速专业化成长步伐的重要途径。英国著名课程论专家滕豪斯提出：教师即研究者。广大教师必须关注问题和对象，学习理论和方法，积累事实和数据，学会分析和归纳，才能不做机械的知识传递者，跨进研究者的行列。但是教育科研有一整套严谨的环节，掌握不易。青年教师初涉教坛，如何引导他们走进教育科学研究的殿堂？借助应用成果的推广不失为一种良策。

我们选择了区内五所小型学校的职初教师作为推广对象。他们的教龄在 1 到 4 年之间，虽经验不足，但都要求上进、富于创造。推广的成果“小学三年级随堂练笔 600 秒的设计与实践研究”是 2017 年度黄浦区优秀教育科研成果推广应用项目，获得了黄浦区第十三届教育科研成果一等奖。针对小学中年级学生面临的写作困境、职初教师难以胜任写作教学、中年级写作教学相关研究与配套教材缺位等现实问题，课题组通过整体设计小学三年级“随堂练笔 600 秒”作文训练系统，全面指导青年教师开展中年段写作教学研究。同时，通过经历课题研究的全过程，引领青年教师学会发现问题、提炼问题、解决问题，从应用成果中学会一整套教育科学研究的方法，从而具备独立研究课题的能力。

二、实践与探索

通过与小学语文教研员吴佩珍老师共同规划整体进程，搭载区教研平台，运用“示范展示、培训研讨、现场实践、数据分析、案例反思”等形式与方法，以“研修一体”的模式实施推广，保证了专家资源，稳定了时间节点，放大了问题意识，使“研”更聚焦问题，“修”更有针对性。

在“研修一体”的推广模式中，青年教师并不是简单地使用成果，而是在区教研员的引领和成果持有人的指导下，亲历课题重生的全过程，在实践中完成为期两年的有效学习。

（一）了解课题的来源

推广伊始，原成果持有人向作为应用方的青年教师详细介绍了选题的三个阶段，使她们明白课题来源正是教育实践中的困难和问题——三年级学生怕写作、写不出、写不长。研究目的是优化写作教学，帮助学生提高写作兴趣和能力。“真、小、实、新”的特点非常适合一线教师开展研究。推广组也邀请了原课题组成员说经历、谈体会。听了现身说法，青年教师对一线教师如何选择课题有了直观认识。

（二）学习搜寻课题资料

距原成果立项已两年，在教育发展日新月异的今天，有必要进行新一轮研究资料检索。青年教师在指导下进行了三步工作：

1. 明确研究搜索方向：小学中年级写作研究相关文献（尤其是“限时写作”）。

2. 了解资料来源，如相关期刊、图书专著、报纸、专题文献汇编等，学会使用相关教育资源库。

3. 按由粗到细的阅读方式逐步深入搜寻：

（1）浏览书目、篇名，搜寻相关内容；

（2）粗读摘要、导言、结论，扫读大概内容，标记精读部分；

（3）对标记内容进行筛选，鉴别留存精要；

（4）对有用资料进行摘录、复制、摘要，对部分全文记录纲要；

（5）校对篇名、出版社、杂志名称、出版年月、页码、作者等来源信息。

按照以上步骤，青年教师经过培训，认真精细地查阅，都完成了《小学中年级写作教学研究文献综述》，为后续研究打下扎实基础。

（三）学习设计课题方案

青年教师要学习在原有成果的基础上，根据班级特点，制定个性化的“随堂练笔600秒”方案。有几个方面需要特别注意。

明确界定核心概念：“随堂练笔600秒”在本研究中指的是一整套小学三年级随堂练笔系统，它以学生为本，倚教材而生，贯穿于日常阅读教学中，分散渗透写作知识点，循序渐进实现年段写作教学目标。核心概念不能有混淆、偏差，这是每一位项目组成员的应知应会。

了解研究意义与价值：了解研究意义，能够激发青年教师的热情，从而全身心投入。我们的课题是以普通的三年级小学生为对象，为缺乏经验的青年教师而设计。帮助青年教师学会培养学生的写作兴趣，让他们不怕写，能写，就是本成果最大的价值。

树立清晰的研究目标：成果有总目标，落实到每一个班级，又有具体小目标，可以精细到每一类孩子，甚至每一个孩子，在写作指导中融入个案研究，才能做得更有效。

调整原有研究内容：本轮成果推广要进一步改进原写作系统设计，提升科学性，完善评价方式，精减练笔次数，提高练笔效率。

掌握科学的研究方法：这是青年教师最为薄弱的环节，因此也是项目组重点辅导的项目。本成果中主要采用了行动研究、案例研究和实践反思式研究等方法，以解决问题为导向，研究与应用相结合，在真实环境中探索问题解决，注重团队合作。

制定合理的实施步骤：在统一的实施步骤下，每位教师细化到自己班级的月计划、周计划，保证成果有序推广。

思考创新点：在应用过程中，鼓励青年教师不断创新，探讨新的内容、调整原有序列、探索有效策略，从而优化整个体系。

（四）学习开展调查研究

推广中会用到一些常用调查研究方法，如学生参与项目前后写作心理与能力综合评估比较，实验班与平行班各项研究数据的采样与比较等。青年教师在实践中逐步掌握制定调查方案，设计调查问卷，编写调查项目，准确搜集数据，排除干扰、正确分析数据等能力。

（五）学会撰写科研报告

青年教师在科研报告中主要承担了两项内容的撰写：写作教学案例分析和个人成长案例。推广组均进行相关培训，提供撰写模板和范例，并指导修改，提供发表展示的渠道。

三、成效与思考

（一）使青年教师科研意识增强，研究能力显著提升

在吴老师的组织下，优秀的青年教师在区教研活动、市写作联盟等场合进行公开教学展示，得到专家们的面对面指导、手把手传授。教师们的写作案例也由推广组组织撰写、修改，在核心期刊上发表。教学的成绩、经验的积累、科学研究方法的掌握，都是宝贵的财富。最为可喜的是，好几位青年教师都已经立项开始了自己的课题研究，具体见下表7-1：

表7-1　项目组青年教师个人课题汇总

教　师	课题名称	级　别
汪泽清	小学语文统编教材一年级拼音练习设计和实践的研究	区级规划课题
朱思晔	多方法促进小学低年级写字教学有效性的实践研究	区级青年课题
任新梅	彩视APP支持下的小学中年级作文教学情景再现法的实践研究	区级课题
施佳乐	彩视APP支持下的小学中年级作文教学情景再现法的实践研究	区级课题

（二）为“课堂技术”类别的推广项目提供可参考的策略和做法

作为“课堂技术”类的推广项目，两年中形成了一套比较完整的保障制度、行动

策略和运行机制：

1. 保障制度

“三定”例会制度：定时间，每周微信群讨论，每月一次现场会；定内容，每次活动前一周确定研讨形式和内容，课题组成员提前做好准备；定人员，每次例会，课题组成员、区科研员、教研员和聘请的专家一起到场。

2. 行动策略

（1）多主体共同作用策略

为改变你“推”我“受”的单一模式，提升推广效果，项目组以区语文教研员、课题成果负责人、青年教师、学生四方共同作为主体。从项目的传播到应用，再到用好，多主体共同发挥作用。

（2）模仿策略

模仿，是学习初始阶段非常有效和必不可少的环节。对于青年教师来说，“随堂练笔600秒”怎么指导、如何操作、怎样评价，示范展示能给他们留下最直观的印象。因此，项目组在适应期便以“智烧敌舰”为例，给青年教师上示范课。之后，吴佩珍老师对整堂课进行解剖式的点评，逐个环节提炼可以迁移的共性操作手法。之后到过渡期、提升期，项目组也都采用模仿策略，教师们先把指导的方式、流程弄清楚，再结合班级特点进行个性化微调、迁移，直至能自信地指导学生写出成功的练笔。

（3）任务驱动策略

任务驱动策略指紧紧围绕一个共同的中心任务，在强烈的问题动机驱动下，通过对资源的积极主动应用，进行自主探索和互动协作的学习与研究。为了循序渐进地推进实践研究，项目组把过程分为三个阶段，每个阶段一个中心任务，鼓励项目组成员们提出问题，并带着问题一起研究：第一阶段是实施初期，以示范指导、模仿实施为中心任务。第二阶段以在实践中改进为中心任务，对序列安排和内容设计、教学策略与方法、评价体系进行深入研究。第三阶段的中心任务逐渐过渡到青年教师自己独立设计练笔内容、课堂教学展示和撰写案例进行反思。

（4）自主体验策略

关注青年教师的个体需求和自主权，让研究过程充满快乐是推广成功的关键所在。如何实现这一追求呢？在推广后阶段，逐渐放手让青年教师主持写作课堂，使研究过程成为他们自我体验研究、个性获得发展、创造力得到发挥的过程，使研究过程更侧重于人的成长。

3. 运行机制

学校不同，学生不同，同样的写作教学系统产生了不同的实践效果。应用成果的教师在实践中也遭遇一系列问题。靠着“研修一体”的机制，教研员和成果方携手通过例会、微信群等形式及时沟通，解决问题，调整方案，鼓励教师创造性借鉴、学习原成果。经过两年的潜移默化，项目组每个成员的心智模式和思维方式都已不同。

（三）改进提升了原成果，使其更臻完美

推广实践中，原成果的组织架构更科学，练笔内容更精致，评价体系更精准，科学性、实用性、普适性都得以提升。下表为五个学校三年级学生在接受一年系统训练前后的数据，可以部分反映成果的精进。

表 7-2　三年级“随堂练笔 600 秒”前后测对照表

	三年级初	三年级末
写作兴趣	喜爱写作的同学：24%	喜爱写作的同学：71%
写作速度	600 秒平均书写字数：47	600 秒平均书写字数：185
平均标准差	5.42	3.97
平均得星	19(总 30)	24(总 30)

两年的探索，有收获，也有困惑。在现有基础上，如何丰富、创新提升青年教师科研意识、培养科研能力的方式？如何将教育科研成果的推广进一步落实到教师的专业发展、教学方式的优化、学生的终身发展？这些问题将成为我们不断探索的新动力。

1999 年，教育部颁布了《中小学教师继续教育规定》，明确规定在教师培训中要以“提升教师实施素质教育的能力”为目标。设立知识与技能课程旨在落实《规定》要求，通过对培训有效性的探索和反思，使这一课程逐步实现向主题化和问题化方向发展。如在同一个区域的教师肯定会遇到很多共性问题，于是根据共性问题设置培训课程，在培训中聚焦某一主题，注重教师个体教育教学经验的分享和提炼；经过主讲教师（专家）的主题辨析，激活学员实践反思的内在需求，使个体智慧得以有效分享，使得教师在反思获得改进，从而提升专业能力和水平。

（上海市黄浦区卢湾一中心小学　贺春秋）

第九章　知识与技能课程的探索与案例

第一节　主题教研，提升教师实验教学能力

一、背景与意义

服务教师专业成长，指导教师改进教学方式，提高教书育人能力，是教研工作的主要任务之一。教研工作是保障基础教育质量的重要支撑。教育部对教研工作的定位和要求非常明确，作为教研员可谓责任重大。为不辱使命，教研工作的针对性和实效性是我们追求的目标，教研主题的适切性显得尤为重要，把教学中存在的问题提炼出共性问题作为教研主题，让每个教师明确能够做什么，应该做什么，如何做，真正起到帮助教师改进教学方式、促进专业成长、提升教书育人水平的作用。

在教研工作中，我们发现教师的实验动手能力日趋下降，究其原因主要有：一是新课程的现代 DIS 实验，部分教师自己也没有学过、没有做过，又不太愿意再学习。二是学校实验员队伍的增补跟不上退休的节奏，做实验大都需要自己动手去准备器材，会做实验的中老年教师没时间去准备实验。三是年轻教师自己本身就对实验操作的规范和要点不太清楚，加上也要自己准备器材，就用网络动画模拟替代实验。另外，本市有些区为加强实验教学，举行教师的实验操作竞赛，那些敢主动报名去参加竞赛的教师在操作过程中也是错误不断，甚至有个别教师还无从下手，可见目前教师的实验动手能力问题的严重性。

实验是物理学科永恒的主题。实验的过程就是培养学生物理学科核心素养的重要过程，可谓“千言万语说不清，一做实验就分明”。“学生实验是其他任何方式都无法替代的物理学习方式”，《普通高中物理课程标准（2017 年版 2020 年修订）》将实验教学的重要性提到了前所未有的高度。演示实验是师生共同探究物理问题

的学习方式，也是体验性较强的学习方式。要培养学生的动手能力和创新意识，必须要加强教师动手能力的培训和培养，以教师实验教学的示范和引领来促进学生的学习和成长。所以，将提升教师实验教学能力的培训作为主题教研，作为服务教师教学的重要抓手。

二、实践与探索

（一）开展现状调研，追寻实际问题的根源

为使实验培训具有可操作性和有效性，我们首先走访了部分学校了解物理实验室的情况，分别召集物理教研组长和部分学校的实验员进行交流研讨，研究教师在中学物理实验教学当中的需求和有所欠缺的地方，对全区的物理教师和实验员队伍进行调研，寻找教师对实验越来越生疏的原因和实验教学中存在的问题，研讨在哪些方面可以为教师的实验教学提供专业支撑；同时梳理国内外实验教学与实验培训的相关研究成果，明晰已有研究中实验教学与实验培训研究的进展状况，借以思考改进黄浦区实验教学的举措。

（二）开发培训课程，追寻填补教师实验教学的缺陷

实验教学培训目的要明确，内容要切实有效，在理论分析和实践经验的基础上探索提升教师实验教学能力的实验基本理论、操作规范与关键要素等专项之道。

在实验教学方面：形成了“实验教学的基本形式、实验教学的具体要求、实验教学的管理规范”的详细内容，以及教学中的演示实验、边教边做实验、分组实验的规范要求，研究学生对基本实验仪器的操作和体验的标准与规范要求。

在实验基本理论方面：形成了“实验中的基本测量方法、简单的误差理论与有效数字、数据处理的常用方法、物理学的七个基本物理量的定义及其测量的基本仪器的使用要求和操作规程”的详细内容。将 DIS 实验等现代实验与传统实验进行有效整合，填补教师在实验教学领域的缺陷，促进中学物理教师较为灵活、深入地掌握物理实验教学的有关理论、方法和技能。

（三）探索实验培训策略，追寻加强实验教学的区域推进机制

将研究开发的实验培训课程“物理现代与传统实验整合研究”申报成黄浦区教师教育课程，在教院师训部的大力支持下，将实验培训纳入教师教育培训的学分体系。从 2012 年 9 月起，每学期安排自愿报名的 20～24 名教师参加实验操作的培

训。将高中物理教材中21个DIS实验的操作进行全面实践与命题评价，在区教研活动的时间段、每学期安排5次培训，对全区的高中物理教师进行分批、轮流培训。借助上海市优秀自制教具评审活动，同时开展区级评比活动，鼓励教师开发自制教具、研究实验教学，借机培育实验特色教研组。

（四）探索新颖的研训方式，追寻与时俱进的实践创新

培训中讲练结合，在互帮互助中探索应用，让教师们相互研究和摸索新仪器、新设备的使用方法，树立和培养教师们勇于探索和驾驭新仪器的自信心，在工作中敢于尝试新设备、新仪器，以丰富今后的教学方式。

走进大学校园，重温物理经典实验。通过多方商议，我们带领教师们走进同济大学物理实验室。如"密立根油滴实验"让教师们重温了1923年诺贝尔物理学奖得主密立根所做的测量元电荷电量的实验原理，体验了改进的装置，尤其是同济大学首先引进使用的、目前国内最先进的密立根油滴实验配套数据处理监测系统。受训的教师们都很兴奋，对同济大学物理实验室流连忘返。

（五）专题研究逐步深化，追寻更专业的服务与辐射

在实验培训的过程中将问题转化为课题，先有黄浦区教育学院的院级重点课题"物理现代与传统实验整合研究"，主要研究的是培训的内容，此课题一年后成为黄浦区教育局的区级重点课题"中学物理实验教学的培训与管理评价的研究"，主要研究的内容增加了对学校实验室管理的研究；过了三年，此课题成为上海市教科研规划课题，主要研究的内容又增加了对教师实验教学评价的研究，获得2017年度上海市教科研成果一等奖。

黄浦区物理实验教学与培训的成效得到上海教育界的认可，我们撰写的"加强区域实验教学管理，保障学生实践创新时空——上海市黄浦区加强中小学实验教学管理的案例"代表上海市被选入教育部的实验教学案例资源。黄浦区教育学院成为"上海市中小学教师实验能力培训基地（物理学科）"，对来自全市16个区的物理骨干教师兼实验培训者进行了实验操作培训，发挥辐射效应。

三、成效与反思

（一）推动区域教师教学方式转变，促进学科育人水平提升

教师将在实验培训中的要求与自我追求相结合，在教学实践过程中不断挖掘

实验教学的素材和途径，通过实验将自主、探究、合作等多种学习方式整合到课堂中。以教师的动手实践和创新，感染、激发和培养出一大批积极动手实践和创新的优秀学生，激活了学生们的创新意识，并且能在国际、国家、市区等各级层面上频频获奖，反映出黄浦区广大学生的能力和自信。

（二）区域的实验教学管理和实验资源配置的均衡与共享

利用信息化的实验管理平台，便捷、有效地实现实验的管理、设备的合理配置与共享。教师将培训中的操作经历和研究的成果转化成案例、论文或自制教具，在各级评比中获奖，在各级刊物上发表，反映出区域实验培训、实验研究和实验教学的高水准。在我负责黄浦区实验与自制教具的12年里，黄浦区均获得上海市自制教具评选团体奖和优秀组织奖，其中80％的作品都是物理教师的作品。

（三）为区域乃至全市加强实验教学的相关政策提供数据与专业的支撑

对全区的实验员队伍调研形成的报告，为区教育局加大对实验员培养和招聘的力度提供数据支撑；对全市的实验员队伍调研形成的报告，为上海市人力资源保障局关于“上海市中小学实验人员职务评聘制度”研究项目提供数据支撑。我也参与制定了“上海市教育委员会关于上海市普教系统高级实验师评聘条件的规定（试行）”“高级实验师职务评聘机构和评聘程序的规定（试行）”等文件的起草工作。

（四）发挥实验教学评价与培训的示范和辐射效应

形成实验教学的激励与评价机制，促进教研工作转型。我们研究开发的实验培训课程被评为黄浦区教师教育优秀课程。2017年，我承担了上海市中学物理教师实验能力培训基地的组织与主讲工作，对全市16个区选拔出来的132位中学物理骨干教师进行实验操作培训，他们培训结业后将承担各个区对学校教师和实验员的实验操作技能的培训任务。培训的形式丰富，培训的内容新颖，获得了学员的一致好评。我先后接受过《文汇报》《上海科技报》《上海中学生报》等媒体的专访。

这些年的实验研训可谓研训相长。黄浦区的教师们在上海市和全国的实验教学与评比中获奖比例最高；就个人来说，我先后在华东师范大学出版社、上海教育出版社出版了三本实验专著。无论是当教师还是做教研员工作，实验一直是我重点关注和研究的项目，我会继续努力开好这门实验研训课程。

（上海市黄浦区教育学院　严　明）

第二节　从理论到实践深度研修的高中语文统编教材培训

一、背景与意义

社会的发展，时代的需求，催生高中语文教育教学改革。2017 年教育部颁布了《普通高中语文课程标准》①，2019 年 9 月统编教材在上海等 6 省市率先实施，对每位语文教师都提出了新要求，也为区域性研修活动带来了新挑战、新思考和新实践。

区域内开展研修活动对于教师的专业成长、教学转型和适应改革起到重要的作用。我们要充分认识新课标和统编教材的意义和价值。新课标有新理念，提出了语文学科的核心素养，即语言建构与运用、思维发展与提升、审美鉴赏与创造、文化传承与理解，揭示了高中语文最基本的思想，阐明高中语文学科的内涵。统编教材体现了新课程观。教材每个单元采用"双线组元"模式，一条线是人文主题，强化立德树人教育；一条是学习任务群，重视核心素养的养成，强化学习的主体性和实践性。课标和教材中出现了许多新的名词，如任务群、情景化、学习任务、语文实践、学习项目和学习专题等。

其实，最好的课程是语文教师依据课标、教材和学生的实际水平生发出来的课程，是基于统编教材的个性化创造的课程。基于此，研修方式的转型才能满足教师面对教育教学改革的需求。教师通过深度研修，把理论转化为实践，尽快适应并创造性地使用统编教材。所谓"深度研修"，指借助具有整合作用的实际问题激活教师学习的深层动机，展开切身体验和高阶思维，促进深度理解和实践创新，进而对学习者产生深远影响的研修样态。"深度"泛指深浅的程度和触及事物本质的程度。因而，深度研修是揭示事物本质，触及心灵深处，深入知识内核，展开问题解决的研修；是系列化、深层次、持续性的实践研修。

① 中华人民共和国教育部.普通高中语文课程标准（2017 年版）[C].北京：人民教育出版社，2018：1—2.

二、实践与探索

深度研修的重心下移，总体上以“实践”为取向，以“一线教学”为依托，以“语文活动”为突破。我们的具体做法如下。

（一）以“主题研修”为抓手，在“问题解决”上求推进

以主题研修为抓手，有针对性地解决在使用统编教材时遇到的问题，激发教师研修的深层动机。主题研修的流程是：提炼问题，确定主题；制定方案；现场深度互动；分析反馈，形成报告；推广运用。面对统编教材的体例，我们首先遇到的问题是如何整体把握单元结构、如何制定单元教学目标、如何进行单元教学设计，与原来的教学设计有何区别。教师急切渴望得到指导，我们通过三个层面，组织了八个单元的教学设计研修活动。第一层面，一学期内全员参加市教研室组织的八次教研活动，即八个单元的教学设计说明，并观摩教学研讨课；第二层面，学习、讨论区教研员的单元设计说明，整体理解统编教材的变化；第三层面，学校教研组和高一备课组的单元设计交流及研讨课。我们把学习过程中收集到的突出问题，梳理整理后形成系列，确立研修主题，通过区级公开课的形式，提供问题解决的课堂方案，在公开课后进行讨论，展示深度的现场交流。一学期内，每月解决一个主要问题：9 月，如何整体把握单元？如何进行单元教学设计？格致中学、向明中学和敬业中学的教师，分别执教第三单元和第七单元中的一节课，这三次活动解决三个主要问题，分别是 10 月“单元学习目标的确定与分解”，11 月“语文学习活动的设计与实施”，12 月“单元人文主题的理解与把握”。由教研员和教研组长解析单元教学设计，现场教师各抒己见，对研讨课既提出肯定，又阐明自己的理解，为落实统编教材找到切实的路径。在研修过程中，我们总结出单元教学设计的一般流程，如图：

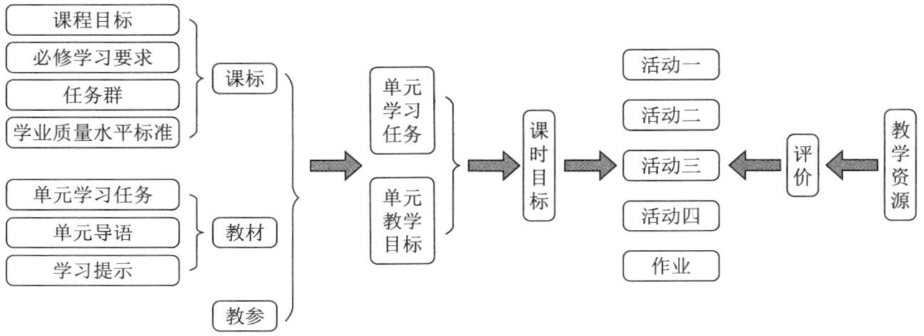

图 8-1 单元教学设计的一般流程

（二）以“实证研修”为重点，在“关注点”上求实效

实证研修的流程是：提出有意义的问题，基于经验与理论形成假设，设计搜集证据的工具，分析解释证据、试验检验结论，形成结论。

统编教材的课程理念和编排体系的变化很大，教师使用统编教材的情况怎样？需要什么教学资源的支持？对于这个问题，我们开展了实证研修，让全区教师参加网络问卷调查。问卷来自人教社“统编教材使用情况问卷”，借助问卷星平台统计数据，再通过到学校与备课组及教师交流访谈，最终形成一份完善的区域调研报告，为统编教材的使用情况做了客观描述。教师们在研修活动中进一步确定了每个单元“人文主题”的内涵，更重要的是找到了与以往教材的相通点。当然，在问卷中也反映出教师们对统编教材中“任务群”“单元学习任务”的说法很陌生，需要熟悉和理解。

基于此，我们进行了“单元学习任务”分解与落实的分享交流。如必修上第三单元，根据单元教学目标，确立任务之一：借助知人论世的方法，走进诗人及其作品，理解诗人的人生感悟和生命情怀。如何分解这一任务呢？诗人所在历史现场的时间节点的确定；依据的资料是否可靠、是否真实，并对此探究；用各种类型资料，理解作品、作出合理判断的路径；把“知人论世”与“以意逆志”结合在一起，深入体察、理解诗人的精神世界的方法。

由此，我们总结推广，形成理解、把握和分解每个单元学习任务的一般步骤：明确任务对象，分解任务特点，梳理实现任务的方法，形成达成任务的路径。

（三）以“‘工作坊’研修”为形式，在“团队建设”上求突破

在统编教材的培训中，我们调动区学科带头人和骨干教师的积极性，以“工作坊”的形式，建立学习共同体。分别由格致中学高翀骅、大同中学孙雷声、向明中学董晓蕾三位教师牵头，根据自己的研究专题，组成“工作坊”式的研修小组。

“工作坊”是一种相对轻松的研修方式，把志同道合的教师聚集在一起，往往以有趣的互动方式讨论问题。研修的流程是：信息分享，小组设计方案，分组讨论，表达意见，达成共识。例如格致中学高翀骅老师的研修小组，针对单元教学存在的目标不明、内容先行，任务群教学中出现的情境宽泛、游离文本等问题，以统编高中语文教材必修上第六单元“学习之道”的单元设计为例，罗列单元目标设计的要素，建议细化单元目标，并与学习内容紧密结合；在任务设计上，提出任务的完成当立足教材；任务的推进需要语文学习活动支撑及在任务完成的关键

点提供合适的支架三点要求；在评价设计中当以学生为主体，注重过程，可根据不同的活动设定评价项。

每个研修小组解决一个教学中遇到的问题，教师们充分交流展示自己的教学体验，解决问题的方法，在思想的碰撞中达成共识，形成操作性较强的流程。研修组里，教师以自己课堂中遇到的真实问题为起点，提出对策后，回到课堂检验，其他教师作为观察者，进一步思考改进的调整点。在学习统编教材的过程中，也形成了研修团队。

（四）以"网络研修"为平台，在"组织形式"上求丰富

我们借助"上海教研在线"这一平台进行全员研修培训，这一资源对统编教材的研修及时而高效。如10月和12月分别是统编教材必修上册第二单元和第六单元整体设计说明及教学研讨课，都是围绕活动主题"聚焦核心素养，落实学习任务"进行的。"网络研修"的关键是各校教研组汇总大家的意见，形成书面的交流材料，分别对这两个单元从理论上的建构到课堂上的实施都有了充分的认识。这样的"网络研修"在学习时间的安排上灵活度大，且能解决教师的困惑和疑问，为教师创设了广阔的交流空间。

三、成效与反思

我们对高中语文统编教材的研修，启动早、研究实、用力深、可操作，取得了显著成效；既有理论的高度，又有实践的路径，关键是通过深度研修满足了教师对使用统编教材的内在需求。我们总结的统编教材单元设计的一般流程，得到市及区教研员和一线教师的赞许，并被广泛采用，成为范本。

在深度研修的过程中，教师充分认识了新课标和新教材的编写意图、知识体系和能力要求，以及基于核心素养的培养，对学生价值观、关键能力和必备品格形成的理论框架和实施路径。具体而言，教师们在研修中加深了对高中语文学科本质的认识，充分理解了有价值的学习任务，形成了单元教学设计的支架，丰富了教学资源，关注了教学评价与反馈，形成了研修团队及长效的研修机制。

当然，教学是一个动态的过程，研修活动也是一个逐步完善的过程。随着对统编教材的实施，教师们还将会遇到新的问题，我们要继续把握高中课程改革的背景，深刻领悟统编教材编排理念，进一步提出适合我区教师研修的新方案，在研修

中深入落实新理念，提升教师对统编教材的实践能力。下阶段研修的重点要聚焦新的教学方法，探究适合统编教材的教学策略，进而优化课堂教学模式；研修的突破点在于不断探索单元内部和单元之间新的组合方式，重视统编教材资源建设，做好统编教材的有效使用。

（上海市黄浦区教育学院　杨　勇）

第三节　以工作坊为形式的幼儿教师技能培训

教师培训是提高教师自身素质和能力，促进教师专业成长的重要途径。工作坊作为一种新型的教师培训模式，改变了传统培训单向传授、短期授课的方式，通过聚焦主题或者问题，导师和学员共同探讨，在合作学习共同体中逐渐提升参与者的能力和素质。

一、青苹果工作坊成立背景与意义

黄浦区幼儿教师青苹果工作坊缘于 2009 年 11 月的教师论坛。论坛中涌现了一批教育理念新、专业功底好、教学特点亮的优秀教师，本着“亮教师专业特长，强区域教师梯队”的理念，区教育局和教育学院以“青苹果”为名，成立黄浦区幼儿教师青苹果工作坊，将有专业特长的优秀教师定位“青苹果”，寓意苹果虽已结果，仍显青涩，但极富成长生命力，在自身走向成熟的过程中不断传播美与香甜。青苹果工作坊成立的意义在于一方面工作坊可以被视作“名师工作室”的预备阶段，发挥一批正在走向优秀的成熟型教师的辐射力，另一方面以“坊”命名，聚焦主题或问题，通过共同探讨，在合作学习共同体中逐渐提升教师专业能力和素质。

在“十三五”期间，第二期青苹果工作坊经历坊主遴选、导师答辩、专家评审和以园长为代表的观察团审议，21 位不同风格、不同专业特长的中青年教师肩负使命挑起了黄浦区工作坊主持人的重担，在黄浦学前教育的肥沃土壤中打造起一个个色彩缤纷的青苹果乐园。坊主问卷调查显示，21 位坊主中 18 位教师从事幼教工作 20 年以上；14 位坊主为中学高级职称，占比 67%；一位坊主为区教育学院教研员，9位坊主来自市级示范性幼儿园。坊主情况如下表显示：

表 8-1　青苹果坊主任职情况

选　　项	小计	比　　例
教师（无职务）	1	4.76%
教研组长、专项组长（运动、游戏、生活等）	5	23.81%
人事、保教、科研、行政主任	8	38.1%
园长、书记、副园长、工会主席	7	33.33%
本题有效填写人次	21	

青苹果工作坊坊主团队有较强的个人专业能力，教学经验丰富，同时，有一定的组团带教建设的能力，可以肩负专业示范、辐射引领。作为区域带教的一支专家团队，为后续打造专业水准高、师德好的青年教师队伍营造了良好的空间。

二、青苹果工作坊实践与探索

黄浦区青苹果工作坊的目标是“强专业内涵、展个性特色、创自主团队、享教育智慧”。青苹果工作坊的工作内容是：立足某一专业领域，由一位优秀教师作为坊主，与多位不同水平的教师形成集学习和研究于一体的实践共同体；带领一定数量的教师共同参与学习和培训，形成一个充满自由和平等、学习和反思的学习与培训共同体，从而促进区域教师专业素养的提升和教学专业技能的提高。青苹果工作坊培训走过如下历程。

（一）强化以领域为特质的按需培训

作为学前教育教师，其成长与发展需要不断的交流与分享。工作坊正是增强教师学习与交流的平台与空间。如下图 8-2 所示，各具专业领域特长的坊主团队，让教师在选择工作坊时能根据自己的兴趣与需要，选取适合自己兴趣、能力与发展的工作坊主持人带教，让每一位学员各取所需、各得其所。

在落实开展黄浦区青苹果工作坊工作过程中，我们注重打造构建领域均衡、学科有专长的专家型坊主队伍。坊主的专业特长涵盖健康、语言、社会、科学、艺术五大领域。同时，关注到坊主教师自身在教科研以及管理工作上的综合能力，真正做到为黄浦区青年教师积极搭建有利于其全面成长的优质平台,让每一位教师在选择自己的培训带教老师时,能立足自己的学习与发展现状按需选择。

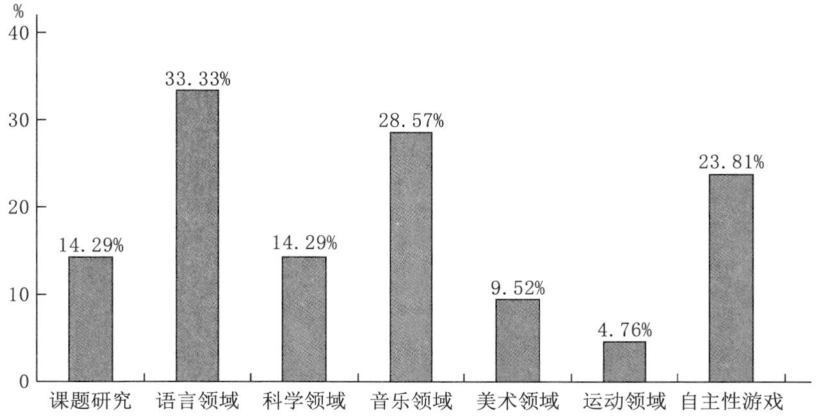

图 8-2 坊主专业领域特长情况

(二)注重以问题为导向的专题培训

教师工作坊研修必须基于参与教师的工作实际,设计科学有效的主题,将教师的日常经验和理性思考结合起来,促进理论与实践的对话。因此,注重以问题为导向的专题培训是工作坊培训的基本内容,具体包括:

1. 专业对话问题,引发教师思考

根据每一个工作坊的特点,坊主带领教师们共同寻找问题、梳理问题。在艺术领域,教师开始思考:在创设个别化美术活动区中,是选择关注幼儿的作品完成还是他们的感受与表达?在游戏板块,教师提出:如何运用有趣的游戏情景和创新的环节设计,吸引幼儿主动参与?在科学领域,教师开始思考:如何用更专业的心,让观察更有温度,让幼儿的个别化探索与学习更有意义?通过专业的对话与寻找,培训的教师变得会观察、会思考。

2. 问题引发专题,带领教师研究

坊主围绕实践问题,从关注教师的经验出发,在问题中寻找教育的启蒙与启发,挖掘出各种各样的研究专题。如:“歌唱活动、打击乐活动的艺术素养与技能训练”“主题背景下集体教学活动的选材与实施”“生活化的游戏活动案例研讨”“语言玩教具的设计中如何让幼儿的学习看得见”等,坊主带领教师聚焦真问题,从教学细微处去深入研究,力求创造一个富有观察与发现、实践与反思的培训课堂。

（三）立足以专业为引领的多样化培训

青苹果工作坊运行至今，区教育局与教育学院始终坚持“让工作坊自主发展、自我成长”的宗旨。各个工作坊在坊主的率领下百花齐放，利用多样化的研训方法，加速教师的专业成长。

1. 坊主自身实践引领，引发学员感悟思考

工作坊中的每位教师不仅埋头苦干，而且共同研究。一次次常态开放的活动，是引领行动研究的舞台，更是坊主自身成长与带动大批“小苹果学员”共同成长的平台。21位风格各异的坊主各有风采，他们的研究有的讲究构思，有的倾心天籁，有的充满童话色彩，有的蕴涵丰富哲理。坊主每月1至2次向学员展示示范教学，用他们独特的思想、魅力的课堂、潜心的研究来打造工作坊，通过亲身示范实践、亲历课堂，引发学员聚焦专业、感悟思考。

2. 建立导师团机制，提供外援、扩充认知

区教育局和教育学院为青苹果工作坊建立导师团机制，为坊主配备单个导师，积极争取不同领域、不同专长的专家支持，当坊主们有所需要时，就能在教育局和教育学院的支持下得到专家有针对性的指点。同时，教育局与教育学院提供机会让坊主带领学员外出参观、访学，例如到安吉观摩幼儿园游戏、到博物馆参观现代艺术展、观摩特级教师教学实践、与幼教专家对话等活动，扩充多样培训途径，让学员获得更多信息，收获更多感悟与经验。

3. 坊间联合协作共研，加深学员交互影响

在工作坊独立实施培训的过程中，尝试“联合教研”的形式，开展工作坊和工作坊之间的联合协作，共同研训学习。例如开展阅读工作坊与音乐工作坊联动、表演工作坊与游戏工作坊联动等，将工作坊各自培训的问题连点成线，经过系统设计，体现研究问题的针对性、培训话题的持续性、教师参与的深度介入等特征，加深学员之间的交互影响，促进更多学员进行实践、分享和反思，从而使工作坊联动之间的研训呈现“1+1>2”的效果。

（四）倡导以对话为沟通的互动式培训

坊主和学员之间相互熟知与了解，更能加深彼此的沟通，这种情感交流式的讨论有利于成员之间的相互理解，从而构建一个积极融洽的培训环境，激发学员参与研讨的热情，促进深层次的思考。

1. 坊主展教学、亮观点

坊主通过每次的示范培训，以不间断的“开课—评课—反思—跟进课—再评课—再反思”的模式来开展带教，让学员真实看见幼儿循序渐进的成长，看见每一节朴素的随堂课怎样高效地完成教学目标。

2. 学员说故事、添案例

通过学员的“展示案例—评头论足—问题构建—反思评价”，鼓励教师敢于有想法，敢于迎难而上，解决教师们在教育教学中遇到的实际问题。

3. 你做我看，预约问诊

通过学员邀约坊主到校观摩点评教学、技能实训的模式，坊主和学员一起练就一些专业技能，如围绕“传统文化”“民族民间歌舞”“合唱指挥”“钢琴弹唱”“故事表演”“多媒体课件设计”等内容进行针对性的专业技能学习。

三、青苹果工作坊成效与反思

“十三五”期间，黄浦区21个青苹果工作坊培训带教教师160位，强化以领域为特质的按需培训、注重以问题为导向的专题培训、立足以专业为引领的多样化培训、倡导以对话为沟通的互动式培训。教师在理念上发生了根本改变，具体表现为：第一，从原有基于教师教学经验的分享转变为基于幼儿实证体验的分享；第二，从单一的分科教学到多域整合的课程观的转变；第三，从只关注专业技能到关注全人发展的认识转化。

表8-2　青苹果工作坊学员获奖情况

选　　项	小计(人次)
全国教学评优获奖(多媒体课件、游戏案例、教学评优获奖)	7
市级教学评优获奖	4
区级教学评优获奖	8
市级科研获奖	2
区级科研获奖	10
区级荣誉称号(园丁奖、骨干、先进党员)	16
园级荣誉称号(园丁奖、骨干、先进党员)	59
本题有效填写人次	21

青苹果工作坊模式更带来坊主和学员的共同收获与成长。160 位学员在各级各类评选活动中成绩显著，两位学员由于专业成长显著，成为新一轮工作坊坊主。如上表 8-2 显示，青苹果工作坊学员荣获市级以上评选获奖 13 人次，区级以上获奖 34 人次，园级获奖 59 人次。

学员成长的过程，也带来坊主专业的再成长。落地、鲜活的工作坊团队研修方式在全市学前教育引发了共鸣，张红青苹果工作坊和吴昊青苹果工作坊在“上海市学前教育年会”和“中国学前教育研究会学术年会”上做工作坊活动交流，他们并成为工作坊专场主持人。

如图 8-3 显示，9 位坊主成为新一轮黄浦区学科带头人，11 位坊主成为区骨干教师，有 3 位坊主经提拔走上了园长、副园长的岗位。坊主的再次连任表现了教师对工作坊的依恋、对教学第一线的坚守，更有不断接受自我挑战的勇气和对黄浦学前教育发展的一份担当。

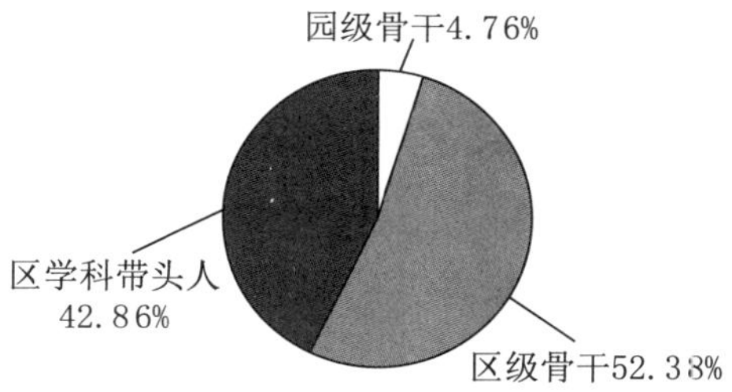

图 8-3　青苹果坊主骨干任职

“三人行必有我师”，在青苹果工作坊中，或许每一位教师汲取的养料各不相同、生长的速率也各有快慢、学习方式更是各有千秋，但基于共同“焦点”的不同汲取，让工作坊形成“和而不同，乐在其中”的专业成长氛围，将进一步推动在专业发展中基于实践的学习，合力生长。同时，工作坊模式也引发后续的再思考：如何在工作坊中构建积极向上的对话与合作氛围，促进教师之间知识的协同构建；如何基于儿童的立场和视角，设计科学有效的专题，促进教师的理论与实践提升；如何基于观察和识别，思考时代背景下当前幼儿所需要的教育？

青苹果工作坊让教师遇到更美好的“我”和“我们”，让自身拥有成长的力量、突破的力量、持续变革的力量。

（上海市黄浦区教育学院　张　红）

第四节　依托资源，提升教师专项技能

一、背景与意义

为贯彻《中共中央国务院关于加强青少年体育增强青少年体质的意见》（中发〔2007〕7 号）、《国务院办公厅关于强化学校体育促进学生身心健康全面发展的意见》（国办发〔2016〕27 号）文件精神，我们坚持“健康第一”的指导思想，促进社会、学校、家庭对学生体质健康的关心和重视；引导学生积极参加体育活动，养成自觉进行体育锻炼的习惯，达到《国家学生体质健康标准（2014 年修订）》（教体艺〔2014〕5 号）的基本要求，实现身心全面健康发展。

黄浦区作为上海市教育“十三五”综合改革试验区，对拥有一支信念坚定、师德高尚、业务精湛的优秀教师队伍日益迫切。黄浦区提出，要推动初中学校优质均衡发展，提升教师的专业能力；要促进学生身心健康全面发展，推进“体教”结合；要制定并实施体育教师培训三年行动计划，加强体育教师专业培训，提高学校体育教师教学水平，提高教师的课程实施能力和执行能力，提高教学过程的有效性①。提高青少年体育“双师型”师资队伍的带教水平与加强体育教师队伍建设，制定相应的体育教师专项技能培训计划，并纳入教师培训管理体系，提升教师的教学实践能力和综合素养②。

自从上海市实施了初中毕业升学体育考试工作以来，学生、家长、社会对日常体育教学的内容与质量日趋关注，既要满足学生对测试项目的选择，又要保证他们在教学过程得到更多、更高质量的教学指导，帮助他们提高在毕业升学体育考试中的测试效果。随着上海市初中体育多样化课程改革不断深入，促使每个学生至少掌握一到两项运动技能；进一步要求提供多种运动技能的教学，满足学生经历多种

---

① 上海市黄浦区人民政府办公室.黄浦区教育改革和发展“十三五”规划[EB/OL].https://www.shhuangpu.gov.cn/zw/009002/009002004/009002004003/009002004003001/20161018/44439611-1092-4ca0-8303-7fb7070a44dd.html，2016-9-29.

② 中共上海市黄浦区委员会，上海市黄浦区人民政府.黄浦区体教结合促进计划（2017—2020）[EB/OL].https://www.shhuangpu.gov.cn/zw/009001/009001002/009001002004/20180119/8f3b4dc1-09bd-4167-9543-494d0ca58853.html，2017-12-12.

运动项目和多种体能锻炼、多种运动体验兴趣，科学促进学生体质健康，对体育教师掌握多种技能的要求更加迫切①。

黄浦区地处中心城区，受场地等实际条件所限，一些初中体育教师所掌握的运动技能无法满足学校教学需要，教学技能亟待提高。因此，黄浦区教育管理部门对师资培训进行了积极的实践与探索。

二、实践与探索

多年来，黄浦区教育学院师训部大力支持初中体育教师技能培训工作。自2014年始，在黄浦区体教结合办公室的牵头下，在与黄浦区足球联盟合作下，在原有教师技能培训班的基础上，增开了初中体育教师专项技能暑期培训班（以下简称暑期培训班），通过对篮球、羽毛球、足球专项技能的培训，旨在提高初中体育教师的专项技能水平，满足不断提升的体育教学要求。

（一）依托资源，开发课程

黄浦区教育局、体育局的各级领导非常重视暑期培训班，多次召开专题筹备会议给予师资、场地、经费的落实，区体教结合办公室安排专人为暑期培训班提供后勤保障。体育局派遣了篮球、羽毛球多位高级资深教练担任执教工作，他们有着极其扎实的专项运动技能，也有多年在一线基层少体校执教的经验。足球暑期培训班依托黄浦区学校足球联盟，利用大同中学的足球场，聘请外籍足球教练对初中体育教师进行技能培训。

体育教研员施峻峰老师作为暑期培训班的班主任，制定培训课程的内容、教学进度、评价内容等设计，并通过师训平台招募教师，完成一系列文本资料与协调工作，满足师训部和教研室对开发课程的要求。

（二）明晰需求，细研方案

随着初中升学体育考试、初中体育多样化课程改革的推进，要求初中体育教师掌握更多的运动技能来满足日常教学需要。但是参加暑期培训班的初中体育教师

① 上海市教育委员会.上海市小学体育兴趣化、初中体育多样化课程改革指导意见（试行）[EB/OL]. http://edu. sh. gov. cn/web/xxgk/rows _ content _ view. html? article _ code = 415082018005，2018-7-2.

在专项运动、技能基础、年龄等方面参差不齐，因而基于课程设定的短期目标与长期目标需求，在每一次的培训课开设前，班主任施峻峰老师都要和教练充分磋商，结合教练对培训的目标、内容、考核评价等专业建议，制定一份能及时反映培训效果，又能整体提升教师技能水平的技能暑期培训方案。

（三）基于技能，关注运用

目前培训课程基本形成了以基本技术（侧重教学所需技术）为主、综合运用为辅的培训思路，按 3∶2 的比例实施课时数。一部分教师在日常教学中所需的基本技能得到提高，一部分有一定技能基础的教师运用专项技能的水平得到提升。

在篮球培训班，一些教师篮球技能水平出现严重衰退的情况，篮球教练从连贯动作到分解动作，不厌其烦地进行示范动作和讲解，直至这些教师掌握了这个技术动作。在培训课的过程中，了解到许多青年教师迫切需要学习一些带训篮球队的经验，在随后的几年，除了技术培训，还加大了篮球战术的授课内容，开设篮球规则、教练的专项培训，极大地提高了青年教师带训校篮球队水平。

在羽毛球的教学中，一些非羽毛球专业的教师提出在辅导学生练习时，对技术与规则指导感到吃力。为此，培训课在设置羽毛球的基本技术教学的同时，也安排羽毛球的单打、双打的战术演示以及规则讲解等，满足教师们指导羽毛球校队、兴趣组的需求，教师们纷纷表示受益匪浅。

足球的暑期培训班，联盟邀请瓦伦斯青训队的教练进行授课，教师们不但学习了足球的基本技术动作，还了解了国外青少年足球技战术训练的方法与思路，掌握了一些有趣、实效的青少年足球训练方法，将所学知识与技能运用在日常训练与比赛中，取得了良好的效果。

（四）教学相长，体教融合

由于平时各自工作的特点，虽同为体育人，但是很少有机会在一起进行这么亲切的接触与交流。暑期培训班的开设为体育教师与教练们提供了一个非常好的业务交流平台。

在教学后休息时，教练也和教师们袒露自己执教过程中的困惑：现在的学生越来越难“管教”，训练中学生经常出现闹情绪、和教练对立、训练上强度后畏难退缩现象等。教师们会结合自己在教学活动中总结的一些经验体会，例如和学生进行交流的语言技巧、遇到学生情绪失控等突发事件的应对、学生心理障碍的疏导等，与教练们分享。

暑期培训班使得大家从陌生到亲切，分享各自工作的心得体会，将培训中的友谊传递到日常的学校体育工作中，极大地推进了黄浦区体教结合的深度融合。

三、成效与反思

（一）成效

多年暑期培训班的开设，在课程改革的推进、课堂授课质量、校园体育文化建设、师资水平等方面取得了较好收获。具体表现在以下几个方面。

1. 优化师资质量

教师通过暑期培训班的学习，篮球、羽毛球、足球的专项技能水平得到提高，掌握了更多的技能教学方法，开拓了教学视野与思路，为推进初中体育多样化课程改革提供了良好的师资。

2. 提升教学质量

教师们在篮球、羽毛球、足球专项技能的教学中，借鉴了训练的方法与手段，同时在教学中进行教学方法的创新运用，既提升教师在教学过程中的自信心，也提高了三个项目的课堂教学质量，激发了学生学习这些项目技能的兴趣与积极性。

3. 丰富校园文化

由于教师们得到了专业教练的指导，很多青年教师回到学校带篮球、羽毛球、足球校队的信心更足，积极性更高。这几年，黄浦区初中三个项目的课余训练、兴趣小组蓬勃兴起，极大地促进了课内教学向课外教学的延伸，营造了活跃的校园体育文化。

4. 促进教学交流

暑期培训班的开设，为来自各个学校的教师们搭建了一个学习技术、交流技能教学经验的互动平台，促进了校际的交流与学习，提高了黄浦区初中体育教师在篮球、羽毛球、足球项目上的教学整体水平。

（二）反思

为了在今后实现暑期培训班质量更高、受众面更广、项目更多，需要我们进一步反思与改进。

暑期培训班的时间短、课时数少，不足以系统提高教师在篮球、羽毛球、足球项目上的技能。建议增加培训课时数，帮助教师们掌握更多的技战术，促进教学质量的提升。

暑期培训班的时间集中，使得需要多个技能培训的教师分身乏术。建议专项技能培训项目时间可以安排在暑期的前后两个时间段，有利于教师接受更多项目的培训。

由于初中体育多样化课程的推进和升学测试项目的增多，建议寻找更多的培训师资、场地等资源，开设更多的专项技能培训，满足初中体育教师的技能教学需要。

在黄浦区教育局、体育局、教育学院及大同中学等单位的支持下，暑期培训班提升了体育教师的教学水平，激发了学生学习的兴趣，增强了学生体质健康。暑期培训班将进一步总结经验，依托更多的资源，完善培训课程的开设与管理，满足教师们更多的专项技能需求，培育一支优秀的黄浦区初中体育教师队伍，为黄浦教育的发展添砖加瓦。

（上海市黄浦区教育学院　施峻峰）

第十章 实践与体验课程的探索与案例

在校本研修推行过程中，我们建立了区、校两级管理运行机制。区教育学院师训部专人负责管理，对校本培训实施过程中的问题提供专业指导和服务，学校自主规划和自主选择研修主题。实践体验培训是校本研修的重要形式，实践体验培训围绕选定的问题，使教师亲身经历实践问题解决的过程，在与同伴相互帮助和相互借鉴的过程中，最终形成相关的解决策略（或方案）。实践体验培训是非常有效的教师培训模式，其主要特征是“三个基于”，一是基于学校发展的阶段性特征，二是基于学校实践中的共性问题，三是基于教师专业发展的需求。

第一节 学区化校本研修模式的探索

一、背景与意义

2017 年 12 月，黄浦区世博学区、外滩学区、豫园学区和卢湾学区成立，学区化集团化办学在黄浦区公办义务教育阶段学校中实现了全覆盖，为贯彻落实《黄浦教育改革与发展“十三五”规划》，把教育综合改革推向深入，实现黄浦区基础教育高位均衡发展打下了坚实的基础。

世博学区由上海外国语大学附属大境中学、上海市五爱高级中学、上海市黄浦区教育学院附属中山中学（九年一贯制）、上海外国语大学附属大境初级中学、上海市上外—黄浦外国语小学和新凌小学等 6 所学校组成，按学段共有 2 所高中、2 所初中和 3 所小学，上外附属大境中学是理事长单位。学区成立的宗旨是“创新，引领学生更好发展”，使命是打造“海纳百川、包容共生，学融中外、厚实素养”的高品质教育共同体，追求“弘扬世博志愿精神，倡导低碳环保的生活方式”的绿色发展。

学区章程中明确规定，学区秉持以学生发展为本的理念，遵循教育规律，全面实施素质教育；合力推进基础教育办学体制改革、育人模式创新和办学特色形成，实现优势互补、相互促进、共同发展。

根据学区章程，我们建立了会议制度，由各校校长组成的理事会科学规划学区各项工作；由各校办公室主任组成的联络小组负责落实和推进理事会确定的工作；每学期召开工作会议，研究制订学期工作计划，为加强学区各项工作的推进，充分发挥各校的主体性，学区实行年度轮值理事长制度。学区以“同学段学校校本研修”为抓手，推进校际交流与合作，期望促进校际资源的集成与共享，优化资源配置，最大限度地发挥学区资源的综合效应，整体提升区域教育质量。

二、实践与探索

根据学区工作会议集体讨论，我们以三年为第一周期，制订了推进学区校际研修的实施意见，确定了学区校际研修的总体目标和年度目标。总目标是通过学区校际研修，在师德和素养培训中，确定公约数，在学段内和学区内进行资源共享；在实践体验培训中，力争在某一学科中形成有效教学策略。年度目标分别是第一年以数学学科为突破口，开展学段内校际研修，通过相互交流和现场观摩，确定相互借鉴的策略；第二年聚焦确定的主题，开展学区校际研修，力争形成教育教学有效策略，第三年形成有效策略在学区推广实施。因此，我们在以下几个方面进行相应的操作。

（一）师德和素养资源共享

在师德和素养培训中，高中阶段是学生“三观”形成的重要时期，立德树人是学校教育的根本任务，意识形态工作又是学校德育的重中之重，因为它直接关系到“培养什么人、怎样培养人、为谁培养人”这一根本问题。两校达成共识后，我们共同邀请了原上海教育电视台党委书记、台长，上海资深的教育和媒体专家张伯安作“学习习近平系列讲话精神，加强新形势下意识形态工作”专题报告。报告紧紧围绕习近平系列讲话精神，阐释了今天意识形态工作的环境和视野，以及如何加强意识形态工作的能力。报告引发我们思考，推动我们坚持价值引领，努力成为学生德育、学校意识形态工作的首要主体、关键主体和能动主体。

2019年是中华人民共和国成立70周年，我们组织学区全体教师参观陆家嘴金融中心和上海中心大厦，登高俯瞰整座城市。通过参观，教师们一起回忆近三十年间陆家嘴发生的翻天覆地变化，从阡陌农田到高楼林立、从冷僻乡间到繁荣市区，成为上海最具魅力的金融中心。在感叹上海浦东沧桑巨变的过程中，全体教师完成了润物细无声的爱国主义培训。

（二）进行学科专题研讨

学科课堂教学是教师教育教学工作的主阵地，学科课堂教学研讨是提升教师课堂教学水平的最有效的途径。学区工作会议上，按照高中、初中、小学三个学段，每个学校都利用优势学科资源带动学科教学教研，共同提升课堂教学质量。

上外附属大境中学与五爱高级中学就多次进行高中数学联合教研活动。2018年4月2日进行联合教研活动，两所学校的校长亲自参加活动。4月10日第一次联合教研中，葛校长介绍了五爱高级中学校科研训的做法和具体取得的成果；五爱高级中学数学教研组长蒋老师介绍了学校数学教研组常规做法，展示分层作业成果，教研组副组长高老师具体说明了分层作业编写意图，七大板块设计要求及难易程度分层设置体现；五爱高级中学数学组参与分层作业设计课题的教师先后就“分层作业编写研究和体会”“分层作业学生使用情况说明”等方面做了具体发言。4月24日，两校数学教师一同观摩了五爱高级中学高朋中老师执教的“反正弦函数”展示课；11月，两校的数学老师又一同观摩了大境中学李红老师执教“椭圆及其标准方程”和赵悦老师执教“函数的奇偶性”。每一次观课，大家都进行了充分的交流，就如上外附属大境中学卢起升校长指出，加强对课题的学习和研究，加强教研组之间的互动，一定能极大地激活每位教师教学研究的潜能和活力。

在过去的两年中，上外黄浦小学、中山学校、大境初级中学、新凌小学也都充分利用学校的教学节等活动主动开展学科教研交流，为教师专业发展提供了良好的途径，促进了学区内教学质量的提升。

（三）开展专题教师培训

世博学区6所学校中有3所“上外链”学校，外语无疑是学区可以进一步做优做强做精的学科。利用上海外国语大学的优质教育资源对学区外语教师开展专题集中培训，是提高外语教师整体素质的有效途径。2018年7月3～9日，我们举办了暑期高级英语培训。培训依托上海外国语大学优质丰富的教学资源，特邀五位中方教授和两名外籍教授联合授课，形式多样、内容丰富。学区内小学、初中和高中的一线英语教师共同参与培训，形成“小、初、高”有机联动，将优质资源有效向各个学段的教师辐射，开阔不同学段教师的视野，满足不同的教学需求。培训系列为期一周，共计 20 堂课，以“阅读与写作”为主题，涵盖“学术写作”“阅读与写作”“中英写作对比”“英语教学”“英美文化专题”和“美国社会与文化”等领域。课程内容探讨英语写作和阅读教学方方面面，涉及不少新领域和新问题。学员们普遍反映该系列课程设计新颖、内容详实，给他们未来的教学工作带来不少的思考与启示，受益颇丰。

（四）举行综合性学术报告

作业设计一直是每一名教师都必须面对的提升教学质量的课题。如何设计出科学高质的作业，提升作业的效率，在新一轮课程改革中也困扰着我们的教师。2019 年 4 月，我们邀请上海市教委科研室主任张新宇作题为“作业设计：路径、操作与展望”的专题报告，以上海市教委教研室“提升上海市中小学作业设计与实施品质”项目成果为基础，对作业设计在作业系统中的地位、高质量作业设计具有的特征、如何设计高质量的作业、作业设计研究的发展方向等做了详细阐述，给予我们许多积极有效的启示。

三、成效与反思

学区成立两年来，师资队伍建设和校本研修正在有效推进中。学区各成员校教师研修讯息畅通，通过学区联络员群，各成员校能及时发布相关教学研讨信息，协调好相关工作，共享优质教育资源；学区内联合研修被纳入日常工作统筹安排，各成员校在学校学期工作安排中，把学区内跨校联合教研等工作纳入学校日常工作统筹考虑，制定相应教研工作计划，保障了联合教研工作的稳步推进；教师素质在校本研修中得到提升，从参加培训和研修的教师所反馈的信息中可以看出，教师通过听专家报告、参加培训和研修，打开了思路，开阔了视野，教学技能得到提升，教学质量有所提高。

由于学区成立时间较短，校际和校际各学科之间的交融还需要更多的平台和载体，学区校本研修工作还有很大的提升空间，更多的优质资源有待挖掘，学术专家报告有待常规化，教师培训有待推进到更多学科，联合教研有待从分学段的主要学科推进到跨学段诸如科技、艺术、体育等学科全覆盖。

（上外附属大境中学　卢起升、姜家祥）

第二节　自主研修助力青年教师成为心智自由的学习者

一、背景与意义

学校的核心竞争力是什么？是内涵的发展。内涵的发展是什么？是教师的发展。显然，教师的发展已成为学校发展生命线中的重要组成部分。师训是促进教师发展的一项有效途径，然而我们学校以往传统的师训模式随着教师结构的年轻化，也面临着一些问题。

（一）"被动"师训

传统的师训往往是由学校行政部门制定师训的计划、培训的内容、组织的形式，在师训的过程中强调的是培训的结果是否完成、是否加以评价。常有的现象是：台上专家妙语连珠，讲演结束掌声雷动，回到课堂按部就班；课程开发辛勤耕耘，网上点击只为学分。这样的师训只是听到了掌声，统计了时间，却没有成全教师本体，受训教师往往处于一种被动状态。

（二）"泛学"师训

所谓"泛学"是一种大学习的思想，其涉及的面相对较广，与精学相对，其往往是一些通识的项目，因此深度较浅，在一定程度上难以兼顾各类教师专业需求的差异性，难以针对各类教师思维素养的疑难点，难以引起受训教师思维火花的碰撞。因此，在师训的适切性和针对性上会存在一定的问题。

美国教育心理学家杰罗姆·布鲁纳对于认知学习理论曾强调："人唯有凭借解决问题或发现问题的努力才能学到真正的知识与方法。这种实践愈积累，就愈能将自己学到的东西概括为解决问题和探究问题的方式，掌握这种概括的方式，对他解决各种各样问题都是有效的。"我校基于以往传统师训所存在的问题，结合我校教师的内需，通过项目的推进，尝试改变传统的师训模式，帮助教师树立终身学习的思想，改变思维方式，掌握学习方法，最大限度地激发教师的主观能动性，构建一种自由、平等、多元评价的师训模式；再通过这种模式的推广，促进广大教师将这种思维方式辐射于工作、生活的各个方面，让教师成为心智自由的学习者，让教师成为积极的、乐在其中的、自动更新的研究者和实践者。我们通过如下方法加以实施：成立我校青年理科联合工作室，让青年教师坐进“驾驶室”、掌握“方向盘”，以学校和青年教师个体双向需求为起点，以校级科研项目的子项目推进为平台，以青年教师自主互学实践为方法，以专家疑问解析、提升指引为辅佐，让教师成为任务驱动的核心，最大限度地激发教师的主观能动性，构建一种自由、平等、多元评价的师训模式。

二、实践与探索

2017 年初，我校成立了青年理科联合工作室。该工作室与传统工作室最大的区别在于没有工作室导师的引领，在这里每一个成员都可以成为活动的主持人，每一个成员在工作室中都是任务驱动的核心。为了实现工作室自主运作的有效性，学校也制定了自主研修模式运行的三项策略及两个环节。

（一）自主研修模式运行的三项策略

1. 研修与研究相结合

我校青年理科联合工作室所承担的项目基本上都是来源于科研项目，例如：学校科学创智空间的开发建设，来源于我校的第二轮课程领导力项目，2018 学年第二学期的“学生自主学习的学习平台”项目来源于我校的区域优秀成果推广项目。研修与研究相结合，可以促进教师开展理论学习，帮助青年教师掌握和熟悉研究性学习的方法。同时，由于研究项目都有物化的成果，可以让青年教师在成果中感受到研究的价值、成功的喜悦。价值感与成功感的获得，可以激励青年教师进一步投身研究性学习的过程中。

2. 自修与管理相结合

管理是自主研修中一种很重要的支持保障。自主研修具有很大自主性，更多的是依靠教师自觉，但是教师有的时候工作一多，难免会把自主研修等一些看似不重要、不紧急的工作置于一边。因此，学校必须要做好管理，通过有序、有效的管理来帮助青年教师及时完成研修工作。学校对工作室的管理主要分成两个方面。其一是建立了相应的工作室管理手册，其中包括了学期研修计划、主要研修项目，并且要求做好每次研修的记录，在学期末完成工作室研修小结，以及教师个人的研修小结。其二是通过项目的推进进度管理来进行过程性监督。比如说 2018 学年第二学期承担的“学生自主学习的学习平台”开发项目，它本身是一个科研项目，有既定的研究推进时间表，学校通过科研室对研究进度进行实时监控与管理。

除了过程性管理以外，还有终结性评价。一方面是对项目的研究情况进行考核，学校会聘请专家联合学校相关管理部门对项目的物化成果进行评价和考核。另一方面是要看教师的个人研修所得，学校对教师个人的学期研修小结会进行评价考核。评价考核的结果会与青年理科联合工作室的青年教师们进行面对面的交流反馈，帮助他们总结经验，分析不足，明确改进方向。对于参加工作室活动满一年并且考核合格的工作室成员，赋予自主研修学分 1 分，一年以上赋予 2 分。

3. 自学与指导相结合

由于研修项目基本上都是科研项目，要求青年教师沿着科学的方向，用科学的方法开展研究，这个过程需要专业的指导。我们学校科研室会跟进每一个项目的研究，提供帮助和指导。同时学校会根据青年理科联合工作室在自主研修基础上发现的问题、提出的需求，为他们聘请相关专家，针对性地答疑解惑。例如在科学创智空间的开发过程中，学校就多次为工作室聘请了市、区相关学科教研员进行指导。

（二）自主研修模式运行的两个环节

1. 项目的确定

我校青年理科联合工作室承担的项目大多来源于学校的重大科研项目，对于青年团队而言，是有一定压力的。因此，我们会在学校的重大项目中选择一些子项目来开展研修，这些项目往往具有一定的创新性，与我们青年教师兴趣相吻合。这些子项目源于教学中的实际困惑，与我们青年教师敢想敢做的特点相匹配，从这意义上说，每个项目是基于学校和教师发展的双向需求。例如：2018 学年第二学期的自主研修来源于学校的区域优秀成果推广项目。由于义务制教育阶段班级学生的差异性较大，学校对于集体授课环节提出分层教学，在实施过程中，我们发现很难在有限的课堂教学时间中兼顾到所有层次学生的需求。因此，我们希望教学能从课上延伸到课后，青年教师在信息技术方面有一定的优势，可以对不同层次的学生提供不同的网络学习内容进行辅佐。在与学校的多次沟通和研讨后，工作室的青年教师们承担了学习平台的一个子项目的研究。

2. 项目的实施

工作室成员基于项目，共同协商制定了相应的研修计划，以 2018 学年第二学期的自主研修计划为例，以“网络学习平台”的学生自主学习模式构建的研究为主题，安排了 10 次活动，如表 9-1 所示，其中不仅有项目的推进，还包括理论的研修。

表 9-1　2018 学年青年理科联合工作室研修安排

活动日期	活动主题与内容
第一次　第二周	“网络学习平台(一期)”使用培训与试运行 活动内容:平台开发公司进行平台培训,开展试运行
第二次　第四周	“网络学习平台”的资源内容及其构建 活动内容:主要研修网络学习平台资源制作工具的使用,尝试利用工具制作相关资源
第三次　第六周	筹备平台微课资源 活动内容:通过自己制作,联合教导处发动教研组制作微课,构建平台微课资源,进行资源的分类、筛选
第四次　第七周	自我研修 利用网络、阅读书籍自学,理解什么是自主学习
第五次　第八周	平台微课资源构建,社会上现有网络学习平台自主学习模式的探讨 活动内容:讨论“引导式学习”“探讨式学习”“任务式学习”“合作式学习”的适用性
第六次　第十周	利用“网络学习平台”促进学生自主学习课例的研究 活动内容:每个学段、每门学科由一位教师基于模式的研究,选择一个课例加以分析,通过同伴互助完善课例
第七次　第十二周	“网络学习平台”促进学生自主学习策略研讨 活动内容:总结一期开发中的经验与不足,进一步研究“网络学习平台”促进学生自主学习策略
第八次　第十四周	“网络学习平台”促进学生自主学习策略论证 活动内容:邀请相关专家论证“网络学习平台”促进学生自主学习的策略
第九次　第十六周	第二轮有利于学生自主学习的交互式平台构建务虚
第十次　第十九周	与“张武萍班主任工作室”联合召开学期总结会

其形式可以概括为四个字“分合一体”,“分”有自学自研、分工实践;“合”有专家解惑、轮流做主持人、思维碰撞等。对于“自主学习”的理论研修,我们采取的方式是相互推荐书目进行自学自研,在此基础上轮流将自研的成果、体会在工作室活动中加以分享和交流。对于项目的推进,我们有分工实践,有的成员主要负责平台的试运行和完善,有的成员主要负责微课制作的技术支持……这样,工作室的成员根据自己的兴趣和专长负责其中的一部分,使得每个成员在项目推进的过程中不是一个参与者,而是一个管理者和引导者。当然,在研修的过程中,也会遇到一些困惑,学校、教育学院给了我们最大限度的专家支撑。工作室成员在自学微课相关软件

制作的基础上，多次邀请普陀区教育学院王世达老师进一步指点迷津，此时专家的指引不再是传统意义上的报告，而更多的是一种解惑、一种理念的更新。

三、成效与反思

（一）实践成效

工作室成立至今已为期三年，自主研修的师训模式也初见成效。每一个项目的成果由两部分组成。

其一是物化的成果，例如：课堂观察报告、科学创新实验室、数理创智园的建成、校本作业的开发和完善。这些物化的成果不仅服务于教师们平时的教学，更成为学校一道亮丽的风景，青年教师也在其中获得了成就感，产生不断自主研修的内驱力。

其二是内化的成果，青年教师在项目中专业素养、沟通能力、教学理念得到提升，在 40 分钟的课堂中教学的方式更加的灵活，教学的手段更加的丰富……也正是因为每一个项目的推进都是青年教师自身渴望学习的内容，使得我们青年教师成为自由的、积极的、乐在其中的、自动更新的学习者和实践者。

在这三年中，我们的团队获得黄浦区青年文明号，工作室的成员个人区级以上获奖累计达到 20 人次，主持两个上海市青年教师课题：初中物理与科学学科“探究性实验”教学的衔接研究、基于 DIS 系统的初中化学实验系列设计的实践研究，主持两个区级青年教师课题：基于课程标准的二年级数学课堂合作意识评价的研究、初中物理教学简笔画渗透课堂教学的研究，参与一个上海市课程领导力项目：九年一贯制学校指向科学素养的科学类课程群统整，参与两个区级课题：基于 DIS 系统的初中化学实验重构的行动研究、基于学科单元目标整体设计初中数学作业的实践研究。

（二）实践反思

总结三年的实践经验，我们也有一些思考：

1. 长效机制建设

任何一种师训模式建立之后，为了确保其价值存在的长期性，从内部环境而言，工作室必须不断地与时俱进，借助更多的项目来引导教师逐步意识到教师专业化发展的改革永无止境，始终对于自己的教育教学产生“不满意”；从外部环境而言，一个强有力的支持性后盾是教师发展的催化剂，可以加速教师发展的进程。因此，我们在这两方面还需要进一步地完善。

2. 推广价值思考

由于工作室的成员主要是由学校数学、物理和化学学科教师组成，学科教学方式还是存在互通之处，因此自主研修的宏观目标相对能够统一，但是这一师训模式能否在文科团队中加以推广、能否适用于面向学校全体教师的师训，并且形成一定的区域辐射面，我们还需进一步完善这种师训模式的整体结构。

青年教师有热情、敢创新、勇担当，期盼有更多、更广阔、更自由的平台来实现专业成长。学校搭建的青年理科联合工作室，创新了一种师训的方式——自主研修，这种更自主、更平等、更多元的师训模式助力青年教师成为心智自由的学习者。而这群青年教师也愿做学生的筑梦人，用青春之我践行青春之教育、成就青春之中国、创造青春之民族。

（上海市黄浦区教育学院附属中山学校　郑　富、逮婉莹）

第三节　思维的碰撞，智慧的迸发

——以教研组为单位的校本研修模式探索

荷花池幼儿园校本研修立足幼儿园的实际，以问题为导向，解决教师在教学实践中所面临的各种具体问题；以教师为研究主体，构建教师可持续成长机制；以幼儿主动发展和教师专业成长为宗旨，实践“我与孩子共可能”的课程理念，以期培养并造就一支师德高尚、专业拔尖、结构合理、充满活力的高品质专业化教师队伍。我们不断学习、研讨，立足园情，踏踏实实走出了一条研修探索之路。

一、背景与意义——立足实际，发现问题

在高度关注教师职业幸福感的基础上，激励教师个人成就动机，形成教师主动发展机制，加强对教师的师德熏陶是我们一直努力的方向。由此，我们必须探索构建以团队合作为手段，以“基于问题，伙伴合作”为目标，以团队成长促教师发展，探索教研、科研、培训一体化的师资培训模式。

教研组是校本研修最基本的单位，以教研组为单位展开校本研修，对于主题的确立以及人员的组织都是比较方便和灵活的。荷幼有许多教学能力拔尖的优秀教师，当前的许多研修内容大部分由他们领衔推进，这就会造成其余大部分教师"成为永远的观众和听众"的场面。怎样通过有效的团队合作，提高校本研修的教研质量，在教研中注重教师之间的沟通分享，让教师在研修中既能彰显个人风格，又能使每位教师成为"有付出的分享者"是我们校本研修比较长远的追求目标。

近几年幼儿园正处在扩大办学规模的阶段，大量的新教师加入荷幼的队伍，教师专业化发展能力呈现出参差不齐的局面。面对庞大的青年教师群体，怎样依托高效的校本培训对他们进行有针对性的辅导，是当前亟须解决的问题。

二、实践与探索——脚踏实地，解决问题

基于以上的实际情况，我园的校本研修更多的是以教研组为单位，分层次分领域地展开。主要有以下两种途径：其一，以相同年级组为单位的教研组织，如小班教研组、中班教研组等。因为它组成规模小，人员少，大家又基本在同一区域办公（如同一办公室），因此灵活性就比较强。当一位教师在课堂教学中遇到问题，可以第一时间和同一教研组的教师来探讨。除了规定的教研时间外，他们就有更多的非正式研讨时间，这同样可以提高教师的专业水平。其二，同一领域的跨年级的教研组。例如，根据上海市公办学前教育机构统一使用的"学习""运动""游戏""生活"四大板块的教材，我园设立了跨年级的"集体教学组、运动组、游戏组和生活组"四个不同的教研组。由擅长这一领域的骨干教师进行引领，不同年龄段、不同专业能力的教师可以相互碰撞思维火花，多角度提出观点，有利于教师发散性思维的培养。

（一）搭建平台，满足教师专业成长需求

教师要善于在实践中学习，在学习中改进实践。我园的"集体教学研究组"在"基于目标的集体活动的有效设计与实施"这一研修课程中，以一节又一节的研究课为例来分析如何在教研组通过平台的搭建，鼓励青年教师大胆创新实践。2020年6月，我园举行了题为"用专业的心，让目标更精准——基于目标的集体活动的设计与实施"的校本研修公开展示活动。本次活动就是由集体组的教师们全体参与和展示的。研修活动以案例研究为手段，进一步提升教师制定教学活动目标的

能力，树立教师的目标意识；帮助教师学会从幼儿发展的视角准确制定并有效落实教学目标，提高集体教学活动的目标达成度。教师们通过观摩专题校本研修，分享校本研修的经验，促进区域校本研修质量的提升。

在教研中，我园教师们以见习教师的课例“我是小小投弹手”为案例开展了“基于目标的集体活动的设计与实施”的专业研修，通过课例观摩、教师说课、互动研讨、头脑风暴、分组实践、经验梳理等研修环节，鼓励参与教研的每一位教师踊跃发言、各抒己见。教师们针对案例中教学目标的精准性和达成度、有效的环节设计、基于目标的师幼互动等方面发表不同的见解，研讨气氛十分热烈。在“头脑风暴”研讨环节，教师们对如何精准用词使目标更适切问题产生了争论，在激烈的研讨中形成了两种不同的意见，最后奚院长和冯院长也加入其中，引领教师们一起解决问题。奚院长指出要直击教学的重点和难点，首先教学目标制定要准确，她强调为实现有效教学，需将教学目标进行量化。冯院长表示基于本次活动目标的设计，教师需强调生生之间的合作内容与要求。

（二）强化师德，淬炼教师专业素养

终身学习是新时期教师职业道德规范赋予教师的神圣使命，也是促成教师专业成长的重要途径。对于幼儿园来说，教师的师德和专业能力同样重要，它决定着幼儿园发展的命运和方向。在我园，目前幼儿园小班教研组是新教师、青年教师最为集中的教研组，面对新入园小班的幼儿，教师们遇到的最大的课题不是教学，而是用爱温暖安慰每一位幼儿，帮助他们尽快适应集体生活。面对哭闹的幼儿，爱心、细心、耐心一样不可少。为此，我园利用“小班教研组”这一平台，在校本研修和业务学习的同时反复强化教师职业幸福感、职业成就感。面对这一年轻的教研群体，我们在研修的内容上更加强调“师德素养，师爱无边”的教育，让我们的教师关爱，真心公平地爱每一位幼儿；尊重，以平等身份对话幼儿；呵护每一颗幼小心灵。

例如，在研修课程中，我们组织了教师论坛“有心地教孩子，静心地爱孩子”，聆听专家讲座“日常教学中的师爱互动”，开展专题教研“教师在集体教学中的师德行为”等，形成教师主动发展机制，加强对教师的系列师德熏陶。

（三）分层研训，全面提升研训质量

工作 3～10 年的教师作为幼儿园教学研究的主力军，虽说有一定的实践、理论水平，也有参与教学研究的热情，但却大多缺乏发现问题、深层次反思问题的能力。发现不了问题或是找不到问题的根源，课程修改、完善的有效性则难以得到保障。

而一些工作10年以上，教育教学经验较为丰富的教师，虽说已能发现问题，有时也能想出一些解决问题的有效对策，但却受理论水平的局限，缺乏梳理提升的能力，"好做不善写"的问题使很多优秀的教科研成果仅仅局限于经验之谈，难以成型或与相应理论挂钩，从而无法推动园本课程更上一个台阶。为此，我们在校本研修过程中，采取分层培训的方法，针对不同年龄阶段、不同教学能力的教师开展相对应的校本研究，以达到更好的研修效果。

例如，2020年6月，我园开展的校本研修"全留白游戏中教师的观察与支持"，参与的对象不是全体教师，而是教龄在3～6年的青年教师和几位教学经验丰富的教研组长共同参与。这样的校本研训，气氛更加活泼轻松，青年教师有更多的发言、表达自己的观点的机会。由于参加校本研修的教师在教学能力上相仿，所以他们在交流过程中更有话题，更容易互动。正因如此，我们这次的园本研训气氛相当活跃，教研的专业氛围也十分浓厚，大家围绕着此次研训的目标，围绕教学上的问题，产生思维的碰撞，各抒己见。在教研过程中，经验丰富的老教师也会时不时为青年教师梳理总结经验，把控好教研的节奏和方向。这样新老结合的教研方式，让我们的校本研修质量不断提升，散发出新的活力。

（四）思维碰撞，体现教师反思能力

在以往的大多数研修活动中，教师虽然也能通过听课、评课发现一些问题，但这些问题往往比较肤浅，加上研讨时也多为形式上的交流，很容易导致你好我好大家好的局面，缺少深层次的质疑和反思，致使教研活动缺少真正的思维碰撞，直接影响了教研活动的效果。因此，在教学实践与教学观察中，我们要养成"发现问题—提出问题—探究问题—解决问题"的思维习惯，通过专题教研发挥教师群体的作用，解决教学实践中所遇到的问题。

例如，在"基于目标的集体活动的设计与设施"的校本研训中，主持教研的教师针对教学活动现场的实际情况，提出了对目标制定上的疑问。这一下子激起了教师们的谈论热情，大家针对目标的制定各抒己见，大胆提出了自己的想法，教研现场出现了你来我往的讨论场面，带动了整个教研的气氛。

三、成效与反思——善于总结，勤于反思

目前，我园拥有市级骨干3人，区学科带头人1人，区级骨干教师2人，市种子

基地领衔人1名，区青苹果名师工作坊主持人2名。

4位教师连续四届荣获上海市中青年教师教学评比的一等奖；1名教师荣获第三届上海基础教育青年教师爱岗敬业教学竞赛幼儿园综合类三等奖；多人次获历届黄浦区中青年教师评优、新教师评优一等奖；1名教师荣获黄浦区“新锐杯”教学评比一等奖；1名教师荣获上海市见习教师技能比武二等奖；多人次荣获历届“萌芽杯”评比的一、二、三等奖以及教案设计的一等奖；在教科研方面，全园91%教师曾参与市级课题研究工作，有十几项课题研究报告获全国、市、区级教科研一、二、三等奖。我园实践型、研究型团队在市区课改研究和新教材实施中发挥引领作用。

校本研修是一项关乎学校发展的系统工程，我们在探索中也发现很多值得改进的地方：如何创造性地拓展校本研修的形式，使更多教师在培训中既觉得生动活泼又有实效收获；园级校本研修能否获得更高层面的支持，邀请到市、区的各领域专家或有经验的导师支持和指导。

我们在摸索中实践着，在实践中摸索着，以提高教师教育教学水平为主线，不断开发校本研修内容、创建校本研修的新形式，为青年教师的成长提供广阔的舞台，开创我园校本研修的新局面！

（上海市黄浦区荷花池幼儿园　赵　妍）

第四节　以课程建设为载体，打造“双师型”教师队伍

黄浦区劳动技术教育中心是一所区域“集中投资、资源共享”的学校，长期以来，学校的主要任务是承担全区初二和高中学段劳动技术学科教学。虽然全校只有一门劳动技术学科，但内容却涵盖多个领域，给师资带来了一定的挑战。

一、背景与意义

（一）学科内容宽泛导致通识类师资缺乏

现有高中学段通用技术课程标准中有2个必修模块、11个选择性必修模块、4个选修模块。其中大部分模块，如智能家居、服装设计、智能机器人等具有很强

的专业性，需要相对专业的设备、专用教室和专业师资，初中学段也是类似。劳技课程在学段内、学段间专业跨度大，涉及专业宽泛。目前劳技教师往往专业单一，缺少涵盖整个学段所需要的通用知识与通用技术。

（二）学科背景不足导致教师专业转型困难

劳动技术学科在我国发展较晚，目前上海乃至全国高校均没有“通用技术/劳动技术”的本科专业，硕士研究生阶段也只有南京师范大学有“通用技术”专业。现有的师资队伍呈现两个特点：一是劳技学科有很多兼职教师，如黄浦区劳动技术学科的兼职教师约占36.7%①。二是学科教师专业来源广泛，如我校有近20%的教师来自文秘、数学、艺术、体育等专业。即使与通用技术相关的专业，也仅仅是指具体某一个专业，而不是跨多个专业或通用性很广泛的专业。因而部分教师本体性专业知识相对薄弱，动手能力普遍较弱，缺少动手操作与实践经验。作为对动手要求比较高的劳技学科，需要通过培训促使教师专业转型，提高教师，尤其是青年教师的动手实践能力。

（三）职后培训薄弱亟待增强针对性的校本培训

劳技学科是一门体现工程教育和创新素养培育为特色的学科，需要工程与技术的整合，需要重视参与技术活动的经历，以技术设计与技术应用为主，侧重于技术问题的解决。作为一门小学科，各校基本就只有一位劳技教师，各层面职后培训的针对性及有效性相对较薄弱，有些培训过多地局限于某些纯技能培训，如水仙花雕刻、多肉植物培育等，相对而言缺少各学段教材的处理、实施，教学观测等课程研究、课程处理、课程重组方面的培训和经验分享。所以，需要通过校本培训来培养既具备教育教学能力，又体现劳技本体性专业知识与技能，能教学又能动手创造的“双师型”教师。

二、实践与探索

“双师型”教师是职业教育对专业课教师的一种特殊要求，要求专业课教师具备两方面的素质和能力：一要类似文化课教师那样，具有较高的文化和专业理论水平，有较强的教学、教研能力和素质；二要类似工程技术人员那样，有广博的专业基

① 管文川.2019年教学专项督导反馈[R].上海：上海市黄浦区劳动技术教育中心，2019.

础知识,熟练的专业实践技能,一定的组织生产经营和科技推广能力,以及指导学生创业的能力和素质。①这里所指的"双师型"教师泛指具有教育教学能力且具备通用技术领域的专业理论知识与操作技能,能根据学生实际设计需求进行规范的专业技能指导的劳技学科教师。

课程建设是黄浦区劳技中心打造"双师型"教师队伍的一个载体,课程建设包括课程目标、课程结构、课程内容、课程资源,课程实施、课程评价、课程管理等各方面。黄浦区劳技中心的所有课程是基于学校 DECIT 课程体系开展的。DECIT 课程体系是在新时代劳动教育背景下,指向学生劳技学科核心素养培育,涵盖并统整基础型、拓展型和研究型/探究型课程的劳技课程体系,由数字传媒(Digital media)、工程结构(Engineering structure)、创意设计(Creative design)、智能控制(Intelligent control)、传统工艺(Traditional craft)五大类及下设各子类课程构成。所有课程是在真实情境下,以真实任务的解决为主线,通过应用技术去解决实际生活中的问题。通过从课本知识向问题解决的转变,使得参与课程建设的教师能够通过发展课程来发展教师。以下以案例"梦想改造家"课程的建设来具体说明。

"梦想改造家"课程与上海电视台东方卫视某档节目同名,电视台节目每期聚焦一户有住房难题的家庭,并委托设计师在有限时间里使用有限的资金为该户家庭房屋进行"爱心改造"。而我们的课程是由学生观察、发现并提出现有住房的问题,在学习了相关知识后对房屋进行改造方案的设计,在平面图、三维效果图及实体模型制作后,来验证方案是否解决了当前问题。

从事"梦想改造家"课程建设的两位教师均有 5 年以上一线建筑设计的经历,本体专业知识很强,但如何将这些专业知识通过课程设计使学生获得呢?

(一)主题教研:单元设计,重构教学内容

主题教研是将某一具有典型意义和普遍意义的问题凝练成主题,围绕这一主题开展教学研究。我校的主题教研方式有专家引领、集中培训、个体研究和以备课组为团队等。

"单元设计"是我校开展的一项主题教研活动,通过集中学习市教研室关于学科单元教学指南的要求,研讨单元指南编写流程,以备课组为单位共同分析课程目标、课程标准、教材、划分单元体系,确立核心内容,形成导学结构图。主题教研活

① 赵正然.双师型教师及其培养策略的研究[D],天津:天津师范大学,2006.

动流程如图 9-1 所示。

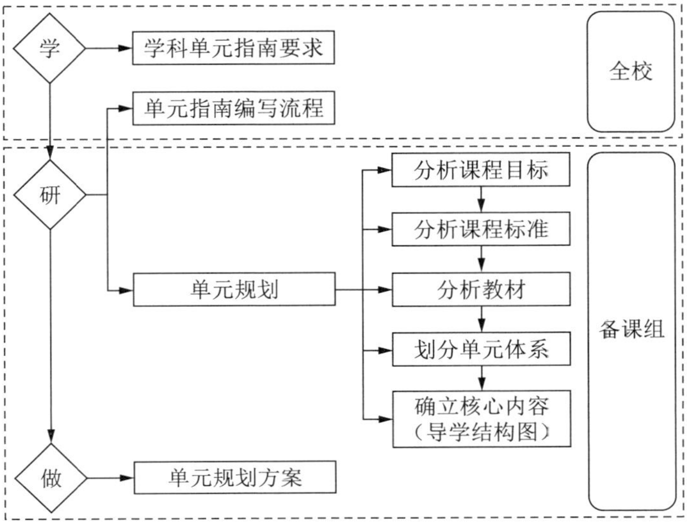

图 9-1　主题教研:单元设计活动流程

“梦想改造家”课程涉及的知识与技能较多,如图 9-2 所示,如果不基于具体的案例,学生很难真正理解。

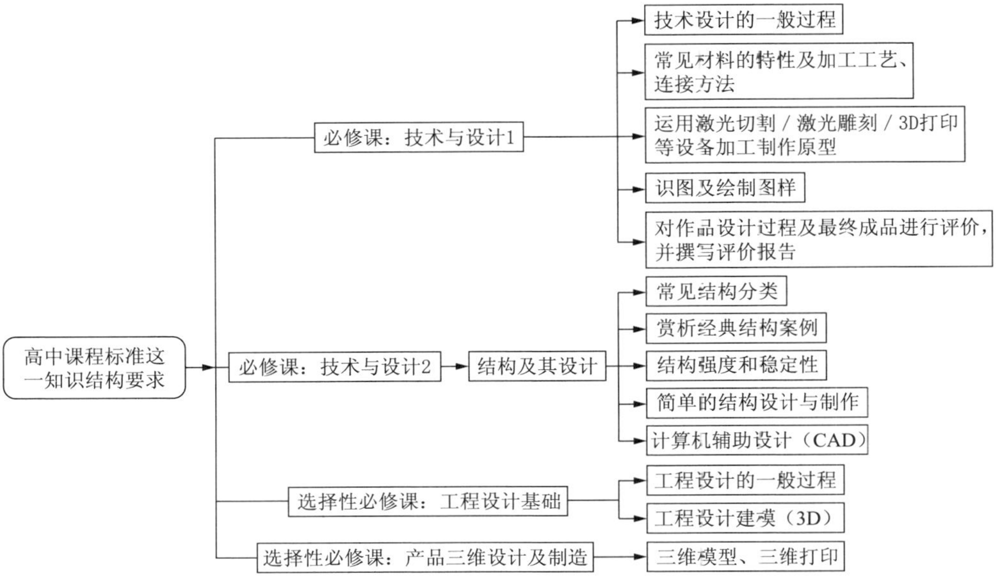

图 9-2　“梦想改造家”课程涉及的知识与技能要求

我们的教师在“梦想改造家”课程构建中，研修的着力点是基于真实问题来重构和整合学科知识结构：①列出真实问题——调研；②解决这一问题需要的技术基础（知识、技术）；③重构和整合这一知识结构。图 9-3 为“梦想改造家”重构后的主要内容。

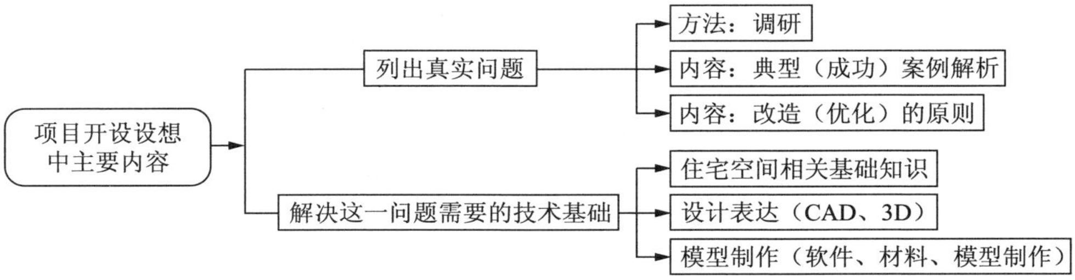

图 9-3　“梦想改造家”课程重构后的主要内容

重构的知识以“改造/优化”这个核心出发，我们可以合理地假设学习者的知识环绕在一个“核心”概念进行组织建构。通过优化原则、优化表达、优化（技术）实现、优化论证四方面予以呈现。图 9-4 为拟整合后的课程单元框架。

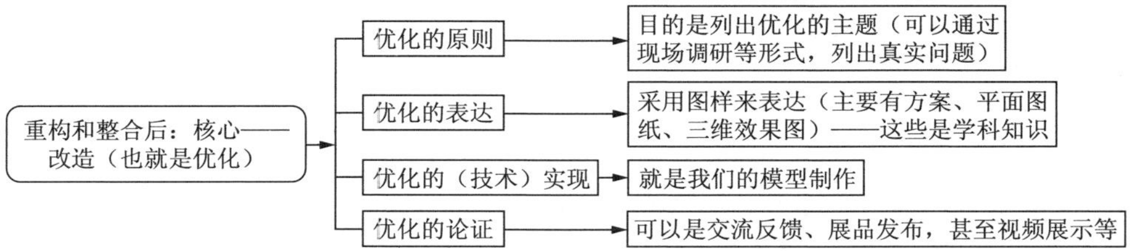

图 9-4　“梦想改造家”课程重构后的单元框架

（二）技能展评：资源建设，提供学习支持

技能展评是我校每学年要开展的一类校本研修活动，技能展评既包括了以“板书设计—教案评比—说课评比—教学评优”为主线开展的教学基本功的学习与展示，也包括了教具、学具、课件、微课、网络课程等课程资源的展示与评比。

DECIT 主题自制教具评比分为两个阶段，第一阶段组织教具的开发，从技术性、创新性、实用性三方面设计教具的评价指标，以评价为导向引导教师更关注教具的实用性。第二阶段聚焦教具应用，检验教具对课堂教学效果提升的有效性。每位参赛教师设计一份教案，拍摄一节教具应用录像，通过对教具应用录像的初评进入现场决赛；通过教具的现场演示、视频环节分析、实际问题的引入，将教具的特点与教学应用进行呈现。技能展评活动流程如图 9-5 所示。

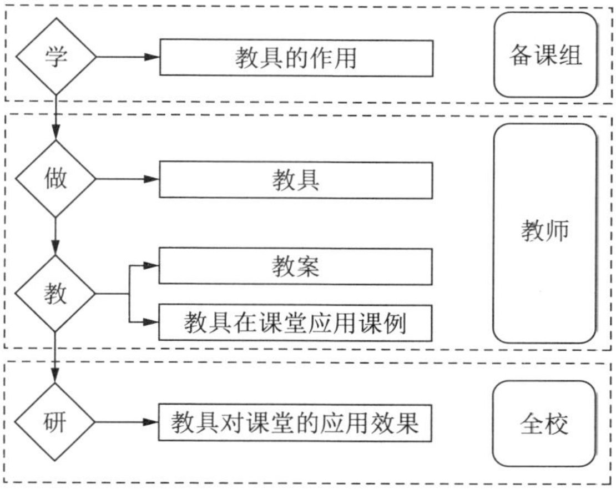

图 9-5　技能展评：教具评比活动流程

“梦想改造家”的任课教师针对学生生活体验较少，缺乏空间尺寸的概念，设计的空间布局往往与实际生活不符的问题，为学生制作了“空间模数板”教具（如图 9-6 所示），提供学习支持以解决真实问题。学生使用“空间模数板”教具，可以针对不同房间区域的面积大小，尝试摆放家具、电器，使得空间布局更合理，更符合用户使用需求。

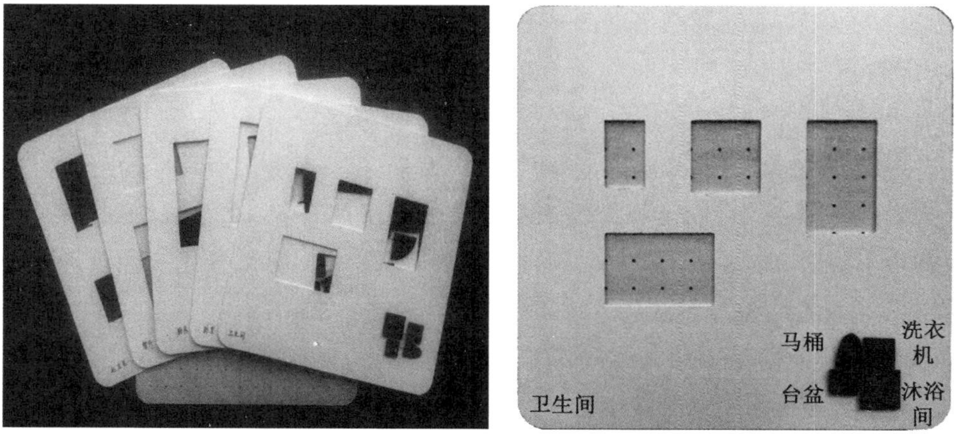

图 9-6　“梦想改造家”课程的资源建设

（三）课堂调研：科研助力，发现教学问题

课堂调研是采用课堂观察的调研形式，以备课组为单位开展有针对性的课堂观察，发现课堂问题，并提出改进建议。

课堂调研活动分为四个阶段。阶段一：进行“课堂观察表设计与统计分析”为主题的整体培训活动，邀请外区专家以案例形式进行主题报告。阶段二：以备课组为单位，开展“观察表设计与完善”活动，从“课堂提问、课堂引入、小组合作、探究活动、学习评价”等切入点小、操作性强、问题真实的观察角度进行设计。阶段三：开展课堂观察，组织组内教师进行有针对性的课堂观察，并做好记录。阶段四：形成一份观察报告，观察报告中包含基于观察数据的课程实施与改进建议。课堂调研的活动流程如图 9-7 所示。组内每位教师体验完整的观察设计、实施、归纳总结过程，体现“在做中学，在学中做”的研训思路。

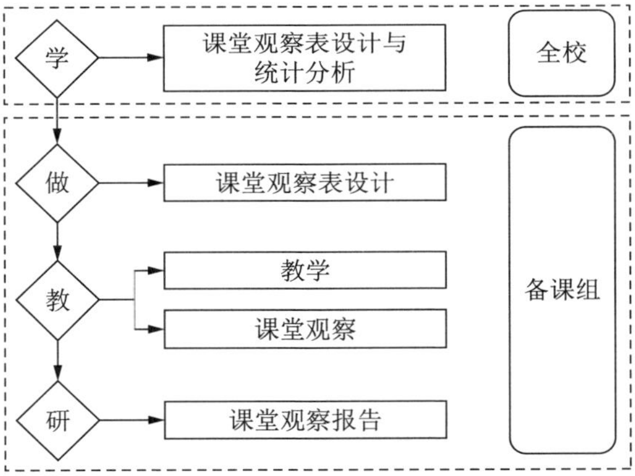

图 9-7　课堂调研活动流程

“梦想改造家”课程的教师以“项目式合作学习”为观察点，设计了小组合作有效性的观察表，表 9-2 即为某个班级某个小组的观察记录。他们观察到合作学习过程中不同学习能力的学生的表现，提出任务细化具体可测、分组人数合理配置、课时内容优化调整、学习资料库建立等改进合作学习的策略。

（四）分层培训：自主选择，提升专业能力

针对教师职前专业差异及职后研究方向的不同，学校以“专业研修共同体”的建设来推进教师本体专业发展，所有的研修共同体都由教师根据自己专业发展及个

表 9-2 “梦想改造家”课程的小组观测量表

C		周一项目										周二项目										周三项目													周四项目						周五项目					
学号	姓名	测绘、标注				手绘图纸					CAD墙体、门窗绘制	方案讨论	手绘图纸加分	CAD厕所洁具布置考核	CAD轴线划分各个区域	CAD功能空间					整合图纸加分	SU练习	三维空间的建立	外立面的导出CAD					内立面的导出CAD	SU空间家具布置/效果图					模型制作						模型制作	家具放置		PPT		
		读数	测量	标注	计算	整核平面	东立面	西立面	北立面	南立面						厨房+餐厅	客厅+卫生间	卧室+卫生间	其他	内墙、门等加分				东立面	西立面	北立面	南立面	整合加分	SU内墙建立/导出CAD加分	厨房+餐厅	客厅+卫生间	卧室+卫生间	其他	整合加分	数控雕刻 外墙	数控雕刻 内墙	墙体绘制	底板制作、铺地整理	门、窗制作	自定义家具加分	模型搭建	放置	清点	制作	记录、摄影	演讲
25	李××																																	动画												
31	周×																	儿时																												
18	张××																																													
21	陈××																		书																											
9	刘××																	主卧																												

本组对应主题：四口之家

合作情况：有核心同学主持，其他同学配合，整体实力很强

25 号：软件学习能力强，会自主学习，在老师的教导下研究光影与动画设置，甚至带动整个班级的学习风气。

人发展目标进行自主选择。一是围绕学校 DECIT 课程体系开展通识类培训，同步提供 3～4 门课程让教师根据自己的需求来选择。如 2019 学年第二学期开展的“陶艺与雕塑”“智能家居”和“定格动画”。对于部分有专业深度需求的教师，开展针对性的培训，如针对智能控制方面，组织电子控制技术相关教师开设类似“磁悬浮小车的设计与制作”等专业课程培训，以提升教师本体专业知识。二是借力高校资源，提升专业高度。学校把课程开发团队分成四个小组，研究资料一组主要承担国内外资料研究并形成思路；动手制作一组将思路“物化”形成工程作品、形成方案；教材开发一组将方案形成课程包，形成教材或讲义；课程实施一组主要进行课程实施与测评。通过与上海交大工程训练中心、上师大教育技术系等高校合作，我们开展项目开发、教学实习基地的建设等措施，加强教师专业素养。比如正在与交大合作的“无人机的设计与制作”，让参与教师从学习者角度经历“设计—制作—控制”全过程，以此来提升教师本体专业知识。三是建立“科创工作室”“资源建设工作室”，由动手能力强、专业技术能力突出的教师担任导师，学员均为学校青年教师，通过自荐与选择双向结合，组成若干个不同研究方向的团队，开展如“人工智能”“设计思维”“程序控制”等专业技能的学习与培训。

课程建设涵盖了我们所有高中课程，教师是校本课程建设的主体，而校本培训则赋予教师课程建设的能力。从上述的案例可以看到，我校以课程建设为载体开展的校本培训基本围绕“教、学、研、做”一体化，从两方面予以开展：一是通识类的培训，包括课程理论知识、课程标准、教学理论、教学方法、教学研究方面的培训。二是专业技术方面的培训，通过差异化、协作化的方式，不断拓宽教师专业知识面，重新构建教师的知识结构，为课程的开发提供知识和智力上的支持。

三、成效与反思

（一）成效

1. 助力教师专业素养提升，反哺课程实施

我校教师本体性专业知识与教学素养、课程开发意识与实施能力均有提升，围绕学校 DECIT 课程体系，开发了高中 12 门基础型课程，同步完成与之相对应的学习空间的设计，整幢大楼及 12 个“智造工坊”的设计都出自我们学校的教师，每个“智造工坊”都是为课程量身定做。我校开发了若干门拓展型课程、师资培训课程

等，每年包括市区共享课程、拓展课、社区共建课程的实施达 12 门以上，如 2017 年达 17 门。

2. 助力学生技术素养提升，提高区域学生的创新意识

我校教师近三年辅导学生多次获市级以上奖项。2017 年市级以上奖项 179 个，获奖人数 247 人次；2018 年市级以上奖项 136 个，获奖人数 168 人次；2019 年市级以上奖项 101 个，获奖人数 184 人次。2017 学年有 6 位学生成为市“2018 年上海市青少年科学研究院小研究员”，获区 6 项“明日之星”和市 2 项“科技之星”，总体获奖含金量有所提高，未来工程师大赛、上海市科技创新大赛、明日科技之星等赛事中获奖人数有明显提升，记录在教育综合素质测评内的比赛增多且获奖层次有一定提高。

（二）反思

从全国的课程标准来看，高中劳动技术属于通用技术，归属于技术课程，反映的是当前技术领域的热点，如人工智能等，初中、小学则归属于综合实践。随着课改的深入、五育并举的实施，劳动教育课程体系的重塑，其涉及的相关专业领域面将会更广。目前各高校无劳动教育相关专业，由此带来了职后针对性的培训及相应的培训体系建设等问题，所以职后的系统性专业培训仍需不断加强。

（上海市黄浦区劳动技术教育中心　龚　铭、缪静霞）

后 记

2015年，黄浦区颁布了《黄浦区推进教育综合改革实验实施计划（试行稿）》，由此进入了全区教育综合改革的推进阶段。区教育局组织各教育单位以申报龙头课题的方式，开展综合改革的实践研究与探索。几年来，在研究与探索的过程中，区域和学校都积累了一些经验，形成了自己的成果，也取得了一定的成效。为了进一步做好研究成果的提炼和推广工作，做好教育综合改革成果总结和经验提炼的相关要求，我们编撰了一套《面向现代化的黄浦教育综合改革》丛书，该丛书共分7册，本书为这套丛书的分册之一，主要从进门到入门——黄浦职初教师核心能力提升工程、从讲师到名师——黄浦海派名师培育工程、从培训到培育——黄浦教师教育精品课程建设工程等方面，阐述"十三五"期间黄浦区教师队伍培训、培养、培育的途径，以及通过教育现代化教师队伍培养改革的不断探索，引领教师发展从"术"向"道"的跨越，以"需求导向、多元融合、追求卓越"推动黄浦教师教育走向更高品质。

本册书稿编写过程中，严奕副局长亲自策划，拟定各章节主题，提出各章节撰写的具体安排及要求；奚晓晶院长、应华书记带领区教育学院师训部、发展部团队对书稿进行了修改和完善；区教育学院正高级教师魏耀发、上海市普教所副所长徐士强、上海市师资培训中心副主任陈霞、虹口区教育学院教师培训室主任袁晓东、上海师范大学基础教育发展中心副主任郭长江等提出了详细修改建议。在此，对所有参与书稿撰写的老师，对书稿修改给予指导的市、区专家，以及参与书稿校对和编辑工作的老师们一并表示感谢。还要感谢上海教育出版社编辑邹楠和她的同事们为确保本书高质量的出版付出了大量的心血。

由于能力有限和时间仓促，书中难免会有一些错误，恳请读者批评指正！